Privatrecht

Intensivkurs

Von
Dr. iur. Hans Römer

4., unwesentlich veränderte Auflage

R. Oldenbourg Verlag München Wien

Die Deutsche Bibliothek - CIP-Einheitsaufnahme

Römer, Hans:
Privatrecht : Intensivkurs / von Hans Römer. – 4., unwes. veränd.
Aufl. – München ; Wien : Oldenbourg, 1999
   ISBN 3-486-24985-1

© 1999 R. Oldenbourg Verlag
Rosenheimer Straße 145, D-81671 München
Telefon: (089) 45051-0, Internet: http://www.oldenbourg.de

Das Werk einschließlich aller Abbildungen ist urheberrechtlich geschützt. Jede Verwertung außerhalb der Grenzen des Urheberrechtsgesetzes ist ohne Zustimmung des Verlages unzulässig und strafbar. Das gilt insbesondere für Vervielfältigungen, Übersetzungen, Mikroverfilmungen und die Einspeicherung und Bearbeitung in elektronischen Systemen.

Gedruckt auf säure- und chlorfreiem Papier
Gesamtherstellung: R. Oldenbourg Graphische Betriebe GmbH, München

ISBN 3-486-24985-1

Vorwort zur vierten Auflage

Auch die dritte Auflage ist vergriffen; die Nachfrage hält an. Um dieser Nachfrage möglichst schnell nachkommen zu können, haben wir uns entschlossen, die vierte Auflage ohne neue Bearbeitung herauszugeben. Der Verzicht auf die neue Bearbeitung erschien vertretbar, da die zwischenzeitlich eingetretenen Änderungen in der Rechtsprechung (z.B. zur beschränkten Haftung der Arbeitnehmer) bereits im Buch angekündigt waren und die zitierten Literaturstellen durchweg auch in den Neuauflagen nahezu unverändert zu finden sind.

Anregungen und Kritik sind weiterhin willkommen, auch über die neuen Internet-Seiten des Oldenbourg Verlages (http://www.oldenbourg.de).

Hans Römer

Vorwort zur ersten Auflage

Dieses Buch soll Ihnen beim Einstieg in die Rechtswissenschaft helfen. Es geht davon aus, daß Sie keine juristischen Vorkenntnisse haben.

Ziel des Buches ist es, Ihnen möglichst schnell und intensiv das Grundlagenwissen zu vermitteln, das Sie für jede Prüfung im Privatrecht, insbesondere für die Zwischenprüfung im Jurastudium oder für die Vordiplomprüfung im Fach Recht für Wirtschaftswissenschaftler, benötigen. Diese Prüfungen beziehen sich nicht nur auf den Allgemeinen Teil des BGB. Sie setzen immer auch Grundlagenwissen aus den anderen Bereichen des Privatrechts voraus, selbst wenn es bis dahin noch nicht gelehrt wurde. Das in diesem Buch vermittelte Grundlagenwissen ist darüber hinaus auch Voraussetzung für ein vertiefendes Jurastudium. Erst wenn man weiß, worum es allgemein geht, ist es sinnvoll, Spezialprobleme vertieft zu behandeln.

Das wird oft zu wenig beachtet. In den Vorlesungen und der Studienliteratur für Anfänger werden die Einzelprobleme meistens überbewertet. Die Darstellung des Streitstandes verwirrt dann schnell. Man erinnert sich nur, daß an dieser Stelle etwas umstritten war. Mit der Lösung des Falles kommt man aber nicht weiter. In den Klausuren kommt es dementsprechend immer wieder vor, daß vorschnell auf ein umstrittenes Problem zugesteuert wird, ohne daß der Zusammenhang mit der Fallösung beachtet wird. Der Fall wird nicht gelöst, sondern mit Problemen belastet, die gar nicht hineingehören. Dem soll dieses Buch vorbeugen.

Um in diesem Sinne eine möglichst sichere Grundlage zu bieten, werden die in Grundkursen üblicherweise behandelten Schwerpunkte des Privatrechts in ihrer Grundstruktur dargestellt. Es geht um den „normalen" Fall. Die Lösung orientiert sich an der herrschenden Meinung. Ein wissenschaftlicher Anspruch wird nicht erhoben. Auf den Streitstand wird nur eingegangen, wenn es unumgänglich ist.

Für wertvolle Hinweise und Ratschläge möchte ich **Frau Irmgard Gurtmann, Herrn Christian Ahcin** und **Herrn Christian Armbrüster** herzlich danken.

Es würde mich freuen, wenn Ihnen dieses Buch den Einstieg in die Rechtswissenschaft erleichtert. Kritik und Anregungen sind stets willkommen!

Hans Römer

Inhaltsübersicht

Abkürzungsverzeichnis 12
Arbeitshinweise 15
  1. Gesetzestexte 15
  2. Paragraphen 16
  3. Beispiele 16
  4. Fußnoten 16
  5. Einteilung des Buches 16
  6. Wiederholungsfragen 16
  7. Arbeitsweise 17
  8. Arbeitsgruppe 17

Einführung 18
  1. Lektion: Gesetz und Gerechtigkeit 18
  2. Lektion: Recht haben und Recht bekommen 22
  3. Lektion: Zivilprozeßrecht und materielles Recht ... 35

Grundlagen 37
  4. Lektion: Rechtsgebiete 37
  5. Lektion: Rechtssubjekte und Rechtsobjekte 43
  6. Lektion: Rechtsverhältnisse und rechtliches Handeln ... 48
  7. Lektion: Trennungs- und Abstraktionsprinzip 54
  8. Lektion: Fallbearbeitung 59

Hauptteil 63
  9. Lektion: Willenserklärung 63
  10. Lektion: Anfechtung 69
  11. Lektion: Vertrag 80
  12. Lektion: Schweigen im Rechtsverkehr 86
  13. Lektion: Geschäftsfähigkeit 90
  14. Lektion: Stellvertretung 96
  15. Lektion: Form und Inhalt der Rechtsgeschäfte ... 106
  16. Lektion: Allgemeine Geschäftsbedingungen 112
  17. Lektion: Grundbegriffe der Leistungsstörungen .. 119
  18. Lektion: Unmöglichkeit 124
  19. Lektion: Verzug 131
  20. Lektion: Positive Forderungsverletzung 136
  21. Lektion: Verträge für Dritte 139
  22. Lektion: Abtretung 143
  23. Lektion: Schuldrechtliche Verträge über Gegenstände ... 147
  24. Lektion: Schuldrechtliche Verträge über Tätigkeiten ... 160
  25. Lektion: Bereicherungsausgleich 171

26. Lektion: Deliktsrecht 179
27. Lektion: Verschulden bei Vertragsschluß 192
28. Lektion: Besitz und Eigentum 195
29. Lektion: Eigentumsschutz 202
30. Lektion: Sicherungsgeschäfte 208

Antworten zu den Wiederholungsfragen 222

Normenverzeichnis 245

Stichwortverzeichnis 252

Inhaltsverzeichnis

Abkürzungsverzeichnis 12

Arbeitshinweise 15
  1. Gesetzestexte 15
  2. Paragraphen 15
  3. Beispiele 15
  4. Fußnoten 16
  5. Einteilung des Buches 16
  6. Wiederholungsfragen 16
  7. Arbeitsweise 17
  8. Arbeitsgruppe 17

Einführung 18
  1. Lektion: Gesetz und Gerechtigkeit 18
    I. Gerechtigkeit 18
    II. Wertordnung 19
      1. Gesetz 19
      2. Rechtsgefühl 19
        a) Gewohnheiten 19
        b) Sitte 20
        c) Moral 20
      3. Entscheidung 21
      4. Ein Hinweis 21
  2. Lektion: Recht haben und Recht bekommen 22
    I. Eigene Geltendmachung 22
    II. Mahnung 22
    III. Rechtsanwalt 22
    IV. Beratungshilfe 23
    V. Taktische Überlegungen 23
    VI. Prozeßkostenhilfe 24
    VII. Klage 24
    VIII. Gerichtskostenvorschuß 28
    IX. Rechtshängigkeit 28
    X. Klageerwiderung 28
    XI. Früher erster Termin 30
    XII. Haupttermin 30
    XIII. Beweisaufnahme 30
    XIV. Weitere Verhandlung 31
    XV. Urteil 31
    XVI. Rechtsmittel 35
    XVII. Zwangsvollstreckung 35

3. Lektion: Zivilprozeßrecht und materielles Recht	35
I. Zivilprozeßrecht	36
II. Materielles Recht	36
III. Stoff der Grundkurse	36

Grundlagen ... 37

4. Lektion: Rechtsgebiete	37
I. Privatrecht	37
II. Öffentliches Recht	37
III. Abgrenzung zwischen Öffentlichem Recht und Privatrecht	38
IV. Weitere Unterteilung	38
1. Bürgerliches Recht	39
2. Handelsrecht	39
3. Arbeitsrecht	41
4. Gesellschaftsrecht	42
V. Wiederholungsfragen	42
5. Lektion: Rechtssubjekte und Rechtsobjekte	43
I. Rechtssubjekte	43
1. Natürliche Personen	43
2. Juristische Personen	44
II. Rechtsobjekte	45
1. Körperliche Gegenstände	45
2. Nicht körperliche Gegenstände	47
III. Wiederholungsfragen	47
6. Lektion: Rechtsverhältnisse und rechtliches Handeln	48
I. Rechtsverhältnisse	48
II. Gefälligkeitsverhältnisse	49
III. Rechtliches Handeln	49
1. Rechtsgeschäft	49
a) Willenserklärung	49
b) Unterscheidung nach der Zahl der Beteiligten	49
c) Unterscheidung nach der Rechtswirkung	51
d) Unterscheidung nach dem Rechtsgrund	52
2. Rechtshandlung	52
a) Geschäftsähnliche Handlung	52
b) Realakt	53
VII. Wiederholungsfragen	53
7. Lektion: Trennungs- und Abstraktionsprinzip	54
I. Trennungsprinzip	54
II. Abstraktionsprinzip	56
III. Ausgleichsansprüche	57
IV. Fehleridentität	59
V. Wiederholungsfragen	59
8. Lektion: Fallbearbeitung	59
I. Sachverhalt	60

II. Anspruch	60
III. Anspruchsgrundlage	61
IV. Tatbestand und Rechtsfolge	61
V. Subsumtion	61
VI. Gutachtenstil und Urteilsstil	61
VII. Wiederholungsfragen	62

Hauptteil ... 63

9. Lektion: Willenserklärung ... 63
    I. Erklärungshandlung ... 63
    II. Handlungswille ... 64
    III. Erklärungsbewußtsein ... 64
    IV. Geschäftswille ... 65
    V. Wirksamwerden der Willenserklärung ... 66
        1. Abgabe ... 66
        2. Zugang ... 67
    VI. Auslegung ... 68
    VII. Wiederholungsfragen ... 69

10. Lektion: Anfechtung ... 69
    I. Irrtum als Anfechtungsgrund ... 70
        1. Inhaltsirrtum ... 70
        2. Erklärungsirrtum ... 71
        3. Irrtum über verkehrswesentliche Eigenschaften ... 72
    II. Täuschung oder Drohung als Anfechtungsgrund ... 72
        1. Arglistige Täuschung ... 72
        2. Widerrechtliche Drohung ... 73
    III. Anfechtungsfrist ... 74
    IV. Anfechtungserklärung ... 75
    V. Rückwirkende Nichtigkeit ... 76
    VI. Schadensersatzpflicht ... 77
        1. Vertrauensschaden ... 77
        2. Nichterfüllungsschaden ... 78
    VII. Prüfungsschema ... 79
    VIII. Wiederholungsfragen ... 79

11. Lektion: Vertrag ... 79
    I. Zustandekommen des Vertrages ... 80
        1. Antrag ... 81
        2. Annahme ... 81
    II. Wirksamwerden des Vertrages ... 82
        1. Schwebende Unwirksamkeit ... 82
        2. Haustürgeschäft ... 83
    III. Arten der Verträge ... 84
    IV. Wiederholungsfragen ... 86

12. Lektion: Schweigen im Rechtsverkehr ... 86
   I. Annahme einer Schenkung ... 87
   II. Schweigen auf einen Antrag gemäß § 362 HGB ... 87
   III. Bestätigungsschreiben ... 88
      1. Abgrenzung ... 88
      2. Voraussetzungen ... 89
      3. Rechtsfolgen ... 90
   IV. Wiederholungsfragen ... 90
13. Lektion: Geschäftsfähigkeit ... 90
   I. Geschäftsunfähigkeit ... 91
   II. Beschränkte Geschäftsfähigkeit ... 92
      1. Einwilligung ... 92
      2. Genehmigung ... 93
      3. Einseitige Rechtsgeschäfte ... 94
      4. Rechtlicher Vorteil ... 94
   III. Empfangszuständigkeit ... 95
   IV. Wiederholungsfragen ... 96
14. Lektion: Stellvertretung ... 96
   I. Bote ... 97
   II. Grundverhältnis ... 97
   III. Vertretungsmacht ... 98
      1. Gesetzliche Vertretungsmacht ... 99
      2. Vollmacht ... 99
         a) Widerruf und Erlöschen ... 99
         b) Umfang ... 100
         c) Handelsrechtliche Vollmachten ... 100
      3. Duldungsvollmacht und Anscheinsvollmacht ... 102
   IV. Offenkundigkeitsgrundsatz ... 103
      1. „Geschäft für den, den es angeht" ... 103
      2. Unter fremden Namen ... 103
   V. Vertreter ohne Vertretungsmacht ... 104
   VI. Insichgeschäft ... 105
   VII. Wiederholungsfragen ... 106
15. Lektion: Form und Inhalt der Rechtsgeschäfte ... 106
   I. Form ... 107
      1. Schriftform ... 107
      2. Öffentliche Beglaubigung ... 108
      3. Notarielle Beurkundung ... 108
      4. Weitere Formvorschriften ... 108
      5. Rechtsfolgen bei Formverstoß ... 109
   II. Verstoß gegen das Gesetz ... 109
   III. Verstoß gegen die guten Sitten ... 110
      1. Wucher ... 110
      2. Wucherähnliche Geschäfte ... 111
      3. Rechtsfolge des Sittenverstoßes ... 112

IV. Wiederholungsfragen 112
16. Lektion: Allgemeine Geschäftsbedingungen 112
   I. Begriff 113
   II. Einbeziehung in den Vertrag 114
   III. Inhaltsprüfung 115
   IV. Gegenüber Kaufleuten 116
   V. Prüfungsschema 117
   VI. Rechtsfolge 118
   VII. Wiederholungsfragen 118
17. Lektion: Grundbegriffe der Leistungsstörungen 119
   I. Geschuldete Leistung 119
      1. Stückschuld und Gattungsschuld 120
      2. Konkretisierung 120
   II. Arten der Leistungsstörung 122
   III. Vertretenmüssen 122
      1. Erfüllungsgehilfe 122
      2. Vertretenmüssen bei Gattungsschulden 123
   IV. Wiederholungsfragen 124
18. Lektion: Unmöglichkeit 124
   I. Ursache der Unmöglichkeit 124
      1. Tatsächliche Unmöglichkeit 124
      2. Rechtliche Unmöglichkeit 125
      3. Zeitliche Unmöglichkeit 125
   II. Zeitpunkt der Unmöglichkeit 126
   III. Objektive und subjektive Unmöglichkeit 126
   IV. Regelung der Unmöglichkeit im Gesetz 127
      1. Anfängliche, objektive Unmöglichkeit 127
      2. Anfängliche, subjektive Unmöglichkeit 128
      3. Nachträgliche Unmöglichkeit der einseitigen Leistung 128
      4. Nachträgliche Unmöglichkeit der gegenseitigen Leistung ... 129
   V. Übersicht 130
   VI. Wiederholungsaufgaben 130
19. Lektion: Verzug 131
   I. Schuldnerverzug 131
      1. Voraussetzungen 131
      2. Ersatz des Verzögerungsschadens 132
      3. Schadensersatz wegen Nichterfüllung 133
   II. Gläubigerverzug 134
      1. Voraussetzungen 134
      2. Rechtsfolgen 135
   III. Wiederholungsfragen 135
20. Lektion: Positive Forderungsverletzung 136
   I. Tatbestand 136
      1. Handlung 136
      2. Pflichten 137

3. Kausalität 137
  4. Vertretenmüssen 138
 II. Rechtsfolgen 138
III. Wiederholungsfragen 139
21. Lektion: Verträge für Dritte 139
  I. Vertrag zugunsten Dritter 140
  1. Terminologie 140
  2. Voraussetzungen 140
  3. Rechtsfolgen 141
 II. Vertrag mit Schutzwirkung für Dritte 141
  1. Voraussetzungen 142
  2. Rechtsfolgen 142
III. Wiederholungsfragen 142
22. Lektion: Abtretung 143
  I. Voraussetzungen 144
 II. Rechtsfolgen 145
III. Sicherungszession 146
IV. Factoring 146
 V. Wiederholungsfragen 147
23. Lektion: Schuldrechtliche Verträge über Gegenstände 147
  I. Kaufvertrag 148
  1. Verzug und Unmöglichkeit beim Kaufvertrag ... 149
  2. Schlechtleistung beim Kaufvertrag 149
  3. Kaufmännische Rügeobliegenheit 151
 II. Schenkung 152
III. Miete 154
  1. Leistungsstörungen beim Mietvertrag 155
  2. Beendigung des Mietverhältnisses 155
IV. Leihe 156
 V. Darlehen 156
VI. Verbraucherkredit 157
  1. Schriftform 157
  2. Widerrufsrecht 158
  3. Verbundene Geschäfte 158
VII. Leasing 158
  1. Finanzierungsleasing 159
  2. Operatingleasing 160
VIII. Wiederholungsfragen 160
24. Lektion: Schuldrechtliche Verträge über Tätigkeiten 160
  I. Dienstvertrag 161
  1. Dienstvertrag im allgemeinen 161
     a) Leistungsstörungen 161
     b) Beendigung 162
  2. Arbeitsvertrag 163
     a) Direktionsrecht 164

b) Sphärentheorie 164
　　c) Schadensgeneigte Arbeit 165
　　d) Kündigung 165
　II. Werkvertrag 166
　　1. Mängelgewährleistung 166
　　2. Werklieferungsvertrag 167
　III. Auftrag 168
　　1. Abgrenzung 168
　　2. Zustandekommen und Inhalt 169
　　3. Beendigung 169
　IV. Geschäftsbesorgungsvertrag 169
　V. Wiederholungsfragen 171
25. Lektion: Bereicherungsausgleich 171
　I. Bereicherung 172
　II. Leistungskondiktion 172
　　1. Leistung im Dreiecksverhältnis 173
　　2. Fehlen des rechtlichen Grundes 175
　　3. Ausschluß der Leistungskondiktion 176
　III. Bereicherung in sonstiger Weise 176
　　1. Fehlen des rechtlichen Grundes 177
　　2. Verfügung eines Nichtberechtigten 177
　IV. Umfang des Bereicherungsausgleichs 178
　V. Wiederholungsfragen 179
26. Lektion: Deliktsrecht 179
　I. Unerlaubte Handlung 180
　　1. Handlung 181
　　2. Verletzung der Rechtsgüter 182
　　3. Rechtswidrigkeit 184
　　4. Verschulden 184
　　5. Schadensersatz 185
　II. Schmerzensgeld 185
　III. Vorsätzliche sittenwidrige Schädigung 185
　IV. Haftung für den Verrichtungsgehilfen 186
　　1. Verrichtungsgehilfe 186
　　2. Widerrechtlich zugefügter Schaden 187
　　3. Exculpation 188
　　4. Verhältnis Geschäftsherr–Verrichtungsgehilfe . 188
　　5. Im Vergleich die Haftung für den Erfüllungsgehilfen 189
　V. Produkthaftung 190
　　1. Produkthaftung gemäß § 823 I BGB 190
　　2. Produkthaftungsgesetz 191
　VI. Wiederholungsfragen 191
27. Lektion: Verschulden bei Vertragsschluß 192
　I. Geschäftlicher Kontakt 192
　II. Verletzung einer Pflicht 193

III. Verschulden	193
IV. Schadensersatz	193
V. Haftung Dritter	194
VI. Wiederholungsfragen	194
28. Lektion: Besitz und Eigentum	**195**
I. Besitz	195
1. Besitzdiener	195
2. Arten des Besitzes	196
3. Besitzschutz	197
II. Eigentum	198
1. Arten des Eigentums	198
2. Eigentum an beweglichen Sachen	198
a) Übereignung beweglicher Sachen	199
b) Gutgläubiger Erwerb beweglicher Sachen	200
c) Verlust des Eigentums an beweglichen Sachen	201
3. Eigentum an unbeweglichen Sachen	201
a) Übereignung unbeweglicher Sachen	201
b) Gutgläubiger Erwerb unbeweglicher Sachen	202
c) Verlust des Eigentums an unbeweglichen Sachen	202
III. Wiederholungsfragen	202
29. Lektion: Eigentumsschutz	**202**
I. Eigentümer–Besitzer-Verhältnis	203
1. Herausgabeanspruch des Eigentümers	203
2. Vindikationslage	203
a) Redlicher Besitzer	204
b) Verklagter oder bösgläubiger Besitzer	205
c) Deliktischer Besitzer	205
II. Beseitigungs- und Unterlassungsanspruch	206
1. Rechtswidrige Beeinträchtigung des Eigentums	206
2. Schuldner	206
3. Gläubiger	207
4. Inhalt des Beseitigungsanspruchs	207
5. Unterlassungsanspruch	207
6. Quasinegatorischer Anspruch	208
III. Wiederholungsfragen	208
30. Lektion: Sicherungsgeschäfte	**208**
I. Personalsicherheiten	209
1. Bürgschaft	209
2. Garantie	211
II. Realsicherheiten	212
1. Pfand	212
2. Eigentumsvorbehalt	213
a) Einfacher Eigentumsvorbehalt	213
b) Verlängerter Eigentumsvorbehalt	214
3. Sicherungsübereignung	216

	4. Sicherungszession	218
	5. Grundpfandrechte	218
	a) Hypothek	219
	b) Grundschuld	220
III.	Wiederholungsfragen	221

Antworten zu den Wiederholungsfragen 222
    Antworten zur 4. Lektion 222
    Antworten zur 5. Lektion 223
    Antworten zur 6. Lektion 223
    Antworten zur 7. Lektion 224
    Antworten zur 8. Lektion 224
    Antworten zur 9. Lektion 225
    Antworten zur 10. Lektion 225
    Antworten zur 11. Lektion 227
    Antworten zur 12. Lektion 227
    Antworten zur 13. Lektion 228
    Antworten zur 14. Lektion 229
    Antworten zur 15. Lektion 229
    Antworten zur 16. Lektion 230
    Antworten zur 17. Lektion 231
    Antworten zur 18. Lektion 232
    Antworten zur 19. Lektion 233
    Antworten zur 20. Lektion 234
    Antworten zur 21. Lektion 234
    Antworten zur 22. Lektion 235
    Antworten zur 23. Lektion 236
    Antworten zur 24. Lektion 237
    Antworten zur 25. Lektion 238
    Antworten zur 26. Lektion 239
    Antworten zur 27. Lektion 240
    Antworten zur 28. Lektion 241
    Antworten zur 29. Lektion 242
    Antworten zur 30. Lektion 243

Normenverzeichnis 245

Stichwortverzeichnis 252

Abkürzungsverzeichnis

a. A.	anderer Ansicht
a. E.	am Ende
a. F.	alte Fassung
AcP	Archiv für die civilistische Praxis
ADAC	Allgemeiner Deutscher Automobil-Club
AG	Aktiengesellschaft
AGB	Allgemeine Geschäftsbedingungen
AGBG	Gesetz zur Regelung des Rechts der Allgemeinen Geschäftsbedingungen
AktG	Aktiengesetz
Alt.	Alternative
Anm.	Anmerkung
AO	Abgabenordnung
Art.	Artikel
Artt.	Artikel (mehrere)
Aufl.	Auflage
BAG	Bundesarbeitsgericht
BB	Betriebsberater (Zeitschrift)
BerHG	Gesetz über Rechtsberatung und Vertretung für Bürger mit geringem Einkommen (Beratungshilfegesetz)
BetrVerfG	Betriebsverfassungsgesetz
BeurkG	Beurkundungsgesetz
BGB	Bürgerliches Gesetzbuch
BGBl.	Bundesgesetzblatt
BGH	Bundesgerichtshof
BGHZ	Entscheidungen des Bundesgerichtshofs in Zivilsachen
BRAGO	Bundesgebührenordnung für Rechtsanwälte
BRAO	Bundesrechtsanwaltsordnung
BtMG	Gesetz über den Verkehr mit Betäubungsmitteln
BVerfG	Bundesverfassungsgericht
BVerfGE	Entscheidungen des Bundesverfassungsgerichts
c. i. c.	culpa in contrahendo (Verschulden bei Vertragsabschluß)
ca.	circa (ungefähr)
d. h.	das heißt
e. G.	eingetragene Genossenschaft
e. V.	eingetragener Verein
EDV	elektronische Datenverarbeitung
EGBGB	Einführungsgesetz zum Bürgerlichen Gesetzbuch
EGHGB	Einführungsgesetz zum Handelsgesetzbuche
EheG	Ehegesetz
etc.	et cetera (und so weiter)

f.	folgende
ff.	folgende (mehrere)
Fn.	Fußnote
GBO	Grundbuchordnung
GbR	Gesellschaft bürgerlichen Rechts
GenG	Gesetz betreffend die Erwerbs- und Wirtschaftsgenossenschaften (Genossenschaftsgesetz)
GesR	Gesellschaftsrecht
GewO	Gewerbeordnung
GG	Grundgesetz
ggf.	gegebenenfalls
GH	Geschäftsherr
GKG	Gerichtskostengesetz
GmbH	Gesellschaft mit beschränkter Haftung
GmbHG	Gesetz betreffend die Gesellschaft mit beschränkter Haftung
GVG	Gerichtsverfassungsgesetz
GWB	Gesetz gegen Wettbewerbsbeschränkungen
h. M.	herrschende Meinung
HaustürWG	Gesetz über den Widerruf von Haustürgeschäften und ähnlichen Geschäften
HGB	Handelsgesetzbuch
i. A.	im Auftrag
i. d. F.	in der Fassung
i. V.	in Vertretung
i. V. m.	in Verbindung mit
JR	Juristische Rundschau
JuS	Juristische Schulung (Zeitschrift)
KG	Kommanditgesellschaft
KGaA	Kommanditgesellschaft auf Aktien
KO	Konkursordnung
KostO	Gesetz über die Kosten in Angelegenheiten der freiwilligen Gerichtsbarkeit (Kostenordnung)
KSchG	Kündigungsschutzgesetz
KunstUrhG	Gesetz betreffend das Urheberrecht an Werken der bildenden Künste und der Photographie (Kunsturhebergesetz)
LG	Landgericht
m. N.	mit Nachweisen
m. w. N.	mit weiteren Nachweisen
NJW	Neue Juristische Wochenschrift
Nr.	Nummer
o. ä.	oder ähnliches
OHG	offene Handelsgesellschaft
OLG	Oberlandesgericht
PC	Personal Computer
pFV	positive Forderungsverletzung

Abkürzungsverzeichnis

ProdHaftG	Gesetz über die Haftung für fehlerhafte Produkte (Produkthaftungsgesetz)
pVV	positive Vertragsverletzung
RA	Rechtsanwalt
RGBl.	Reichsgesetzblatt
Rn.	Randnummer
S.	Seite
ScheckG	Scheckgesetz
SchR	Schuldrecht
sog.	sogenannte/r/s
Std.	Stunde
stG	stille Gesellschaft
StGB	Strafgesetzbuch
StPO	Strafprozeßordnung
str.	streitig
StVG	Straßenverkehrsgesetz
StVO	Straßenverkehrs-Ordnung
TVG	Tarifvertragsgesetz
u. ä.	und ähnliche/s
u. a.	unter anderem
Urt. v.	Urteil vom (Datum – Aktenzeichen)
usw.	und so weiter
UWG	Gesetz gegen den unlauteren Wettbewerb
VAG	Gesetz über die Beaufsichtigung der privaten Versicherungsunternehmungen und Bausparkassen (Versicherungsaufsichtsgesetz)
VerbrKrG	Verbraucherkreditgesetz
VerschG	Verschollenheitsgesetz
vgl.	vergleiche
VVaG	Versicherungsverein auf Gegenseitigkeit
VVG	Gesetz über den Versicherungsvertrag
VwGO	Verwaltungsgerichtsordnung
WoBindG	Gesetz zur Sicherung der Zweckbestimmung von Sozialwohnungen (Wohnungsbindungsgesetz)
z. B.	zum Beispiel
ZPO	Zivilprozeßordnung
ZVG	Gesetz über die Zwangsversteigerung und die Zwangsverwaltung

Arbeitshinweise

1. Gesetzestexte

Zur sinnvollen Arbeit mit diesem Buch sind das **Bürgerliche Gesetzbuch (BGB)** und das **Handelsgesetzbuch (HGB)** unabdingbare Voraussetzung. Sie müssen diese Gesetze neben sich liegen haben, wenn sie dieses Buch lesen. Die Gesetzestexte gibt es als Taschenbuchausgabe.
Schlagen Sie bitte jeden im Text zitierten Paragraphen nach und lesen Sie ihn!
Es hat keinen Sinn, hierbei Zeit zu sparen. Es zeigt sich immer wieder, daß selbst Examenskandidaten an einem Fall oder einer Frage verzweifeln, obwohl die Problemlösung ausdrücklich im Gesetz steht.

2. Paragraphen

Paragraphen werden immer so genau wie möglich zitiert. Es wird also nicht nur der Paragraph, sondern möglichst auch der Absatz und der Satz, in dem die betreffende Vorschrift steht, genannt. Unter den Juristen haben sich dabei Abkürzungen eingebürgert. Die Absätze der Paragraphen werden mit römischen Ziffern und die Sätze in den Absätzen wieder mit arabischen Ziffern angegeben. Auch für die Gesetze gibt es Abkürzungen. Die Bedeutung der Abkürzungen können Sie aus dem Abkürzungsverzeichnis entnehmen.

> Beispiel: § 433 Absatz 1 Satz 1 des Bürgerlichen Gesetzbuches = § 433 I 1 BGB.

Mehrere Paragraphen werden durch zwei Paragraphenzeichen[1] (§§), mehrere Artikel durch ein doppeltes „t" in der Abkürzung für Artikel (Artt.) gekennzeichnet.

3. Beispiele

Die kleingedruckten Textstellen enthalten Beispiele oder andere Erläuterungen zum Großgedruckten. Beim ersten Mal sollten Sie die Beispiele und Erläuterungen unbedingt mitlesen. Beim Wiederholen können Sie das Kleingedruckte überspringen, wenn Sie die Aussagen im Großgedruckten sicher verstanden haben.

---

[1] Zur Herkunft des Paragraphenzeichens siehe den Aufsatz von Ahcin/Carl, JZ 1991, S. 915–917.

4. Fußnoten

In den Fußnoten[2] sind weiterführende Hinweise enthalten. Es werden Zusammenhänge aufgezeigt oder Paragraphen genannt, die Sie nicht unbedingt nachlesen müssen. Auf den Nachweis von Literatur und Rechtsprechung wird weitestgehend verzichtet. Der behandelte Stoff umfaßt ausschließlich Standardprobleme, die in jedem Kommentar oder größeren Lehrbuch nachgeschlagen werden können. Weiterführende Literatur oder Rechtsprechung, die nicht ohne weiteres zu finden ist, wird zitiert.

5. Einteilung des Buches

Das Buch ist nach einem didaktischen Konzept gegliedert. Es besteht aus drei Teilen, die unterschiedlich hohe Anforderungen an Sie stellen:

Die **Einführung** (1.–3. Lektion) können Sie wie einen Roman lesen. Es soll ganz allgemein die Bedeutung des Privatrechts im täglichen Leben aufgezeigt werden und das Interesse am Recht geweckt werden.

Die **Grundlagen** (4.–8. Lektion) sind die unabdingbare Voraussetzung für den Hauptteil. Sie müssen alle Lektionen aus dem Grundlagenteil lernen und beherrschen, um die Lektionen im Hauptteil verstehen zu können.

Der **Hauptteil** (9.–30. Lektion) soll, muß aber nicht, systematisch von vorne bis hinten durchgearbeitet werden. Die Lektionen sind so aufgebaut, daß sie einzeln erarbeitet werden können. Querverweise finden Sie in den Fußnoten. Sie können entsprechend der Gliederung der Vorlesung, die sie besuchen, die jeweils aktuellen Lektionen zur Vorbereitung herausgreifen.

6. Wiederholungsfragen

Die einzelnen Lektionen im Grundlagenteil und im Hauptteil (4.–30. Lektion) schließen mit ein paar Wiederholungsfragen. Diese Wiederholungsfragen sollen Ihnen als Lernkontrolle dienen. Lösen Sie die Wiederholungsfragen **erst einmal allein**. Einen Lösungsvorschlag finden Sie dann **am Ende des Buches**.

---

[2] Die Fußnoten haben hier, wie auch in anderen Lehrbüchern und Zeitschriften für die juristische Ausbildung, eine andere Bedeutung als in juristischen Hausarbeiten. In juristischen Hausarbeiten muß ein Fall gelöst werden. Die Fußnoten müssen die Aussage im Text belegen. Ergänzungen zum Text dürfen darin nicht enthalten sein; denn entweder gehört die Ausführung zu der Fallösung, dann gehört sie in den Text, oder sie ist ohnehin überflüssig. In Lehrbüchern hingegen soll der Stoff gerade auch mit seinen Bezügen zu anderen Rechtsgebieten dargestellt werden. Es sollen Zusammenhänge aufgezeigt werden.

7. Arbeitsweise

Wichtig ist, daß Sie **ausgeruht, ausgeglichen** und **entspannt** mit **Interesse** an die Arbeit gehen. Über die Methode läßt sich sonst nicht viel Verbindliches sagen. Sie müssen Ihren eigenen Stil finden. Manche behalten das Gelernte besser, wenn sie es aufschreiben, andere streichen die wichtigen Textstellen mit bunten Markierstiften an, so daß sie eine optische Lernhilfe erhalten. Jedenfalls bewährt ist das öftere **Wiederholen** des Gelernten! Lesen Sie die Lektion erst einmal ohne Anstrengung, um zu erfahren, um was es überhaupt geht. Lesen Sie dann jedes Kapitel noch einmal Wort für Wort und achten Sie darauf, daß Sie wirklich jeden Satz verstehen. Versuchen Sie nun in Gedanken, den Inhalt des Gelesenen zu wiederholen. Lösen Sie die Wiederholungsfragen. Schlagen Sie im Text nach, wenn Sie etwas vergessen haben oder wenn Ihnen etwas unverständlich erscheint. Schauen Sie erst in die Lösung am Ende des Buches, wenn Sie alle Wiederholungsfragen beantwortet haben.

Arbeiten Sie nicht zuviel auf einmal! Arbeiten Sie lieber mäßig, aber regelmäßig. Es reicht, wenn Sie **regelmäßig** jeden Tag höchstens eine Lektion durcharbeiten. Vergessen Sie bitte nicht, die Paragraphen nachzuschlagen. Sie lernen so mehr, als wenn Sie kurz vor der Prüfung in Panik die Nacht hindurch das ganze Buch auf einmal lesen.

Wiederholen Sie die letzte Lektion oder wenigstens die Wiederholungsfragen, bevor Sie die nächste Lektion in Angriff nehmen!

8. Arbeitsgruppe

Sehr empfehlenswert ist darüber hinaus das Lernen in einer Arbeitsgruppe. Die Arbeitsgruppe sollte möglichst nicht mehr als vier Mitglieder haben. Alle Mitglieder bereiten allein den Stoff vor, wobei jedes Mitglied verschiedene Schwerpunkte übernimmt. In der Arbeitsgruppe **erklärt** jedes Mitglied den Stoff aus seinem Schwerpunktgebiet. Die anderen stellen **Fragen**. Unklarheiten werden **diskutiert**. Selbstverständlich kann auch eine andere Arbeitstechnik entwickelt werden. Jedenfalls wird beim Erklären, beim Fragen und in der Diskussion der Stoff weit besser durchdrungen und behalten, als beim allein Pauken.

Ich wünsche Ihnen viel Erfolg!

Einführung

Die Einführung soll Ihnen allgemein die Bedeutung des Privatrechts im täglichen Leben zeigen. Grundlegend wichtig ist die 1. Lektion zur Gerechtigkeit. In der 2. Lektion wird ein kleiner Rechtsstreit bis zur Vollstreckung ausführlich beschrieben. In der 3. Lektion wird erklärt, was üblicherweise in Grundkursen gelehrt wird. An diesen Rahmen hält sich auch dieses Buch.

1. Lektion
Gesetz und Gerechtigkeit

Wozu braucht man überhaupt **Gesetze?** Alle Menschen haben ein mehr oder weniger ausgeprägtes **Rechtsgefühl**. Oft ist dieses Gerechtigkeitsgefühl ebenso zutreffend wie das juristische Urteil. Nehmen wir an, V verkauft dem K ein Fahrrad. K weigert sich, zu zahlen. Das Gerechtigkeitsgefühl der meisten Menschen und das Gesetz sagen hier übereinstimmend, daß K dem V den Kaufpreis zahlen muß. Das was hier (fast) jedem klar ist, wird juristisch umständlich mit § 433 II BGB begründet, wonach der Käufer verpflichtet ist, dem Verkäufer den vereinbarten Kaufpreis zu zahlen.

Wie ist es aber, wenn K minderjährig ist? Das Rechtsgefühl fast aller Anfänger kommt hier zu demselben Ergebnis wie eben; anders aber das Gesetz. Danach sind Minderjährige geschäftsunfähig, § 104 BGB, oder beschränkt geschäftsfähig, § 106 BGB. Die Rechtsgeschäfte sind nichtig, § 105 I BGB oder (schwebend) unwirksam, § 107 f. BGB[3]. K muß nicht zahlen. Hat er das Fahrrad mittlerweile demoliert, muß er es nur zurückgeben, aber nicht den Wertverlust ersetzen, §§ 812, 818 III BGB[4].

I. Gerechtigkeit

Um zu entscheiden, welches Ergebnis nun das gerechte ist, müssen wir die Gerechtigkeit definieren. Es sei gleich gesagt, daß eine einfache, klare Definition nicht möglich ist. Die Definition der Gerechtigkeit ist seit der Antike eine zentrale Frage der Rechtsphilosophie. Die Erörterungen zu diesem Thema sind zahlreich. Grob vereinfacht läßt sich sagen, daß **Gerechtigkeit das zeitlos gültige Maß für den angemessenen Ausgleich und die angemessene Verteilung von Gütern und Lasten ist**; oder kurz: **Jedem das Seine.**

---

[3] Zur Geschäftsfähigkeit siehe unten die 13. Lektion: Geschäftsfähigkeit.
[4] Zu den §§ 812, 818 III BGB siehe unten die 25. Lektion: Bereicherungsausgleich.

II. Wertordnung

Was einem jeden zusteht, folgt aus der zugrundeliegenden Wertordnung. Eine zeitlos gültige Wertordnung ist aber genauso schwer zu finden wie die Gerechtigkeit selbst[5]. Für unsere Frage, ob nun die Entscheidung nach dem Gerechtigkeitsgefühl oder nach dem Gesetz gerecht ist, muß die zugrundeliegende Wertordnung herausgearbeitet werden. Sie muß darauf überprüft werden, ob sie zeitlose Gültigkeit beanspruchen kann.

1. Gesetz

Das Gesetz allein ist sicher kein Freibrief für Gerechtigkeit. Die deutsche Geschichte hat das eindringlich gezeigt. Eine allein gesetzmäßige Entscheidung kann sehr ungerecht sein. Gesetz ist nicht gleichbedeutend mit Recht und Gerechtigkeit. Gesetze wie z. B. das BGB und HGB nennt man positives Recht. **Recht und Gerechtigkeit stehen über dem positiven Recht.** Hiervon geht auch Art. 20 III GG aus. Danach ist die Rechtsprechung an „Gesetz und Recht" gebunden. Also nicht nur das Gesetz bindet den Richter in seiner Entscheidung; der Richter muß seine Entscheidung auch an Recht und Gerechtigkeit ausrichten. Der Richter muß sich also trotz sorgfältiger Gesetzesanwendung immer wieder genau die Frage stellen, die wir hier behandeln: Ist die Entscheidung gerecht?

2. Rechtsgefühl

Andererseits ist das Rechtsgefühl auch kein zuverlässiger Maßstab. Das Rechtsgefühl orientiert sich wohl vornehmlich an Gewohnheit, Sitte und Moral.

a) Gewohnheiten

Gewohnheiten sind gleiche Verhaltensweisen in gleichen Situationen. Sie bilden sich bei wiederkehrenden, gleichen Situationen leicht heraus. Nicht nur der einzelne, sondern auch die Gruppe kann Gewohnheiten entwickeln. Die Gewohnheiten einer Gruppe nennt man **Brauch**. Handelt jemand gegen unsere Gewohnheit oder gegen die Gewohnheit unserer Gruppe, erachten wir das schnell als ungerecht.

---

[5] In der Rechtsphilosophie lassen sich seit der Antike folgende Hauptströmungen unterscheiden: Es soll einem jeden das zustehen, was sich aus der Natur, insbesondere aus der Natur des Menschen ergibt **(Naturrecht)**. In Ergänzung dazu soll aus der Vernunft **(Vernunftrecht)** folgen, daß einem nur das zustehen kann, was jedem unter diesen Umständen zustehen kann. Der Gleichheitsgedanke, wie er auch in Art. 3 GG zum Ausdruck kommt, zeigt sich hier. Es ist auch denkbar, daß mehrere Gleichberechtigte frei eine Übereinkunft treffen, was einem jeden zustehen soll **(prozedurale Gerechtigkeitstheorie)**. Näher hierzu: Henkel, Heinrich: Einführung in die Rechtsphilosophie, Grundlagen des Rechts, 2. Aufl. 1977, §§ 32 ff., S. 391 ff.

> Beispiel: Wenn wir bei Tisch immer den selben Platz haben, halten wir es für gerecht, wenn wir auch weiterhin diesen Platz einnehmen. Wir halten es für ungerecht, wenn uns jemand diesen Platz „wegnimmt".

Eine zeitlos gültige Wertordnung kann durch Gewohnheit allein aber nicht begründet werden. Ebenso schnell wie Gewohnheiten entstehen, können sie sich ändern.

b) Sitte

Die gefestigte Gewohnheit wird zur Sitte, wenn sie sozial verbindlich wird. Die Sitte sagt, wie man sich verhalten soll. Bei Verstößen gegen die Sitte ist mit sozialem Druck zu rechnen.

> Beispiel: Es ist heute Sitte, bei Tisch nicht laut zu rülpsen. Tut es doch jemand, wird sozialer Druck auf ihn ausgeübt: Er wird beim Tischgespräch gemieden, es treffen ihn verächtliche Blicke oder gar Tritte unter dem Tisch. Der soziale Druck wird als gerecht empfunden.

Eine zeitlos gültige Wertordnung liegt der Sitte aber nicht notwendig zugrunde. Es gibt gute und schlechte Sitten. Die Sitte selbst sagt nichts darüber aus, ob das Verhalten in dem hier gefragten Sinne gut oder schlecht ist.

> Beispiel: Im Mittelalter entsprach lautes Rülpsen der Sitte. Es war sogar ein Kompliment für den Gastgeber. Es wurde damit ausgedrückt, daß das Essen schmeckt.

Gewohnheit und Sitte können also kein Maßstab für Gerechtigkeit sein. Oder anders ausgedrückt: Wenn es alle tun, heißt das noch lange nicht, daß das gerecht ist. Ein hierauf beruhendes Gerechtigkeitsgefühl ist trügerisch.

c) Moral

Zur Unterscheidung zwischen gut und schlecht bedarf es der Moral. Die **Moral** bildet sich aufgrund gemeinsamer Überzeugung von richtigen Werten. Eine Handlung ist moralisch gut, wenn sie dieser Wertordnung entspricht; sie ist unmoralisch, wenn sie dieser Wertordnung widerspricht. Aber auch die heute herrschende Moral und die Ansichten von Gut und Böse ändern sich im Laufe der Zeit.

> Beispiel: Vor wenigen Jahrzehnten war es noch unmoralisch, wenn ein nicht verheiratetes Paar zusammenlebte. Heute wird das selbst in ländlichen Gegenden nicht mehr als unmoralisch angesehen. Andererseits: Früher stand man dem Schutz der Umwelt gleichgültig gegenüber. Heute ist Umweltverschmutzung auch in kleinem Umfang unmoralisch.

3. Entscheidung

Eine zeitlos gültige Wertordnung ist meines Erachtens nicht vorgegeben. Dennoch liegt es in der Verantwortung von uns Menschen, nach einer solchen zu suchen. Auch wenn wir die Gerechtigkeit nicht finden können, können wir ihr doch mehr oder weniger nahe kommen. Der Gerechtigkeit möglichst nahe zu kommen, liegt in unserer Verantwortung als Mensch. Bei jeder Entscheidung müssen wir uns dieser Verantwortung stellen. Wir müssen uns die zugrundeliegenden Werte bewußt machen, sorgfältig auf ihre zeitlose Gültigkeit prüfen und abwägen.

Ein dem Gerechtigkeitsgefühl meistens zugrundeliegender Wert ist, daß **Verträge zu halten** sind.

Auch die dem Gesetz zugrundeliegende Wertordnung beinhaltet den Satz, daß Verträge zu halten sind, vgl. § 241 BGB. Es sieht aber als Voraussetzung hierfür an, daß der Vertrag **aufgrund freier Willensentschließung** mit der **notwendigen Einsicht** geschlossen wird. Diese Einsicht in die Bedeutung eines Vertragsschlusses ist bei Minderjährigen nicht immer gegeben. Bei der Abwägung zwischen dem **Schutz des Minderjährigen** und dem **Vertrauen** des Vertragspartners gibt es dem Schutz des Minderjährigen den Vorrang. Erkennt man als zeitlos gültigen Maßstab an, daß ein Vertrag nur dann bindend sein kann, wenn er aus freier Willensentschließung mit der notwendigen Einsicht geschlossen wurde, ist die gesetzliche Entscheidung gerecht.

Mit guten Argumenten kann man den Schutz der Minderjährigen auch etwas geringer und das Vertrauen des Vertragspartners etwas stärker gewichten. Das Gerechtigkeitsgefühl muß, auch wenn es mit der gesetzlichen Wertung nicht übereinstimmt, nicht falsch sein.

Dennoch wäre eine Entscheidung allein nach dem Gefühl gegen das Gesetz hier falsch. Das Gesetz schreibt die genannte, im Rahmen der Gerechtigkeit jedenfalls vertretbare Interessenabwägung fest. Sie gilt für alle. Das entspricht dem **Gleichheitssatz** und führt zu **Rechtssicherheit**. Das Gerechtigkeitsgefühl kann dagegen von Mensch zu Mensch sehr unterschiedlich sein. Die zugrundeliegende Wertordnung ist selten bewußt, oft nur oberflächlich und muß entsprechend kritisch gesehen werden. Die Gefahr der Willkür wäre groß.

4. Ein Hinweis

Viele Anfänger haben ein gutes, auf einer ausgeprägten Wertordnung beruhendes Gerechtigkeitsgefühl. Im Laufe des Studiums lernen sie dann aber Fälle kennen, bei denen ihr Rechtsgefühl nicht zu dem vom Gesetz vorgegebenen Ergebnis führt. Das Gesetz hat eine andere Güterabwägung getroffen. Das führt dazu, daß sie ihr Rechtsgefühl **ganz** ablehnen und sich **nur** noch auf die Dogmatik verlassen. Das ist gefährlich!

Geben Sie es nie auf, nach der darüberstehenden Gerechtigkeit zu suchen!

2. Lektion
Recht haben und Recht bekommen

Die gerechte Entscheidung eines Streits hat wenig Sinn, wenn sie Theorie bleibt. Sie muß praktische Folgen haben. Wie kommt man nun zu seinem Recht? Hierzu ein Beispielsfall:

> Studentin S wartet mit ihrer Freundin F bei regnerischem Wetter an einer Bushaltestelle, als ihr Kommilitone K im Auto vorbeikommt. K fährt versehentlich unmittelbar am Bordstein durch eine ölige Pfütze. Der neue Mantel der S im Wert von 1.300 DM ist ruiniert. Das Recht, das hier der S zusteht, folgt aus §§ 7, 18 StVG, §§ 823, 249 BGB; K muß S den Mantel erstatten. Wie kommt nun S zu ihrem Recht?

I. Eigene Geltendmachung

Bevor hier das Gericht angerufen wird, muß S erst einmal **selbst** versuchen, das Geld von K zu bekommen. Es reicht, wenn sie ihn mündlich bittet, ihr 1.300 DM zu bezahlen. In der Praxis wird der Schuldner (hier K) oder gegebenenfalls für ihn die Haftpflichtversicherung ohne weiteres zahlen, wenn Grund und Umfang des Schadens glaubhaft sind. Eine Versicherung wird eine schriftliche Schadensaufstellung und Belege verlangen.

II. Mahnung

Manchmal bedarf es einer **Mahnung**, § 284 BGB. Auch diese kann mündlich erfolgen. Zu Beweiszwecken ist aber die Schriftform zu empfehlen.

Zahlt K auf die Mahnung der S nicht, könnte S bei dem zuständigen Amtsgericht selbst eine Klage einreichen[6]. Hier soll aber der übliche Ablauf eines Zivilstreits geschildert werden. S geht daher zu einem Rechtsanwalt.

III. Rechtsanwalt

Der **Rechtsanwalt** ist ein unabhängiges Organ der Rechtspflege[7]. Jeder hat das Recht, sich von einem Rechtsanwalt beraten und vertreten zu lassen[8]. Rechtliche Grundlage der Beratung und gegebenenfalls Prozeßführung durch den Rechtsan-

---

[6] Das folgt aus § 78 ZPO, wonach ein Anwaltsprozeß nur vor den Landgerichten und allen Gerichten des höheren Rechtszugs, nicht aber vor den Amtsgerichten vorgeschrieben ist.
[7] § 1 BRAO.
[8] § 3 III BRAO.

walt für S ist ein Geschäftsbesorgungsdienstvertrag[9]. Für die Vergütung muß S erst einmal selbst einstehen. Der Rechtsanwalt verlangt üblicherweise einen Vorschuß[10]. Die Höhe der Vergütung richtet sich nach der Rechtsanwaltgebührenordnung (BRAGO), die sich an der Tätigkeit des Rechtsanwalts und an der Höhe des Streitwerts orientiert.

IV. Beratungshilfe

Ist S als Studentin nicht in der Lage, für die Kosten des Rechtsanwalts aufzukommen, hat sie einen Anspruch auf **Beratungshilfe**. Sie kann sich in Berlin, Bremen und Hamburg an eine Stelle für **öffentliche Rechtsberatung** wenden. In den anderen Bundesländern und in Berlin hat sie anstatt der öffentlichen Rechtsberatung (auch) die Möglichkeit, anwaltliche Beratungshilfe in Anspruch zu nehmen; d. h., sie kann mit einem Beratungsschein einen **Rechtsanwalt** ihrer Wahl aufsuchen. Die Kosten trägt dann der Staat. Näheres ist im Beratungshilfegesetz[11] geregelt.

V. Taktische Überlegungen

Der Rechtsanwalt läßt sich von S erst einmal den Sachverhalt, also das was passiert ist, schildern. Er erklärt ihr dann, welche Möglichkeiten sie hat, um zu ihrem Recht zu kommen. Er bittet die S, ihm eine Vollmacht auszustellen.

Obwohl die S den K selbst gemahnt hat, schlägt er vor, daß er als Rechtsanwalt den K noch einmal mahnt. Das ist für eine erfolgreiche Klage zwar nicht mehr notwendig, praktisch bietet es aber Vorteile. K weiß nun, daß die S die Angelegenheit nicht auf sich beruhen lassen will und zahlt vielleicht doch noch. Zwar muß K jetzt auch die bisher entstandenen Anwaltsgebühren bezahlen[12], erspart aber die in einem Rechtsstreit vor Gericht weiter anfallenden Gerichtskosten und weiteren Anwaltskosten – ein Argument, das in einer Mahnung überzeugen kann. S kommt so schneller zu ihrem Geld. Zahlt K nicht, erklärt er vielleicht gegenüber dem Rechtsanwalt, warum er dazu nicht bereit ist. Der Rechtsanwalt kann dann das Prozeßrisiko besser einschätzen und die Klage entsprechend formulieren.

---

[9] Zum Geschäftsbesorgungsvertrag siehe unten im Hauptteil die 24. Lektion, IV. Geschäftsbesorgungsvertrag.
[10] § 17 BRAGO.
[11] Beratungshilfegesetz (BerHG) = Gesetz über Rechtsberatung und Vertretung für Bürger mit geringem Einkommen vom 18. Juni 1980 (BGBl. I, S. 689; BGBl. III, S. 303–315), Schönfelder, Deutsche Gesetze, Nr. 98 b).
[12] §§ 284, 286 BGB, §§ 11, 12, 25, 26, 118 BRAGO.

VI. Prozeßkostenhilfe

Zahlt oder antwortet K nicht, schlägt der Rechtsanwalt der S vor, Klage zu erheben. Hat S nur geringes Einkommen, stellt der Rechtsanwalt einen Antrag auf **Prozeßkostenhilfe**. S hat einen Anspruch auf Prozeßkostenhilfe, wenn sie nach ihren persönlichen und wirtschaftlichen Verhältnissen die Kosten der **Prozeßführung** nicht, nur zum Teil oder nur in Raten aufbringen kann, der beabsichtigte Rechtsstreit hinreichende Aussicht auf Erfolg bietet und nicht mutwillig erscheint[13]. Den Antrag stellt der Rechtsanwalt bei dem Prozeßgericht, hier dem örtlich zuständigen Amtsgericht. Bei Bewilligung der Prozeßkostenhilfe zahlt der Staat die für S gegebenenfalls entstehenden **Prozeßkosten**. Neben den Gerichts- und Anwaltskosten können das z. B. Auslagen für die Entschädigung der Zeugen und Sachverständigen sein[14]. Im übrigen läßt sich aufgrund der Entscheidung über den Antrag zur Prozeßkostenhilfe das Prozeßrisiko abschätzen. Das Prozeßgericht nimmt ja möglicherweise neben der Bedürftigkeit der S auch zu den Erfolgsaussichten des Rechtsstreits Stellung.

VII. Klage

Der Rechtsanwalt reicht dann im Namen der S bei dem zuständigen Amtsgericht eine Klage ein.

Das Amtsgericht ist u. a. grundsätzlich für bürgerlich-rechtliche Streitigkeiten mit einem Streitwert bis zu 10.000 DM zuständig[15]. Eine Streitwertgrenze nach unten gibt es nicht.

Die Klage wird in Form einer Klageschrift eingereicht. Welchen Inhalt eine Klageschrift haben muß, ist im Gesetz geregelt[16].

---

[13] § 114 ZPO.
[14] Vgl. 1900 ff. Anlage 1 zum GKG.
[15] Vgl. im einzelnen § 23 GVG.
[16] Vgl. § 253 ZPO.

2. Lektion: Recht haben und Recht bekommen

Rechtsanwalt 12468 Berlin, den 2. April 1993
Dr. Hubert Hilfreich
Planweg 10

An das
Amtsgericht
Berlin-Charlottenburg
Amtsgerichtsplatz 1

14057 Berlin

Klage

der Studentin Sieglinde Seifert, Moorweg 8, 14711 Berlin,
Klägerin,
Prozeßbevollmächtigter:
Rechtsanwalt Dr. Hubert Hilfreich, Planweg 10, 12468 Berlin,

gegen

den Studenten Karl Karacho, Am See 12, 10815 Berlin,
Beklagten,
wegen Schadensersatz aus Verkehrsunfall
Streitwert 1.300,-- DM.

Namens und in Vollmacht der Klägerin erhebe ich Klage und werde beantragen:

1. Der Beklagte wird verurteilt, an die Klägerin 1.300,-- DM nebst 4% Zinsen seit dem 28. Februar 1993 zu zahlen.

2. Der Beklagte trägt die Kosten des Rechtsstreits.

3. Das Urteil ist notfalls gegen Sicherheitsleistung vorläufig vollstreckbar.

— Seite 2 —

Begründung:

Am Mittwoch, den 3. Februar 1993 gegen 8.30 Uhr stand die Klägerin in Begleitung ihrer Freundin, Frau Nana Obacht, an der Bushaltestelle Neue Kantstraße Ecke Suarezstraße in Berlin-Charlottenburg. In etwa 2 m Entfernung hatte sich durch den einsetzenden Regen am Bordstein bis ca. 1 m in die Fahrbahn hinein eine ölige Wasserpfütze gebildet. Der Beklagte befuhr mit seinem Opel Manta, amtliches Kennzeichen B-UM 123 die Neue Kantstraße in östlicher Richtung. Dabei durchfuhr er die Wasserpfütze mit einer derartigen Geschwindigkeit, daß u. a. die Klägerin bis auf Hüfthöhe mit dem öligen, dreckigen Wasser aus der Pfütze bespritzt wurde.

Beweis: Zeugnis der Frau Nana Obacht,
Hinter den Gärten 9, 10007 Berlin

Der hellbeige Kaschmirmantel, den die Beklagte trug und Eigentum der Beklagten ist, wurde insbesondere durch das im Spritzwasser enthaltene Öl derart beschmutzt, daß eine erfolgreiche Reinigung nicht mehr möglich ist.

Beweis: Sachverständigengutachten

Den Mantel hatte die Klägerin gerade zwei Wochen zuvor im Modehaus Humbug zum Preis von 1.300,-- DM erworben.

Beweis: Quittung des Modehauses Humbug vom
20. Januar 1993 (als Anlage)

Am Donnerstag, den 4. Februar 1993 traf die Klägerin in Begleitung ihrer Freundin, Frau Nana Obacht, den Beklagten in der Mensa, Kiebitzweg 26, Berlin-Dahlem und forderte ihn auf, ihr den Preis des Mantels zu ersetzen. Der Beklagte erwiderte aber lediglich, sie solle doch aufpassen, wo sie herumstehe.

Beweis: Zeugnis der Frau Nana Obacht,
Hinter den Gärten 9, 10007 Berlin

– Seite 3 –

Auch auf ein Schreiben der Klägerin vom 5. Februar 1993, in dem der hier geschilderte Hergang genannt und eine genaue Schadensberechnung enthalten war, reagierte der Beklagte ablehnend. Ebenso blieb die Mahnung der Klägerin vom 26. Februar 1993, dem Beklagten zugegangen am 27. Februar 1993, erfolglos.

Beweis: Schreiben der Klägerin vom 5. Februar 1993
Mahnung der Klägerin vom 26. Februar 1993
(je in Kopie als Anlage)
Rückschein mit der Unterschrift des Beklagten
vom 27. Februar 1993 (als Anlage)

Ebenso erfolglos blieb eine Mahnung durch den Prozeßvertreter der Klägerin vom 16. März 1993, so daß nunmehr Klage geboten ist.

Gerichtskostenvorschuß in Höhe von 51,-- DM in Marken anbei.

Dr. Hilfreich
Rechtsanwalt

Beglaubigte und einfache Abschrift anbei.

VIII. Gerichtskostenvorschuß

Das Gericht wird nach Einreichung der Klageschrift erst tätig, wenn ein Vorschuß für die Gerichtskosten eingegangen ist[17]. Die Zahlung kann durch Gerichtsmarken, die bei dem Gericht gekauft werden können, erfolgen. Die Höhe des Vorschusses entspricht der einer Gerichtsgebühr. Hier sind das 42,-- DM. Außerdem muß die Gebühr für die Zustellung, 9,-- DM, entrichtet werden. Alle Kosten bekommt die Klägerin vom Beklagten erstattet, wenn sie siegt[18].

IX. Rechtshängigkeit

Die Geschäftsstelle des Gerichts legt eine Akte an und leitet diese an den Richter weiter. Der prüft, ob er zuständig ist und stellt (über die Geschäftsstelle[19]) dem Beklagten die beglaubigte und die einfache Abschrift der Klage zu[20]. Die Klage ist damit rechtshängig[21].

Mit der Zustellung der Klage setzt der Richter dem Beklagten K eine Frist zur Klageerwiderung und bestimmt einen Termin zur mündlichen Verhandlung[22]. Die Parteien werden zu diesem Termin geladen.

X. Klageerwiderung

K kann nun zur Klage Stellung nehmen. Er muß es aber nicht. Will er Stellung nehmen, kann auch er einen Rechtsanwalt zu Rate ziehen. Bezüglich der Beratungshilfe und der Prozeßkostenhilfe gelten für ihn die gleichen Regeln wie für die Klägerin.

Der von K gewählte Rechtsanwalt läßt sich den Sachverhalt schildern. K erzählt den Fall aus seiner Sicht. Der Rechtsanwalt berät K über die Rechtslage und schreibt eine Klageerwiderung:

---

[17] § 8 KostO.
[18] §§ 91 ff. ZPO, § 11 II GKG.
[19] § 209 ZPO; die Geschäftsstelle bedient sich der Post, § 211 ZPO.
[20] Vgl. § 271 ZPO.
[21] Vgl. § 261 ZPO.
[22] Üblich ist ein früher erster Termin, § 275 ZPO als sog. Durchlauftermin. Je nach Fallgestaltung hat der Richter auch die Möglichkeit eines schriftlichen Vorverfahrens, § 272 ZPO.

2. Lektion: Recht haben und Recht bekommen

Rechtsanwalt 16420 Berlin, den 14. Mai 1993
Gerold Gegener
Kurfürstendamm 71

An das
Amtsgericht
Berlin-Charlottenburg
Amtsgerichtsplatz 1

14057 Berlin

In Sachen
Seifert ./. Karacho
– 8 C 266/93 –

zeige ich an, daß ich den Beklagten vertrete. Vollmacht wird versichert.

Ich werde beantragen,

                die Klage abzuweisen.

Begründung:

Der Beklagte fährt immer nur so langsam, daß ein Schaden, wie ihn die Klägerin vorträgt, ausgeschlossen ist. Es mag zwar sein, daß der 1.300,-- DM teure Mantel der Klägerin durch Spritzwasser ruiniert wurde; der Beklagte hat damit aber nichts zu tun. Er hat die Klägerin zum ersten Mal gesehen, als sie von ihm forderte, ihr den Preis des Mantels zu ersetzen. Es bestand jedoch für den Beklagten kein Grund, auf diese Forderung einzugehen.

Ich stelle zu.

Gerold Gegener
Rechtsanwalt

Die Klageerwiderung sendet der Rechtsanwalt an das Gericht und an den Rechtsanwalt der Klägerin, der wiederum die Klägerin unterrichtet.

XI. Früher erster Termin

Es folgt der Termin zur mündlichen Verhandlung[23]. Der Termin, zu dem die Parteien nicht persönlich geladen sind, ist vor den Amtsgerichten meist ein sog. „Durchlauftermin". In diesem Termin erörtert der Richter mit den Anwälten die Sach- und Rechtslage. Wenn über das tatsächliche Geschehen keine Einigung erzielt werden kann, wird der Haupttermin anberaumt. Zu diesem Haupttermin werden über die Anwälte die Parteien persönlich und die Zeugin Nana Obacht geladen.

XII. Haupttermin

Im **Haupttermin** werden die Geladenen aufgerufen. Der Richter schaut nach, ob die Parteien, die Anwälte und die Zeugin anwesend sind. Die Zeugin wird dann gebeten, vor der Türe des Gerichtssaals zu warten. Der Richter führt nun in den Sach- und Streitstand ein[24]. Er ist dabei bemüht, eine gütliche Beilegung des Rechtsstreits zu erreichen[25]. Wenn der Streit nicht beigelegt werden kann, stellen die Parteien ihre **Anträge** unter Bezugnahme auf die Schriftsätze zur Klage und Klageerwiderung[26]. Der Richter fragt die Parteien, ob sie noch etwas erklären möchten. Bleiben Tatsachenbehauptungen streitig, folgt die Beweisaufnahme.

XIII. Beweisaufnahme

Zur **Beweisaufnahme** wird die Zeugin Nana Obacht hereingerufen und zur Wahrheit ermahnt[27]. Die Vernehmung beginnt damit, daß die Zeugin über Vornamen und Nachnamen, Alter, Beruf und Wohnort befragt wird[28]. Sie wird dann gebeten, über den Hergang des Geschehens zu berichten[29].

Die Zeugin erzählt darauf, daß sie mit S an der Bushaltestelle an der Kantstraße gestanden habe, als K im Auto vorbeifuhr. Die S sei dabei von oben bis unten naßgespritzt worden. Ihr Mantel habe fürchterlich ausgesehen.

Der Richter fragt nun, wie sie denn den K erkannt habe[30].

Die Zeugin erwidert darauf, daß sie S noch vor dem Vorfall, als K noch vor der roten Ampel stand, auf K aufmerksam gemacht habe. K sei ihr aus einer

---

[23] Vgl. § 275 ZPO.
[24] Gemäß § 137 ZPO beginnt die mündliche Verhandlung zwar mit den Anträgen der Parteien; in der Praxis wird aber meistens schon zuvor die Sach- und Rechtslage erörtert.
[25] § 279 ZPO.
[26] § 297 ZPO.
[27] § 395 ZPO; eine Vereidigung, § 391 ff. ZPO, ist vor dem Amtsgericht selten.
[28] § 395 II ZPO.
[29] § 396 I ZPO.
[30] Vgl. § 396 II ZPO.

2. Lektion: Recht haben und Recht bekommen 31

Vorlesung bekannt. Auch an das auffällige, mit Rostschutzfarbe ausgebesserte Auto könne sie sich erinnern. Sie habe den K schon öfter in diesem Auto gesehen.

Der Richter gestattet nun den Parteien, noch weitere Fragen an die Zeugin zu richten[31].

Wenn die Parteien keine weiteren Fragen haben, entläßt der Richter die Zeugin und erklärt ihr kurz, wo sie ihre Zeugenentschädigung[32] abholen kann. Die Zeugenentschädigung soll die Fahrtkosten, den Verdienstausfall und sonstige Aufwendungen der Zeugin ausgleichen. Sie ist letztendlich von der verlierenden Prozeßpartei zu tragen[33].

XIV. Weitere Verhandlung

Die Verhandlung wird mit den Parteien fortgesetzt. Der Sach- und Streitstand wird erneut erörtert[34]. Wieder ist der Richter bemüht, eine gütliche Beilegung des Rechtsstreits zu erreichen. Eine gütliche Einigung könnte ein **Vergleich**[35] sein, den die Parteien im Prozeß abschließen. Sind die Parteien nicht bereit, sich zu vergleichen, entscheidet der Richter durch Urteil.

XV. Urteil

Das Urteil wird vor dem Amtsgericht üblicherweise in einem besonderen Termin verkündet[36]. In der Praxis ist das keine feierliche Angelegenheit. Die Parteien und Rechtsanwälte nehmen den Termin nicht wahr, da das Urteil sowieso zugestellt wird[37].

---

[31] Vgl. §§ 396 III, 397 ZPO.
[32] § 401 ZPO; vgl. auch das Gesetz über die Entschädigung von Zeugen und Sachverständigen vom 1. Oktober 1969 (BGBl. S. 1756), Schönfelder, Deutsche Gesetze, Nr. 116.
[33] § 91 ff. ZPO.
[34] § 278 II 2 ZPO.
[35] § 779 BGB.
[36] § 310 I 1 2. Alt. ZPO.
[37] § 317 ZPO.

Urteil[38]

Im Namen des Volkes[39]

In dem Rechtsstreit

der Studentin Sieglinde Seifert, Moorweg 8, 14711 Berlin,
                                                            Klägerin,
– Prozeßbevollmächtigter:
Rechtsanwalt Dr. Hubert Hilfreich, Planweg 10, 12468 Berlin –

gegen

den Studenten Karl Karacho, Am See 12, 10815 Berlin,
                                                            Beklagten,
– Prozeßbevollmächtigter:
Rechtsanwalt Gerold Gegener, Kurfürstendamm 71, 16420 Berlin –

hat das Amtsgericht Berlin-Charlottenburg, Abteilung 222, auf die mündliche Verhandlung vom 25. Juni 1993 durch den Richter am Amtsgericht Wagner für Recht erkannt:

1. Der Beklagte wird verurteilt, an die Klägerin 1.300,-- DM nebst 4% Zinsen seit dem 28. Februar 1993 zu zahlen.

2. Der Beklagte trägt die Kosten des Rechtsstreits.

3. Das Urteil ist vorläufig vollstreckbar.

– 2 –

---

[38] § 313 I ZPO, siehe auch § 315 I ZPO.
[39] § 311 I ZPO.

2. Lektion: Recht haben und Recht bekommen

– Seite 2 –

Tatbestand

Am 3. Februar 1993 gegen 8.30 Uhr stand die Klägerin an der Bushaltestelle Neue Kantstraße Ecke Suarezstraße in Berlin-Charlottenburg. Der Beklagte befuhr mit seinem Opel Manta die Neue Kantstraße in östlicher Richtung auf der rechten Fahrbahnseite. Auf der Fahrbahn, etwa 2 m von der Klägerin entfernt, hatte sich eine ölige Wasserpfütze gebildet. Durch das Spritzwasser aus dieser Pfütze wurde der Kaschmirmantel der Klägerin im Wert von 1.300,-- DM derart beschmutzt, daß eine Reinigung nicht mehr möglich ist.

Die Klägerin behauptet, der Beklagte sei so schnell durch die Wasserpfütze gefahren, daß ihr Kaschmirmantel beschmutzt wurde.

Die Klägerin beantragt,

> den Beklagten zu verurteilen, an die Klägerin 1.300,-- DM nebst 4 % Zinsen seit dem 28. Februar 1993 zu zahlen.

Der Beklagte beantragt,

> die Klage abzuweisen.

Der Beklagte behauptet, so langsam gefahren zu sein, daß ein Schaden für die Klägerin nicht entstanden sein könne.

Das Gericht hat Beweis erhoben durch uneidliche Vernehmung der Zeugin Frau Nana Obacht; wegen des Inhalts der Zeugenaussage wird auf das Protokoll vom 25. Juni 1993 verwiesen.

– Seite 3 –

Entscheidungsgründe

Die Klage ist zulässig und begründet. Gemäß §§ 7, 18 StVG und §§ 823, 249 ff. BGB ist der Beklagte zum Schadensausgleich verpflichtet.

Der Beklagte ist am 3. Februar 1993 gegen 8.30 Uhr so schnell durch die Pfütze auf der Neuen Kantstraße gefahren, daß der Mantel der Klägerin bespritzt wurde. Das ergibt sich aus der Aussage der Zeugin K. Diese hat bekundet, daß sie den Beklagten bestimmt als denjenigen erkannt habe, der durch die Pfütze gefahren sei, so daß der Kaschmirmantel der Klägerin bespritzt wurde. Die Aussage der Zeugin ist glaubhaft, denn die Zeugin kannte den Beklagten bereits aus der Universität, so daß eine Verwechslung ausgeschlossen ist.

Der Beklagte hat damit schuldhaft gegen § 1 II StVO verstoßen, so daß er gemäß §§ 7, 18 StVG und §§ 823, 249 ff. BGB zum Schadensersatz verpflichtet ist.

Der Schaden der Klägerin beträgt 1.300,-- DM, da eine Reinigung des neuwertigen Mantels nicht möglich ist.

Die Entscheidung über die Zinsen folgt aus §§ 288, 286 BGB.

Die Entscheidung über die Kosten und die vorläufige Vollstreckbarkeit folgt aus §§ 91, 708 Nr. 11 i. V. m. 713 ZPO.

Wagner

XVI. Rechtsmittel

Gegen das Urteil ist als Rechtsmittel die Berufung vor dem Landgericht statthaft[40]. Eine Berufung hat hier aber keine Aussicht auf Erfolg[41]. Legt K dementsprechend keine Berufung ein, steht mit Ablauf der Berufungsfrist[42] rechtskräftig fest, daß K der S 1.300,-- DM und die im Urteil genannten Zinsen schuldet.

XVII. Zwangsvollstreckung

Zahlt K dennoch nicht, kann S gegen ihn die Zwangsvollstreckung betreiben. Im Rahmen der Zwangsvollstreckung wird der Schuldner, hier K, mit staatlicher Gewalt zur Begleichung seiner Schulden gezwungen. Da der Staat gemäß Art. 20 III GG an Recht und Gesetz gebunden ist, darf die Zwangsvollstreckung nur durchgeführt werden, wenn die gesetzlichen Voraussetzungen[43] gegeben sind. Danach muß das Urteil (**Titel**[44]) mit einer **Klausel**[45] versehen und dem Schuldner **zugestellt**[46] werden. Die Zustellung kann S gleichzeitig mit der Vollstreckung bei dem Gerichtsvollzieher, in dessen Bezirk der Schuldner wohnt, beantragen[47]. Der Gerichtsvollzieher sucht den Schuldner auf und verlangt Zahlung. Will oder kann der Schuldner nicht zahlen, nimmt der Gerichtsvollzieher Geld oder Wertsachen des Schuldners mit. Reicht das nicht zur Begleichung der Kosten der Zwangsvollstreckung, der Prozeßkosten, der Zinsen und der Urteilssumme, kann der Gerichtsvollzieher auch andere Sachen des Schuldners in Besitz nehmen, indem er darauf ein Pfandsiegel („Kuckuck") anbringt[48]. Die Sachen werden dann versteigert[49]. Aus dem Erlös entnimmt der Gerichtsvollzieher die Kosten der Zwangsvollstreckung; sodann erhält die Gläubigerin, Frau Seifert, den Betrag zur Begleichung der Prozeßkosten und des Anspruchs aus dem Urteil. Bleibt ein Rest, erhält ihn der Schuldner.

3. Lektion
Zivilprozeßrecht und materielles Recht

Schon der kleine Fall in der Lektion „Recht haben und Recht bekommen" hat gezeigt, daß der Weg bis zum Erfolg eines Rechtsstreits weit ist und welche

---

[40] § 511 ZPO, § 72 GVG.
[41] § 511 a ZPO: die Berufungssumme muß höher als 1.500,-- DM sein.
[42] § 516 ZPO: die Berufungsfrist beträgt einen Monat.
[43] §§ 704 ff. ZPO.
[44] § 704 ZPO, vgl. auch § 794 ZPO.
[45] § 725 ZPO: „Vorstehende Ausfertigung wird dem (Bezeichnung der Partei) zum Zwecke der Zwangsvollstreckung erteilt".
[46] § 750 ZPO.
[47] Vgl. §§ 753, 764 ZPO.
[48] § 808 ZPO; zum Schuldnerschutz siehe §§ 803 II, 811, 812 ZPO.
[49] § 814 ZPO.

Schwierigkeiten dabei auftreten können. In der Praxis stehen oft nicht die rechtlichen, sondern die **tatsächlichen Probleme** im Vordergrund: Wie heißt der Schuldner und wie ist seine Adresse? Wo ist die Stelle für die Beratungshilfe? Und so weiter.

I. Zivilprozeßrecht

Sind diese Probleme gelöst, stellen sich Fragen wie zum Beispiel: Welches Gericht ist zuständig? Wie muß eine Klageschrift aussehen? Wie bekommt man Prozeßkostenhilfe? Wie läuft das Verfahren vor Gericht? Wie können die vorgetragenen Tatsachen bewiesen werden? Diese Fragen sind Fragen zum Zivilprozeßrecht. Das **Zivilprozeßrecht** regelt das Verfahren, nach dem Ansprüche oder andere Rechte festgestellt und durchgesetzt werden. Das Verfahren vor Gericht ist oft aus manchen Fernsehfilmen bekannt. Insbesondere die Beweisaufnahme kann hier für Spannung sorgen. Auch in der Praxis entscheidet oft eine Beweisaufnahme über den Ausgang des Prozesses. Die Beweisaufnahme betrifft die Feststellung der Tatsachen. Es gilt der Grundsatz, daß jede Partei alle Voraussetzungen einer ihr günstigen Rechtsnorm beweisen muß[50].

II. Materielles Recht

Welche Rechtsnorm hier in Frage kommt und wem welche Rechte aufgrund der festgestellten Tatsachen zustehen, regelt das materielle Recht. Das **materielle Recht** sind die Rechtsnormen, die das Recht als solches ordnen. Es ist die Voraussetzung für das Verständnis des Prozeßrechts. Nur wer die materielle Rechtslage kennt, kann beurteilen, ob z. B. eine vorgetragene Tatsache überhaupt entscheidungserheblich und gegebenenfalls beweisbedürftig ist.

III. Stoff der Grundkurse

Der Einstieg in die Rechtswissenschaft muß daher beim materiellen Recht beginnen. Die Grundkursvorlesungen und Grundkursklausuren behandeln allgemein nicht die Frage, ob die zu beurteilenden Umstände bewiesen werden können. Ausgangspunkt ist regelmäßig ein feststehender Sachverhalt, der allenfalls lebensnah auszulegen ist. Der Inhalt dieses Buches entspricht dem; es wird das materielle Recht behandelt, soweit es in Grundkursen üblicherweise benötigt wird.

---

[50] Vgl. z. B. BGH, Urt. v. 17. Februar 1970 – III ZR 139/67, in BGHZ 53, 245, 250 (Fall Anastasia).

Grundlagen

Voraussetzung eines Studiums des Rechts ist, daß die elementaren Grundbegriffe bekannt sind. Diese Grundlagen werden im folgenden behandelt. Sie erfahren, was unter Privatrecht zu verstehen ist, wer Rechte haben kann und woran Rechte bestehen können, was unter Rechtsverhältnis zu verstehen ist und welche Handlungen rechtlich von Bedeutung sind. Darauf aufbauend kann dann das im ganzen Privatrecht geltende Abstraktionsprinzip erklärt werden. Schließlich erfahren Sie, wie man einen kleinen Fall löst.

4. Lektion
Rechtsgebiete

Die Rechtsordnung läßt sich in verschiedene Rechtsgebiete untergliedern. In erster Linie sind hier das Privatrecht und das Öffentliche Recht zu nennen.

I. Privatrecht

Das **Privatrecht** regelt die Rechtsverhältnisse der Bürger untereinander. Die beteiligten Personen sind grundsätzlich einander gleichgeordnet. Es gilt der Grundsatz der **Privatautonomie**; d. h. jeder kann seine Lebensverhältnisse im Rahmen der Rechtsordnung eigenverantwortlich regeln, insbesondere frei darüber entscheiden, ob und mit welchem Inhalt er Verträge schließen will[51]. Auch der Staat kann privatrechtlich handeln. Man spricht dann von fiskalischem oder verwaltungsprivatrechtlichem Handeln[52].

II. Öffentliches Recht

Das **Öffentliche Recht** regelt das Verhältnis des Einzelnen zum Staat und die staatliche Organisation als solche. Hier ist der Bürger dem Staat grundsätzlich untergeordnet. Das heißt aber nicht, daß die Macht des Staates gegenüber dem Einzelnen grenzenlos ist. Es gilt der Vorbehalt des Gesetzes. Das heißt, die staatliche Gewalt ist an Gesetz und Recht gebunden. Art. 20 III GG stellt das klar. In diesem Sinne begründet und begrenzt das Öffentliche Recht die staatlichen Befugnisse.

---

[51] Zu den Grenzen der Vertragsfreiheit siehe unten die 15. Lektion: Form und Inhalt der Rechtsgeschäfte.
[52] Der Grundsatz der Privatautonomie ist hier eingeschränkt. Im einzelnen ist vieles streitig. Literatur: Hartmut Maurer, Allgemeines Verwaltungsrecht, 7. Aufl. 1990, § 3, II.

III. Abgrenzung zwischen Öffentlichem Recht und Privatrecht

Die Abgrenzung der beiden Rechtsgebiete ist nicht nur wegen der unterschiedlichen Grundsätze, der Privatautonomie im Privatrecht und dem Vorbehalt des Gesetzes im Öffentlichen Recht, wichtig. Es gelten auch unterschiedliche Rechtswege. So sind die Verwaltungsgerichte für öffentlich-rechtliche Streitigkeiten zuständig[53]; privatrechtliche Streitigkeiten gehören vor die Zivilgerichte[54].

Zur Unterscheidung zwischen Öffentlichem Recht und Privatrecht gibt es verschiedene Theorien. Nach der **modifizierten Subjektstheorie** oder Zuordnungstheorie handelt es sich um eine öffentlich-rechtliche Norm, wenn in der Norm als Berechtigter oder Verpflichteter ein Träger hoheitlicher Gewalt vorausgesetzt wird. Nach der **Subjektionstheorie** ist Öffentliches Recht gegeben, wenn zwischen dem Hoheitsträger und dem Bürger ein Über- und Unterordnungsverhältnis besteht. Nach der **Interessentheorie** handelt es sich um eine öffentlich-rechtliche Norm, wenn sie dem öffentlichen Interesse dient. Es gibt noch weitere Theorien. Alle Theorien sind umstritten. Im Einzelfall müssen sie je nach Eignung angewendet werden[55].

IV. Weitere Unterteilung

Die beiden Rechtsgebiete Privatrecht und Öffentliches Recht lassen sich weiter einteilen. Ein Teilgebiet des Öffentlichen Rechts ist das **Strafrecht.** Es hat eine eigenständige Bedeutung, eine eigene Gerichtsbarkeit und wird oft als drittes Rechtsgebiet neben dem Privatrecht und Öffentlichem Recht genannt. Auch das **Prozeßrecht** gehört zum Öffentlichen Recht. Es wird üblicherweise in den Grundkursen noch nicht behandelt und soll daher im weiteren außer acht bleiben.

Als weitere Untergliederung gibt es im Öffentlichen Recht das Staatsrecht und das Verwaltungsrecht. Das Verwaltungsrecht läßt sich weiter untergliedern in das Allgemeine Verwaltungsrecht, das Wirtschaftsverwaltungsrecht, das Polizei- und Ordnungsrecht, das Sozialrecht, das Umweltrecht, das Beamtenrecht, das Bau- und Bodenrecht, das Wege- und Verkehrsrecht, das Wasserrecht usw.

Das Privatrecht läßt sich nach den beteiligten Personen oder nach der zu regelnden Materie aufteilen in das Bürgerliche Recht, das Handelsrecht, das Arbeitsrecht, das Gesellschaftsrecht, das Wertpapierrecht, das Urheberrecht usw.

Nicht alle Rechtsmaterien lassen sich eindeutig dem Öffentlichen Recht oder dem Privatrecht zuordnen. Z. B. das Bankrecht oder das Kartellrecht enthalten Vorschriften aus beiden Rechtsgebieten. Auch in dem dem Privatrecht zuzuord-

---

[53] § 40 VwGO.
[54] § 13 GVG.
[55] Literatur: Hartmut Maurer, Allgemeines Verwaltungsrecht, 7. Aufl. 1990, § 3, III.

nenden Handelsrecht[56] oder selbst im Bürgerlichen Recht gibt es öffentlich-rechtliche Normen. Sie sollen hier erst einmal außer Betracht bleiben.

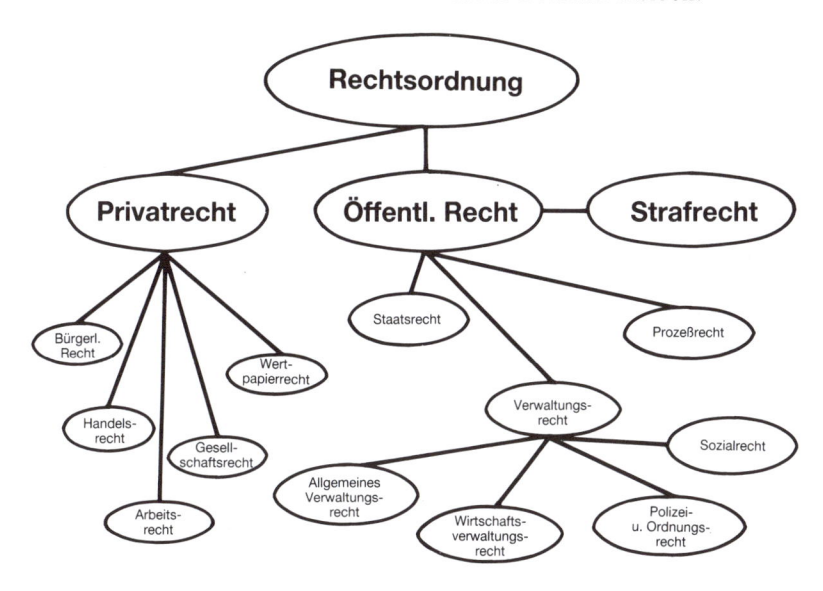

```
                          Rechtsordnung
              /                |               \
       Privatrecht         Öffentl. Recht      Strafrecht
       /    |    \          /      |    \
  Bürgerl. Wert-        Staatsrecht   Prozeßrecht
   Recht   papierrecht
  Handels-  Gesell-         Verwaltungs-
   recht   schaftsrecht        recht              Sozialrecht
    Arbeits-      Allgemeines
     recht        Verwaltungs-   Wirtschafts-    Polizei-
                     recht       verwaltungs-    u. Ordnungs-
                                    recht           recht
```

Hier ist das Privatrecht mit seinen wichtigsten Untergliederungen von Interesse.

1. Bürgerliches Recht

Das **Bürgerliche Recht** enthält Regelungen für das Recht des Bürgers im allgemeinen. Die Vorschriften stehen vor allem im Bürgerlichen Gesetzbuch (BGB). Das **BGB** ist in fünf Bücher untergliedert: Allgemeiner Teil, Recht der Schuldverhältnisse, Sachenrecht, Familienrecht und Erbrecht. Im Allgemeinen Teil sind die Regelungen zusammengefaßt, die auch in den anderen Büchern gelten. Die Regelungen müssen daher nicht in jedem Buch wiederholt werden. Daneben gibt es viele Nebengesetze wie z. B. das Verbraucherkreditgesetz (VerbrKrG), das Gesetz über die Allgemeinen Geschäftsbedingungen (AGBG), das Gesetz über den Widerruf von Haustürgeschäften (HaustürWG) und das Ehegesetz (EheG).

2. Handelsrecht

Das **Handelsrecht** ist das Sonderprivatrecht der Kaufleute. **Kaufmann** ist, wer ein Handelsgewerbe betreibt, § 1 I HGB. Ein Handels**gewerbe** setzt voraus, daß ein Gewerbe betrieben wird. Unter **Gewerbe** versteht man eine selbständige, offene, planmäßige, auf Gewinnerzielung gerichtete Tätigkeit mit Ausnahme der freien Berufe. Dabei ist selbständig, wer im wesentlichen frei seine Tätigkeit gestalten und seine Arbeitszeit bestimmen kann, vgl. § 84 I 2 HGB. Offen ist die Tätigkeit,

---

[56] Z. B. sind §§ 14, 29, 238 HGB öffentlich-rechtliche Normen.

wenn auf dem Markt werbend angeboten wird. Das muß planmäßig, also auf eine gewisse Dauer, nicht nur gelegentlich, mit der Absicht, Gewinn zu erzielen, geschehen. Es kommt nicht darauf an, daß tatsächlich Gewinn erzielt wird.

> Beispiel: Der Inhaber eines Würstchenstandes auf der Grünen Woche in Berlin betreibt ein Gewerbe. Er kann selbst bestimmen, wann und wie er tätig wird; er ist selbständig. Er hat den Stand für die Dauer der Grünen Woche planmäßig eingerichtet. Er bietet die Würstchen auf dem Markt an. Auch wenn er im Ergebnis keinen Gewinn erwirtschaftet, bestand doch die Absicht, Gewinn zu erzielen.

Das Gewerbe **betreibt** der, in dessen Namen die Geschäfte getätigt werden.

> Beispiel: Der Kaufhausinhaber auf seinem Feriensitz in Mallorca betreibt das Gewerbe, auch wenn alle Geschäfte von seinem Prokuristen in Berlin getätigt werden.

Das Gewerbe ist ein **Handels**gewerbe, wenn eines der in § 1 II HGB genannten Grundhandelsgewerbe betrieben wird. An erster Stelle steht hier die Anschaffung und Weiterveräußerung von Waren, ohne Unterschied, ob die Waren unverändert oder nach Bearbeitung weiterveräußert werden.

> Beispiel: Der Bäcker kauft Mehl und backt daraus Brot, das er verkauft. Er betreibt ein Grundhandelsgewerbe gemäß § 1 I Nr. 1 HGB, weil er Waren (das Mehl) nach Verarbeitung (zu Brot) weiterveräußert.

Wer ein Grundhandelsgewerbe betreibt, ist entweder sog. Mußkaufmann oder sog. Minderkaufmann. Der **Mußkaufmann** betreibt ein Grundhandelsgewerbe, das nach Art und Umfang einen in kaufmännischer Weise eingerichteten Geschäftsbetrieb erfordert. Er **ist** kraft Gesetzes Kaufmann und **muß** sich in das Handelsregister eintragen lassen, § 29 HGB. Der **Minderkaufmann** kann sich nicht in das Handelsregister eintragen lassen. Er betreibt zwar auch ein Grundhandelsgewerbe; dieses erfordert aber nach Art und Umfang keine kaufmännische Organisation, wie Buchführung und Fachpersonal. Für ihn gelten gemäß § 4 I HGB nicht die Vorschriften des HGB über die Firma, also auch nicht § 29 HGB. Das gleiche gilt für die Handelsbücher und die Prokura. Weitere Ausnahmen sind in § 351 HGB genannt.

Im Gegensatz zum Minderkaufmann ist oft vom **Vollkaufmann** die Rede. Zu den Vollkaufleuten zählt nicht nur der Mußkaufmann, sondern auch der Soll-, Kann- und Formkaufmann. Näheres steht in den §§ 2, 3 und 6 II HGB.

Das Handelsrecht wird ergänzt durch Nebengesetze, Verordnungen und die Handelsbräuche, § 346 HGB. Das Bürgerliche Recht gilt subsidiär; d. h., es greift ein, soweit das Handelsrecht Platz läßt[57].

---

[57] Art. 2 I EGHGB.

3. Arbeitsrecht

Das **Arbeitsrecht** ist das Sonderrecht der Arbeitnehmer. **Arbeitnehmer** ist, wer weisungsabhängig für einen anderen Arbeit leistet. **Arbeit** kann jede körperliche oder geistige Tätigkeit sein. Auch die Arbeitsbereitschaft kann Arbeit sein.

> Beispiel: Die Kinokassiererin arbeitet, auch wenn gerade kein Kinobesucher eine Eintrittskarte verlangt.

Die Arbeit ist **weisungsabhängig**, wenn der Arbeitnehmer die Arbeit im einzelnen nach den Vorgaben des Arbeitgebers ausführen muß. Der Selbständige ist nicht Arbeitnehmer.

> Beispiel: Die Kinokassiererin muß auf Weisung ihres Arbeitgebers zu vorgegebenen Zeiten an der Kasse sitzen und die Kassiertätigkeit so ausführen, wie es ihr vorgeschrieben ist. Sie ist Arbeitnehmerin. Dagegen ist z. B. der Maler, der die Wohnung renoviert, kein Arbeitnehmer des Wohnungsinhabers. Er muß zwar Farben und Tapeten nach Vorstellung des Wohnungsinhabers verwenden; wie er die Arbeit im einzelnen ausführt, bleibt aber ihm überlassen.

Arbeitgeber ist, wer einen anderen in einem Arbeitsverhältnis als Arbeitnehmer beschäftigt. Während Arbeitnehmer nur natürliche Personen sein können, können Arbeitgeber auch juristische Personen sein.

> Beispiel: Die Volkswagen AG oder die Freie Universität Berlin sind Arbeitgeber, soweit sie Arbeiter und Angestellte beschäftigen.

Die Weisungen an die Arbeitnehmer erteilt in diesem Fall der Vorstand oder der Präsident. Sie können die Direktionsbefugnis auf eine niedrigere Ebene der Hierarchie übertragen.

Das Arbeitsrecht wird unterteilt in das Individualarbeitsrecht und das Kollektivarbeitsrecht. Das **Individualarbeitsrecht** regelt die Beziehungen zwischen Arbeitgeber und Arbeitnehmer. Das **Kollektivarbeitsrecht** regelt die Beziehungen zwischen Gewerkschaften und Arbeitgeberverbänden und zwischen Betriebsräten und Arbeitgebern. Rechtsgrundlage sind viele verschiedene Gesetze, die bislang noch nicht zu einem Arbeitsrechtsbuch zusammengefaßt wurden. So finden sich z. B. im BGB, im HGB und in der Gewerbeordnung (GewO) Vorschriften zum Individualarbeitsrecht. Das Kollektivarbeitsrecht beruht auf dem Tarifvertragsgesetz (TVG), dem Betriebsverfassungsgesetz (BetrVerfG) usw. Für die Entscheidung von Streitigkeiten gibt es die **Arbeitsgerichte**. Auch im Rahmen des Arbeitsrechts gilt das Bürgerliche Recht subsidiär.

4. Gesellschaftsrecht

Das **Gesellschaftsrecht** regelt das Recht der Gesellschaften. Auch hier gibt es kein Gesellschaftsrechtbuch, sondern viele verschiedene Gesetze. Im BGB sind die Vorschriften für den Idealverein[58], den wirtschaftlichen Verein[59], den nicht eingetragenen Verein[60] und die Gesellschaft bürgerlichen Rechts (GbR = BGB-Gesellschaft)[61] enthalten. Im HGB sind die offene Handelsgesellschaft (OHG)[62], die Kommanditgesellschaft (KG)[63], die stille Gesellschaft (stG)[64] und die Reederei[65] geregelt. Die Vorschriften für die Aktiengesellschaft (AG) und die Kommanditgesellschaft auf Aktien (KGaA) finden sich im Aktiengesetz (AktG), für die Gesellschaft mit beschränkter Haftung (GmbH) im GmbH-Gesetz (GmbHG), für die Genossenschaft (e. G.) im Gesetz betreffend die Erwerbs- und Wirtschaftsgenossenschaften (GenG) und für den Versicherungsverein auf Gegenseitigkeit (VVaG) im Gesetz über die Beaufsichtigung der privaten Versicherungsunternehmungen und Bausparkassen (VAG). Das Bürgerliche Recht gilt immer subsidiär.

V. Wiederholungsfragen

1. Was versteht man unter Privatautonomie?
2. Nennen Sie die vier wichtigsten Rechtsgebiete des Privatrechts!
3. Wie wird das Handelsrecht definiert?
4. In welche beiden Gebiete wird das Arbeitsrecht unterteilt?
5. Nennen Sie die Gesellschaften des Privatrechts!
6. Wie ist das BGB aufgebaut?
7. Welche Bedeutung hat das Bürgerliche Recht im Handelsrecht, im Arbeitsrecht und im Gesellschaftsrecht?
8. Wer ist Kaufmann? Was ist ein Gewerbe? Was ist ein Handelsgewerbe?
9. Unterscheiden Sie den Vollkaufmann und den Minderkaufmann!
10. Wer ist Arbeitnehmer, wer Arbeitgeber?

---

[58] §§ 21 bis 79 BGB.
[59] § 22 BGB.
[60] § 54 BGB.
[61] §§ 705 bis 740 BGB.
[62] §§ 105 bis 160 HGB.
[63] §§ 161 bis 177a HGB.
[64] §§ 230 bis 237 HGB.
[65] §§ 489 bis 505 HGB.

5. Lektion
Rechtssubjekte und Rechtsobjekte

Jede Rechtsordnung setzt voraus, daß es jemanden gibt, **der** Rechte und Pflichten hat. Das sind die Rechtssubjekte. Es muß auch etwas geben, **an dem** Rechte bestehen können. Das sind die Rechtsobjekte.

I. Rechtssubjekte

Die Eigenschaft der Rechtssubjekte, Träger von Rechten und Pflichten zu sein, nennt man **Rechtsfähigkeit**. Das BGB bezeichnet die Rechtssubjekte als Personen. Es unterscheidet die natürlichen und die juristischen Personen.

1. Natürliche Personen

Natürliche Person ist jeder Mensch. Mensch ist, wer von Menschen abstammt. Die von allen anderen Maßstäben unabhängige Anerkennung des Menschen ist ein fundamentaler Wert unserer Rechtsordnung. Es ist ohne Bedeutung, ob das von Menschen geborene Leben Eigenschaften besitzt, die Menschen üblicherweise zugeschrieben werden. Auch das verunstaltete oder geistig behinderte Kind ist ein rechtsfähiger Mensch. Der Säugling, der noch nicht sprechen kann, oder der Geistesgestörte sind rechtsfähige natürliche Personen. Sie können z. B. Eigentümer eines Mietshauses sein.

Es sei gleich hier gesagt, daß von der Rechtsfähigkeit die Geschäftsfähigkeit zu unterscheiden ist. Der Säugling kann zwar Eigentümer eines Mietshauses sein; er kann aber keine Mietverträge abschließen oder das Haus verkaufen. Das kann nur ein geschäftsfähiger Vertreter für ihn. Jede Person, die nicht geschäftsfähig ist, hat einen gesetzlichen Vertreter. Für das Kind sind normalerweise die Eltern vertretungsberechtigt[66]. Der Geistesgestörte hat einen Betreuer[67], der für ihn notfalls die Geschäfte abschließt[68]. Die Vertretung muß zum Wohle des Kindes[69] oder des Betreuten[70] erfolgen. Im übrigen wird die Geschäftsfähigkeit und die Vertretung im Hauptteil behandelt[71].

Die Rechtsfähigkeit der natürlichen Person **beginnt** mit Vollendung der Geburt, § 1 BGB[72]. Eine Ausnahme ist in § 1923 II BGB geregelt. Danach gilt, wer

---

[66] §§ 1626, 1629 BGB.
[67] § 1896 BGB.
[68] § 1902 BGB.
[69] § 1627 BGB. und §§ 1631 ff. BGB.
[70] § 1901 BGB.
[71] Siehe unten die 13. Lektion: Geschäftsfähigkeit.
[72] Wird aber ein Kind vor der Geburt, z. B. bei einem Autounfall der Mutter, verletzt, kann es später, wenn es lebend geboren wird, wegen dieser Verletzung einen Schadensersatzanspruch geltend machen. Siehe BGH, Urt. v. 20.12.1952 – II ZR 141/51, in BGHZ 8, 243, 248 f.; BGH, Urt. v. 11.01.1972 – VI ZR 46/71, in BGHZ 58, 48, 50 ff.

vor dem Erbfall bereits gezeugt war, als vor dem Erbfall geboren. Es handelt sich hierbei um eine Fiktion. **Eine Fiktion** unterstellt etwas, obwohl es tatsächlich nicht ist.

Die Rechtsfähigkeit der natürlichen Person **endet** mit dem Tod. Kann der Tod nicht festgestellt werden, weil die Person verschollen ist, gilt das Verschollenheitsgesetz (VerschG). Die Todeserklärung begründet die Vermutung, daß der Verschollene gestorben ist[73]. Es handelt sich hierbei um eine Vermutung. Anders als bei einer Fiktion kann bei einer **Vermutung** die Feststellung durch den Beweis widerlegt werden.

2. Juristische Personen

Juristische Personen des Privatrechts sind entweder Personenvereinigungen oder Vermögensmassen, denen die Rechtsordnung Rechtsfähigkeit zuerkennt. Es kommt auf die Rechtsfähigkeit an. Es sind nicht etwa alle Personenvereinigungen rechtsfähig. So sind z. B. die GbR, die oHG, die KG und die stG **keine** juristischen Personen. Rechtsfähige Personenvereinigungen sind der e. V., die GmbH, die AG, die KGaA, die e. G. und der VVaG. Eine rechtsfähige Vermögensmasse ist die Stiftung.

Der Idealverein, die AG, die KGaA, die GmbH und die e. G. erhalten ihre Rechtsfähigkeit nach dem System der Normativbestimmungen. Nach dem **System der Normativbestimmungen** erhält die Gesellschaft die Rechtsfähigkeit, wenn die im Gesetz festgelegten Voraussetzungen erfüllt sind und die Einhaltung dieser Bestimmungen im Einzelfall vom Staat überprüft wurde.

> Beispiel: Ein rechtsfähiger Verein entsteht nur unter der Voraussetzung, daß er mindestens sieben Mitglieder hat[74] und eine Satzung besteht, die den Zweck, den Namen und den Sitz des Vereins enthält[75]. Er muß vom Vorstand[76] zur Eintragung in das Vereinsregister bei dem Amtsgericht angemeldet werden[77]. Dort werden die Voraussetzungen geprüft. Erst mit der Eintragung erlangt der Verein die Rechtsfähigkeit und wird damit zur juristischen Person, § 21 BGB.

Der wirtschaftliche Verein, § 22 BGB, die Stiftung, § 80ff. BGB, und der VVaG[78] erhalten ihre Rechtsfähigkeit nach dem Konzessionssystem. Nach dem **Konzessionssystem** wird die Rechtsfähigkeit aufgrund pflichtgemäßen Ermessens durch staatliche Verleihung oder Genehmigung erteilt.

---

[73] § 9 I VerschG.
[74] § 56 BGB.
[75] § 57 BGB.
[76] § 26 BGB.
[77] § 59 BGB.
[78] § 15 VAG.

5. Lektion: Rechtssubjekte und Rechtsobjekte

> Beispiel: Einem wirtschaftlichen Verein wird die Rechtsfähigkeit grundsätzlich nur verliehen, wenn andere Gesellschaftsformen unzumutbar sind. Die Behörde kann zum Schutz der Gläubiger Bedingungen aufstellen. Wird die Verleihung der Rechtsfähigkeit verweigert, kann zwar die Verpflichtungsklage beim Verwaltungsgericht erhoben werden; sie hat aber nur Erfolg, wenn das Ermessen der Behörde fehlerhaft war.

Es gibt auch **juristische Personen des öffentlichen Rechts.** Hierzu zählen der Staat, wie z. B. der Bund und die Länder, die Gebietskörperschaften, wie z. B. die Gemeinden und die Kreise, die Anstalten, wie z. B. die Rundfunkanstalten, und die Stiftungen, wie z. B. die Stiftung Preußischer Kulturbesitz. Als juristische Personen sind sie rechtsfähig. Sie können am Privatrechtsverkehr teilnehmen (str.[79]). Im übrigen wird auf die Lehrbücher und die Veranstaltungen zum Öffentlichen Recht verwiesen.

II. Rechtsobjekte

Eine grundlegende Bedeutung der Rechtsordnung liegt in der Verteilung von Gütern. Es muß geregelt sein, welcher Person welche Güter zustehen. Die Personen wurden im I. Kapitel der Lektion behandelt. Hier geht es um die Güter. In der Rechtslehre werden die zu verteilenden Güter, die Gegenstände von Rechten sein können, Rechtsobjekte genannt. Das Gesetz nennt die Rechtsobjekte einfach Gegenstände[80].
Personen haben Rechte; an Gegenständen bestehen Rechte.
Die Rechtsobjekte lassen sich in zwei Gruppen einteilen: die körperlichen und die nicht körperlichen Gegenstände.

1. Körperliche Gegenstände

Die körperlichen Gegenstände werden **Sachen** genannt, vgl. § 90 BGB. Körperlich bedeutet im physikalischen Sinne raumausfüllend. Auf den Aggregatzustand kommt es nicht an. Die Sachen müssen aber von Menschen beherrschbar sein.

> Beispiel: Luft ist physikalisch raumausfüllend, also körperlich. Sie ist aber nur dann eine Sache, wenn sie von Menschen beherrschbar ist. Das ist der Fall, wenn sie sich in einer Flasche (z. B. für den Tauchsport) befindet.

Tiere sind keine Sachen, § 90a BGB. Sie werden durch besondere Gesetze, z. B. das Tierschutzgesetz[81], geschützt. Im übrigen gelten aber die Vorschriften

---

[79] Ob und wie weit die öffentliche Hand dabei an Grundrechte gebunden ist, ist streitig. Literatur: Hartmut Maurer, Allgemeines Verwaltungsrecht, 7. Aufl. 1990, § 3, II.
[80] Siehe z. B. § 260 BGB.
[81] Siehe auch §§ 251 II 2, 903 S. 2 BGB; §§ 765a I 2, 811c I ZPO.

für Sachen entsprechend. Tiere sind Rechtsobjekte. Sie können niemals Rechte haben. An ihnen bestehen Rechte.

Die Sachen lassen sich weiter danach unterteilen, ob sie beweglich oder unbeweglich sind. Grundstücke sind unbewegliche Sachen. Alle anderen Sachen sind beweglich. Weitere Einteilungen sind aus §§ 91 bis 92 BGB ersichtlich.

Im Sachenrecht gilt der Spezialitätsgrundsatz. Nach dem **Spezialitätsgrundsatz** sind dingliche Rechte nur an einzelnen Sachen möglich. So bezieht sich das Recht Eigentum immer nur auf eine Sache. Probleme bereitet deshalb bisweilen die Frage, ob es sich um eine oder um mehrere Sachen handelt. Die Antwort richtet sich in erster Linie nach der Verkehrsanschauung. Entscheidend ist das Wesen, also der übliche Zweck oder Gebrauch der Sache, vgl. § 93 BGB.

> Beispiel: Ein Schachspiel besteht aus einem Brett und 32 Figuren. Es handelt sich dennoch um eine Sacheinheit. An dem Schachspiel kann ein einziges Eigentumsrecht bestehen. Wird aber eine Figur herausgenommen, ist Schachspielen nicht mehr möglich. Die Figuren und das Brett werden zu besonderen Sachen, an denen jeweils Eigentum besteht.

Es kommt nicht auf die physikalische Verbindung an. Im Schachbeispiel sind die Figuren ohne feste Verbindung wesentlicher Bestandteil des Schachspiels. Umgekehrt kommt es vor, daß fest verbundene Sachen keine wesentlichen Bestandteile sind.

> Beispiel: Der Austauschmotor ist kein wesentlicher Bestandteil des Autos. An ihm kann auch nach Einbau ein besonderes Eigentumsrecht bestehen[82].

Es kommt auf den üblichen Gebrauch und den Zweck an. Das wird bei Scheinbestandteilen von Grundstücken besonders deutlich. **Scheinbestandteile** sind Bestandteile, die üblicherweise zum Grundstück gehören; der Einbau erfolgte aber nur zu einem vorübergehenden Zweck. An den Scheinbestandteilen können daher andere Rechte bestehen als an der Hauptsache.

> Beispiel: Ein Mieter baut eine Gasetagenheizung ein. Hier wird angenommen, daß das nur für die Zeit der Miete gedacht ist. Die Etagenheizung wird nicht wesentlicher Bestandteil des Hauses. Der Hauseigentümer wird nicht Eigentümer der Etagenheizung. Der Mieter behält das Eigentum an der Etagenheizung.

---

[82] Streitig! Siehe BGH, Urt. v. 27.06.1973 – VIII ZR 201/72, in JR 1973, S. 462–463 einerseits und die Anmerkung von Pinger, JR 1973, S. 463–464 andererseits.

5. Lektion: Rechtssubjekte und Rechtsobjekte

2. Nicht körperliche Gegenstände

Zu den nicht körperlichen Gegenständen gehören vor allem **Rechte,** soweit über sie verfügt werden kann[83]. Zu ihnen zählen u. a. die dinglichen Rechte und Forderungen. Sie können verkauft und übertragen werden.

Das bekannteste dingliche Recht ist das Eigentum. **Eigentum** ist das umfassende Herrschaftsrecht an einer Sache. Das Eigentum ist also etwas anderes als die Sache selbst. Es ist ein Recht. Davon zu unterscheiden ist der Besitz. Der **Besitz** ist die tatsächliche Herrschaft über eine Sache, vgl. § 854 BGB.

> Beispiel: Verleiht und übergibt A sein Buch an B, ist A weiter Eigentümer. B ist nur Besitzer. Verkauft dagegen A sein Buch an B, reicht die einfache Übergabe nicht. A muß auch das Eigentum am Buch auf B übertragen.

Man spricht von **Übereignung,** wenn die Sache nicht nur übergeben wird, sondern das Eigentum daran übertragen wird. Auch Forderungen können übertragen werden. Die Übertragung einer Forderung nennt man **Abtretung**, vgl. § 398 BGB.

> Beispiel: A hat bei dem Händler H ein Auto gekauft. Das Auto soll in 6 Monaten geliefert werden. A kann nun seine Forderung gegen H auf Übereignung des Autos schon jetzt an C weiterverkaufen und abtreten, vgl. § 398 BGB.

Es gibt noch weitere nicht körperliche Gegenstände. Z. B. können Energien wie elektrischer Strom oder Wasserkraft Gegenstand des Rechtsverkehrs sein. Fast jeder Haushalt erhält z. B. elektrischen Strom aufgrund eines Stromlieferungsvertrages.

III. Wiederholungsfragen

1. Was versteht man unter Rechtsfähigkeit?
2. Wer ist eine natürliche Person?
3. Was ist eine juristische Person?
4. Zählen Sie die juristischen Personen des Privatrechts auf! Welche Personenvereinigungen sind keine juristischen Personen?
5. Worin besteht der Unterschied zwischen Personen und Gegenständen?
6. In welche zwei Gruppen werden die Gegenstände eingeteilt?
7. Was ist eine Sache? Was ist eine bewegliche, was eine unbewegliche Sache?
8. Was versteht man unter dem Spezialitätsgrundsatz?

---

[83] Nicht verfügt werden kann z. B. über das Persönlichkeitsrecht. Das Persönlichkeitsrecht ist kein Gegenstand.

9. Wonach wird beurteilt, ob etwas wesentlicher Bestandteil einer Hauptsache ist?
10. Nennen Sie einen nicht körperlichen Gegenstand!

6. Lektion
Rechtsverhältnisse und Rechtliches Handeln

I. Rechtsverhältnisse

Die Personen und Gegenstände stehen nicht belanglos nebeneinander. Zwischen den verschiedenen Personen bestehen Verhältnisse, die gegebenenfalls rechtlich geregelt sind. Sie sind dann gegenüber der anderen Person zu etwas berechtigt. Typisch für ein Rechtsverhältnis zwischen bestimmten Personen ist das Schuldverhältnis. Ein **Schuldverhältnis** ist ein Rechtsverhältnis zwischen zwei Personen, aufgrund dessen der Gläubiger vom Schuldner eine Leistung fordern kann, § 241 BGB. Ein Schuldverhältnis entsteht durch Gesetz oder durch Rechtsgeschäft.

> Beispiel: A verkauft sein Buch an B. Aufgrund des Kaufvertrages (**Rechtsgeschäft**) besteht nun zwischen A und B ein Rechtsverhältnis. B ist berechtigt, von A die Übereignung des Buches zu verlangen. A ist berechtigt, von B den Kaufpreis zu fordern. Oder: A kickt einen Fußball in die Fensterscheibe des B. Gemäß § 823 I BGB (**Gesetz**) besteht nun zwischen A und B ein Rechtsverhältnis. B ist berechtigt, von A Schadensersatz für die Fensterscheibe zu verlangen.

Die Rechte aus Rechtsverhältnissen zwischen **bestimmten** Personen nennt man **relative Rechte**. Sie wirken ja nur relativ zwischen den beiden.

Die Rechte aus Rechtsverhältnissen zwischen einer Person und **allen anderen** nennt man **absolute Rechte**. Typisch sind hier die dinglichen Rechte. Dingliche Rechte beziehen sich auf Sachen. Das heißt aber nicht, daß das Rechtsverhältnis zwischen der Person und der Sache besteht. Eine Sache ist nicht rechtsfähig und damit als Partner eines Rechtsverhältnisses untauglich. Das dingliche Recht begründet ein Recht an der Sache gegenüber allen anderen Personen.

> Beispiel: Übereignet A dem B sein Buch, erwirbt B das dingliche Recht Eigentum am Buch. Das Eigentum am Buch begründet für B ein Rechtsverhältnis gegenüber allen anderen Personen. B ist als Eigentümer berechtigt, mit dem Buch nach Belieben zu verfahren, vgl. § 903 BGB. Andere, nun auch A, dürfen sein Eigentum nicht stören, vgl. § 1004 BGB.

6. Lektion: Rechtsverhältnisse und rechtliches Handeln

II. Gefälligkeitsverhältnisse

Nicht alle Verhältnisse zwischen den Personen sind rechtlich von Bedeutung. Es gibt weite Bereiche, die entweder gar nicht oder nur durch Sitte und Moral geregelt sind.

> Beispiel: Eine ältere Dame bittet A, ihr das Gepäck die Treppe hinauf zu tragen. Lehnt A ab, ist das zwar nicht nett; aber rechtlich ohne Bedeutung.

Andererseits ist das Verhältnis nicht erst dann rechtlich von Bedeutung, wenn ein Rechtsverhältnis besteht. Es kann auch ein sog. Gefälligkeitsverhältnis begründet werden. Liegt ein **Gefälligkeitsverhältnis** vor, bestehen zwar keine Erfüllungsansprüche; es bestehen aber **Sorgfaltspflichten**. Grundsätzlich darf der Gefallen den anderen nicht schlechter stellen als vorher.

> Beispiel: (Fortsetzung): Ist A bereit, den Koffer der älteren Dame zu tragen, hat die ältere Dame keinen Anspruch darauf, daß ihr A nun auch die Hutschachtel und den Hund hinaufträgt. Andererseits darf er den Koffer nicht zwei Treppen weiter hinunter tragen und dort stehenlassen. In diesem Fall wäre er rechtlich verpflichtet, den Koffer wieder heraufzutragen.

Ob ein Rechtsverhältnis oder nur ein **Gefälligkeitsverhältnis** gegeben ist, richtet sich nach der Bedeutung der Angelegenheit, nach Art, Grund und Zweck der Gefälligkeit und nach der Interessenlage der Beteiligten. Es kommt auf eine objektive Betrachtung an.

> Beispiel: Verspricht E dem L in Berlin, daß er für ein Vorstellungsgespräch in Frankfurt sein Auto haben könne, muß er damit rechnen, daß sich L nun im Vertrauen darauf keine Bahn- oder Flugkarte besorgt und das Vorstellungsgespräch ohne Auto verpaßt. Er muß wissen, daß Vorstellungsgespräche für das berufliche Fortkommen von großer Bedeutung sind. Durch sein Versprechen wird daher nicht nur ein Gefälligkeitsverhältnis, sondern ein rechtlich verbindlicher Leihvertrag begründet. L hat gegenüber E gemäß § 598 BGB einen Erfüllungsanspruch auf Überlassung des Autos.

III. Rechtliches Handeln

Das rechtlich bedeutsame Handeln (rechtliches Handeln) läßt sich in zwei Gruppen einteilen: die Rechtsgeschäfte und die Rechtshandlungen. Bei der Unterscheidung kommt es darauf an, ob die Rechtswirkung der Handlung eintritt, weil sie gewollt ist, oder ob die Rechtswirkung unabhängig vom Willen eintritt.

```
                    ┌──────────────┐
                    │ Rechtliches  │
                    │   Handeln    │
                    └──────┬───────┘
              ┌────────────┴────────────┐
        ┌─────┴──────┐            ┌─────┴──────┐
        │   Rechts-  │            │   Rechts-  │
        │ geschäfte  │            │ handlungen │
        └─────┬──────┘            └─────┬──────┘
     ┌────────┼─────────┐         ┌─────┴─────────┐
┌────┴────┐ ┌─┴──────┐          ┌─┴────────┐  ┌───┴────┐
│einseitige/│ │kausale/│         │geschäfts-│  │Realakte│
│mehrseitige│ │abstrakte│        │ähnliche  │  │        │
└─────┬───┘ └──┬─────┘           │Handlungen│  └────────┘
      └────┬───┘                 └──────────┘
      ┌───┴────────┐
      │verpflichtende/│
      │ verfügende   │
      └──────────────┘
```

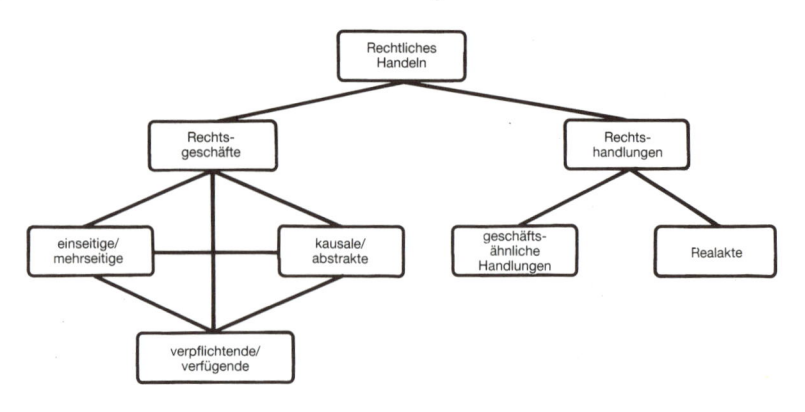

1. Rechtsgeschäft

Bei den Rechtsgeschäften kommt es auf das Wollen an. Ein **Rechtsgeschäft** ist eine Handlung, deren Rechtserfolg gerade deshalb eintritt, weil er gewollt ist.

> Beispiel: Der Kaufvertrag ist ein Rechtsgeschäft. Schließen A und B einen Kaufvertrag, wollen sie Rechtspflichten zur Übereignung der Kaufsache und zur Zahlung des Kaufpreises begründen.

a) Willenserklärung

Die Personen müssen erklären, was sie wollen. Die Rechtsordnung knüpft an den Willen die entsprechenden Rechtsfolgen. Den Bestandteil des Rechtsgeschäfts, der den Willen ausdrückt, nennt man Willenserklärung. Eine **Willenserklärung** ist die Äußerung des auf die Herbeiführung einer Rechtswirkung gerichteten Willens. Die Äußerung muß grundsätzlich nicht ausdrücklich durch das gesprochene oder geschriebene Wort erfolgen. Es reicht, wenn der Wille irgendwie nach außen erkennbar ausgedrückt wird. Man spricht dann von einer konkludenten (schlüssigen) Willenserklärung.

> Beispiel: A geht in den Bäckerladen des B, hält vier Finger in die Höhe, zeigt auf die Brötchen und legt das Geld auf den Ladentisch. Der Bäcker packt vier Brötchen in eine Tüte und gibt sie A. Obwohl hier kein Wort gewechselt wird, haben A und B die für den Kauf und die Übereignung der Brötchen notwendigen Willenserklärungen abgegeben.

b) Unterscheidung nach der Zahl der Beteiligten

Bei manchen Rechtsgeschäften reicht eine Willenserklärung zum Herbeiführen des rechtlichen Erfolgs (einseitige Rechtsgeschäfte).

6. Lektion: Rechtsverhältnisse und rechtliches Handeln 51

> Beispiel: Zur Errichtung des Testaments reicht es, wenn handschriftlich der letzte Wille aufgeschrieben wird, § 2247 BGB. Mit dem Tode des Erblassers ist der im Testament geäußerte Wille des Erblassers rechtsverbindlich. Weitere Beispeile für einseitige Rechtsgeschäfte: §§ 81, 167, 657, 959 BGB.

Bei anderen Rechtsgeschäften sind mehrere Willenserklärungen erforderlich (mehrseitige Rechtsgeschäfte). So kommt ein **Vertrag** nur durch mindestens zwei übereinstimmende Willenserklärungen zustande. Erst wenn beide Willenserklärungen abgegeben sind, tritt die Rechtsfolge des Vertrages ein.

> Beispiel: A bietet dem B für 30 DM sein Buch zum Kauf an. Das Angebot des A ist zwar eine Willenserklärung; die gewollten Rechtsfolgen, nämlich die Verpflichtungen aus dem Kaufvertrag zur Übereignung des Buches und zur Zahlung des Kaufpreises sind aber erst begründet, wenn B das Angebot durch seine Willenserklärung annimmt.

Bei einseitigen und bei mehrseitigen Rechtsgeschäften können neben einer oder mehreren Willenserklärungen **weitere Vollzugsakte** notwendig sein.

> Beispiel: Bei der Übereignung einer beweglichen Sache gemäß § 929 BGB sind nicht nur die Willenserklärungen zur Einigung der Parteien, daß das Eigentum auf den Erwerber übergehen soll, notwendig. Der Eigentümer muß die Sache dem Erwerber auch **übergeben**.

c) Unterscheidung nach der Rechtswirkung

Die Rechtsgeschäfte lassen sich unabhängig von der Zahl der Beteiligten auch nach ihrer Rechtswirkung in verschiedene Gruppen einteilen. Grundlegend wichtig ist die Unterscheidung zwischen Verpflichtungsgeschäft und Verfügung. Ein **Verpflichtungsgeschäft** ist ein Rechtsgeschäft, durch das eine Leistungspflicht begründet wird. Es entsteht dadurch ein Schuldverhältnis. Ein typisches Verpflichtungsgeschäft ist der Abschluß eines Kaufvertrages, § 433 BGB. Eine **Verfügung** ist dagegen ein Rechtsgeschäft, durch das auf ein bestehendes Recht eingewirkt wird um es zu verändern, zu belasten, zu übertragen oder aufzuheben. Im Sachenrecht ist eine typische Verfügung die Übertragung des Eigentums, § 929 BGB. Durch die Übertragung des Eigentums gemäß § 929 BGB wird auf das bestehende Recht Eigentum unmittelbar eingewirkt, indem es übertragen wird. Verfügungen sind aber nicht nur im Sachenrecht geregelt. Verfügungen sind z. B. auch die Abtretung einer Forderung, § 398 BGB, oder die Anfechtung, § 142 BGB. Auch hier wird auf ein bestehendes Recht (die Forderung oder das Recht aus dem angefochtenen Rechtsgeschäft) durch Übertragung oder Aufhebung unmittelbar eingewirkt.

Grundlagen

d) Unterscheidung nach dem Rechtsgrund

Von der Einteilung in Verpflichtung und Verfügung ist die Einteilung der Rechtsgeschäfte in kausal und abstrakt zu unterscheiden[84]. Hier geht es um den Rechtsgrund des Geschäfts. Mit Rechtsgrund ist nicht etwa ein allgemeiner Beweggrund gemeint. Es geht um den **rechtlichen** Beweggrund zum Abschluß des Rechtsgeschäfts, der über die eigene Verpflichtung hinaus geht. Bei gegenseitig verpflichtenden Rechtsgeschäften ist der Rechtsgrund die Verpflichtung des anderen. Bei einseitig verpflichtenden Rechtsgeschäften, wie z. B. der Schenkung, ist zwar kein über die eigene Verpflichtung hinausgehender Rechtsgrund offensichtlich. Hier wird aber die Unentgeltlichkeit als Rechtsgrund angenommen. Rechtsgrund kann auch die Erfüllung einer Verbindlichkeit sein. **Kausale Rechtsgeschäfte** tragen ihren Rechtsgrund in sich. **Abstrakte Rechtsgeschäfte** haben ihren Rechtsgrund außerhalb des Rechtsgeschäfts. Für sich allein betrachtet sind sie neutral. Der Rechtsgrund ergibt sich aus einem anderen Rechtsgeschäft.

> Beispiel: Die Übereignung einer Sache gemäß § 929 BGB ist ein abstraktes Rechtsgeschäft. Sie kann für sich betrachtet z. B. zur Erfüllung eines Kaufvertrages, eines Schenkungsvertrages oder eines Darlehens erfolgen. Sie ist abstrakt. Der Rechtsgrund folgt aus dem entsprechenden Grundgeschäft.

Die meisten abstrakten Rechtsgeschäfte sind Verfügungen. Es gibt aber auch abstrakte Verpflichtungsverträge. Hierzu zählt z. B. das Schuldanerkenntnis, § 781 BGB.

2. Rechtshandlung

Von den Rechtsgeschäften sind die Rechtshandlungen zu unterscheiden. Während bei den Rechtsgeschäften die Rechtsfolge eintritt, weil sie gewollt ist, tritt bei den Rechtshandlungen die Rechtsfolge **unabhängig vom Willen** ein. Rechtshandlungen sind die geschäftsähnliche Handlung und der Realakt.

a) Geschäftsähnliche Handlung

Die geschäftsähnliche Handlung steht dem Rechtsgeschäft nahe. Sie beinhaltet auch eine **Erklärung**. Der Wille bei Abgabe der Erklärung ist aber notwendig nur auf den **tatsächlichen Erfolg** gerichtet. Der Rechtserfolg tritt unabhängig vom Willen des Erklärenden ein.

---

[84] Zur Unterscheidung zwischen kausal und abstrakt siehe auch unten die 7. Lektion, II. Abstraktionsprinzip. Näher zum Ganzen: Larenz, Allgemeiner Teil des deutschen Bürgerlichen Rechts, 7. Auflage 1989, § 18 II. d)

6. Lektion: Rechtsverhältnisse und rechtliches Handeln

> Beispiel: Die Mahnung (§ 284 I BGB) ist eine geschäftsähnliche Handlung. Es ist eine Erklärung, die bezweckt, daß der Schuldner tatsächlich zahlt. Die rechtlichen Folgen der Mahnung, z. B. die Verpflichtung zum Ersatz des Verzugsschadens, § 286 I BGB, treten unabhängig vom Willen des Mahnenden ein. Vielleicht will er auch die Rechtsfolge. Darauf kommt es aber nicht an.
>
> Weitere geschäftsähnliche Handlungen sind z. B. die Aufforderung in § 108 II BGB oder § 177 II BGB, die Abtretungsanzeige, § 409 I BGB, und die Fristsetzung gemäß § 326 I 1 BGB.

Die geschäftsähnliche Handlung ist zwar keine Willenserklärung; viele Vorschriften über die Willenserklärungen (z. B. zur Geschäftsfähigkeit) gelten aber grundsätzlich auch für die geschäftsähnlichen Handlungen. Im Einzelfall müssen die besonderen Umstände berücksichtigt werden.

b) Realakt
Der Realakt ist keine Erklärung. Der Realakt ist eine Rechtshandlung, bei der der Wille nicht notwendig auf den rechtlichen Erfolg gerichtet ist. Die Rechtsfolgen ergeben sich aus dem Gesetz.

> Beispiel: Gibt A dem B sein Buch, ohne dabei die Übertragung des Eigentums zu wollen, liegt zwar eine Rechtshandlung aber kein Rechtsgeschäft vor. Es fehlt der Wille, an den die Rechtsordnung eine Rechtsfolge knüpfen könnte. Dennoch ist die Übergabe rechtlich nicht bedeutungslos. B ist nun Besitzer des Buches, § 854 I BGB. A kann als Eigentümer von B die Herausgabe des Buches fordern, wenn B keinen Rechtsgrund zum Besitz hat, § 985 BGB.

Neben der Übertragung des Besitzes, § 854 I BGB, sind weitere typische Realakte z. B. die Verbindung und Vermischung, §§ 946–948 BGB, und die Verarbeitung, § 950 BGB.

VII. Wiederholungsfragen

1. Was ist ein Schuldverhältnis und wie entsteht es?
2. Unterscheiden Sie absolute und relative Rechte!
3. Welche rechtlichen Pflichten bestehen in einem Gefälligkeitsverhältnis?
4. Definieren Sie das Rechtsgeschäft!
5. Was ist eine Willenserklärung und welche Bedeutung hat sie für das Rechtsgeschäft?
6. Wie kommt ein Vertrag zustande?
7. Unterscheiden Sie Verpflichtungs- und Verfügungsgeschäfte!
8. Was versteht man unter dem Rechtsgrund eines Rechtsgeschäfts?
9. Wodurch unterscheiden sich Rechtshandlungen von Rechtsgeschäften?
10. Erklären Sie die geschäftsähnliche Handlung und den Realakt!

7. Lektion
Trennungs- und Abstraktionsprinzip

I. Trennungsprinzip

Das Trennungsprinzip spaltet einen einheitlichen Lebenssachverhalt in mehrere rechtliche Handlungen auf. <u>Die Verpflichtung wird als **Grundgeschäft** bezeichnet.</u> Die **Erfüllung** der Verpflichtung wird davon unterschieden. Bei Bestellungen ist das noch ganz einsichtig.

> Beispiel: A bestellt beim Versandhaus B eine Waschmaschine zum Preis von 500 DM. B nimmt die Bestellung an. Nach einer Woche liefert B die Waschmaschine an A. Den Geldbetrag schickt A dem Versandhaus B.
>
> Hier kommt ein Kaufvertrag gemäß § 433 BGB durch die Bestellung des A und die Annahme des Versandhauses B zustande. Lesen Sie nun bitte § 433 BGB und beachten Sie die Worte „verpflichtet"! Durch den Kaufvertrag ist B **verpflichtet**, A eine Waschmaschine zu übereignen, § 433 I 1 BGB; A ist **verpflichtet**, den Kaufpreis zu zahlen, § 433 II BGB. Weder Waschmaschine nach Geld haben aber bislang den Eigentümer gewechselt. 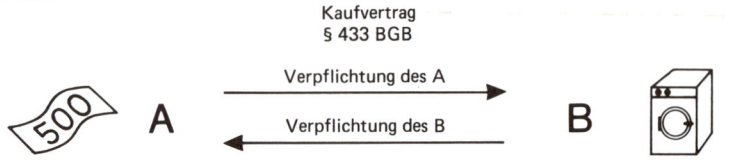
>
> Kaufvertrag
> § 433 BGB
>
> A —Verpflichtung des A→ ←Verpflichtung des B— B
>
> Das Versandhaus B erfüllt nun seine Verpflichtung aus dem Kaufvertrag durch ein Rechtsgeschäft gemäß § 929 BGB. Es liefert dem A die Waschmaschine und „übergibt" sie damit im Sinne des § 929 BGB. Die Willenserklärungen zur Einigung im Sinne des § 929 S. 1 BGB sind konkludent im Liefern und Entgegennehmen der Waschmaschine zu sehen. Das Eigentum an der Waschmaschine wird damit gemäß § 929 BGB von B auf A übertragen. 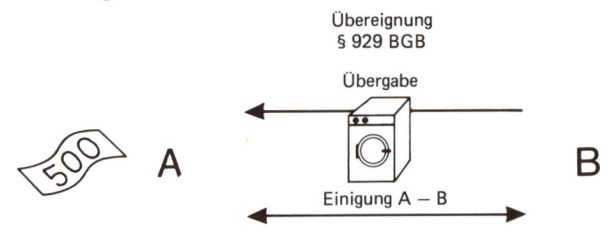
>
> Übereignung
> § 929 BGB
> Übergabe
>
> A ←——— B
> Einigung A – B
>
> A erfüllt nun seine Verpflichtung aus dem Kaufvertrag und schickt B das Geld. Auch das ist ein Rechtsgeschäft gemäß § 929 BGB. Mit dem Schicken „übergibt" A das Geld. Die konkludente Einigung im Sinne des § 929 BGB ist im Zusenden und Entgegennehmen des Geldes zu sehen.

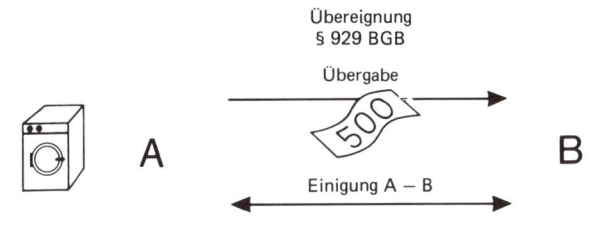

7. Lektion: Trennungs- und Abstraktionsprinzip

>   Übereignung
>   § 929 BGB
>
>   Übergabe
>   [Waschmaschine] ─────────→
>   A   B
>   Einigung A – B
>   ←──────────→
>
> Für das, was umgangssprachlich als „Kauf" bezeichnet wird, haben A und B drei Rechtsgeschäfte geschlossen: einen Kaufvertrag gemäß § 433 BGB und zwei Übereignungen gemäß § 929 BGB.

Das gleiche Prinzip gilt aber auch bei täglichen Bargeschäften.

> Beispiel: A geht in den Zeitungsladen des B. Zeigt auf eine Zeitung und legt 1 DM auf den Tisch. B gibt A die Zeitung und nimmt das Geld.
>
> Obwohl die ganze Aktion nur wenige Sekunden dauert und A und B nicht ein Wort wechseln, werden juristisch drei Rechtsgeschäfte unterschieden: Durch das Zeigen auf die Zeitung gibt A gegenüber B die Willenserklärung ab, die Zeitung kaufen zu wollen. B nimmt dieses Angebot an, indem er die Zeitung dem A gibt. Damit ist der Kaufvertrag gemäß § 433 BGB zustandegekommen. Mit der Übergabe der Zeitung und der einverständlichen Entgegennahme durch A überträgt B das Eigentum an der Zeitung auf A, § 929 BGB. Umgekehrt übereignet A das Geld an B, § 929 BGB.

Das **Trennungsprinzip** sagt also, daß die Erfüllungsgeschäfte vom Grundgeschäft abgetrennt werden. Bei einem Erwerbsgeschäft, das umgangssprachlich als „Kauf" bezeichnet wird, sind demnach ein Kaufvertrag gemäß § 433 BGB und zwei Übereignungen gemäß § 929 BGB zu unterscheiden:
Die Erfüllung kann auch durch einen tatsächlichen Akt erfolgen.

Grundgeschäft

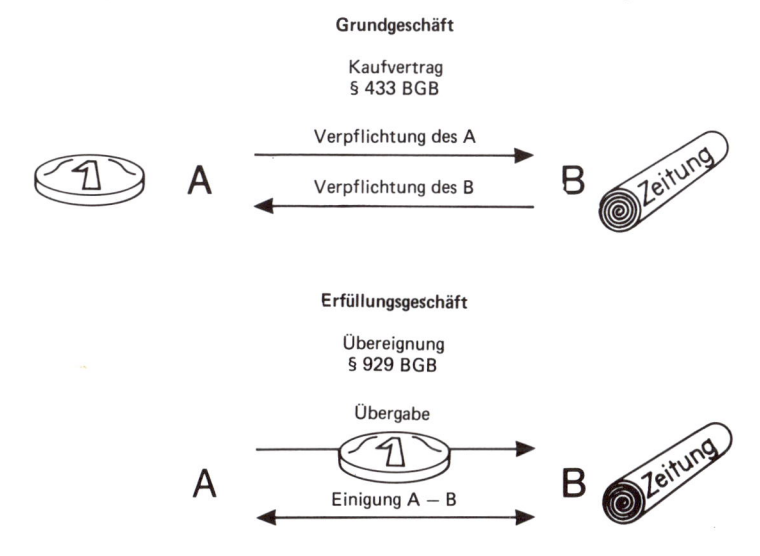

Kaufvertrag
§ 433 BGB

```
              Verpflichtung des A
              ─────────────────→
  [1 DM]  A                        B  [Zeitung]
              ←─────────────────
              Verpflichtung des B
```

Erfüllungsgeschäft

Übereignung
§ 929 BGB

```
                   Übergabe
                   ────────→
          A   [1 DM]              B  [Zeitung]
                  Einigung A – B
                  ←──────────→
```

Erfüllungsgeschäft

Übereignung
§ 929 BGB

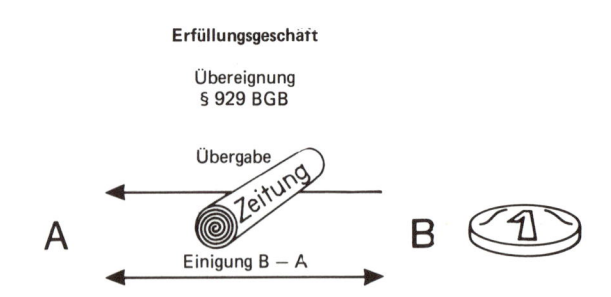

Übergabe

A ←——— Zeitung ———→ B 〔①〕

Einigung B — A

> Beispiel: A und B schließen einen Arbeitsvertrag (Dienstvertrag, § 611 ff. BGB). A verpflichtet sich, für B zu arbeiten. B verpflichtet sich, dem A den Lohn zu zahlen. Hier ist die Zahlung des Lohnes zwar als Übereignung des Geldes (§ 929 BGB) ein Erfüllungsgeschäft. A erfüllt den Vertrag aber nicht durch ein Rechtsgeschäft. Er leistet tatsächlich die Arbeit.

Das Beispiel zeigt auch, daß es nicht immer drei Rechtsgeschäfte sein müssen. Je nach Grundgeschäft kann z. b. ein Erfüllungsgeschäft ausreichen.

> Beispiel: A und B schließen formwirksam einen Schenkungsvertrag (Grundgeschäft, § 518 BGB), in dem sich A verpflichtet, dem B ein Auto zu schenken. A übereignet dann dem B das Auto (Erfüllungsgeschäft, § 929 BGB). Hier wurden insgesamt zwei Rechtsgeschäfte geschlossen.

Es können auch mehrere verschiedene Geschäfte zur Erfüllung eines Grundgeschäfts notwendig sein.

> Beispiel: A verkauft dem B sein Unternehmen. Als Grundgeschäft reicht hier ein Kaufvertrag (§ 433 BGB). Zur Erfüllung muß A aber nicht nur alle Sachen einzeln übereignen (je § 929 BGB), sondern auch z. B. verschiedene Forderungen gegenüber Kunden auf B übertragen (je § 398 BGB). B muß dem A den Kaufpreis zahlen (§ 929 BGB).

II. Abstraktionsprinzip

Noch weiter als das Trennungsprinzip geht das Abstraktionsprinzip. <u>Nach dem **Abstraktionsprinzip** sind die Erfüllungsgeschäfte von der Wirksamkeit des Grundgeschäfts unabhängig. Wenn das Grundgeschäft unwirksam ist, ist deshalb noch nicht die entsprechende Erfüllung unwirksam.</u>

7. Lektion: Trennungs- und Abstraktionsprinzip 57

> Beispiel: Der 17jährige A kauft vor seinem 18. Geburtstag gegen den Willen seiner Eltern ein Fahrrad von B, § 433 BGB. B übereignet das Fahrrad an A nach dessen 18. Geburtstag, § 929 BGB; A zahlt den Kaufpreis, § 929 BGB. Hier ist zwar das Grundgeschäft, § 433 BGB, wegen der beschränkten Geschäftsfähigkeit des A vor seinem Geburtstag erst einmal unwirksam[85]. Die Übereignung des Fahrrads und die Zahlung des Kaufpreises nach Volljährigkeit des A sind aber wirksam.

Die Grundgeschäfte sind **kausal**[86]. Das heißt, sie tragen ihren Rechtsgrund in sich. Bei gegenseitig verpflichtenden Verträgen ist der Rechtsgrund die Verpflichtung des anderen Vertragspartners. Der eine verpflichtet sich zu seiner Leistung, weil und damit der andere zu seiner Leistung verpflichtet wird.

Die Erfüllungsgeschäfte sind **abstrakt**[87]. Hier liegt der Rechtsgrund außerhalb des Geschäfts, nämlich im Grundgeschäft. Die Erfüllungsgeschäfte werden zwar geschlossen, weil die Verpflichtung aus dem Grundgeschäft besteht; als abstrakte Geschäfte bestehen sie aber unabhängig vom Grundgeschäft. Sie beruhen ja auf anderen Willenserklärungen.

Sehr häufig sind die Erfüllungsgeschäfte **Verfügungen**[88]. Das muß aber nicht so sein. Erfüllungsgeschäfte können z. B. auch abstrakte **Verpflichtungsgeschäfte**[89] sein.

> Beispiel: A und B treffen eine Sicherungsabrede, in der sich A verpflichtet, gegenüber B ein Schuldanerkenntnis, § 781 BGB, abzugeben. Hier ist die Sicherungsabrede das Grundgeschäft. Das Schuldanerkenntnis ist, obwohl es ein Verpflichtungsgeschäft ist, das Erfüllungsgeschäft.

III. Ausgleichsansprüche

Probleme ergeben sich aus dem Abstraktionsprinzip, wenn bei Unwirksamkeit des Grundgeschäfts der eine Teil die Leistung dennoch wirksam erhalten hat.

---

[85] § 108 I BGB. In der Zahlung des Kaufpreises durch den jetzt voll geschäftsfähigen A liegt aber möglicherweise auch die konkludente Genehmigung des bislang schwebend unwirksamen Kaufvertrages, vgl. § 108 III BGB.
[86] Zum Begriff „kausal" siehe oben die 6. Lektion, III. 1. d) Unterscheidung nach dem Rechtsgrund.
[87] Zum Begriff „abstrakt" siehe oben die 6. Lektion, III. 1. d) Unterscheidung nach dem Rechtsgrund.
[88] Zur Verfügung siehe oben die 6. Lektion, III. 1. c) Unterscheidung nach der Rechtswirkung.
[89] Zum Verpflichtungsgeschäft siehe oben die 6. Lektion, III. 1. c) Unterscheidung nach der Rechtswirkung.

> Beispiel: Der 17jährige A kauft vor seinem 18. Geburtstag gegen den Willen seiner Eltern ein Fahrrad von B, § 433 BGB. Als B sein Fahrrad zur Erfüllung seiner vermeintlichen Pflicht aus dem Kaufvertrag an A übereignet hat, § 929 BGB, verkündet ihm A unter Hinweis auf das Abstraktionsprinzip, daß das Fahrrad nun ihm gehört, er aber nicht zahlen muß. Der Kaufvertrag, § 433 BGB, ist ja unwirksam, vgl. § 108 I BGB[90].

In diesem Fall ist die Erfüllung aber rechtsgrundlos erfolgt. Eine Verpflichtung bestand ja nicht. Dem Empfänger der Erfüllung steht die Leistung nicht zu. Zur Korrektur dieser Konsequenz des Abstraktionsprinzips gibt es die Vorschriften über die **ungerechtfertigte Bereicherung, §§ 812ff. BGB**. Danach muß die rechtsgrundlose Bereicherung wieder herausgegeben werden[91].

> Beispiel (Fortsetzung): Im genannten Beispiel muß A dem B gemäß § 812 I 1, 1. Alt. BGB das herausgeben, was er von B erlangt hat. Das ist das Eigentum am Fahrrad. A muß das Fahrrad an B zurückübereignen, § 929 BGB.

Probleme treten auch dann auf, wenn (neben dem Grundgeschäft) die Übereignung zur vermeintlichen Erfüllung des Grundgeschäfts unwirksam ist. In diesem Fall ist zwar der Besitz, nicht aber das Eigentum an der Sache übertragen worden. Zur Erinnerung[92]: Besitzer ist der, der die Sache tatsächlich hat, vgl. § 854 I BGB; Eigentümer ist der, dem die Sache gehört.

> Beispiel: A verkauft und übereignet sein altes Fahrrad gegen den Willen seiner Eltern vor seinem 18. Geburtstag an C. Hier ist neben dem Kaufvertrag auch die Übereignung des Fahrrads (§ 929 BGB) unwirksam. A ist noch Eigentümer des Fahrrads. Er hat es aber nicht mehr. C ist Besitzer des Fahrrads.

Hier hat der Eigentümer gegenüber dem Besitzer einen Anspruch auf **Herausgabe der Sache, § 985 BGB**[93].

> Beispiel (Fortsetzung): Im genannten Beispiel muß C als Besitzer das Fahrrad gemäß § 985 BGB an den Eigentümer A zurückgeben.

---

[90] Zu § 108 BGB siehe unten die 13. Lektion, II. 2. Genehmigung.
[91] Zur ungerechtfertigten Bereicherung siehe unten die 25. Lektion: Bereicherungsausgleich.
[92] Siehe oben die 5. Lektion, II. 2. Nicht körperliche Gegenstände.
[93] Zum Anspruch aus § 985 BGB siehe unten die 29. Lektion, I. 1. Herausgabeanspruch des Eigentümers.

IV. Fehleridentität

Das Trennungs- und Abstraktionsprinzip ist immer zu beachten. Es kann jedoch vorkommen, daß alle einzelnen Rechtsgeschäfte aus demselben Grund unwirksam sind. Man spricht dann von Fehleridentität.

> Beispiel: Gegen den Willen seiner Eltern schenkt und übereignet (§§ 516, 929 BGB) der 17jährige A dem C sein altes Fahrrad. Hier ist sowohl der Schenkungsvertrag als auch die Übereignung mangels voller Geschäftsfähigkeit des A unwirksam, 108 I BGB.

In der juristischen Begründung muß aber jedes Geschäft gesondert geprüft werden!

V. Wiederholungsfragen

1. Beschreiben Sie das Trennungsprinzip!
2. Welche Rechtsgeschäfte sind notwendig, um eine Zeitung zu erwerben? Nennen Sie auch die Paragraphen!
3. Erklären Sie, was ein Grundgeschäft, ein Erfüllungsgeschäft, ein kausales Geschäft, ein abstraktes Geschäft, ein Verpflichtungsgeschäft, ein Verfügungsgeschäft ist!
4. In welcher Beziehung stehen die in Frage 3 genannten Geschäfte zueinander?
5. Nennen Sie ein abstraktes Verpflichtungsgeschäft!
6. Erklären Sie das Abstraktionsprinzip!
7. Nach welchen Vorschriften muß eine rechtsgrundlose Bereicherung herausgegeben werden?
8. Unterscheiden Sie Eigentümer und Besitzer!
9. Welches Recht steht dem Eigentümer gegenüber dem Besitzer gemäß § 985 BGB zu?
10. Was versteht man unter Fehleridentität?

8. Lektion
Fallbearbeitung

Die besten Rechtskenntnisse nutzen wenig, wenn sie nicht angewandt werden können. Angewandt werden müssen die Rechtskenntnisse meistens in einer Fallbearbeitung. Leider kann die Fallösung und die Klausurtechnik im Rahmen dieses Buches nicht erschöpfend behandelt werden. Es wird daher auf die zahlreiche Literatur, die sich auch speziell an Anfänger wendet, verwiesen[94]. Jedenfalls bekannt sein müssen aber die folgenden Grundbegriffe:

---

[94] Z. B.: Raimund Brühl, Die juristische Fallbearbeitung in Klausur, Hausarbeit und Vortrag, 2. Auflage 1989; Hermann Fahse/Uwe Hansen, Übungen für Anfänger im Zivil-

I. Sachverhalt

Die Fallösung muß das, was tatsächlich gegeben ist, rechtlich beurteilen. Das, was tatsächlich geschehen ist, ist der **Sachverhalt**.

> Beispiel: A streicht seinen Gartenzaun. Als B vorbeikommt, stößt A aus Unachtsamkeit gegen den Farbtopf, so daß B's Mantel bekleckert wird. Der Mantel hatte einen Wert von 500 DM. Eine Reinigung ist nicht möglich.

In der Praxis bereitet die Feststellung des Sachverhalts oft mehr Schwierigkeiten als die rechtliche Würdigung. In den Übungen oder Klausuren der Grundkurse ist das anders. Hier steht der Sachverhalt fest. Man darf keine Umstände unterstellen, die im Sachverhalt nicht genannt sind. Der Sachverhalt ist aber lebensnah auszulegen, wenn es auf nicht genannte Umstände ankommt.

> Beispiel (Fortsetzung): Im Sachverhalt ist weder gesagt, wie alt A und B sind, noch, in welcher Farbe der Zaun gestrichen wird. Bei lebensnaher Sachverhaltsauslegung ist davon auszugehen, daß A und B volljährig sind. Auf die Farbe kommt es nicht an.

II. Anspruch

In der Praxis wird der Sachverhalt vorgetragen, weil der Kläger vom Beklagten aufgrund der Geschehnisse etwas verlangt. Auch bei Klausuren und Übungsarbeiten endet der Sachverhalt mit einer Frage, in der meistens der eine vom anderen etwas will.

> Beispiel (Fortsetzung): Kann B von A Schadensersatz verlangen? Muß A zahlen? Hat B einen Anspruch auf Schadensersatz in Höhe von 500 DM?

Gefragt ist damit nach einem Anspruch. Ein **Anspruch** ist das Recht, von einem anderen ein Tun oder Unterlassen zu verlangen[95]. Wird ganz allgemein nach der **Rechtslage** gefragt, müssen **alle Ansprüche** gegen **alle** beteiligten Personen geprüft werden.

---

und Strafrecht mit Zwischenprüfung. Eine Anleitung zur Anfertigung von Klausuren und Hausarbeiten, 6. Auflage 1988.

[95] Legaldefinition aus § 194 BGB.

III. Anspruchsgrundlage

Der Anspruch ist nur dann begründet, wenn eine Anspruchs**grundlage** vorhanden ist. Eine **Anspruchsgrundlage** ist ein Rechtssatz (Paragraph, Gewohnheitsrecht, Vertrag o. ä.), der als Rechtsfolge das gewährt, was verlangt wird.

IV. Tatbestand und Rechtsfolge

Wie die Definition zeigt, hat die Anspruchsgrundlage eine Rechtsfolgenseite. Auf der anderen Seite steht der Tatbestand. Der **Tatbestand** beschreibt abstrakt die Umstände, unter denen der Rechtssatz eingreift. Die **Rechtsfolge** sagt, was rechtens ist, wenn der Rechtssatz eingreift. Anders ausgedrückt: Eine Anspruchsgrundlage ist ein „wenn-dann"-Satz. Der „wenn"-Satz ist der Tatbestand, der „dann"-Satz beschreibt die Rechtsfolge.

> Beispiel: Der **Tatbestand** des § 823 I BGB lautet: „Wer vorsätzlich oder fahrlässig das Leben, den Körper, die Gesundheit, die Freiheit, das Eigentum oder ein anderes Recht eines anderen widerrechtlich verletzt". Die **Rechtsfolge** des § 823 I BGB lautet: „ist dem anderen zum Ersatze des daraus entstehenden Schadens verpflichtet."

V. Subsumtion

Die Arbeit bei der Fallösung besteht nun vor allem darin, erstens die geeignete Anspruchsgrundlage zu finden und zweitens den abstrakten Tatbestand der Anspruchsgrundlage mit dem konkreten Sachverhalt zu vergleichen. Den Vergleich des Tatbestands mit dem Sachverhalt nennt man **Subsumtion**. Beim subsumieren muß der Tatbestand ausgelegt werden. Es muß geprüft werden, ob jedes einzelne Tatbestandsmerkmal mit dem gegebenen Sachverhalt erfüllt ist.

> Beispiel (Fortsetzung): In § 823 I BGB sind mehrere Rechtsgüter (Leben, Körper, Gesundheit, Freiheit, Eigentum, „ein anderes Recht") genannt. Eines dieser Rechtsgüter muß „verletzt" sein. Es muß in der Fallösung u. a. begründet werden, daß das Bekleckern des Mantels mit Farbe eine Eigentumsverletzung darstellt.

VI. Gutachtenstil und Urteilsstil

Bei der Fallösung werden zwei Stilarten unterschieden: Gutachtenstil und Urteilsstil.

Der **Gutachtenstil** wird üblicherweise in Klausuren und Übungsarbeiten verlangt. Hier werden die Anspruchsgrundlage und die einzelnen Ausgangspunkte erst einmal unverbindlich genannt.

> Beispiel: B **könnte** gemäß § 823 I BGB von A Schadensersatz verlangen. **Voraussetzung dafür ist**, daß .... **Fraglich ist**, ob .... **Dazu ist erforderlich**, daß ....

Die darauf folgenden Überlegungen führen zum Ergebnis. Das Ergebnis ist die Schlußfolgerung aus den Vorüberlegungen.

> Beispiel: **Daraus folgt**, daß .... A muß **daher (somit, demnach)** an B 500 DM zahlen.

Beim **Urteilsstil** wird zuerst und bestimmt das Ergebnis gesagt.

> Beispiel: A **muß** an B 500 DM Schadensersatz zahlen. ...

Im folgenden wird dann das Ergebnis begründet.

> Beispiel: ... **da (weil)** A Eigentum des B verletzt hat. ... **denn (nämlich)** .... **Daraus folgt**, daß ....

Gegenargumente werden mit einem „zwar-aber"-Satz eingeflochten.

> Beispiel: ... Zwar hat A die Farbe nur aus Unachtsamkeit verschüttet; gemäß § 823 I BGB reicht aber fahrlässiges Verhalten. Fahrlässig handelt, wer die im Verkehr erforderliche Sorgfalt außer acht läßt, § 276 I S. 2 BGB. ...

VII. Wiederholungsfragen

1. Was beschreibt der Sachverhalt?
2. Was ist eine Anspruchsgrundlage?
3. Unterscheiden Sie Sachverhalt und Tatbestand!
4. Welche Bedeutung hat der Tatbestand für die Rechtsfolge?
5. Was versteht man unter Subsumtion?
6. Welche Verbindungswörter sind für den Gutachtenstil typisch?
7. Welche Verbindungswörter sind für den Urteilsstil typisch?
8. Wie werden im Urteilsstil Gegenargumente eingeflochten?
9. Lesen Sie §§ 275 I und 280 I BGB! Unterscheiden Sie Tatbestand und Rechtsfolge!
10. Was gewähren die §§ 325 I S. 1, 985, 1004 BGB in ihrer Rechtsfolge?

Hauptteil

Im Hauptteil werden die wichtigsten Schwerpunkte des Privatrechts einzeln vorgestellt. Es wird z. B. gezeigt, wie und mit welchem Inhalt ein Vertrag zustande kommt, unter welchen Voraussetzungen er wirksam wird und wie mögliche Störungen bei der Erfüllung des Vertrages behandelt werden. Weitere Lektionen sind den sogenannten gesetzlichen Schuldverhältnissen gewidmet. Nicht nur durch Vertrag, sondern z. B. auch durch Verschulden bei Vertragsschluß, ungerechtfertigte Bereicherung oder unerlaubte Handlung können Ansprüche entstehen. Schließlich wird auf die für das Wirtschaftsleben besonders wichtigen Sicherungsgeschäfte eingegangen.

Sie gewinnen am meisten, wenn Sie den Hauptteil von vorne bis hinten durcharbeiten. Die einzelnen Lektionen sind aber so geschrieben, daß sie notfalls – etwa zur Vorbereitung auf eine Vorlesung – auch einzeln herausgegriffen werden können. Soweit andere Lektionen des Hauptteils Voraussetzung sind, wird darauf verwiesen.

9. Lektion
Willenserklärung

Die Willenserklärung wurde schon oben in der 6. Lektion[96] kurz angesprochen. Daher ist bekannt, daß die Willenserklärung die **Äußerung** des auf die Herbeiführung einer Rechtswirkung gerichteten **Willens** ist. Der Wille allein reicht nicht. Er muß geäußert werden. Man unterscheidet in diesem Sinne den subjektiven (inneren) Tatbestand und den objektiven (äußeren) Tatbestand einer Willenserklärung.

I. Erklärungshandlung

Zur Verwirklichung des objektiven Tatbestands reicht grundsätzlich jede erkennbare **Erklärungshandlung**. Die Erklärung bedarf grundsätzlich[97] keiner Form. Es reicht das gesprochene Wort oder eine konkludente (schlüssige) Äußerung.

> Beispiele: Der gesprochene Satz: „Ja, ich kaufe."; das Abholen der Ware; das Nicken; die Mimik.

Schweigen ist bis auf wenige Ausnahmen[98] keine Äußerung eines Willens.

---
[96] 6. Lektion, III. 1. a) Willenserklärung.
[97] Siehe aber unten die 15. Lektion, I. Form.
[98] Siehe unten die 12. Lektion: Schweigen im Rechtsverkehr.

Schweigen im Rechtssinne ist nicht nur nicht reden, sondern ein sich nicht (auch nicht konkludent) äußern.

> Beispiel: V schickt K unaufgefordert 10 handgemalte Ansichtskarten zum Preis von 20 DM. Es liegt eine Zahlkarte und ein Brief bei, in dem V erklärt, daß er von dem Kauf der Karten durch K ausgehe, wenn K nicht innerhalb von 14 Tagen ablehne.
> Unternimmt hier K nichts, so schweigt er. Eine Erklärungshandlung und damit eine Willenserklärung ist nicht gegeben. Ein Kaufvertrag zwischen V und K kommt nicht zustande. K muß den Kaufpreis nicht zahlen.
> Verwendet aber K die Ansichtskarten, gibt er damit konkludent die Erklärung ab, daß der das Kaufangebot des V annimmt[99]. Wenn dann auch noch der subjektive Tatbestand einer Willenserklärung erfüllt ist, ist ein Kaufvertrag zwischen V und K zustande gekommen. K muß den Kaufpreis zahlen.

II. Handlungswille

Eine Willenserklärung ist erst dann gegeben, wenn auch der subjektive Tatbestand erfüllt ist. Zum subjektiven Tatbestand einer Willenserklärung gehört der Handlungswille. Der **Handlungswille** ist der Wille, überhaupt zu handeln. Der Handlungswille bezieht sich ausschließlich auf die Erklärungs**handlung**. Auf einen Rechtserfolg der Erklärung ist er nicht gerichtet.

> Beispiel: V ist im Zug eingeschlafen. K fragt den V, ob er ihm sein Gepäck für 1 DM verkaufe. Da die Fahrstrecke uneben ist, nickt der schlafende V mit dem Kopf. Hier verwirklicht das Kopfnicken zwar den objektiven Tatbestand einer Willenserklärung zur Annahme des Kaufangebots. V hat aber nicht gemerkt, daß er mit dem Kopf nickt. Es fehlt dem schlafenden V der Handlungswille. Eine Willenserklärung ist nicht gegeben. Ein Kaufvertrag ist nicht zustande gekommen.

Der Handlungswille ist in jedem Fall eine unabdingbare Voraussetzung für eine Willenserklärung. Fehlt der Handlungswille, liegt unstreitig keine Willenserklärung vor.

III. Erklärungsbewußtsein

Umstritten ist die Frage, ob das Erklärungsbewußtsein eine notwendige Tatbestandsvoraussetzung für eine Willenserklärung ist. Das **Erklärungsbewußtwein** ist das Bewußtsein, daß die gewollte Erklärungshandlung als (irgend eine) **rechtsgeschäftliche** Erklärung verstanden wird.

---

[99] Die Annahme muß hier ausnahmsweise nicht zugehen, § 151 S. 1 BGB; siehe unten die 11. Lektion, II. 2. Annahme.

9. Lektion: Willenserklärung 65

> 1. Beispiel: In einer Vereinssitzung werden zwei Listen herumgegeben. In die eine Liste soll sich eintragen, wer eine Vereinsmütze zum Preis von 40 DM bestellen will. In die andere LIste soll sich eintragen, wer einem Vereinsmitglied zum Geburtstag gratulieren will. E will nur gratulieren, trägt sich aber versehentlich in die Bestelliste ein.
> 2. Beispiel: E kommt in einem fremden Ort abends in ein Hotel mit Gaststätte. Als er eine Tischglocke betätigt, um den Nachtportier herbeizuholen, bricht in der Gaststätte Jubel aus. Der WIrt schenkt eine Lokalrunde aus und legt dem E die Rechnung vor. E erfährt nun, daß das Betätigen der Tischglocke in dem Ort das übliche Zeichen ist, um eine Lokalrunde auszugeben.
>
> In beiden Beispielen fehlt E das Erklärungsbewußtsein. Im 1. Beispiel hat er mit dem Eintrag in die Liste, im 2. Beispiel mit Läuten der Tischglocke eine Erklärung abgegeben. Er hatte auch den Handlungswillen hierzu. Er wollte sich ja eintragen und die Glocke läuten. Er wußte aber nicht, daß er damit aus Sicht des Vereins und des Wirts eine **rechtsgeschäftliche** Erklärung abgab.

Nach heute herrschender Meinung[100] liegt trotz fehlenden Erklärungsbewußtseins eine Willenserklärung vor, wenn der Erklärende mit der erforderlichen Sorgfalt hätte erkennen und verhindern können, daß seine Äußerung als Willenserklärung aufgefaßt werden durfte, und wenn der Empfänger sie auch tatsächlich so verstanden hat.

> Im 1. Beispiel hätte E erkennen und verhindern können, sich in die falsche Liste einzutragen. Der Verein mußte von einer rechtsgeschäftlichen Erklärung des E ausgehen. Die Eintragung in die Bestelliste ist daher eine Willenserklärung des E. E muß die Mütze abnehmen und bezahlen[101].
>
> Im 2. Beispiel konnte der ortsfremde E die eigenartige Bedeutung der Tischglocke nicht kennen. Der Wirt durfte das Läuten der Glocke durch einen Fremden nicht als Bestellung einer Lokalrunde auffassen. Eine Willenserklärung des E ist nicht gegeben.

Ist eine Willenserklärung trotz fehlenden Erklärungsbewußtseins anzunehmen, kann sie vom Erklärenden angefochten werden, § 119 BGB. Das Rechtsgeschäft ist mit der Anfechtung nichtig, § 142 BGB. Der Anfechtende muß aber dem Erklärungsempfänger gegebenenfalls Schadensersatz leisten, § 122 BGB[102].

IV. Geschäftswille

Unstreitig kein notwendiges Tatbestandsmerkmal einer Willenserklärung ist der Geschäftswille. Der **Geschäftswille** ist der auf eine **bestimmte** Rechtsfolge gerichtete Wille. Es ist der Wille, dem mit der Willenserklärung Geltung verschafft werden soll.

---

[100] Siehe z. B. BGH, Urt. v. 7.6.1984 – IX ZR 66/83, in BGHZ 91, 324, 330 m. N.; Armbrüster, Willenserklärung und Erklärungsbewußtsein, in JuS 1987, S. 168 m. N.
[101] E kann seine Willenserklärung aber anfechten, §§ 119, 121, 143 BGB. Zur Anfechtung siehe unten die 10. Lektion: Anfechtung.
[102] Zur Anfechtung siehe unten die 10. Lektion: Anfechtung.

> Beispiel: V möchte sein Auto für 7.000 DM verkaufen. Er schreibt dem K einen Brief, in dem er sein Auto versehentlich für 5.000 DM anbietet. K nimmt erfreut an.
> Hier hat V mit dem Brief eine Erklärung zum Verkauf seines Autos abgegeben. Er wollte den Brief schreiben und hatte daher den nötigen Handlungswillen. Das Erklärungsbewußtsein fehlte ihm nicht, da er wußte, daß er eine rechtsgeschäftliche Erklärung abgab. Er wollte aber nicht eine Erklärung über 5.000 DM, sondern eine Erklärung über 7.000 DM abgeben. Ihm fehlte der Geschäftswille zu dieser Erklärung. Trotz des fehlenden Geschäftswillens liegt eine Willenserklärung vor.

Bei fehlendem Geschäftswillen kann der Erklärende unter den Voraussetzungen der §§ 119 ff. BGB das Rechtsgeschäft anfechten. Er muß dann gegebenenfalls an den Erklärungsempfänger Schadensersatz leisten, § 122 BGB[103].

V. Wirksamwerden der Willenserklärung

Beim Wirksamwerden der Willenserklärungen ist zwischen den **empfangsbedürftigen** und den **nicht empfangsbedürftigen** Willenserklärungen zu unterscheiden.

Die **nicht empfangsbedürftigen** Willenserklärungen müssen nicht gegenüber einem anderen abgegeben werden, damit sie wirksam werden. Es muß nur der Erklärungsvorgang beendet werden.

> Beispiel: Das Testament ist wirksam, wenn es der Erblasser vor seinem Tod fertiggestellt hat. Er muß es niemandem zeigen. Es reicht, wenn es erst nach seinem Tod gefunden wird.

Die **empfangsbedürftigen** Willenserklärungen müssen dem Empfänger zugehen, damit sie wirksam werden, § 130 I BGB.

> Beispiel: Die Kündigung eines Mietvertrages[104] muß dem Vermieter oder Mieter zugehen, damit das Mietverhältnis beendet wird.

Der Zugang einer Willenserklärung setzt voraus, daß die Willenserklärung abgegeben wurde.

1. Abgabe

Abgegeben wurde eine empfangsbedürftige Willenserklärung, wenn sie mit dem Willen des Erklärenden in den Rechtsverkehr gelangt ist. Das ist nicht der Fall, wenn die Willenserklärung zwar fertiggestellt wurde, der Erklärende sie aber nicht abgesandt hat.

---

[103] Zur Anfechtung siehe unten die 10. Lektion: Anfechtung.
[104] Vgl. §§ 564 II, 564a ff. BGB.

9. Lektion: Willenserklärung

> Beispiel: M schreibt seinem Vermieter V eine Kündigung. Das Kündigungsschreiben liegt fertig auf seinem Schreibtisch. M überlegt es sich dann doch anders und schickt den Brief nicht ab. Seine Freundin findet den Brief auf dem Schreibtisch, glaubt, M habe ihn vergessen, und bringt ihn zur Post. V erhält die Kündigung des M.
>
> Hier ist zwar eine Willenserklärung des M gegeben: Das Schreiben des Briefes ist die Erklärungshandlung. M wollte den Brief schreiben, hatte also den Handlungswillen. Er wußte, daß die Kündigung eine rechtsgeschäftliche Handlung ist. Er hatte damit das Erklärungsbewußtsein. Der Brief wurde aber ohne seinen Willen abgesandt.

Ist die Willenserklärung ohne Willen des Erklärenden in den Rechtsverkehr gelangt, wird sie nach herrschender Meinung[105] dennoch wie eine abgegebene behandelt, wenn der Erklärende mit der erforderlichen Sorgfalt hätte erkennen und verhindern können, daß seine Willenserklärung in den Rechtsverkehr gelangt, und wenn der Empfänger die Abgabe der Willenserklärung voraussetzen durfte[106]. Der Erklärende kann gemäß § 119 I, 2. Alt. BGB die Erklärung anfechten. Er muß dann aber gegebenenfalls gemäß § 122 BGB Schadensersatz leisten.

> Im eben genannten Beispiel hätte M bei entsprechender Sorgfalt erkennen können, daß ein fertig geschriebener Brief von seiner Freundin gefunden und abgesandt wird. V dagegen waren diese Umstände unbekannt. Er mußte von einer willentlichen Abgabe der Willenserklärung ausgehen. M ist daher an die Kündigung gebunden. Er kann aber mit dem Risiko, nach § 122 BGB Schadensersatz leisten zu müssen, nach § 119 I, 2. Alt. BGB anfechten.

2. Zugang

Beim Zugang wird zwischen **Willenserklärungen unter Anwesenden** und **Willenserklärungen unter Abwesenden** unterschieden. **Anwesend** ist der Empfänger, wenn die Erklärung mündlich übermittelt werden kann.

> Beispiel: Der Erklärende spricht oder telefoniert mit dem Erklärungsempfänger.

Abwesend oder der Abwesenheit gleichgestellt ist der Empfänger, wenn die Willenserklärung in verkörperter Form übermittelt wird.

> Beispiel: Die Erklärung erfolgt schriftlich in einem Brief, einem Telegramm, einem Fernschreiben, einem Btx-Telex, einem Telefax oder sie wird auf einen Anrufbeantworter gesprochen.

---

[105] Vgl. z. B. Dieter Medicus, Allgemeiner Teil des BGB, 4. Auflage 1990, Rn. 266; Palandt/Heinrichs, Bürgerliches Gesetzbuch, 50. Auflage 1991, § 130, Rn. 4.

[106] Es handelt sich um das gleiche Prinzip wie bei fehlendem Erklärungsbewußtsein.

Beim Zugang einer Willenserklärung kommt es nicht nur darauf an, ob, sondern auch wann sie zugegangen ist. Unter **Abwesenden** ist die Willenserklärung **zugegangen**, wenn sie so in den Bereich des Empfängers gelangt ist, daß dieser unter normalen Verhältnissen die Möglichkeit hat, von ihrem Inhalt Kenntnis zu nehmen.

> Beispiele: Ein in der Nacht in den Briefkasten geworfener Brief ist erst am nächsten Werktag vormittag zur üblichen Postzeit zugegangen. Ein Einschreibebrief geht erst zu, wenn er zu Hause oder auf der Post ausgehändigt wird; der Benachrichtigungszettel reicht nicht. Ein Btx-Telex ist zugegangen, wenn es vom Empfänger hätte abgerufen werden können.

Unter **Anwesenden** ist die Willenserklärung **zugegangen**, wenn sie der Empfänger wahrnimmt („Vernehmungstheorie"). Sprachunkenntnisse, Taubheit oder Störungen in der Telefonleitung gehen zu Lasten des Erklärenden. Der Empfänger muß aber notfalls nachfragen.

Verhindert der Empfänger den Zugang der Willenserklärung, z. B. weil er sich die Ohren zuhält oder den Briefkasten entfernt, darf er sich später nicht darauf berufen, die Erklärung sei nicht oder zu spät zugegangen, § 242 BGB.

VI. Auslegung

Die Willenserklärungen sind nicht immer eindeutig. Es kommt vor, daß der Empfänger etwas anderes versteht, als der Erklärende meint. Es muß dann entschieden werden, welcher Inhalt der Willenserklärung gelten soll. Die Willenserklärung muß ausgelegt werden.

Welche Grundsätze bei der Auslegung von Erklärungen zu beachten sind, regeln die §§ 133 und 157 BGB. Zwar betrifft § 133 BGB die Auslegung von Willenserklärungen, § 157 BGB die Auslegung von Verträgen. Es herrscht aber Einigkeit, daß beide Vorschriften für die Auslegung von Verträgen **und** Willenserklärungen gelten. Gemäß § 133 BGB ist bei der Auslegung der wirkliche Wille zu erforschen und nicht an dem buchstäblichen Sinne des Ausdrucks zu haften. Nach § 157 BGB hat die Auslegung nach Treu und Glauben mit Rücksicht auf die Verkehrssitte zu erfolgen.

Das heißt nun nicht, daß tiefenpsychologische Analysen angestellt werden müßten, um den wahren Willen des Erklärenden zu erforschen. Andererseits darf der Erklärungsempfänger den Erklärenden nicht auf jedem Versprecher oder erkennbaren Irrtum festhalten. Entscheidend für die **Auslegung** ist der **objektivierte Empfängerhorizont**. Inhalt der Willenserklärung ist das, was der Empfänger mit zumutbarer Sorgfalt unter Berücksichtigung aller ihm erkennbarer Umstände verstehen konnte.

> Beispiel: K, der von V ein Auto kaufen möchte, fragt den V, was es kosten solle. V hebt die Hand, zeigt K vier Finger und sagt, „Dafür kannst Du es haben". K nimmt das Angebot an.
> Die Erklärung des V ist nicht eindeutig. Als Preis kann 4 DM, 400 DM, 4.000 DM, 40.000 DM etc. gemeint sein. K muß die Erklärung des V auslegen, indem er alle ihm bekannten Umstände berücksichtigt. Handelt es sich um einen neuen Mercedes, werden wohl 40.000 DM gemeint sein. Handelt es sich um ein kleines Spielzeugauto, werden 4 DM gemeint sein.

Eine falsche Bezeichnung schadet nicht, wenn beide darunter dasselbe verstehen (falsa demonstratio non nocet).

> V verkauft dem K Haakjöringsköd. Beide verstehen darunter Walfleisch. Haakjöringsköd heißt aber Haifischfleisch. Hier kann sich weder V noch K, wenn sie später den wahren Wortsinn erfahren, auf den buchstäblichen Sinn berufen. Es gilt das, was vorher beide übereinstimmend gemeint haben: Walfleisch.

VII. Wiederholungsfragen

1. Was ist zur Verwirklichung des objektiven Tatbestands einer Willenserklärung notwendig?
2. Welches Merkmal des subjektiven Tatbestands muß für das Vorliegen einer Willenserklärung unstreitig erfüllt sein?
3. Was versteht man unter Erklärungsbewußtsein?
4. Unter welchen Umständen liegt trotz fehlenden Erklärungsbewußtseins eine Willenserklärung vor?
5. Was ist und welche Bedeutung hat der Geschäftswille?
6. Nennen Sie ein Beispiel für eine nicht empfangsbedürftige Willenserklärung.
7. Unter welchen Umständen wird eine Willenserklärung wirksam?
8. Unter welchen Umständen ist eine empfangsbedürftige Willenserklärung abgegeben?
9. Wann ist eine Willenserklärung unter Abwesenden zugegangen?
10. Wann ist eine Willenserklärung unter Anwesenden zugegangen?

10. Lektion
Anfechtung

Nach dem Grundsatz der Privatautonomie soll jeder seine Lebensverhältnisse im Rahmen der Rechtsordnung eigenverantwortlich regeln und insbesondere frei darüber entscheiden, ob und mit welchem Inhalt er Verträge schließen will. Die Rechtsordnung knüpft an den **Willen** die entsprechenden Rechtsfolgen. Die

Willenserklärung ist die Äußerung des auf die Herbeiführung der Rechtswirkung gerichteten Willens.

Es kann nun vorkommen, daß die Äußerung, so wie sie verstanden werden muß, nicht dem Willen entspricht. Es ist auch möglich, daß schon der Wille auf falschen Vorstellungen beruht oder aus anderen Gründen beeinträchtigt ist. Die entsprechenden Willenserklärungen sind in Wirklichkeit nicht so gemeint, wie sie zu verstehen sind.

Wenn allein der wirkliche, unbeeinträchtigte Wille maßgeblich wäre, müßten diese Willenserklärungen unbeachtlich sein. Die Rechtsordnung kann diese Willenserklärungen aber nicht einfach ignorieren. Der Empfänger der Willenserklärung hat sich ja auf die entsprechende Rechtsfolge eingestellt. Sein Vertrauen muß ebenso geschützt werden wie der freie Wille des Erklärenden.

Die Willenserklärungen sind daher unabhängig von etwaigen Willensmängeln **erst einmal gültig.** Unter bestimmten, im Gesetz genannten Gründen, kann der Erklärende seine Willenserklärung aber anfechten. Das Gesetz läßt bei bestimmten Arten von Irrtümern, § 119 BGB, bei falscher Übermittlung, § 120 BGB, und bei arglistiger Täuschung oder widerrechtlicher Drohung, § 123 BGB, die Anfechtung der Willenserklärung zu.

I. Irrtum als Anfechtungsgrund

Eine Willenserklärung kann auf verschiedenen Irrtümern beruhen. So kann schon die Entscheidung, dieses Rechtgeschäft vornehmen zu wollen, auf einem Irrtum beruhen. Der Wille wurde dann falsch gebildet. Es handelt sich um einen **Motivirrtum.** Auch wenn die Entscheidung, das Rechtsgeschäft vornehmen zu wollen, richtig getroffen wurde, kann ein Irrtum bei der Umsetzung des Willens in die Erklärung vorkommen. Möglich ist, daß sich der Erklärende über den Inhalt seiner Erklärung irrt, die er ansonsten richtig ausdrückt, und damit einem **Inhaltsirrtum** erliegt oder, daß er den richtigen Ausdruck wählt, diesen aber nicht richtig ausdrückt und die Willenserklärung damit auf einem **Erklärungsirrtum** beruht.

Wille		Willensäußerung	
Entscheidung	→	Erklärungsinhalt	→ Erklärungshandlung
Motivirrtum		**Inhaltsirrtum**	**Erklärungsirrtum**

1. Inhaltsirrtum

Der Inhaltsirrtum berechtigt gemäß § 119 I 1. Alt. BGB zur Anfechtung. Danach kann anfechten, wer bei der Abgabe der Willenserklärung über deren Inhalt im Irrtum war. Ein **Inhaltsirrtum** ist gegeben, wenn sich der Erklärende über den

10. Lektion: Anfechtung

Bedeutungsinhalt seiner Erklärung irrt; diese falsche Erklärung aber richtig ausdrückt. Der Erklärende weiß, was er sagt; er weiß aber nicht, was er damit sagt. Der Inhaltsirrtum tritt leicht bei einem doppeldeutigen Begriff auf, der aus Sicht des Empfängers anders verstanden werden muß, als er vom Erklärenden gemeint ist.

> Beispiel: E benötigt 25 große Rollen Toilettenpapier. Sie bestellt bei V „25 Gros Rollen". V liefert 3600 Rollen Toilettenpapier, da ein „Gros" 12 × 12, also 144 Rollen umfaßt. Hier kann E ihre Erklärung anfechten[107].

Die **Auslegung**[108] der Willenserklärung geht der Anfechtung vor. Eine Anfechtung ist nicht möglich, wenn der Empfänger die vom Erklärenden gemeinte Bedeutung des Begriffs richtig verstehen mußte. Das Rechtsgeschäft gilt dann mit dem vom Erklärenden gemeinten Inhalt.

> Beispiel: Mußte V im Gespräch mit E erkennen, daß E nur 25 große Rollen Toilettenpapier bestellen wollte, ist der Kaufvertrag nur über diese Menge Toilettenpapier zustandegekommen. Eine Anfechtung scheidet aus.

2. Erklärungsirrtum

Der Erklärungsirrtum berechtigt zur Anfechtung. Gemäß § 119 I 2. Alt. BGB kann anfechten, wer eine Erklärung dieses Inhalts überhaupt nicht abgeben wollte. Beim **Erklärungsirrtum** weiß der Erklärende, was er will und wie er seinen Willen richtig erklären muß; bei der Erklärung unterläuft ihm aber ein Fehler. Er weiß nicht, was er sagt. Ein typischer Erklärungsirrtum liegt vor, wenn sich der Erklärende verspricht, verschreibt oder vergreift.

> Beispiel: A möchte bei der Bank B ein Darlehen über 5.000 DM aufnehmen. Beim Ausfüllen des Kreditantrages trägt er versehentlich 50.000 DM ein. Die Bank B nimmt den Antrag an und berechnet entsprechend hohe Zinsen. Hier kann A seine Erklärung in dem Kreditantrag gemäß § 119 I 2. Alt. BGB anfechten.

Ein Fall des Erklärungsirrtums ist auch die **falsche Übermittlung** der Erklärung durch einen Boten[109] oder eine Anstalt, wie z. B. die Post. Die falsch übermittelte Willenserklärung kann gemäß § 120 BGB angefochten werden.

---

[107] Vgl. LG Hanau, Urt. v. 30.6.78 – 1 O 175/78, in NJW 1979, S. 721.
[108] Siehe oben die 9. Lektion, V. 3. Auslegung.
[109] Zum Boten siehe oben die 14. Lektion, I. Bote.

3. Irrtum über verkehrswesentliche Eigenschaften

Bei einem Irrtum über solche Eigenschaften der Person oder der Sache, die im Verkehr als wesentlich angesehen werden, kann die Erklärung gemäß § 119 II BGB angefochten werden. Es handelt sich um einen Fall des Motivirrtums. Allerdings ist nicht jeder Motivirrtum erfaßt. Zur Anfechtung berechtigt nur der Irrtum über verkehrswesentliche Eigenschaften. **Verkehrswesentliche Eigenschaften** betreffen die Beschaffenheit und solche Umstände der Person oder Sache, die für die Wertschätzung oder Verwendbarkeit von Bedeutung sind. Der Irrtum über andere Motive berechtigt nicht zur Anfechtung. So ist der Wert des Gegenstandes zwar meistens ein sehr wichtiges Motiv zur Vornahme des Rechtsgeschäfts; er ist aber keine verkehrswesentliche Eigenschaft. Ein Irrtum über den Wert berechtigt nicht zur Anfechtung.

> Beispiel: A findet beim Aufräumen auf seinem Dachboden ein Bild. Er glaubt, es sei von seiner verstorbenen Großmutter gemalt und verkauft es als solches an den Trödelhändler T zum Preis von 200 DM.
>
> Stellt sich nun heraus, daß das Bild von Rembrandt stammt, hat sich A über eine verkehrswesentliche Eigenschaft des Bildes geirrt; denn der Umstand, daß das Bild von Rembrandt stammt, bestimmt den Wert des Bildes. A kann den Kaufvertrag mit T gemäß § 119 II BGB anfechten.
>
> Stellt sich dagegen heraus, daß das Bild zwar tatsächlich von der Großmutter stammt, aber zum Preis von 1000 DM gehandelt wird, irrt sich A nur über den Preis. Der Preis ist keine verkehrswesentliche Eigenschaft. A kann nicht gemäß § 119 II BGB anfechten.

II. Täuschung oder Drohung als Anfechtungsgrund

Die rechtsgeschäftliche Selbstbestimmung im Rahmen der Privatautonomie ist nur dann möglich, wenn der Wille frei von Täuschung oder Drohung gefaßt werden kann. Wer zur Abgabe einer Willenserklärung durch arglistige Täuschung oder widerrechtlich durch Drohung bestimmt worden ist, kann daher die Erklärung anfechten, § 123 I BGB.

1. Arglistige Täuschung

Eine **Täuschung** ist das Vorspiegeln oder Entstellen von Tatsachen. **Tatsachen** sind nur solche Umstände der Gegenwart oder Vergangenheit, die nachprüfbar sind. Werturteile oder Reklame beinhalten keine Tatsachenbehauptungen.

> Beispiel: V möchte sein Auto, eine Ente Citroen 2 CV, verkaufen. Erklärt er dem Käufer K, die Ente fahre auch bei Gegenwind gute 120 km/Std., ist das eine Tatsachenbehauptung über die gegenwärtige Leistung des Autos. Behauptet er dagegen, mit der Ente könne K „tieffliegen", ist das eine reklamehafte Anpreisung und keine Tatsachenbehauptung.

10. Lektion: Anfechtung

Auch das **Verschweigen von Tatsachen** kann eine Täuschung darstellen, wenn eine Pflicht zur Aufklärung besteht. Eine Pflicht zur Aufklärung kann sich aus der Stellung der Parteien ergeben, z. B. wenn der Verkäufer als „Fachmann" auftritt. Auch müssen solche Umstände, die den Vertragszweck vereiteln oder erheblich gefährden können und die daher für den anderen Teil erkennbar von großer Bedeutung sind, offenbart werden.

> Beispiel: Ein Unfallschaden muß beim Verkauf eines Autos auch ohne ausdrückliche Frage offenbart werden. Verschweigt der Verkläufer den Unfallschaden, so täuscht er.

Die Täuschung berechtigt nur dann gemäß § 123 I BGB zur Anfechtung, wenn sie arglistig ist. **Arglistig** ist die Täuschung, wenn der andere damit zur Abgabe der gewünschten Willenserklärung veranlaßt werden soll.

> Beispiel: Kommt V beim Verkauf seines Autos ins Plaudern und erklärt, er sei Nichtraucher, in Wirklichkeit qualmt er jeden Tag mehrere Zigarren, ist das zwar die Vorspiegelung einer falschen Tatsache und damit eine Täuschung; die Täuschung ist aber nicht arglistig, wenn sie von V nicht abgegeben wurde, um den anderen zum Kauf des Autos zu bewegen. Etwas anderes gilt aber dann, wenn K erkennbar nur das Auto eines Nichtrauchers kaufen will und V daher als Nichtraucher auftritt.

Hat ein **Dritter** die Täuschung verübt, ist die Willenserklärung nur dann anfechtbar, wenn der Erklärungsempfänger die Täuschung kannte oder kennen mußte, § 123 II 1 BGB. Die Möglichkeit zur Anfechtung ist damit eingeschränkt. Günstiger für den Getäuschten ist es, wenn der Täuschende nicht Dritter im Sinne des § 123 II BGB ist, sondern dem Erklärungsempfänger zugerechnet wird. Es kommt dann nicht darauf an, ob der Erklärungsempfänger die Täuschung kannte. Dem Erklärungsempfänger zugerechnet werden die Personen, die auf seiner Seite beim Abschluß des Vertrages maßgeblich beteiligt sind.

> Beispiel: Der Verkäufer V des Autohändlers H erklärt dem Kunden K, das Auto sei erst 50.000 Kilometer gefahren. In Wirklichkeit hat es bereits 150.000 Kilometer hinter sich. K kauft darauf von H das Auto.
> Hier kann K den Kaufvertrag mit H wegen Täuschung, § 123 I BGB anfechten, egal, ob H von der Täuschung weiß. V hat auf Seiten des H als am Vertragsabschluß maßgeblich Beteiligter die Täuschung verübt. Er ist daher nicht Dritter im Sinne des § 123 II BGB.

2. Widerrechtliche Drohung

Nach § 123 I BGB stellt auch die widerrechtliche Drohung einen Grund zur Anfechtung dar. Eine **Drohung** ist das Inaussichtstellen eines Übels, auf das der Drohende vorgibt, Einfluß zu haben und dessen Verwirklichung er vom Verhalten des Bedrohten abhängig macht. Durch diese etwas umständliche Definition wird die Drohung von der Warnung unterschieden. Eine Warnung ist das Inaussichtstellen eines Übels, auf das der Warnende keinen Einfluß hat oder dessen Eintritt der Warnende nicht vom Verhalten des Gewarnten abhängig macht. Eine Warnung berechtigt nicht zur Anfechtung. Bei der Unterscheidung zwischen Drohung und Warnung kommt es nicht nur auf den Wortlaut an. Die Umstände entscheiden mit darüber, ob eine versteckte Drohung vorliegt. Es ist auch egal, von wem die Drohung ausgeht.

> Beispiel: Als K sich nicht bereit erklärt, das Motorrad zu dem genannten Preis zu kaufen, erklärt ihm V, er solle sehr vorsichtig sein, wenn er die Straße überquert.
>
> Fand das Verkaufsgespräch in einem Haus an einer verkehrsreichen Ausfallstraße statt, ist der Hinweis eine freundliche Warnung.
>
> Wartet aber erkennbar eine Gruppe der mit V befreundeten Rocker mit ihren Motorrädern vor der Tür, handelt es sich um eine Drohung.

Die Drohung muß widerrechtlich sein, damit sie gemäß § 123 I BGB zur Anfechtung berechtigt. Widerrechtlich ist die Drohung nicht nur, wenn das angedrohte Verhalten (Mittel) oder der mit der Drohung angestrebte Erfolg (Zweck) rechtswidrig ist. Die Widerrechtlichkeit der Drohung kann sich auch aus der Mittel-Zweck-Relation ergeben.

> Beispiel: Der Verkauf eines Grundstücks ist nicht rechtswidrig. Ebenso wenig rechtswidrig ist eine Anzeige bei der Staatsanwaltschaft bei Verdacht einer Steuerhinterziehung[110]. Rechtswidrig ist aber die Drohung des Nachbarn mit einer Anzeige wegen Steuerhinterziehung, um damit den Grundstückseigentümer zum Verkauf seines Grundstücks an ihn zu bewegen.

III. Anfechtungsfrist

Das Recht zur Anfechtung hat derjenige, der die anfechtbare Willenserklärung abgegeben hat. Da bei Vorliegen eines Anfechtungsgrundes nur ein Recht, aber keine Pflicht zur Anfechtung besteht, muß sich der Erklärungsempfänger darauf einstellen können, ob das Geschäft nun angefochten wird und damit nichtig ist oder ob es bestehen bleibt. Das Recht zur Anfechtung besteht daher nur innerhalb eines bestimmten Zeitraums.

Eine **Anfechtung wegen eines Irrtums** im Sinne des § 119 BGB oder wegen falscher Übermittlung gemäß § 120 BGB kann gemäß § 121 I BGB nur **unverzüglich** nach Erkennen des Irrtums erfolgen. Der Begriff „unverzüglich" wird vom Gesetz auch an anderen Stellen[111] gebraucht. Er bedeutet nach der Legaldefin-

---

[110] Steuerhinterziehung ist gemäß § 370 AO strafbar.
[111] Vgl. z. B. § 362 I 1 HGB. Näher zu § 362 I 1 HGB oben die 12. Lektion, II. Schweigen auf einen Antrag gemäß § 362 HGB.

ition des § 121 I 1 BGB, daß die Anfechtung **ohne schuldhaftes Zögern** erfolgen muß. Wenn das Zögern nicht schuldhaft ist, kann es lange dauern. Schuldhaft ist ein Handeln gemäß § 276 I 1 BGB bei Vorsatz oder Fahrlässigkeit. Fahrlässig handelt, wer die im Verkehr erforderliche Sorgfalt außer acht läßt, § 276 I 2 BGB.

> Beispiel: A nimmt bei der Bank B ein Darlehen auf, wobei er sich verschreibt, indem er 50.000 DM statt 5.000 DM als Darlehenssumme angibt. Als die Bank B ihm die Annahme des Darlehensvertrages zuschickt, bemerkt er seinen Irrtum. Er kann der Bank B aber keine Anfechtungserklärung schicken, da er schwer erkrankt ist.
>
> Hier trifft den A kein Verschulden an dem Umstand, daß er der Bank B keine Nachricht zukommen lassen kann. Die mit „unverzüglich" beschriebene Frist dauert daher solange, bis A unter zumutbaren Umständen der Bank B die Anfechtungserklärung übermitteln kann.

Die **Anfechtung wegen arglistiger Täuschung oder widerrechtlicher Drohung** gemäß § 123 BGB muß nicht unverzüglich, sondern **innerhalb eines Jahres** erfolgen, § 124 BGB. Sie beginnt im Falle der Täuschung, wenn der Anfechtungsberechtigte von seinem Irrtum aufgrund der Täuschung erfährt. Im Fall der Drohung beginnt die Frist, wenn die durch die Drohung hervorgerufene Zwangslage für den Anfechtungsberechtigten vorüber ist.

Die Anfechtung ist sowohl bei einer Anfechtung wegen Irrtums als auch bei einer Anfechtung wegen Täuschung oder Drohung spätestens dann **ausgeschlossen**, wenn seit der Abgabe der Willenserklärung **30 Jahre** verstrichen sind, §§ 121 II, 124 II BGB.

IV. Anfechtungserklärung

Die Anfechtung muß gegenüber dem Anfechtungsgegner erklärt werden, § 143 I BGB. **Anfechtungsgegner** ist bei einem Vertrag der Vertragspartner, § 143 II BGB. Bei einem einseitigen Rechtsgeschäft ist der Empfänger der Erklärung oder derjenige, der aus dem Rechtsgeschäft unmittelbar einen Vorteil erlangt, der Anfechtungsgegner, § 143 III, IV BGB.

Die **Anfechtungserklärung** ist eine empfangsbedürftige Willenserklärung. Eine bestimmte Form ist nicht vorgeschrieben. Es muß nur **deutlich** werden, daß der Anfechtende das Geschäft wegen eines Willensmangels rückwirkend nicht gelten lassen will. Das Wort „Anfechtung" muß nicht genannt werden.

> Beispiel: A nimmt bei der Bank B ein Darlehen auf. In dem Darlehensvertrag verschreibt er sich und trägt 50.000 DM statt 5.000 DM als Darlehenssumme ein. Hier reicht als Anfechtungserklärung, wenn A der Bank B mitteilt, er habe sich verschrieben und wolle nur ein Darlehen in Höhe von 5.000 DM aufnehmen.

Weiter muß die Anfechtungserklärung nicht begründet werden.

V. Rückwirkende Nichtigkeit

Mit der Anfechtungserklärung ist das angefochtene Rechtsgeschäft **von Anfang an nichtig**, § 142 I BGB. Die Anfechtung hat damit rückwirkende Kraft (Wirkung „ex tunc"). Eine **Ausnahme** gilt für **vollzogene Gesellschafts- oder Arbeitsverträge**. Bei derartigen Verträgen sind bereits zahlreiche Leistungen unwiederbringlich ausgetauscht. Zwischen den Parteien besteht ein Verhältnis, das nicht sinnvoll rückabgewickelt werden kann. Eine Anfechtung wirkt daher nur ab dem Zeitpunkt der Anfechtung (Wirkung „ex nunc") und hat gegebenenfalls nur die Wirkung eines außerordentlichen Kündigungsgrundes.

Die Anfechtung bezieht sich gemäß dem Abstraktionsprinzip[112] nur auf das angefochtene Grund- oder Erfüllungsgeschäft.

> Beispiel: Wenn E ihre Willenserklärung zum Kauf von „25 Gros" Rollen Toilettenpapier gegenüber V anficht, weil sie nur 25 große Rollen bestellen wollte, ist nur der **Kaufvertrag**, § 433 BGB, von Anfang an nichtig, § 142 I BGB.
>
> Wurden die 3600 Rollen Toilettenpapier von V bereits geliefert und hat E die Lieferung angenommen und bezahlt, werden diese **Erfüllungsgeschäfte** von der Anfechtung nicht erfaßt. Die entsprechenden Übereignungen, § 929 BGB, bleiben gültig.

Die Rückabwicklung der Erfüllung des nichtigen Grundgeschäfts erfolgt nach Bereicherungsrecht, §§ 812 ff. BGB.

> Beispiel (Fortsetzung): V hat gemäß § 812 I 2, 1. Fall BGB einen Anspruch gegenüber E auf Rückübereignung des Toilettenpapiers. E muß diesen Anspruch erfüllen, indem sie die 3600 Rollen Toilettenpapier dem V gemäß § 929 BGB zurückübereignet. Das gleiche gilt umgekehrt bezüglich des Kaufpreises.

Es kann auch das Erfüllungsgeschäft angefochten werden. Dann muß sich der Anfechtungsgrund aber auf das Erfüllungsgeschäft beziehen.

> Beispiel: A bestellt bei V zwei Kisten Weinbrand, Marke Billig, zum Preis von 120 DM. V nimmt die Bestellung an, vergreift sich aber in den Kisten und liefert dem A als Erfüllung des Kaufvertrages zwei Kisten Weinbrand der Marke Delikat. A nimmt die Lieferung entgegen und entrichtet den Kaufpreis in Höhe von 120 DM.
>
> Hier entspricht der durch die Bestellung zustande gekommene Kaufvertrag, § 433 BGB, als Grundgeschäft dem Willen der Vertragsparteien. Er kann nicht angefochten werden. Bei dem Erfüllungsgeschäft, der Übereignung der zwei Kisten Weinbrand gemäß § 929 BGB, ist dem V aber ein Erklärungsirrtum gemäß § 119 I 2. Alt. BGB unterlaufen. Er wollte dem A Weinbrand der Marke Billig und nicht der Marke Delikat übereignen. V kann daher seine Willenserklärung zur Übereignung des Weinbrands anfechten, § 143 I BGB. Die Übereignung ist damit nichtig, § 142 I BGB. V ist

---

[112] Zum Trennungs- und Abstraktionsprinzip siehe oben die 7. Lektion: Trennungs- und Abstraktionsprinzip.

10. Lektion: Anfechtung

> wieder (rückwirkend) Eigentümer des Weinbrands. Er kann die zwei Kisten Weinbrand von dem Besitzer A gemäß § 985 BGB herausverlangen. Allerdings ist damit seine Verpflichtung aus dem Kaufvertrag, § 433 I 1 BGB, noch nicht erloschen. Er muß A noch die zwei Kisten Weinbrand der Marke Billig liefern.

Bei einer arglistigen Täuschung oder widerrechtlichen Drohung sind meistens das Grund- und die Erfüllungsgeschäfte aus demselben Grund anfechtbar. Hier vernichtet eine Anfechtungserklärung sowohl das Grund- als auch die Erfüllungsgeschäfte rückwirkend.

VI. Schadensersatzpflicht

Bei einer Anfechtung wegen arglistiger Täuschung oder widerrechtlicher Drohung muß zwar gegebenenfalls der Täuschende oder Drohende dem Anfechtenden Schadensersatz leisten[113], nicht aber der Anfechtende dem Täuschenden oder Drohenden. Den Grund der Anfechtung hat ja der Täuschende oder Drohende selbst gesetzt.

Bei einer Anfechtung aufgrund eines Irrtums gemäß §§ 119, 120 BGB ist der Grund der Anfechtung dem Anfechtenden zuzurechnen. Hier ist der Anfechtende gemäß § 122 BGB zum Ersatz des Schadens verpflichtet, den der andere oder ein Dritter dadurch erleidet, daß er auf die Gültigkeit der Erklärung **vertraut** hat. Zu ersetzen ist damit der Vertrauensschaden. Allerdings ist der Schadensersatzanspruch begrenzt auf das Interesse, das der andere oder der Dritte an der Gültigkeit der Erklärung hat. Es muß nur der **Vertrauensschaden** ersetzt werden, der den **Nichterfüllungsschaden** nicht übersteigt.

1. Vertrauensschaden

Der Vertrauensschaden wird auch als **negatives Interesse** bezeichnet. Er umfaßt die Kosten und Nachteile, die dem Geschäftspartner wegen seines Vertrauens auf die Gültigkeit des Geschäfts entstanden sind. Durch den Ersatz des Vertrauensschadens muß der Geschäftspartner so gestellt werden, als habe er von dem ungültigen Geschäft nie etwas gehört. Zur Berechnung des Vertrauensschadens muß die hypothetische Vermögenslage des Geschäftspartners ohne Vertrauen auf das nunmehr ungültigen Geschäft mit der tatsächlichen Vermögenslage verglichen werden.

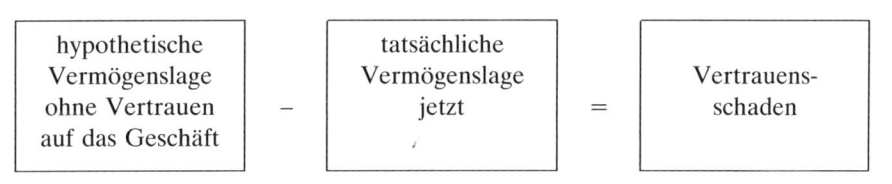

hypothetische Vermögenslage ohne Vertrauen auf das Geschäft	−	tatsächliche Vermögenslage jetzt	=	Vertrauensschaden

---

[113] Z. B. gemäß §§ 823 II BGB in Verbindung mit § 263 StGB (Betrug) oder § 241 StGB (Bedrohung).

> Beispiel: V verkauft K ein Faß Wein zum Preis von 800 DM. Als V den Wein an K vereinbarungsgemäß nach Hamburg liefert, ficht K den Kaufvertrag gemäß § 119 BGB wirksam an. Für den Transport mußte V 50 DM aufwenden. Außerdem hatte V wegen des bereits mit K geschlossenen Vertrages ein Angebot des D zum Kauf des Weines für 900 DM ab Lager ausgeschlagen. Den Wein im Wert von 500 DM kann V jetzt in Hamburg nur noch an X zum Preis von 500 DM absetzen.
>
> Hätte hier V auf das Geschäft mit K nicht vertraut, hätte er das Geschäft mit D schließen und einen Gewinn in Höhe von 400 DM erzielen können. Statt dessen hat V nun tatsächlich nur die Aufwendungen für den Transport in Höhe von 50 DM. Sein Vertrauensschaden beläuft sich auf 450 DM.
>
> (Vermögen + 400 DM Gewinn D) − (Vermögen − 50 DM Transport) = 450 DM Vertrauensschaden

Der Vertrauensschaden ist nur dann durch den Nichterfüllungsschaden begrenzt, wenn die entsprechende Anspruchsgrundlage, wie hier § 122 I BGB, das vorsieht.

2. Nichterfüllungsschaden

Der Nichterfüllungsschaden umfaßt das **positive Interesse**. Es ist der Schaden, den der Geschäftspartner erleidet, weil der Vertrag nicht erfüllt wird. Durch den Ersatz des Nichterfüllungsschadens muß der Vertragspartner so gestellt werden, als sei der Vertrag erfüllt worden. Zur Berechnung des Nichterfüllungsschadens muß die hypothetische Vermögenslage des Vertragspartners nach erfülltem Vertrag mit der tatsächlichen Vermögenslage verglichen werden.

hypothetische Vermögenslage nach erfülltem Vertrag	−	tatsächliche Vermögenslage jetzt	=	Nichterfüllungs-schaden

> Beispiel (Fortsetzung): Auch wenn der von K angefochtene Vertrag erfüllt worden wäre, hätte V die Transportkosten in Höhe von 50 DM aufwenden und das Angebot des D ausschlagen müssen. Er hätte aber für den Wein im Wert von 500 DM von K 800 DM erhalten und so ingesamt einen Gewinn in Höhe von 300 DM erzielt. Statt dessen hat V nun tatsächlich nur die Aufwendungen für den Transport in Höhe von 50 DM. Sein Nichterfüllungsschaden beläuft sich auf 300 DM.
>
> (Vermögen − 50 DM Transport + 300 DM Gewinn K) − (Vermögen − 50 DM Transport) = 300 DM Nichterfüllungsschaden
>
> Ist in diesem Fall der höhere Vertrauensschaden, wie in § 122 I BGB, durch den Nichterfüllungsschaden begrenzt, besteht der Vertrauensschaden nur in Höhe von 300 DM.

VII. Prüfungsschema

Wird ein Rechtsgeschäft angefochten, empfiehlt sich **in Gedanken** folgendes Prüfungsschema. In der Fallbearbeitung ausformuliert werden nur die Punkte, auf die es nach der Sachverhaltsfrage ankommt!

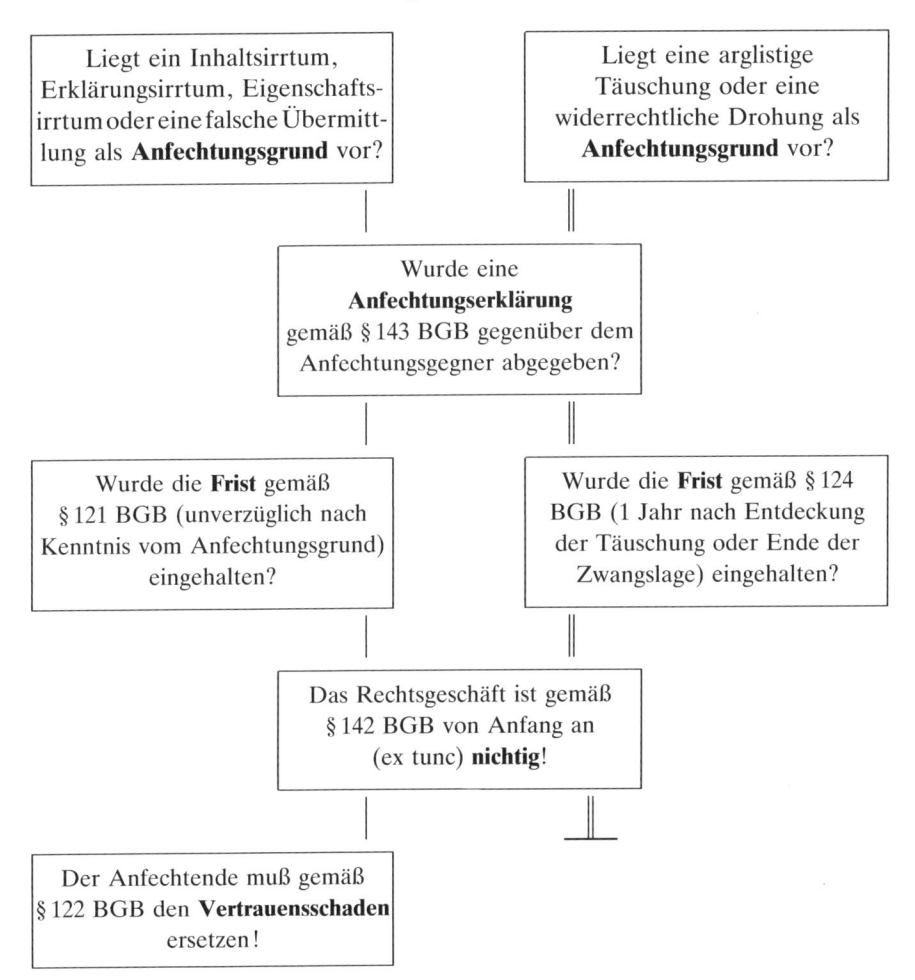

```
┌─────────────────────────────┐      ┌─────────────────────────────┐
│ Liegt ein Inhaltsirrtum,    │      │ Liegt eine arglistige       │
│ Erklärungsirrtum, Eigen-    │      │ Täuschung oder eine         │
│ schaftsirrtum oder eine     │      │ widerrechtliche Drohung als │
│ falsche Übermittlung als    │      │ Anfechtungsgrund vor?       │
│ Anfechtungsgrund vor?       │      │                             │
└─────────────────────────────┘      └─────────────────────────────┘
                │                                   │
                └───────────────┬───────────────────┘
                                │
                ┌───────────────────────────────┐
                │ Wurde eine                    │
                │ Anfechtungserklärung          │
                │ gemäß § 143 BGB gegenüber dem │
                │ Anfechtungsgegner abgegeben?  │
                └───────────────────────────────┘
                                │
                ┌───────────────┴───────────────────┐
┌───────────────────────────┐      ┌─────────────────────────────┐
│ Wurde die Frist gemäß     │      │ Wurde die Frist gemäß § 124 │
│ § 121 BGB (unverzüglich   │      │ BGB (1 Jahr nach Entdeckung │
│ nach Kenntnis vom         │      │ der Täuschung oder Ende der │
│ Anfechtungsgrund)         │      │ Zwangslage) eingehalten?    │
│ eingehalten?              │      │                             │
└───────────────────────────┘      └─────────────────────────────┘
                │                                   │
                └───────────────┬───────────────────┘
                                │
                ┌───────────────────────────────┐
                │ Das Rechtsgeschäft ist gemäß  │
                │ § 142 BGB von Anfang an       │
                │ (ex tunc) nichtig!            │
                └───────────────────────────────┘
                                │
                ┌───────────────────────────────┐
                │ Der Anfechtende muß gemäß     │
                │ § 122 BGB den Vertrauensschaden│
                │ ersetzen!                     │
                └───────────────────────────────┘
```

VIII. Wiederholungsfragen

1. Was ist ein Erklärungsirrtum?
2. Was ist ein Inhaltsirrtum?
3. Berechtigt ein Motivirrtum zur Anfechtung?
4. Was ist eine arglistige Täuschung?

5. Was ist eine widerrechtliche Drohung?
6. In welcher Frist muß die Anfechtung wegen Irrtums oder wegen arglistiger Täuschung oder widerrechtlicher Drohung erfolgen?
7. Was kann länger dauern: „unverzüglich" oder „sofort"? Was bedeutet „unverzüglich"?
8. Wem gegenüber muß die Anfechtung erklärt werden?
9. Welche Rechtsfolgen hat die Anfechtung?
10. Unterscheiden Sie den Vertrauensschaden und den Nichterfüllungsschaden! Wie wird der Schaden jeweils berechnet?

11. Lektion
Vertrag

Aus der 4. Lektion[114] ist bekannt, daß die Vertragsfreiheit ein wesentlicher Teil der das Privatrecht beherrschenden Privatautonomie ist. Es steht grundsätzlich[115] allen frei, ob, mit wem und mit welchem Inhalt sie Verträge schließen wollen. Die Freiheit, einen oder keinen Vertrag abzuschließen, nennt man **Abschlußfreiheit**. Die Freiheit, den Inhalt des Vertrages zu gestalten, nennt man **Inhaltsfreiheit**.

I. Zustandekommen des Vertrages

Ein Vertrag kommt durch mindestens zwei **übereinstimmende** Willenserklärungen zustande. Im gesetzlichen Regelfall werden beim Vertragsschluß Antrag und Annahme unterschieden[116].

> Beispiel: V fragt den K, ob er sein Fahrrad für 300 DM kaufen wolle (Antrag). K sagt „Ja" (Annahme).
>
> Aufgrund der übereinstimmenden Willenserklärungen ist damit zwischen V und K ein Kaufvertrag über das Fahrrad des V zum Preis von 300 DM zustandegekommen.

Haben sich die Parteien nicht über alle Punkte eines Vertrages geeinigt, über die nach der Erklärung einer Partei eine Vereinbarung getroffen werden sollte (**Dissens**), kommt es darauf an, ob das den Parteien bewußt ist. Wissen die Parteien, daß sie sich noch nicht vollständig geeinigt haben, ist der Vertrag im Zweifel

---

[114] 4. Lektion, I. Privatrecht.
[115] Zu den Grenzen der Vertragsfreiheit siehe insbesondere unten die 15. Lektion: Form und Inhalt der Rechtsgeschäfte.
[116] Vgl. § 151 S. 1 BGB: „Der Vertrag kommt durch die Annahme des Antrags zustande, ...". Möglich und in der Praxis üblich ist auch ein Vertragsabschluß durch gemeinsame Zustimmung zu einem vorher ausgehandelten Vertrag. Siehe Detlef Leenen, Abschluß, Zustandekommen und Wirksamkeit des Vertrages – zugleich ein Beitrag zur Lehre von Dissens –, in AcP 188 (1988). S. 381–418.

11. Lektion: Vertrag

nicht geschlossen, § 154 I BGB; wissen sie es nicht, gilt das bis dahin Vereinbarte, wenn anzunehmen ist, daß sie den Vertrag auch so geschlossen hätten, § 155 BGB.

1. Antrag

Der Antrag ist eine empfangsbedürftige Willenserklärung. Einzelheiten zum Antrag sind in den §§ 145 ff. BGB geregelt. Danach ist der Anbietende an sein Angebot gebunden, § 145 BGB. Nimmt der andere den Antrag gleich an, kann der Anbietende nicht mehr zurück. Der Vertrag ist geschlossen. Die Verpflichtungen und Ansprüche aus dem Vertrag bestehen.

Von diesem verbindlichen Antrag ist die **Aufforderung zum Angebot** (invitatio ad offerendum) zu unterscheiden. Aufforderungen zum Angebot sind typischerweise Schaufensterauslagen, Anpreisungen in Katalogen, „Sonderangebote" usw. Hier kommt der Vertrag erst zustande, wenn der Kunde die angepriesene Ware verlangt (Antrag) und der Verkäufer diesen Antrag annimmt (Annahme).

> Beispiel: K sieht in einem Schaufenster eine Flasche echten Champagner, die mit einem Preis von 9,99 DM ausgewiesen ist. Als K in den Laden geht und den Champagner zum Preis von 9,99 DM verlangt, weigert sich der Verkäufer, den Champagner zu diesem Preis zu verkaufen. Das Preisschild war von dem daneben stehenden Sekt verrutscht. Der Champagner kostet 89,98 DM.
> Hier ist die Ausstellung der Flasche Champagner nur eine Aufforderung zum Angebot (invitatio ad offerendum). K konnte also kein Angebot annehmen und so den Kaufvertrag mit dem günstigen Preis zustande bringen. Sein Verlangen nach dem Champagner war erst das Angebot. Der Verkäufer hat das Angebot nicht angenommen. Ein Kaufvertrag ist nicht zustandegekommen. K hat keinen Anspruch auf die Flasche Champagner zum Preis von 9,99 DM

2. Annahme

Die Annahme ist, wie der Antrag, eine empfangsbedürftige Willenserklärung. Sie muß dem Antragenden in der **Frist** des § 147 BGB **zugehen**[117]. Wird der Antrag gegenüber einem Anwesenden gemacht, muß die Annahme sofort zugehen. Bei Abwesenden kommt es auf die Art der Erklärung und die Umstände an.

> Beispiel: Bietet V dem K telegraphisch frische Erdbeeren an, beträgt die Annahmefrist höchstens ein paar Stunden. Bietet V dem K aber mit normaler Post Eisenerz an, kommt der Vertrag auch noch zustande, wenn die Annahmeerklärung des K erst nach zwei Tagen bei V eintrifft.

---

[117] Zum Zugang einer Willenserklärung siehe oben die 9. Lektion, V. 2. Zugang.

Geht die Annahmeerklärung **verspätet** zu, gilt sie als neuer Antrag, § 150 I BGB. Der ursprüngliche Anbieter kann nun wählen, ob er diesen neuen Antrag seinerseits annimmt.

Nach § 151 S. 1 BGB muß die Annahmeerklärung dem Antragenden **ausnahmsweise nicht zugehen**, wenn das nach der **Verkehrssitte** nicht zu erwarten ist oder wenn der Antragende darauf **verzichtet** hat. Eine Willenserklärung muß also auch nach § 151 S. 1 BGB abgegeben werden; sie muß aber nicht zugehen.

> Beispiel: V schickt K unaufgefordert 10 handgemalte Ansichtskarten zum Preis von 20 DM. Es liegt eine Zahlkarte und ein Brief bei, in dem V erklärt, daß er von dem Kauf der Karten durch K ausgehe, wenn K nicht innerhalb von 14 Tagen ablehne.
>
> Möchte K die Ansichtskarten kaufen, muß er sie nur verwenden. Er erklärt[118] damit konkludent die Annahme des Angebots durch V. Gemäß § 151 S. 1 BGB muß diese Erklärung dem V nicht zugehen. V hat ja darauf verzichtet. Der Kaufvertrag kommt auch so zustande. K muß den Kaufpreis zahlen.
>
> Unternimmt hier K aber nichts, so schweigt[119] er. Eine Erklärungshandlung und damit eine Willenserklärung ist nicht gegeben. § 151 S. 1 BGB ändert daran nichts. Ein Kaufvertrag zwischen V und K kommt nicht zustande. K muß den Kaufpreis nicht zahlen.

Eine Annahme, die nicht dem Angebot entspricht, sondern Erweiterungen, Einschränkungen oder sonstige **Änderungen** enthält, gilt als Ablehnung des Angebots verbunden mit einem neuen Antrag, § 150 II BGB. Nur wenn der ursprüngliche Anbieter seinerseits dieses neue Angebot annimmt, kommt ein entsprechender Vertrag zustande.

II. Wirksamwerden des Vertrages

In den meisten Fällen, aber nicht immer, ist ein Vertrag, wenn er zustandegekommen ist, auch wirksam. So hängt die Wirksamkeit des Vertrages ab z. B. von der Geschäftsfähigkeit der beteiligten Personen (§ 108 BGB), der Vertretungsmacht (§§ 164, 177 BGB) oder ausnahmsweise von einer besonderen Form (z. B. §§ 313, 766, 125 BGB).

1. Schwebende Unwirksamkeit

Wenn der Vertrag nicht wirksam ist, kann er unter Umständen wirksam werden. Man nennt diesen Zustand **schwebend unwirksam**.

> Beispiel: V schließt im Namen des A mit D einen Kaufvertrag. V ist von A aber nicht bevollmächtigt worden.
>
> Hier ist zwar ein Kaufvertrag zwischen A und D zustandegekommen. Der Vertrag ist aber nicht wirksam. Nur wenn A den Vertrag genehmigt, § 177 I BGB, wird der Kaufvertrag wirksam.

---

[118] Zur Willenserklärung siehe oben die 9. Lektion, I. Erklärungshandlung.
[119] Zum Schweigen siehe oben die 9. Lektion, I. Erklärungshandlung.

2. Haustürgeschäft

Entgeltliche Verträge, die an der Haustüre geschlossen werden, werden erst wirksam, wenn sie der Kunde nicht innerhalb einer Woche schriftlich widerruft, § 1 I HaustürWG. Die Vorschrift dient dem Verbraucherschutz und soll vor Überrumpelung schützen. Sie gilt nicht nur für Verträge an der Haustüre, sondern auch für Verträge, die in ähnlichen Situationen wie z. B. am Arbeitsplatz, in öffentlichen Verkehrsmitteln oder bei sogenannten Kaffeefahrten geschlossen werden, § 1 I Nr. 1 bis 3 HaustürWG.

Bis zum Ablauf der Widerrufsfrist ist der Vertrag zwar zustandegekommen, aber nicht wirksam. Die Widerrufsfrist beträgt eine Woche, § 1 I a. E. HaustürWG. Sie beginnt erst, wenn der Kunde über sein Widerrufsrecht schriftlich belehrt worden ist, und endet spätestens einen Monat, nachdem beide Vertragsparteien ihre Leistungen vollständig erbracht haben. Es reicht die rechtzeitige Absendung des Widerrufs, § 2 I HaustürWG. Der Widerruf wird nicht dadurch ausgeschlossen, daß die Sache mittlerweile defekt oder abgenutzt ist, § 3 I 2 HaustürWG.

> Beispiel: Oma O nimmt zur Abwechslung ihres einsamen Rentnerdaseins an einer Busfahrt durch den Harz teil. Auf der Rückfahrt werden als zusätzlicher Service neue Produkte für den Haushalt vorgestellt. Um den netten Herrn Reiseleiter R nicht zu enttäuschen, kauft O eine Heizdecke zum Preis von 500 DM, zahlbar in einem Monat. 7 Wochen nach der Busfahrt und 3 Wochen nachdem O gezahlt hat, sieht sie, daß eine bessere Heizdecke in einem Bettengeschäft für 150 DM angeboten wird. Die bei der Busfahrt gekaufte Heizdecke ist ohnehin unansehnlich geworden, da O bei ihrem allmorgendlichen Frühstück im Bett aus leichtem Versehen eine Kanne Kaffee umgestoßen und darüber geschüttet hat. Was ist O zu raten?
>
> Da O nicht über ihr Widerrufsrecht schriftlich belehrt worden ist, kann sie gemäß § 1 I Nr. 2, § 2 I 3 HaustürWG ihre Willenserklärung zum Abschluß des Kaufvertrages, § 433 BGB, über die Heizdecke zum Preis von 500 DM schriftlich widerrufen. Sie muß darauf achten, daß der Widerruf innerhalb eines Monats, nachdem sie gezahlt hat, abgesendet wird. Zur Beweissicherung empfiehlt sich ein Einschreiben mit Rückschein.

Im Falle eines Widerrufs ist jede Vertragspartei verpflichtet, dem anderen alles zurückzugeben, § 3 I 1 HaustürWG. Zwar muß der Kunde für die **Benutzung** der Sache den üblichen Betrag, z. B. eine entsprechende Miete, zahlen; für die **Abnutzung der Sache** muß er aber nicht einstehen, § 3 III HaustürWG. Ist der Kunde nicht über sein Widerrufsrecht belehrt worden und hat er auch nicht anderweitig davon Kenntnis erlangt, so muß er auch für eine Verschlechterung der Sache, die über die normale Abnutzung hinausgeht, keinen Wertersatz leisten, wenn er auch sonst so mit seinen Sachen umgeht, § 3 I 3, II HaustürWG, § 277 BGB.

> Beispiel (Fortsetzung): O muß zwar damit rechnen, daß ihr R eine Miete für die Heizdecke berechnet, § 3 III 1. Halbs. HaustürWG; die Wertminderung durch den Gebrauch der Heizdecke (§ 3 III 2. Halbs. HaustürWG) und die Verschlechterung durch den Kaffeefleck (§ 3 I 3, II HaustürWG, § 277 BGB) muß sie aber nicht ersetzen.

III. Arten der Verträge

Von den verschiedenen Arten des Vertrages können hier nur einige wichtige herausgegriffen werden. Erst einmal ist festzustellen, daß bei einem Vertrag immer **mindestens zwei** Personen beteiligt sind. Mehr als zwei Personen können z. B. bei einem Gesellschaftsvertrag, § 705 BGB, beteiligt sein. In jedem Fall ist der Vertrag ein mehrseitiges Rechtsgeschäft[120].

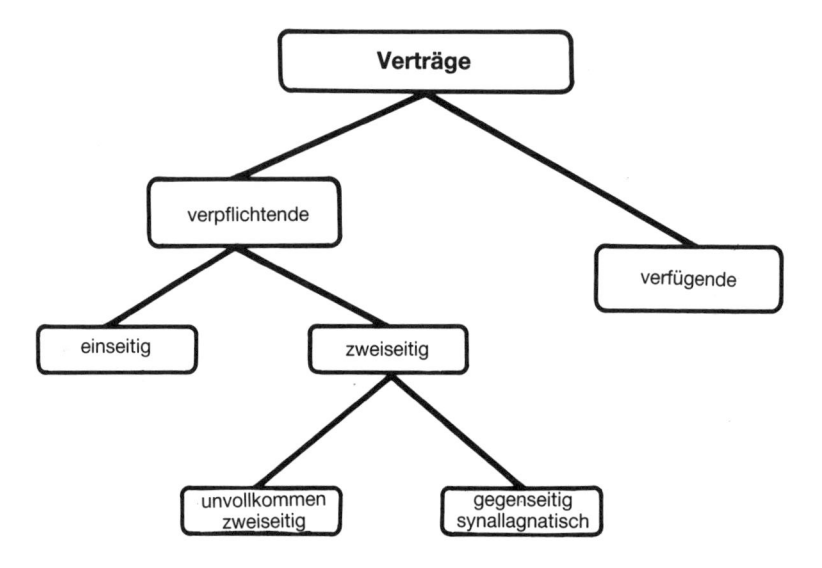

```
                    Verträge
                   /        \
            verpflichtende   verfügende
            /      \
       einseitig  zweiseitig
                   /      \
         unvollkommen    gegenseitig
          zweiseitig     synallagmatisch
```

Je nach ihrer Rechtsfolge werden verfügende und verpflichtende Verträge unterschieden.
Verfügende Verträge sind Rechtsgeschäfte, durch die auf ein bestehendes Recht eingewirkt wird um es zu verändern, zu belasten, zu übertragen oder aufzuheben.

---

[120] Zu den mehrseitigen Rechtsgeschäften siehe oben die 6. Lektion, III. 1. b) Unterscheidung nach der Zahl der Beteiligten. Die folgende Übersicht ergänzt insoweit die Übersicht in der 6. Lektion, III. Rechtliches Handeln.

11. Lektion: Vertrag

1. Beispiel: Die Übereignung gemäß § 929 BGB ist ein verfügender Vertrag zwischen dem bisherigem Eigentümer und neuem Eigentümer, da auf das an der Sache bestehende Recht Eigentum eingewirkt wird, um es zu übertragen.
2. Beispiel: Die Abtretung eines Anspruchs gemäß § 398 BGB ist ein verfügender Vertrag zwischen dem bisherigen Gläubiger und dem neuen Gläubiger, da auf ein bestehendes Recht, den Anspruch, eingewirkt wird, um es zu übertragen.

Verpflichtende Verträge sind Rechtsgeschäfte, durch die eine Leistungspflicht begründet wird. Je nachdem, ob sich nur eine oder beide Parteien verpflichten, werden einseitig und zweiseitig verpflichtende Verträge unterschieden. Die zweiseitig verpflichtenden Verträge können unvollkommen zweiseitig oder gegenseitig verpflichtend sein. Die Unterscheidung ist z. B. dann sehr wichtig, wenn eine Leistung aus dem Vertrag nicht richtig erbracht wird. Die gesetzlichen Regelungen dieser Leistungsstörungen sind entsprechend unterschiedlich[121].

Bei einem **einseitig verpflichtenden** Vertrag sind zwar mindestens zwei Vertragsparteien beteiligt – es handelt sich insoweit um ein mehrseitiges Rechtsgeschäft – aber nur eine von ihnen übernimmt eine Verpflichtung. Die andere Partei erwirbt einen Anspruch.

Beispiel: Zum Abschluß eines Schenkungsvertrages (§§ 516/518 BGB) sind zwar zwei Personen erforderlich, der Schenker und der Beschenkte, aber nur eine, der Schenker, übernimmt eine Verpflichtung. Der Beschenkte hat einen Anspruch auf Erfüllung der Verpflichtung. (Der Schenkungsvertrag ist ein mehrseitiges, einseitig verpflichtendes Rechtsgeschäft.)

Bei **zweiseitig verpflichtenden** Verträgen übernehmen beide Vertragsparteien Verpflichtungen. Es kommt nun darauf an, wie die Verpflichtungen zueinander stehen.

Bei einem **gegenseitig** verpflichtenden Vertrag stehen die Verpflichtungen im Gegenseitigkeitsverhätlnis. Diese wechselseitige Verpflichtung wird in der Rechtswissenschaft als **Synallagma** bezeichnet. Jede Partei verpflichtet sich, damit und weil die andere sich verpflichtet. Die Erfüllung der eigenen Pflicht wird davon abhängig gemacht, daß auch die andere Partei ihre Pflicht erfüllt.

Beispiel: Bei einem Kaufvertrag (§ 433 BGB) verpflichtet sich der Verkäufer zur Übereignung der Kaufsache, damit sich der Käufer verpflichtet, den Kaufpreis zu zahlen.

---

[121] Näheres hierzu steht unten in der 18. Lektion: Unmöglichkeit und der 19. Lektion: Verzug.

Bei den **unvollkommen zweiseitig** verpflichtenden Verträgen trifft nur eine Partei die für den Vertrag typische Pflicht. Zwar hat auch die andere Partei Pflichten; die Verpflichtungen stehen aber nicht im Gegenseitigkeitsverhältnis.

> Beispiel: In einem Leihvertrag (§ 598 BGB) verpflichtet sich der Verleiher, dem Entleiher den Gebrauch der Sache unentgeltlich zu gewähren. Das ist die Hauptpflicht des Vertrages. Der Entleiher ist zwar nicht zu einer Gegenleistung verpflichtet; ihn treffen aber die Pflichten, die entliehene Sache zu unterhalten (§ 601 I BGB) und zurückzugeben (§ 604 I BGB).

IV. Wiederholungsfragen

1. Welche Freiheiten beinhaltet die Vertragsfreiheit?
2. Wie kommt ein Vertrag zustande?
3. In welcher Frist muß der Antrag angenommen werden, damit ein Vertrag zustandekommt?
4. Unter welchen Voraussetzungen kommt ein Vertrag zustande, ohne daß die Annahmeerklärung zugehen muß?
5. Wie kommt ein Vertrag zustande, wenn die Annahme nicht dem Angebot entspricht?
6. In welcher Frist kann ein Haustürgeschäft nach dem HaustürWG widerrufen werden?
7. Unterscheiden Sie verfügende und verpflichtende Verträge!
8. Nennen Sie ein Beispiel für einen einseitig verpflichtenden Vertrag!
9. Was ist ein Synallagma?
10. Wie wird ein zweiseitig verpflichtender Vertrag bezeichnet, bei dem die Verpflichtungen nicht im Gegenseitigkeitsverhältnis stehen?

12. Lektion
Schweigen im Rechtsverkehr

Schweigen im Rechtssinne ist nicht nur nicht reden, sondern sich nicht (auch nicht konkludent) äußern[122]. **Grundsätzlich** hat das Schweigen im Rechtsverkehr **keine Bedeutung**. Es bedeutet weder eine Zustimmung noch eine Ablehnung. Es gibt aber einige wenige Ausnahmen.

In einigen ausdrücklich im Gesetz[123] bestimmten Fällen kann dem anderen eine Frist zur Genehmigung oder zur Annahme gesetzt werden. Verstreicht

---
[122] Siehe oben die 9. Lektion, I. Erklärungshandlung.
[123] §§ 416 I 2, 496 S. 2, 516 II 2 BGB, § 362 HGB

12. Lektion: Schweigen im Rechtsverkehr

die Frist, ohne daß der andere reagiert, gilt sein Schweigen als Genehmigung oder als Annahme.

I. Annahme einer Schenkung

Ein Fall betrifft die Schenkung. Der Schenkungsvertrag ist zwar nur einseitig verpflichtend. Nur der Schenker muß dem anderen etwas unentgeltlich zuwenden. Der Schwenkungsvertrag ist aber ein mehrseitiges Rechtsgeschäft. Er kommt nur mit zwei übereinstimmenden Willenserklärungen zustande. Bietet der Schenker dem anderen den Abschluß eines Schenkungsvertrages an, muß dieser das Angebot annehmen, damit der Schenkungsvertrag zustandekommt. Der Schenker kann den Abschluß eines Schenkungsvertrages anbieten, indem er dem anderen etwas zuwendet.

> Beispiel: A bezahlt für seinen Freund F die geschuldete Miete für dessen Wohnung.

Da die Zuwendung nur ein Angebot zum Abschluß eines Schenkungsvertrages ist, ist sie rechtsgrundlos geleistet. Die Zuwendung im Sinne des § 516 II BGB ist im Rahmen des Abstraktionsprinzips[124] das Erfüllungsgeschäft. Das Grundgeschäft wäre der Schenkungsvertrag. Der kommt aber erst mit der Annahme des Angebots zustande. Es besteht ein Schwebezustand.

Diesen Schwebezustand kann der Schenker abkürzen, indem er dem anderen eine Frist zur Annahme setzt, § 516 II 1 BGB. Der andere kann nun innerhalb der Frist die Schenkung ausdrücklich annehmen oder ablehnen. Reagiert er innerhalb der Frist nicht, also schweigt er, gilt die Schenkung als angenommen, § 516 II 2 BGB.

II. Schweigen auf einen Antrag gemäß § 362 HGB

Ein anderer Fall des Schweigens als Annahme ist in § 362 HGB genannt. Danach gilt unter bestimmten Umständen das Schweigen eines Kaufmanns auf ein Angebot zum Abschluß eines Geschäftsbesorgungsvertrages als Annahme.

§ 362 HGB gilt nur für Kaufleute[125]. Es kommt nicht darauf an, ob es ein Voll- oder Minderkaufmann ist. Der Gewerbebetrieb des Kaufmanns muß die **Besorgung von Geschäften für andere** mit sich bringen. Das Angebot muß sich auf den Abschluß eines solchen Geschäftsbesorgungsvertrages, § 675 BGB, beziehen. Der Kaufmann muß auf dieses Angebot nur dann unverzüglich[126] antworten und sein Schweigen gilt nur dann als Annahme, wenn er mit dem Anbietenden in

---

[124] Zum Trennungs- und Abstraktionsprinzip siehe oben die 7. Lektion: Trennungs- und Abstraktionsprinzip.
[125] Zum Kaufmann siehe oben die 4. Lektion, IV. 2. Handelsrecht.
[126] Zum Begriff „unverzüglich" siehe oben die 10. Lektion, III. Anfechtungsfrist.

Geschäftsverbindung steht, § 362 I 1 HGB, oder wenn er sich dem anderen gegenüber zur Besorgung solcher Geschäfte **erboten** hat, § 362 I 2 HGB.

> Beispiel: K schickt seiner Bank einen Brief mit der Bitte, für ihn 100 Aktien der X. AG zu kaufen. Antwortet die Bank nicht, kommt ein Gechäftsbesorgungsvertrag, §§ 675, 631 BGB, zum Kauf der Aktien zustande. Die Bank ist verpflichtet, die Aktien für K zu kaufen. Aber: Schickt K dem Großhändler G einen Brief mit der Bitte, ihm 50 Anrufbeantworter der Marke X zu liefern, kommt kein Kaufvertrag zustande, bis G das Angebot des K ausdrücklich annimmt. Für G gilt hier § 362 HGB nicht, da sein Gewerbebetrieb die Anschaffung und Weiterveräußerung von Waren, nicht aber die Besorgung von Geschäften für andere mit sich bringt.

III. Bestätigungsschreiben

Nicht im Gesetz geregelt, aber auch ein Fall des Schweigens im Rechtsverkehr, ist das Schweigen auf ein Bestätigungsschreiben. Das Bestätigungsschreiben ist als Handelsbrauch gemäß § 346 HGB von Bedeutung. Heute ist es auch gewohnheitsrechtlich anerkannt. Danach ist es üblich, das Ergebnis mündlicher Vertragsschlüsse schriftlich zu bestätigen. Mündliche Verträge haben den Vorteil, daß sie sehr schnell in unmittelbarer Reaktion auf den Markt geschlossen werden können. Sie haben den Nachteil, daß nicht immer zweifelsfrei ist, ob und mit welchem Inhalt ein Vertrag geschlossen wurde. Etwaige Zweifel am Zustandekommen oder am Inhalt des mündlichen Vertrages soll das Bestätigungsschreiben beseitigen. Danach gilt der Inhalt des Bestätigungsschreibens als Vertragsinhalt, wenn der Empfänger nicht unverzüglich widerspricht.

1. Abgrenzung

Haben die Parteien von vornherein vereinbart, daß der mündlich geschlossene Vertrag nur wirksam sein soll, wenn er schriftlich bestätigt wird, handelt es sich um ein **konstitutives** (begründendes) Bestätigungsschreiben. Es handelt sich insoweit um eine besondere Wirksamkeitsvoraussetzung des Vertrages, die hier nicht näher behandelt werden muß.

Soll dagegen das Bestätigungsschreiben einen bereits wirksamen Vertrag bestätigen, spricht man von einem **deklaratorischen** (klarstellenden) Bestätigungsschreiben. Das deklaratorische Bestätigungsschreiben hält den Inhalt des mündlich geschlossenen Vertrages zum Beweis fest. Es gilt der bereits wirksame Vertrag mit dem Inhalt des unwidersprochen hingenommenen Bestätigungsschreibens. Weicht der Inhalt von dem tatsächlich Vereinbarten ab, gilt der Inhalt des unwidersprochen hingenommenen deklaratorischen Bestätigungsschreibens so, als sei es vereinbart gewesen. Das gilt selbst dann, wenn gar kein Vertrag zustandegekommen war. Auch das deklaratorische (klarstellende) Bestätigungsschreiben hat insoweit eine konstitutive (begründende) Wirkung. Das deklaratorische Bestätigungsschreiben ist das eigentliche Bestätigungsschreiben im engeren Sinne. Wenn im folgenden von Bestätigungsschreiben die Rede ist, ist nur das deklaratorische Bestätigungsschreiben gemeint.

Das Bestätigungsschreiben darf **nicht** mit der Auftragsbestätigung verwechselt werden. Die **Auftragsbestätigung** ist die Annahme eines entsprechenden Angebots. Der Absender der Auftragsbestätigung geht davon aus, daß noch kein Vertrag geschlossen wurde. Der Vertrag kommt erst mit der Auftragsbestätigung zustande. Weicht die durch die Auftragsbestätigung erklärte Annahme vom Angebot ab, gilt § 150 II BGB: sie wird als neues Angebot behandelt[127]. Ein Vertrag kommt nur zustande, wenn die andere Partei ihrerseits dieses neue Angebot annimmt, also nicht schweigt. Dagegen geht der Absender beim Bestätigungsschreiben davon aus, daß ein Vertrag aufgrund einer bereits erklärten Annahme geschlossen sei. Diesen bereits geschlossenen Vertrag will er bestätigen.

2. Voraussetzungen

Ein Bestätigungsschreiben liegt nur unter folgenden Voraussetzungen vor:

Die Beteiligten müssen Kaufleute sein oder **wie Kaufleute** am Rechtsverkehr teilnehmen. Vom Empfänger muß zu erwarten sein, daß er den Handelsbrauch kennt. Das Schreiben kann nur dann vom Empfänger als Bestätigungsschreiben verstanden werden, wenn auch der Absender wie ein Kaufmann am Rechtsverkehr teilnimmt und die Annahme naheliegt, daß das Schreiben als Bestätigungsschreiben gemeint ist. Diese Umstände treffen neben Kaufleuten gemäß § 1 ff. HGB auch z. B. für Grundstücksmakler, Architekten, Rechtsanwälte und Konkursverwalter zu.

Es müssen mündliche Vertragsverhandlungen vorausgegangen sein, die nach der verständlichen Ansicht des Absenders zu einem **Vertragsabschluß** geführt haben.

Der Inhalt des Schreibens muß den Vertragsschluß **bestätigen**. Es kommt dabei nicht auf die Bezeichnung des Schreibens oder die Überschrift an. Auch wenn das Schreiben als „Auftragsbestätigung" bezeichnet ist, inhaltlich aber erkennbar von einem bereits geschlossenen Vertrag ausgeht, handelt es sich möglicherweise um ein Bestätigungsschreiben.

Es muß **zeitlich unmittelbar** auf den vermeintlichen Vertragsschluß folgen. Später muß der Empfänger nicht mehr mit einer Bestätigung rechnen.

Das Bestätigungsschreiben darf **keine wesentlichen Abweichungen** von dem Vereinbarten haben. Mit solchen Abweichungen braucht der Empfänger nicht zu rechnen. Insbesondere darf der Absender nicht bewußt etwas Unrichtiges „bestätigen". Üblich ist aber die Einbeziehung der eigenen Allgemeinen Geschäftsbedingungen[128], auch wenn vorher nicht darüber gesprochen wurde.

---

[127] Zur Annahme eines Angebots zum Abschluß eines Vertrages siehe oben die 11. Lektion, I. 2. Annahme.
[128] Zu den Allgemeinen Geschäftsbedingungen siehe unten die 16. Lektion: Allgemeine Geschäftsbedingungen.

3. Rechtsfolgen

Meint der Empfänger, daß der Inhalt des Bestätigungsschreibens nicht mit dem tatsächlich Vereinbarten übereinstimmt, muß er gegenüber dem Absender unverzüglich Widerspruch erheben. Das Bestätigungsschreiben ist dann wirkungslos. Der mündliche Vertrag gilt mit dem Inhalt, mit dem er tatsächlich geschlossen wurde; auch wenn das möglicherweise schwer zu recherchieren ist.

Das **Schweigen** des Empfängers auf das Bestätigungsschreiben gilt als Zustimmung. Die mündliche Vereinbarung gilt mit dem Inhalt des Bestätigungsschreibens; auch wenn tatsächlich etwas anderes vereinbart oder gar kein Vertrag zustandegekommen war.

IV. Wiederholungsfragen

1. Was ist Schweigen im Rechtssinne?
2. Welche Bedeutung hat das Schweigen im Rechtssinne grundsätzlich?
3. Nennen Sie drei Fälle, in denen das Schweigen ausnahmsweise rechtlich von Bedeutung ist!
4. Ist die Zuwendung im Sinne des § 516 II BGB das Grund- oder das Erfüllungsgeschäft?
5. Unter welchen Voraussetzungen gilt gemäß § 362 HGB das Schweigen als Annahme?
6. Auf welcher Rechtsgrundlage beruht das Bestätigungsschreiben?
7. Unterscheiden Sie das konstitutive und das deklaratorische Bestätigungsschreiben.
8. Unterscheiden Sie Auftragsbestätigung und Bestätigungsschreiben!
9. Unter welchen Voraussetzungen ist ein Bestätigungsschreiben gegeben?
10. Was gilt zwischen den Parteien, wenn der Empfänger dem Bestätigungsschreiben widerspricht?

13. Lektion
Geschäftsfähigkeit

Die Geschäftsfähigkeit darf nicht mit der Rechtsfähigkeit[129] verwechselt werden. Die Rechtsfähigkeit ist die Fähigkeit, Träger von Rechten und Pflichten zu sein. Rechtsfähig ist jede Person. Es kommt nicht darauf an, wie alt sie ist, ob sie geistesgestört ist, oder ob es sich um eine juristische Person handelt. Die Geschäftsfähigkeit ist dagegen nur gegeben, wenn die Person eigenverantwortlich handeln kann. Die **Geschäftsfähigkeit** ist die Fähigkeit, Rechtsgeschäfte selbst wirksam vorzunehmen.

Nach dem Grundsatz der Privatautonomie, nach dem jeder seine Lebensverhältnisse eigenverantwortlich soll regeln können, sind grundsätzlich alle Men-

---

[129] Zur Rechtsfähigkeit siehe oben die 5. Lektion, I. Rechtssubjekte.

schen geschäftsfähig. Davon geht auch das Gesetz aus. Ausnahmen gelten aber zum Schutz der Personen, denen typischerweise die notwendige Einsicht in die Tragweite rechtsgeschäftlichen Handelns fehlt.

> Beispiel: Ein Kleinkind ist zwar rechtsfähig und kann etwa aufgrund einer Erbschaft Eigentümer eines Mietshauses sein; es überblickt aber (noch) nicht die Bedeutung, die der Abschluß eines Mietvertrages hat.

Die Geschäftsfähigkeit kann daher fehlen oder eingeschränkt sein. Im ersten Fall spricht man von Geschäftsunfähigkeit, im zweiten Fall von beschränkter Geschäftsfähigkeit.

I. Geschäftsunfähigkeit

Die **Geschäftsunfähigkeit** ist in den §§ 104, 105 BGB geregelt. Gemäß § 104 BGB ist geschäftsunfähig, wer noch **nicht sieben Jahre** alt ist oder an einer **krankhaften Störung der Geistestätigkeit** leidet. Die Willenserklärung eines Geschäftsunfähigen ist **nichtig**, § 105 I BGB.

> Beispiel: Der 6jährige A findet 5 DM, geht damit in das Eiscafé des E und bestellt einen Eisbecher Hawaii zum Preis von 5 DM. E serviert den Eisbecher. Nachdem A das Eis gegessen hat, fällt ihm ein, daß er die 5 DM doch lieber zu Hause in sein Sparschwein werfen möchte.
> Hier hat E gegen A keinen Anspruch auf Zahlung der 5 DM. A hat zwar mit der Bestellung des Eises ein Angebot zum Abschluß eines (Kauf-/Dienst-) Vertrages abgegeben, das E mit dem Servieren des Eisbechers konkludent angenommen hat; die Willenserklärung (das Angebot) des A ist aber wegen dessen Geschäftsunfähigkeit gemäß § 105 I BGB nichtig. Der Vertrag ist daher unwirksam und begründet keinen Anspruch des E[130].

Nichtig ist gemäß § 105 II BGB auch die Willenserklärung eines Geschäftsfähigen, wenn sie im Zustande der **Bewußtlosigkeit** oder der **vorübergehenden Störung der Geistestätigkeit** abgegeben wird. Unter Bewußtlosigkeit ist dabei nicht das völlige Fehlen des Bewußtseins gemeint. Dann könnte ja mangels Handlungswillens keine Willenserklärung abgegeben werden[131]. Für die **Bewußtlosigkeit** im Sinne des § 105 II BGB reicht eine sehr starke Bewußtseinstrübung. Hauptanwendungsfall ist die Trunkenheit. Allerdings muß eine Blutalkoholkonzentration von 3,4 ‰ erreicht sein[132].

---

[130] Ein Anspruch des E gegen A aus § 812 BGB besteht auch nicht, da A das Eis gegessen hat und damit entreichert ist, § 818 III BGB. Siehe auch unten die 25. Lektion: Bereicherungsausgleich.
[131] Zum Handlungswillen als Tatbestandsmerkmal einer Willenserklärung siehe oben die 9. Lektion, II. Handlungswille.
[132] Vgl. OLG Nürnberg, Urt. v. 10.2.1977 – 8 U 75/76, in NJW 77, S. 1496.

II. Beschränkte Geschäftsfähigkeit

Beschränkt geschäftsfähig sind **Minderjährige**, die das siebente Lebensjahr vollendet haben, aber noch nicht achtzehn Jahre alt sind, § 106 und § 2 BGB. Die Willenserklärungen Minderjähriger sind gemäß § 107 BGB grundsätzlich nur mit der **Einwilligung** der gesetzlichen Vertreter wirksam. **Gesetzliche Vertreter** der Minderjährigen sind normalerweise die Eltern[133]. Da die Beschränkung der Geschäftsfähigkeit dem Schutz der Minderjährigen dienen soll, sind gemäß § 107 BGB auch die Willenserklärungen wirksam, durch die der Minderjährige lediglich einen **rechtlichen Vorteil** erlangt.

1. Einwilligung

Die Einwilligung ist die **vorherige Zustimmung**[134]. Die Einwilligung des gesetzlichen Vertreters kann ausdrücklich für ein **bestimmtes** Geschäft oder für eine **Art** von Geschäften gegeben werden.

> Beispiel: Die Eltern erlauben dem 8jährigen M, bei dem Versandhaus V ein bestimmtes oder irgend ein Spielzeugauto zu bestellen.

Die Einwilligung kann auch dadurch erfolgen, daß dem Minderjährigen ein Geldbetrag zur freien Verwendung überlassen wird. Nach § 110 BGB, dem sogenannten **Taschengeldparagraphen**, ist ein Vertrag, den ein Minderjähriger mit seinem Taschengeld erfüllt, wirksam. Aber Vorsicht! § 110 BGB ist eine beliebte Klausurfalle!

> Beispiel: Der 16jährige M bekommt von seinen Eltern jeden Monat 50 DM Taschengeld. Er spart 450 DM und kauft von V ein Fahrrad zum Preis von 500 DM; die restlichen 50 DM soll er im nächsten Monat bezahlen. Ist der Kaufvertrag zwischen V und M wirksam? Hat V einen Anspruch auf Zahlung der restlichen 50 DM?

> Lesen Sie § 110 BGB! Der (Kauf-) Vertrag gilt nur dann als von Anfang an wirksam, wenn der Minderjährige die vertragsmäßige Leistung mit seinen Mitteln „bewirkt". Bewirkt ist die Leistung erst, wenn sie vollständig erfüllt ist. Hier hat M den Kaufpreis noch nicht vollständig gezahlt; er hat die vertragsmäßige Leistung noch nicht bewirkt. Der Kaufvertrag ist (noch) nicht wirksam. V hat daher aus dem Vertrag keinen Anspruch auf Zahlung der restlichen 50 DM. Der Kaufvertrag wird erst wirksam, wenn M die restlichen 50 DM aus seinem Taschengeld zahlt oder wenn die Eltern den Vertrag genehmigen.

Eine Einwilligung in eine bestimmte Art von Rechtsgeschäften des Minderjähri-

---

[133] §§ 1626, 1629 BGB; siehe auch die Vertretungsberechtigung des Vormunds, §§ 1773, 1793 BGB.
[134] Siehe die Legaldefinition in § 183 BGB.

13. Lektion: Geschäftsfähigkeit

gen ist in der Ermächtigung des gesetzlichen Vertreters zum **Betrieb eines Erwerbsgeschäfts** gegeben, wenn es das Vormundschaftsgericht genehmigt, § 112 BGB. Der Minderjährige ist dann für fast[135] alle Geschäfte, die der Betrieb dieses Erwerbsgeschäfts mit sich bringt, geschäftsfähig.

> Beispiel: Die Eltern erlauben mit Genehmigung des Vormundschaftsgerichts dem 17jährigen M einen Schallplattenladen zu betreiben. Mit dieser Erlaubnis kann M nicht nur wirksam Schallplatten ein- und verkaufen; er kann auch eine Verkäuferin einstellen, einen Mietvertrag für weitere Ladenräume schließen usw. Er kann aber nicht für private Zwecke wirksam ein Motorrad kaufen.

Ähnliches gilt für den Eintritt in ein **Arbeitsverhältnis**. Die Erlaubnis des gesetzlichen Vertreters zum Eintritt in ein Dienst- oder Arbeitsverhältnis, § 113 BGB, umfaßt nicht nur den Abschluß oder die Kündigung des Dienst- oder Arbeitsvertrages, sondern auch fast[136] alle Geschäfte, die damit notwendigerweise zusammenhängen.

> Beispiel: Die Eltern erlauben dem 16jährigen M in den Schulferien als Lagerarbeiter zu jobben. Wenn der Lohn nur unbar gezahlt wird, kann M mit einer Bank wirksam einen Girovertrag schließen und so ein Konto eröffnen. Das Ausgeben des verdienten Geldes gehört aber nicht zur Arbeit. Hierzu braucht M eine besondere Einwilligung seiner Eltern.

2. Genehmigung

Schließt der Minderjährige ohne Einwilligung des gesetzlichen Vertreters einen für ihn nicht lediglich rechtlich vorteilhaften Vertrag, so ist der Vertrag zwar zustandegekommen, er ist aber nicht wirksam. Er ist schwebend unwirksam[137]. Er wird wirksam, wenn der gesetzliche Vertreter den Vertrag genehmigt, § 108 I BGB. Die nachträgliche Zustimmung heißt Genehmigung[138].

Die Lage ist für den Vertragspartner des Minderjährigen mißlich. Er weiß ja nicht, ob die Genehmigung noch erfolgt und er an den Vertrag gebunden ist. Er kann daher den gesetzlichen Vertreter des Minderjährigen zur Erklärung über die Genehmigung auffordern. Der gesetzliche Vertreter muß innerhalb von zwei Wochen antworten, sonst gilt die Genehmigung als verweigert, § 108 II BGB. Bis zur Genehmigung kann der Vertragspartner seinerseits den Vertrag gegenüber dem Minderjährigen oder dem gesetzlichen Vertreter widerrufen, § 109 I BGB. Einzelheiten stehen in § 109 II BGB.

---

[135] Zu den Ausnahmen siehe §§ 112 I 2, 1643 I, 1821 f. BGB.
[136] Zu den Ausnahmen siehe §§ 113 I 2, 1643 I, 1821 f. BGB.
[137] Zum Begriff „schwebend unwirksam" siehe auch oben die 11. Lektion, II. 1. Schwebende Unwiksamkeit.
[138] Siehe die Legaldefinition in § 184 BGB.

3. Einseitige Rechtsgeschäfte

Besonders auf Klarheit angewiesen ist der Geschäftspartner bei einseitigen Rechtsgeschäften, wie z. B. einer Kündigung durch einen Minderjährigen. Hier muß der Geschäftspartner möglichst schnell wissen, ob das einseitige Rechtsgeschäft, z. B. die Kündigung, wirksam ist. § 111 BGB trägt dem Rechnung und bestimmt, daß einseitige Rechtsgeschäfte, die ein Minderjähriger ohne die Einwilligung des gesetzlichen Vertreters vornimmt, unwirksam sind. Selbst wenn die Einwilligung gegeben ist, ist das einseitige Rechtsgeschäft unwirksam, wenn der Minderjährige die Einwilligung nicht in schriftlicher Form vorlegt und der andere das Rechtsgeschäft deshalb zurückweist.

Wenn der gesetzliche Vertreter den Geschäftspartner über die Einwilligung informiert hat, kann dieser sicher sein, daß das Geschäft trotz der Minderjährigkeit wirksam ist. Er kann es dann nicht zurückweisen, § 111 S. 3 BGB.

4. Rechtlicher Vorteil

Gemäß § 107 BGB sind die Willenserklärungen des Minderjährigen wirksam, durch die er ausschließlich einen rechtlichen Vorteil erlangt. Es kommt hier allein auf die **rechtlichen** Folgen des Geschäfts an; ein wirtschaftlicher Vorteil zählt nicht.

> Beispiel: Der 12jährige M bekommt von V ein Fahrrad im Wert von 800 DM zum Preis von 200 DM angeboten. M nutzt die günstige Gelegenheit und schließt mit V einen Kaufvertrag über das Fahrrad zum Preis von 200 DM. Zu Hause angekommen, berichtet er seinen Eltern stolz von dem Kauf. Die Eltern reagieren aber barsch. Sie verlangen von V das Geld zurück. V möchte darauf das Fahrrad wieder haben. Zu Recht?
>
> Zur Lösung dieses Falles ist die Beherrschung des Trennungs- und Abstraktionsprinzips[139] eine unerläßliche Voraussetzung. Es müssen der schuldrechtliche Kaufvertrag und die beiden dinglichen Übereignungen unterschieden werden.
>
> Der schuldrechtliche Kaufvertrag, § 433 BGB, zwischen V und M begründet sowohl für V als auch für M Verpflichtungen: V ist verpflichtet, das Fahrrad zu übereignen, § 433 I BGB. Insoweit gewinnt M einen Anspruch gegen V. Das ist ein rechtlicher Vorteil für M. M muß aber seinerseits verpflichtet, den Kaufpreis zu zahlen, § 433 II BGB. Diese Verpflichtung zur Zahlung des Kaufpreises ist unabhängig von der Höhe des Kaufpreises als Verpflichtung rechtlich nachteilig. Der Kaufvertrag ist daher nicht ausschließlich rechtlich vorteilhaft. Er ist nicht gemäß § 107 BGB wirksam, sondern gemäß § 108 I BGB schwebend und mit Ablehnung durch die Eltern endgültig unwirksam.
>
> Die Übereignung des Geldes an V ist ein abstraktes Verfügungsgeschäft gemäß § 929 BGB. Durch dieses Geschäft verliert M das Eigentum am Geld. Es ist daher rechtlich nicht vorteilhaft. Die Übereignung ist gemäß § 108 I BGB schwebend unwirksam. V wird nicht Eigentümer des Geldes; er erhält lediglich den Besitz (§ 854 BGB) des Geldes. M, vertreten durch seine Eltern, kann daher als Eigentümer gemäß § 985 BGB von dem Besitzer V das Geld heraus verlangen.
>
> Die Übereignung des Fahrrads von V an M ist ebenfalls ein abstraktes Verfügungsge-

---

[139] Zum Trennungs- und Abstraktionsprinzip siehe oben die 7. Lektion: Trennungs- und Abstraktionsprinzip.

schäft gemäß § 929 BGB. Dieses Geschäft ist für M rechtlich ausschließlich vorteilhaft. Er erhält das Recht Eigentum am Fahrrad. Die Übereignung des Fahrrads ist daher gemäß § 107 BGB wirksam. M ist Eigentümer des Fahrrads. Er hat das Eigentum am Fahrrad aber rechtsgrundlos erlangt. Der Rechtsgrund der Übereignung, der schuldrechtliche Kaufvertrag, ist ja unwirksam. V kann daher gemäß § 812 BGB von M die Rückübereignung des Fahrrads verlangen[140]. M muß aber nur das zurückübereignen, um das er noch bereichert ist, § 818 III BGB. Ist das Fahrrad mittlerweile verrostet, hat V nur einen Anspruch auf Rückübereignung des verrosteten Fahrrads. Schadensersatz bekommt er nicht.

Ein ausschließlich rechtlich vorteilhafter schuldrechtlicher Vertrag ist nur die Schenkung, §§ 516/518 BGB. Mit der Schenkung nur mittelbar zusammenhängende Nachteile sind nicht entscheidend.

Beispiel: Onkel O schenkt und übereignet dem 10jährigen M ein Grundstück. Nimmt M die Schenkung an, ist sie auch ohne Zustimmung der Eltern des M wirksam, da sie für M rechtlich ausschließlich vorteilhaft ist. Zwar begründet das Eigentum an einen Grundstück gegebenenfalls Verpflichtungen zur Zahlung von Steuern und Anliegerbeiträgen; für die Anwendung des § 107 BGB kommt es darauf aber nicht an.

III. Empfangszuständigkeit

Die Verpflichtungen aus dem Schuldverhältnis und damit das Schuldverhältnis erlöschen, wenn die geschuldeten Leistungen an den jeweiligen Gläubiger bewirkt werden, § 362 I BGB. Wie dieser eigentlich selbstverständliche Satz im einzelnen zu begründen ist, ist streitig[141]. Einigkeit herrscht aber insoweit, als gegenüber Geschäftsunfähigen und beschränkt Geschäftsfähigen selbst nicht erfüllt werden kann. Nach herrschender Meinung[142] fehlt ihnen die Empfangszuständigkeit.

Beispiel: S schuldet dem 12jährigen M aus irgend einem Grund Schadensersatz in Höhe von 100 DM. Als S den M trifft, gibt er ihm das Geld. M verjubelt die 100 DM. Die Eltern verlangen von S erneut Zahlung der 100 DM.
Die Eltern haben recht. S muß noch einmal zahlen. M fehlt die Empfangszuständigkeit. Die Verpflichtung des S zur Zahlung des Schadensersatzes ist daher mit der Zahlung an M nicht gemäß § 362 I BGB erloschen.

Nur der gesetzliche Vertreter ist empfangszuständig. Wird die Leistung dennoch

---
[140] Zu den §§ 812 ff. BGB siehe unten die 25. Lektion: Bereicherungsausgleich.
[141] Einen guten Überblick bietet Larenz, Lehrbuch des Schuldrechts. Erster Band. Allgemeiner Teil, 14. Auflage 1987, § 18 I.
[142] Vgl. Larenz, Lehrbuch des Schuldrechts. Erster Band. Allgemeiner Teil, 14. Auflage 1987, § 18 I, S. 240; Dieter Medicus, Bürgerliches Recht, 15. Auflage 1991, Rn. 171 m.N.

an den Geschäftsunfähigen oder beschränkt Geschäftsfähigen erbracht, erlischt das Schuldverhältnis erst, wenn der Leistungsgegenstand an den gesetzlichen Vertreter gelangt oder wenn dieser den Empfang genehmigt.

IV. Wiederholungsfragen

1. Unterscheiden Sie Rechtsfähigkeit und Geschäftsfähigkeit!
2. Unterscheiden Sie Geschäftsfähigkeit, Geschäftsunfähigkeit und beschränkte Geschäftsfähigkeit!
3. Aus welchem Grund sind nicht alle Menschen voll geschäftsfähig?
4. Wer ist geschäftsunfähig?
5. Wer ist beschränkt geschäftsfähig?
6. Unter welcher Voraussetzung ist oder wird ein mehrseitiges Rechtsgeschäft eines Minderjährigen wirksam?
7. Was kann der Vertragspartner eines Minderjährigen unternehmen, um Klarheit über die Wirksamkeit des Vertrages zu erhalten?
8. Unter welcher Voraussetzung kann ein einseitiges Rechtsgeschäft eines Minderjährigen zurückgewiesen werden?
9. Welcher schuldrechtliche Vertrag ist typischerweise ausschließlich rechtlich vorteilhaft?
10. Was versteht man unter Empfangszuständigkeit?

14. Lektion
Stellvertretung

Nicht immer kann oder will man selbst das Rechtsgeschäft mit dem Geschäftspartner abschließen. Nicht nur wenn die Geschäftsfähigkeit fehlt oder eingeschränkt ist, sondern auch aus organisatorischen Gründen kann es in der heutigen arbeitsteiligen Wirtschaft notwendig sein, daß jemand anderes für einen Geschäfte abschließt. Das Gesetz läßt daher die Stellvertretung zu.

Gemäß § 164 I BGB wirkt eine Willenserklärung, die jemand innerhalb der ihm zustehenden Vertretungsmacht im Namen des Vertretenen abgibt, unmittelbar für und gegen den Vertretenen. § 164 I BGB nennt damit drei Voraussetzungen einer wirksamen Vertretung: Erstens muß der Vertreter eine **eigene Willenserklärung** abgeben. Zweitens muß er im Rahmen der ihm zustehenden **Vertretungsmacht** handeln. Und drittens muß er **im Namen des Vertretenen** auftreten. Liegen diese drei Voraussetzungen vor, wird der durch den Vertreter geschlossene Vertrag unmittelbar zwischen dem Vertretenen und dem Dritten wirksam.

14. Lektion: Stellvertretung

I. Bote

Das erste Tatbestandmerkmal ist wichtig, um den Vertreter vom Boten zu unterscheiden. Der Vertreter gibt eine **eigene Willenserklärung** ab, der Bote überbringt eine **fremde Willenserklärung**. Der Bote könnte auch durch ein Tonband oder einen Brief ersetzt werden.

> Beispiel: A trägt dem B auf, bei H einen bestimmten Hut zum Preis von 100 DM zu kaufen.

Der Vertreter hingegen hat im Rahmen der Vertretungsmacht einen eigenen Entscheidungsspielraum.

> Beispiel: A bittet den B, für ihn einen Hut zu kaufen. Er nennt ihm die Maße, im übrigen bleibt es aber B überlassen, wo und welchen Hut er kauft.

Der Vertrag kommt zwar immer zwischen dem Botenabsender oder dem Vertretenen und dem Dritten zustande; die Unterscheidung zwischen Bote und Vertreter ist aber z. B. bei der Frage nach der Geschäftsfähigkeit wichtig. Der Bote muß nicht geschäftsfähig sein, da er ja keine eigene Willenserklärung abgibt. Der Vertreter hingegen muß mindestens beschränkt geschäftsfähig sein, § 165 BGB.

II. Grundverhältnis

Wenn der Vertreter eine eigene Willenserklärung abgibt und Vertretungsmacht hat, **kann** er im Namen des Vertretenen Rechtsgeschäfte tätigen. Er **muß** es aber nicht. Die Frage, ob der Vertreter verpflichtet ist, für den Vertretenen tätig zu werden, richtet sich nicht nach dem Vertretungsrecht, sondern nach dem davon zu unterscheidenden Rechtsverhältnis zwischen Vertretenem und Vertreter, dem **Grundverhältnis**. Im Grundverhältnis kann z. B. ein Arbeitsvertrag (Geschäftsbesorgungs-Dienstvertrag), §§ 611, 675 BGB, oder ein Auftrag, § 662 BGB, bestehen[143].

> Beispiel: B ist bei A als Gärtner eingestellt. A weist B an, den Garten neu zu bepflanzen und bevollmächtigt ihn, dafür die notwendigen Blumen und Sträucher zu einzukaufen.
> Hier ist B aufgrund des Arbeitsvertrages mit A **verpflichtet**, die Blumen und Sträucher zu kaufen. Aufgrund der Bevollmächtigung **kann** er die entsprechenden Kaufverträge im Namen des A schließen, so daß nicht er, sondern unmittelbar A aus den Kaufverträgen zur Zahlung des Kaufpreises verpflichtet wird.

---

[143] Zu den einzelnen Vertragstypen siehe unten die 24. Lektion: Schuldrechtliche Verträge über Tätigkeiten.

Da das **Grundverhältnis**, aufgrund dessen der Vertreter zum Handeln verpflichtet ist, nur zwischen dem Vertretenen und dem Vertreter wirkt, wird es auch als **Innenverhältnis** bezeichnet. Die Vertretungsmacht dagegen hat Wirkungen auch nach außen für den Dritten. Allein von der Vertretungsmacht hängt es ab, ob die Willenserklärung des Vertreters einen Vertrag zwischen dem außenstehenden Dritten und dem Vertretenen begründet. Die Vertretungsmacht ist abstrakt.

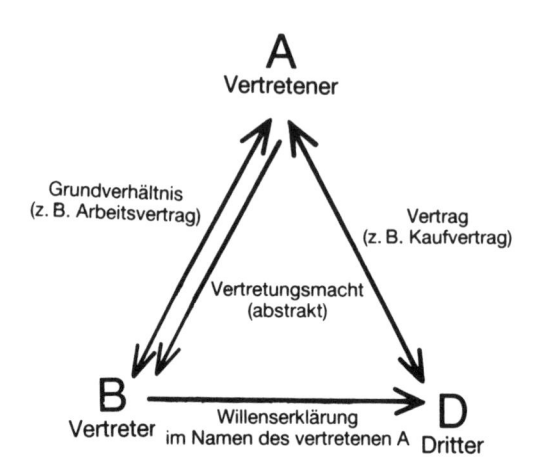

```
                       A
                    Vertretener

   Grundverhältnis                      Vertrag
   (z. B. Arbeitsvertrag)           (z. B. Kaufvertrag)

                 Vertretungsmacht
                    (abstrakt)

        B ─────────────────────────► D
     Vertreter   Willenserklärung    Dritter
              im Namen des vertretenen A
```

Im Grundverhältnis kann auch ein Gefälligkeitsverhältnis bestehen[144]. Der Vertretene hat dann keinen Anspruch darauf, daß der Vertreter tatsächlich für ihn tätig wird. Dennoch kann der Vertreter für den Vertretenen Verträge schließen, wenn er Vertretungsmacht hat. Überhaupt können Grundverhältnis und Vertretungsmacht von einander unabhängig bestehen.

> Beispiel: Zwischen A und B kann ein Arbeitsvertrag bestehen, ohne daß A den B auch bevollmächtigt. Oder: A kann den B bevollmächtigen, ohne daß zwischen ihnen ein Arbeitsvertrag oder ein anderer Vertrag besteht.

III. Vertretungsmacht

Vertretungsmacht kann der Vertreter entweder aufgrund eines Gesetzes oder aufgrund eines Rechtsgeschäfts haben.

---

[144] Zum Gefälligkeitsverhältnis siehe oben die 6. Lektion, II. Gefälligkeitsverhältnisse.

14. Lektion: Stellvertretung

1. Gesetzliche Vertretungsmacht

Gesetzliche Vertretungsmacht haben z. B. der Vorstand eines Vereins für den Verein, § 26 II BGB, oder der einer AG für die AG[145]; die Geschäftsführer für die GmbH[146]; die Eltern für ihre Kinder, §§ 1626, 1629 BGB; die Ehegatten als sogenannte Schlüsselgewalt gemäß § 1357 I BGB für den anderen Ehegatten usw. Diese gesetzliche Vertretungsmacht besteht allein aufgrund der Stellung des Vertreters. Sie muß nicht besonders erteilt werden.

2. Vollmacht

Die **rechtsgeschäftliche** Vertretungsmacht muß von dem Vertretenen erteilt werden. Sie wird als **Vollmacht** bezeichnet[147]. Eine bestimmte Form der Vollmacht ist grundsätzlich[148] nicht vorgeschrieben, § 167 II BGB. Man nennt die Erteilung der Vollmacht Bevollmächtigung. Die Bevollmächtigung ist eine einseitige, empfangsbedürftige Willenserklärung.

a) Widerruf und Erlöschen

Die Vollmacht kann unabhängig vom Fortbestand des Grundverhältnisses jederzeit widerrufen werden, § 168 S. 2 BGB. Der **Widerruf** muß auf der Art erfolgen, auf der die Vollmacht erteilt wurde, §§ 168 S. 1, 171 II BGB. Die Vollmacht kann als **Innenvollmacht** gegenüber dem Vertreter, § 167 I 1. Alt. BGB, als **Außenvollmacht** gegenüber dem Dritten, § 167 I 2. Alt. BGB oder durch **Bekanntmachung an die Öffentlichkeit**, vgl. § 171 BGB, etwa durch eine Zeitungsanzeige, erklärt werden. Die Innenvollmacht darf nicht mit dem bisweilen als Innenverhältnis bezeichneten Grundverhältnis verwechselt werden. Die Vollmacht, auch die Innenvollmacht, wirkt immer im Außenverhältnis. Sie beruht auf einem eigenen Rechtsgeschäft. Nur weil die für dieses Rechtsgeschäft notwendige Willenserklärung von dem Vertretenen dem Vertreter und nicht nach außen dem Dritten oder der Öffentlichkeit erklärt wird, heißt sie Innenvollmacht.

> Beispiel: A weist den B an, für ihn Blumen und Sträucher zu kaufen. Bevor B einkaufen kann, ruft A den B an und teilt ihm mit, daß er es sich anders überlegt habe. B solle für ihn keine Pflanzen kaufen.
>
> Hier hat A dem B eine Innenvollmacht erteilt. Er kann daher in einem Telefongespräch mit B die Vollmacht widerrufen. B kann nun A nicht mehr wirksam vertreten.

Die Vollmacht kann auch befristet werden oder es können mit der Bevollmächti-

---

[145] § 78 AktG.
[146] § 35 GmbHG.
[147] Legaldefinition in § 166 II BGB.
[148] Die formlose Bevollmächtigung darf aber nicht zur Umgehung von Formvorschriften führen. Das wäre z. B. bei einer als unwiderruflich vereinbarten Bevollmächtigung zum Grundstücksverkauf (§ 313 BGB) oder zum Abschluß eines Bürgschaftsvertrages (§ 766 BGB) der Fall. Es gibt auch besondere Vorschriften, die eine Form für die Bevollmächtigung vorschreiben, vgl. z. B. §§ 1945 III BGB, 134 III AktG, 2 II GmbHG.

gung andere Vereinbarungen getroffen werden, nach denen die Vollmacht erlischt. Ist im Rahmen der Bevollmächtigung nicht bestimmt, wann die Vollmacht endet, greift § 168 S. 1 BGB ein. Danach erlischt die Vollmacht, wenn das der Bevollmächtigung zugrundeliegende Rechtsverhältnis (Grundverhältnis), also z.B. der Arbeitsvertrag, erlischt. § 168 S. 1 BGB verbindet in diesem Fall die Vollmacht mit dem Grundverhältnis.

> Beispiel: Wenn B den Arbeitsvertrag mit A kündigt, wird nicht nur der Arbeitsvertrag beendet. Es erlischt auch die Vollmacht des B, den A wirksam zu vertreten.

b) Umfang

Den **Umfang der Vollmacht** bestimmt der Bevollmächtigende. Er kann den Vertreter zu einem bestimmten Geschäft bevollmächtigen. Man nennt diese Vollmacht **Einzel-** oder **Spezialvollmacht**. Möglich ist auch eine Bevollmächtigung für mehrere Geschäfte einer bestimmten Art. Diese Vollmacht heißt **Gattungs-** oder **Artvollmacht**.

> Beispiel: A bittet B, für ihn ein Auto zu kaufen und das Auto regelmäßig aufzutanken. Der Autokauf im Namen des A ist nur ein bestimmtes Geschäft. Es handelt sich um eine Spezialvollmacht. Das Tanken dagegen muß häufiger geschehen. Die entsprechenden Kaufverträge müssen entsprechend oft neu und gegebenenfalls mit verschiedenen Tankstelleninhabern (Vertragspartnern) geschlossen werden. B darf das im Namen des A aber nur tanken und keine anderen Geschäfte schließen. Er hat Artvollmacht.

Schließlich kann der Vertreter auch zu allen Geschäften bevollmächtigt sein, die in Vertretung möglich sind. Er hat dann **Generalvollmacht**.

c) Handelsrechtliche Vollmachten

Während die Spezial-, Art- und Generalvollmacht von jedermann grundsätzlich formfrei erklärt werden können, können die **handelsrechtlichen Vollmachten** nur von Kaufleuten erteilt werden.

Die bekannteste handelsrechtliche Vollmacht ist die **Prokura**. Die Prokura kann nur von dem Inhaber eines Handelsgeschäfts oder seinem gesetzlichen Vertreter erteilt werden, § 48 I HGB. Inhaber eines Handelsgeschäfts sind Kaufleute, § 1 I HGB[149]. Die Prokura darf aber nicht von jedem Kaufmann erteilt werden; es muß ein **Vollkaufmann** sein. Das folgt aus § 4 I HGB, wonach für Minderkaufleute, deren Unternehmen keinen nach Art oder Umfang in kaufmännischer Weise eingerichteten Geschäftsbetrieb erfordern, die Vorschriften über die Prokura nicht gelten. Zu beachten ist auch, daß das Erteilen und Erlö-

---

[149] Zum Kaufmann siehe oben die 4. Lektion, IV. 2. Handelsrecht.

14. Lektion: Stellvertretung

schen der Prokura in das **Handelsregister eingetragen** werden muß, § 53 HGB. Die Eintragung ist allerdings nur deklaratorisch (klarstellend). Das heißt, auch wenn die Prokura nicht eingetragen wird, ist sie wirksam erteilt. Der Kaufmann muß dann aber mit Zwangsgeld rechnen, § 14 HGB. Außerdem kann er einem Dritten nicht entgegenhalten, daß die Prokura erteilt oder wieder erloschen ist, § 15 I HGB.

> Beispiel: Vollkaufmann K widerruft die Prokura seines Angestellten P. Das Erlöschen der Prokura wird nicht eingetragen. Dennoch schließt P im Namen des K mit D einen Vertrag, in dem K zur Zahlung von 10.000 DM verpflichtet wird. D verlangt von K 10.000 DM.
>
> Der Anspruch des D gegenüber K ist nur dann begründet, wenn zwischen D und K ein Vertrag zustandegekommen ist, der K wirksam zur Zahlung von 10.000 DM verpflichtet. Der Vertrag ist nur dann wirksam, wenn P den K wirksam vertreten hat. Eine Voraussetzung für eine wirksame Vertretung ist die Vertretungsmacht, § 164 I 1 BGB. K hatte die Prokura des D widerrufen. D hatte daher keine Vertretungsmacht mehr. Das Erlöschen der Prokura wurde aber nicht in das Handelsregister eingetragen, obwohl es eintragungspflichtig war, § 53 III HGB. Wird eine eintragungspflichtige Tatsache nicht eingetragen, kann sie dem Dritten nicht entgegengesetzt werden, § 15 I HGB. K kann daher dem D nicht entgegenhalten, er sei aus dem Vertrag nicht zur Zahlung von 10.000 DM verpflichtet, weil P mangels Vertretungsmacht ihn nicht habe wirksam vertreten können. K wird so behandelt, als sei er aus einem mit D geschlossenen Vertrag wirksam verpflichtet. Er muß 10.000 DM an D zahlen.

Der **Umfang der Prokura** ist gesetzlich festgelegt. Gemäß § 49 I HGB bevollmächtigt sie zu allen Arten von Geschäften, die der **Betrieb eines Handelsgewerbes** mit sich bringt.

> Beispiel: Der Prokurist eines Autohandels ist mit der Prokura bevollmächtigt, den Betrieb auf einen Gemüsehandel umzustellen und mit Dritten entsprechende Lieferverträge im Namen des Kaufmanns abzuschließen.

Der Prokurist kann aber ohne besondere Bevollmächtigung keine Grundstücke veräußern oder belasten, § 49 II HGB. Grundstücksgeschäfte sind besonders gefährlich, da Grundstücke nur in begrenzter Zahl vorhanden sind und nicht einfach nachgekauft werden können. Auch Privatgeschäfte des Kaufmanns darf der Prokurist nicht tätigen, da er ja nur zu Geschäften, die der Betrieb eines Handelsgewerbes mit sich bringt, bevollmächtigt ist.

Eine andere handelsrechtliche Vollmacht ist die **Handlungsvollmacht**, § 54 HGB. Die Handlungsvollmacht kann von allen Kaufleuten, auch Minderkaufleuten, erteilt werden. Sie muß nicht in das Handelsregister eingetragen werden. Sie bevollmächtigt zu allen Geschäften, die der **Betrieb eines derartigen Handelsgewerbes gewöhnlich** mit sich bringt. Erfaßt sind also nur branchenübliche Geschäfte.

> Beispiel: Kaufmann K betreibt einen Autohandel. Möchte sein Handlungsbevollmächtigter den Betrieb auf einen Gemüsehandel umstellen und schließt einen Vertrag über die Lieferung von 100 Kisten Salat, wird K daraus nicht verpflichtet. Der Handlungsbevollmächtigte kann nur alle gewöhnlichen Geschäfte im Zusammenhang mit dem Autohandel im Namen des K wirksam schließen.

3. Duldungsvollmacht und Anscheinsvollmacht

Im Gesetz nicht geregelt sind die Fälle, in denen der Vertretene den Vertreter nicht bevollmächtigen wollte und auch nicht bevollmächtigt hat, es für den Dritten aber so aussieht, als sei der Vertreter vom Vertretenen bevollmächtigt. Wenn der Dritte auf diesen Rechtsschein vertraut und mit dem Vertreter Geschäfte mit dem vermeintlich Vertretenen abschließt, stellt sich die Frage, ob diese Geschäfte gegenüber dem Vertretenen wirksam sind.

> Beispiel: B ist bei A angestellt. Obwohl er von A nicht bevollmächtigt ist und A ihn auch nicht bevollmächtigen wollte, schickt er an die Kunden Angebote unter dem Briefkopf des A und schließt entsprechende Lieferverträge im Namen des A. Es fragt sich nun, ob A aus diesen Lieferverträgen verpflichtet ist.

Die Rechtssprechung und die Lehre machen die Antwort von dem Kenntnisstand und dem Verhalten des Vertretenen abhängig. Weiß der Vertretene, daß ein anderer für ihn als Vertreter auftritt und duldet es, obwohl ein Dritter annehmen muß, der Vertreter sei bevollmächtigt, liegt eine sogenannte **Duldungsvollmacht** vor.

> Beispiel: A weiß, daß B, obwohl er nicht dazu bevollmächtigt ist, Angebote unter seinem (des A) Briefkopf verschickt und entsprechende Lieferverträge in seinem (des A) Namen schließt. A duldet es aber.

Eine **Anscheinsvollmacht** liegt vor, wenn der Vertretene nicht weiß, daß der andere als Vertreter für ihn auftritt, er es aber hätte erkennen und verhindern können.

> Beispiel: A kümmert sich nicht um seinen Betrieb. Er weiß daher nicht, daß der bei ihm angestellte B ohne dazu bevollmächtigt zu sein, Angebote unter seinem (des A) Briefkopf verschickt und entsprechende Lieferverträge in seinem (des A) Namen schließt. A hätte das aber leicht merken und unterbinden können, wenn er sich mehr um die Tätigkeit seiner Angestellten gekümmert hätte.

In beiden Fällen, dem der Duldungsvollmacht und dem der Anscheinsvollmacht, wird der Vertretene nach herrschender Meinung so behandelt, als habe er willentlich Vollmacht erteilt (str. [150]). Die durch den scheinbaren Vertreter geschlossenen Verträge verpflichten den Vertretenen.

IV. Offenkundigkeitsgrundsatz

Neben der eigenen Willenserklärung und der Vertretungsmacht des Vertreters ist das Auftreten **im Namen des Vertretenen** die dritte Voraussetzung für eine wirksame Stellvertretung. Letzteres nennt man Offenkundigkeitsgrundsatz. Es muß offenkundig sein, daß der Vertreter nicht für sich, sondern für den Vertretenen handeln will. Der Vertreter muß das nicht immer ausdrücklich sagen. Es reicht, wenn es die Umstände zeigen, § 164 I 2 BGB.

1. „Geschäft für den, den es angeht"

Eine Ausnahme gilt für Geschäfte, bei denen es für den Vertragspartner gleichgültig ist, mit wem er das Geschäft schließt. Bei Geschäften des täglichen Lebens, die sofort in bar bezahlt werden, ist das anzunehmen. Hier muß der Vertreter nicht deutlich machen, daß er für den Vertretenen auftritt. Der Vertrag kommt dennoch mit der Person zustande, die es angeht. Man spricht von einem „Geschäft für den, den es angeht".

> Beispiel: B geht für die gehbehinderte Nachbarin A Lebensmittel einkaufen. Hier muß B dem Verkäufer D nicht ausdrücklich erklären, daß er für A einkauft. Wenn B sofort in bar bezahlt, ist es dem Verkäufer D egal, ob B für sich oder für A die Lebensmittel kauft. Der Kaufvertrag kommt dennoch gemäß §§ 164, 433 BGB unmittelbar zwischen A und D zustande.

2. Unter fremdem Namen

Etwas schwieriger ist die Rechtslage, wenn der Handelnde das Geschäft nicht offen als Vertreter **im fremdem Namen** eines Vertretenen, sondern **unter fremdem Namen** für sich selbst abschließt. Hierbei kann es sich entweder um eine Namenstäuschung oder um eine Identitätstäuschung handeln.

Eine **Namenstäuschung** ist gegeben, wenn der Name nicht eine falsche Vorstellung über die Identität des Handelnden hervorruft und der Vertragspartner mit dem Handelnden abschließen will. Es ist dann kein Fall der Stellvertretung gegeben.

---

[150] Streitig! Siehe die Nachweise bei Dieter Medicus, Bürgerliches Recht, 15. Auflage 1991, Rn. 100 f., wonach die Anscheinsvollmacht nur eine Vertrauenshaftung begründet.

> Beispiel: Herr Müller reist inkognito. Er mietet daher unter dem Namen Schulz ein Hotelzimmer. Er möchte selbst das Zimmer und den Service in Anspruch nehmen und die Rechnung bezahlen. Dem Hotelier ist es egal, ob ein Herr Müller oder ein Herr Schulz das Zimmer mietet. Der Vertrag ist zwischen dem Hotelier und Herrn Müller, wenn auch unter der falschen Bezeichnung Schulz, wirksam.

Eine **Identitätstäuschung** ist gegeben, wenn der fremde Name auf eine bestimmte andere Person hinweist und der Vertragspartner annehmen durfte, der Vertrag komme mit dieser anderen Person zustande.

> Beispiel: D möchte sein geliebtes Reitpferd an den als fürsorglich und zuverlässig bekannten A preisgünstig verkaufen. B, bekannt wegen seiner rauhen Trainingsmethoden, möchte das Pferd selbst erwerben. Er tritt als A auf und schließt mit D einen Kaufvertrag über das Pferd.

Obwohl der Handelnde hier nicht für den wahren Namensträger als Vertreter auftritt, sondern für sich selbst, wird er wie ein Vertreter ohne Vertretungsmacht behandelt[151].

V. Vertreter ohne Vertretungsmacht

Tritt jemand als Vertreter im Namen eines Vertretenen auf, obwohl er keine Vertretungsmacht hat, liegt keine wirksame Stellvertretung vor. Der angeblich Vertretene weiß vielleicht gar nicht, daß und welche Geschäfte in seinem Namen geschlossen werden. Andererseits kann es sein, daß der angeblich Vertretene das Geschäft ganz gerne geschlossen hätte, es aber leider an einer Gelegenheit zur Bevollmächtigung des Vertreters fehlte.

> Beispiel: B findet bei dem Händler D eine wertvolle Briefmarke, von der er weiß, daß sein Freund A sie schon lange erwerben will. A ist aber leider in Urlaub nicht zu erreichen. B kauft dennoch im Namen des A die Briefmarke von D.

Diesen Fall regelt § 177 I BGB. Die Wirksamkeit des von einem Vertreter ohne Vertretungsmacht geschlossenen Vertrages hängt von der **Genehmigung** durch den Vertretenen ab. Genehmigt der Vertretene den Vertrag, wird er wirksam. Verweigert er die Genehmigung, wird der Vertrag endgültig unwirksam.

Solange der angeblich Vertretene nicht genehmigt hat, ist die Lage für den Dritten mißlich[152]. Er weiß ja nicht, ob die Genehmigung noch erfolgt und er an

---

[151] Außerdem kommt für den Handelnden eine Strafbarkeit wegen Betruges, § 263 StGB, in Betracht.

[152] Vgl. die Situation des Geschäftspartners eines beschränkt Geschäftsfähigen in der 13. Lektion, II. 2. Genehmigung.

14. Lektion: Stellvertretung 105

den Vertrag gebunden ist. Er kann daher den angeblich Vertretenen zur Erklärung über die Genehmigung auffordern, § 177 II BGB. Der angeblich Vertretene muß innerhalb von zwei Wochen antworten, sonst gilt die Genehmigung als verweigert, § 177 II 2 BGB. Bis zur Genehmigung kann der Dritte seinerseits den Vertrag widerrufen, § 178 BGB. Einzelheiten stehen in den §§ 177, 178 BGB.

Kann der Vertreter keine Vertretungsmacht nachweisen und wird der Vertrag vom angeblich Vertretenen nicht genehmigt, hat der Dritte die Rechte aus § 179 BGB. Nach § 179 I BGB kann der Dritte nach seiner Wahl von dem Vertreter die Erfüllung des Vertrages oder Schadensersatz verlangen.

> Beispiel: A genehmigt nicht den ohne Vertretungsmacht in seinem Namen geschlossenen Kaufvertrag des B über eine Briefmarke zum Preis von 2.000 DM. Der Dritte kann dann von B entweder Abnahme der Briefmarke gegen Zahlung von 2.000 DM oder Schadensersatz in Höhe des Gewinns, den er aus dem Geschäft gezogen hätte, verlangen.

Hat der Vertreter den Mangel der Vertretungsmacht nicht gekannt, muß er nur den Vertrauensschaden[153] ersetzen, § 179 II BGB.

VI. Insichgeschäft

Es sind Fälle möglich, in denen der Vertreter ein Geschäft für den Vertretenen mit sich selbst abschließen möchte. Der Vertreter ist gleichzeitig der Dritte. Es besteht dann ein Interessenkonflikt. Einerseits muß der Vertreter das Günstigste für den Vertretenen herausholen; andererseits hat er ein eigenes Interesse daran, das Geschäft für sich selbst günstig zu gestalten.

> Beispiel: B ist Geschäftsführer und damit Vertreter der A-GmbH, § 35 I GmbHG. Es soll ein Firmenwagen verkauft werden, den B gerne selbst erwerben möchte. Könnte hier B mit sich selbst als Vertreter der A-GmbH einen Kaufvertrag schließen, bestünde die Gefahr, daß der Preis nicht im Sinne der A-GmbH angemessen ist.

Die gleiche Gefahr besteht, wenn jemand für zwei verschiedene Parteien Vertreter ist, die durch ihn vertreten miteinander einen Vertrag schließen wollen.

> Beispiel: B ist Geschäftsführer der A-GmbH und der D-GmbH. Die D-GmbH möchte von der A-GmbH den Firmenwagen kaufen. Könnte hier B als Vertreter der A-GmbH und der D-GmbH den Kaufvertrag schließen, wäre sehr fraglich, ob der Preis für die A-GmbH und die D-GmbH gleichermaßen angemessen wäre.

In beiden Fällen spricht man von einem Insichgeschäft. Der Vertreter muß ja das Geschäft nicht mit jemand anderem, sondern mit sich selbst, also in sich selbst,

---

[153] Zum Vertrauensschaden siehe oben die 10. Lektion, VI. 1. Vertrauensschaden.

abschließen. Gemäß § 181 BGB kann der Vertreter grundsätzlich **keine** Insichgeschäfte schließen.

Es gibt aber zwei **Ausnahmen**: Erstens ist es möglich, daß der Vertretene dem Vertreter dennoch **ausdrücklich** das Insichgeschäft gestattet.

> Beispiel: Die Gesellschafter ändern die Satzung der A-GmbH dahin, daß der Geschäftsführer B vom Verbot des Selbstkontrahierens befreit wird.

Zweitens gilt eine Ausnahme, wenn das Geschäft nur in der **Erfüllung einer Verbindlichkeit** besteht, § 181 a. E. BGB.

> Beispiel: Die A-GmbH schuldet dem Geschäftsführer B das Gehalt für den Monat Januar. Hier kann sich B das Geld selbst auszahlen (§ 929 BGB), ohne vom Verbot des § 181 BGB befreit sein zu müssen.

VII. Wiederholungsfragen

1. Nennen Sie die drei Voraussetzungen einer wirksamen Stellvertretung!
2. Unterscheiden Sie Bote und Vertreter!
3. Ist der Vertreter nach dem Vertretungsrecht verpflichtet, für den Vertretenen tätig zu werden?
4. Wie nennt man die rechtsgeschäftlich erteilte Vertretungsmacht?
5. Unterscheiden Sie die Vollmachten nach ihrem Umfang!
6. Nennen Sie zwei handelsrechtliche Vollmachten!
7. Unterscheiden Sie Generalvollmacht und Prokura!
8. Definieren Sie die Duldungsvollmacht und die Anscheinsvollmacht!
9. Was versteht man unter dem Offenkundigkeitsgrundsatz? Welche Einschränkung des Offenkundigkeitsgrundsatzes ist Ihnen bekannt?
10. Was ist ein Insichgeschäft? Unter welchen Umständen darf ein Vertreter ein Insichgeschäft vornehmen?

15. Lektion
Form und Inhalt der Rechtsgeschäfte

Die Privatautonomie[154] und die Vertragsfreiheit sind nicht grenzenlos. Zum Schutz der an den Rechtsgeschäften Beteiligten und zum Schutz der Allgemeinheit müssen sowohl für die Form als auch für den Inhalt mancher Rechtsgeschäfte Beschränkungen hingenommen werden.

---

[154] Zur Privatautonomie siehe oben die 4. Lektion, I. Privatrecht.

15. Lektion: Form und Inhalt der Rechtsgeschäfte

I. Form

Grundsätzlich sind Rechtsgeschäfte formlos wirksam. Sie können mündlich oder stillschweigend (konkludent) geschlossen werden.

> Beispiel: K geht in einen Zeitungsladen, nimmt eine Zeitung und legt 5 DM auf den Tisch. Der Zeitungshändler H gibt 4 DM heraus.
> Ohne daß hier ein Wort gesprochen, etwas aufgeschrieben oder unterschrieben wurde, ist hier ein Kaufvertrag gemäß § 433 BGB über die Zeitung zum Preis von 1 DM, die Übereignung der Zeitung gemäß § 929 BGB und die Übereignung des Geldes gemäß § 929 BGB wirksam geworden.

Die **Formfreiheit** hat den Vorzug, daß Rechtsgeschäfte schnell und ohne Umstände abgeschlossen werden können. Es gibt aber auch Nachteile. Ein formlos geschlossenes Geschäft läßt sich im Streit nur schwer nachweisen. Vielleicht hat der andere etwas anderes verstanden. Für Dritte sind die Rechtswirkungen nicht zu erkennen und der einzelne kann durch ein formloses Geschäft schnell übertölpelt werden.

Für manche Geschäfte ist daher gesetzlich eine **besondere Form** vorgeschrieben. Sie dient fast immer dem Schutz vor einer übereilten Bindung (**Warnfunktion**) und dem Beweis (**Beweisfunktion**). In manchen Fällen stellt sie auch sicher, daß die Beteiligten sachkundig belehrt und beraten werden (**Beratungsfunktion**) oder daß eine wirksame behördliche Überwachung stattfindet (**Kontrollfunktion**). Weitere Funktionen sind möglich.

Die wichtigsten Formen sind die Schriftform, die öffentliche Beglaubigung und die notarielle Beurkundung.

1. Schriftform

Die **Schriftform** ist z.B. in § 111 BGB für die Einwilligung des gesetzlichen Vertreters, in § 564a BGB für die Kündigung von Mietverhältnissen über Wohnraum, in §§ 566/580 BGB für den Mietvertrag über ein Grundstück/eine Wohnung, der für länger als ein Jahr geschlossen wird, in § 766 BGB für die Bürgschaftserklärung und in §§ 780, 781 BGB für Schuldversprechen und Schuldanerkenntnis vorgeschrieben. Die Formvorschriften der §§ 766, 780, 781 BGB gelten gemäß § 350 HGB allerdings nicht für Vollkaufleute. In § 4 I VerbrKrG ist die Schriftform für Verbraucherkredite vorgeschrieben. Möglich ist auch, daß die Parteien freiwillig Schriftform vereinbaren, § 127 BGB.

Ist für das Rechtsgeschäft Schriftform vorgeschrieben oder vereinbart, muß eine Urkunde aufgesetzt werden, die unterschrieben werden muß. Bei einem Vertrag müssen beide Parteien unterschreiben, § 126 BGB. Einzelheiten stehen in §§ 126, 127 BGB. Eine besonders strenge Schriftform ist für das eigenhändige Testament vorgesehen. Das Testament muß von oben bis unten handschriftlich erstellt und unterschrieben werden, § 2247 I BGB. Maschinenschrift reicht nicht.

Insbesondere beim Testament dient die Schriftform zu Beweiszwecken. Sie schützt aber auch vor Übereilung. Denn muß man etwas unterschreiben, überlegt man es sich vielleicht doch noch einmal. Die Tragweite der Erklärung wird einem eher bewußt, als wenn man die Erklärung nur so dahinsagt.

2. Öffentliche Beglaubigung

Die öffentliche Beglaubigung ist z. B. in § 77 BGB für die Anmeldung des Vereins zum Vereinsregister und in § 12 HGB für die Anmeldungen zur Eintragung ins Handelsregister vorgeschrieben. Zur öffentlichen Beglaubigung muß die Erklärung schriftlich abgefaßt werden. Beglaubigt wird allein die Unterschrift, nicht der Erklärungsinhalt[155]. Die öffentliche Beglaubigung dient vor allem der Identitätsprüfung. Es wird so sichergestellt, daß die Erklärung wirklich von demjenigen stammt, in dessen Namen unterschrieben wurde (Kontrollfunktion).

3. Notarielle Beurkundung

Die notarielle Beurkundung ist z. B. in § 313 S. 1 BGB für den Kaufvertrag über Grundstücke und in § 518 I BGB für das Schenkungsversprechen vorgeschrieben. Zur notariellen Beurkundung findet eine Verhandlung vor dem Notar statt, in der der Notar die Beteiligten berät und über die Tragweite des Geschäfts aufklärt[156]. Die Beteiligten geben dann ihre Willenserklärungen ab. Über die Verhandlung wird eine Urkunde aufgesetzt, die vorgelesen, genehmigt und von den Beteiligten und dem Notar unterschrieben wird[157]. Die notarielle Beurkundung schützt so nicht nur vor Übereilung, sondern stellt auch sicher, daß die Beteiligten sachkundig beraten werden (Beratungsfunktion).

4. Weitere Formvorschriften

Es gibt noch weitere Formvorschriften. Z. B. wird die Ehe vor dem Standesbeamten bei gleichzeitiger persönlicher Anwesenheit geschlossen[158]. Die Einigung gemäß § 925 I 1 BGB über die Eigentumsübertragung an einem Grundstück (Auflassung) muß bei gleichzeitiger Anwesenheit[159] vor einem Notar[160] erklärt werden, § 925 I 2 BGB.

---

[155] Zum Verfahren siehe §§ 39, 40 BeurkG.
[156] §§ 17 ff. BeurkG.
[157] Einzelheiten siehe §§ 8 ff. BeurkG.
[158] § 13 EheG.
[159] Beide Parteien können sich aber vertreten lassen, § 164 BGB. Die Vollmacht hierzu kann gemäß § 167 II BGB zwar formlos erteilt werden; für die Eintragung muß dann gemäß § 29 I 1 GBO aber doch die Vollmacht durch eine öffentlich beglaubigte Urkunde nachgewiesen werden.
[160] Möglich ist auch die Auflassung vor einem Gericht im Rahmen eines Vergleichs, § 925 I 3 BGB oder vor einem Konsularbeamten.

5. Rechtsfolgen bei Formverstoß

Wird die vorgeschriebene oder vereinbarte Form nicht eingehalten, ist das Rechtsgeschäft **nichtig**, § 125 BGB. Für Verbraucherkreditverträge bestimmt entsprechendes § 6 I VerbrKrG. In besonderen Fällen kann die Nichtigkeit aber **geheilt** werden. Ob der Formverstoß geheilt werden kann, folgt aus dem Gesetz. So wird z. B. die nicht schriftliche Bürgschaftserklärung wirksam, wenn der Bürge die Hauptverbindlichkeit erfüllt, § 766 S. 2 BGB. Der nicht notariell beurkundete Grundstückskaufvertrag wird wirksam, wenn die Auflassung und Eintragung in das Grundbuch erfolgt, § 313 S. 2 BGB. Das mündliche Schenkungsversprechen wird wirksam, wenn die versprochene Leistung erbracht wird, § 518 II BGB. In diesen Fällen ist z. B. der Schutz vor Übereilung durch die vorgeschriebene Form nicht mehr notwendig. Der Schuldner hat ja freiwillig erfüllt. Verschiedene Heilungsmöglichkeiten sieht auch § 6 II, III VerbrKrG vor.

II. Verstoß gegen das Gesetz

Nicht nur wegen ihrer Form, sondern auch wegen ihres Inhalts können Rechtsgeschäfte nichtig sein. Nichtig ist ein Rechtsgeschäft, das gegen ein gesetzliches Verbot verstößt, wenn sich nicht aus dem Gesetz ein anderes ergibt, § 134 BGB. Das Verbotsgesetz muß gerade die Nichtigkeit dennoch abgeschlossener Rechtsgeschäfte bezwecken. Ein **Verbotsgesetz** kann jede Rechtsnorm sein[161].

> Beispiel: Ein Verbotsgesetz ist § 259 StGB. Danach ist die Hehlerei, wozu der Kauf oder Verkauf gestohlener Sachen gehört, unter Strafe gestellt und damit verboten. Hehlereigeschäfte sind daher gemäß § 134 BGB nichtig.

Das Verbot muß in dem Gesetz nicht ausdrücklich ausgesprochen sein. Es reicht, wenn es sich nach Auslegung aus dem Gesetz ergibt. Die Auslegung kann im Einzelfall sehr schwierig sein. Es kommt darauf an, ob das Gesetz die **Nichtigkeit des Rechtsgeschäfts bezweckt** oder ob es nur die äußeren Umstände des Rechtsgeschäfts betrifft[162].

> Beispiel: Art. 32 I ScheckG läßt den Widerruf eines Schecks erst nach Ablauf der Vorlegungsfrist zu. Damit wird aber nur klargestellt, daß die im Scheck enthaltene Anweisung an die bezogene Bank zur Zahlung des Scheckbetrages und die Haftung des Scheckausstellers wirksam bleibt, auch wenn der Scheck vor Ablauf der Vorlegungsfrist widerrufen wird. Art. 32 I ScheckG bezweckt dagegen nicht, daß ein Rechtsgeschäft, durch das sich die bezogene Bank dennoch verpflichtet, den Widerruf zu beachten, gemäß § 134 BGB nichtig ist.[163]

---

[161] Art. 2 EGBGB.
[162] Sehr anschaulich ist die Entscheidung des BGH, Urt. v. 23.4.1968 – VI ZR 217/65, in NJW 1968, S. 2286–2287 zum Arzneimittelgesetz.
[163] Vgl. BGH, Urt. v. 8.6.1961 – II ZR 54/60, in: BGHZ 35, 217, 220.

Bezweckt das Verbotsgesetz die Nichtigkeit des Rechtsgeschäfts, muß weiter durch Auslegung ermittelt werden, ob nur das Verpflichtungsgeschäft oder auch die Erfüllungsgeschäfte gemäß § 134 BGB nichtig sind. In der Regel ist zwar nur das Verpflichtungsgeschäft nichtig. Aus dem Zweck des Verbotsgesetzes kann sich aber auch die Nichtigkeit des Erfüllungsgeschäfts ergeben.

> Beispiel: Beim verbotenen Rauschgifthandel, § 29 I Nr. 1 BtMG, ist nicht nur der schuldrechtliche Kaufvertrag (§ 433 BGB), sondern auch die Übereignung des Rauschgifts und des Geldes (je § 929 BGB) gemäß § 134 BGB nichtig. Weder der Käufer noch der Verkäufer sollen die Möglichkeit haben, durch den Rauschgifthandel Eigentum am Rauschgift oder am Geld zu erlangen.

III. Verstoß gegen die guten Sitten

Ein Rechtsgeschäft kann auch wegen Verstoßes gegen die guten Sitten nichtig sein, § 138 I BGB. Es kommt insoweit also nicht auf den Inhalt eines Verbotsgesetzes an. Die „guten Sitten" sind maßgeblich. Unter „guten Sitten" versteht die Rechtsprechung das „Anstandsgefühl aller billig und gerecht Denkenden". Damit ist leider nicht viel gesagt, denn offen bleibt, wer billig und gerecht denkt und was deren Anstandsgefühl sagt. Griffiger als die Definition der guten Sitten sind Fallgruppen, die die Rechtsprechung bislang als sittenwidrig bewertet hat.

Die bekannteste Fallgruppe betrifft die **Sexualsphäre**. Hier ist vieles im Wandel. Früher waren alle außerehelichen geschlechtlichen Beziehungen sittenwidrig. Heute sittenwidrig und damit gemäß § 138 I BGB nichtig sind Rechtsgeschäfte, die den Geschlechtsverkehr gegen Entgelt (Prostitution) betreffen.

Weitere Fallgruppen sind z. B. **Knebelungsverträge**, die den anderen so sehr einschränken, daß er seine rechtliche Selbstbestimmung verliert; Zahlung von **Schmiergeldern** an Angestellte; **Ausnutzung** einer Machtstellung oder eines Monopols usw.

Die wichtigste Fallgruppe der sittenwidrigen Rechtsgeschäfte betrifft die **wucherähnlichen Rechtsgeschäfte**. Die wucherähnlichen Rechtsgeschäfte sind vom Wucher zu unterscheiden.

1. Wucher

Der Wucher ist in § 138 II BGB geregelt. Danach ist Wucher nur unter zwei Voraussetzungen gegeben: Zum einen muß das Rechtsgeschäft unter Ausbeutung einer Zwangslage, der Unerfahrenheit, des Mangels an Urteilsvermögen oder der erheblichen Willensschwäche des Vertragspartners geschlossen werden. **Ausbeutung** heißt dabei, daß die Situation bewußt ausgenutzt wird. Zum anderen muß die Leistung im Verhältnis zur Gegenleistung in einem **auffälligen Mißverhältnis** stehen.

> Beispiel: Der Verkauf einer Insulinspritze im Wert von 3 DM zum Preis von 100 DM an einen akut Zuckerkranken ist Wucher gemäß § 138 II BGB. Aber: Der Verkauf einer Insulinspritze zum Preis von 3 DM an einen akut Zuckerkranken ist kein Wucher. Hier ist zwar die Zwangslage gegeben, es fehlt aber das auffällige Mißverhältnis zwischen Leistung und Gegenleistung. Oder: Der Verkauf einer Insulinspritze zum Preis von 100 DM aus dem Nachlaß eines Opernstars an einen nicht zuckerkranken Musikverehrer ist kein Wucher. Hier ist zwar das auffällige Mißverhältnis zwischen Leistung und Gegenleistung gegeben, es fehlt aber die Zwangslage.

Das Mißverhältnis zwischen Leistung und Gegenleistung muß **auffällig** sein. Sind die Geschäfte lediglich ungünstig, fallen sie nicht unter § 138 II BGB. Hinzukommen muß das **Ausbeuten** der in § 138 II BGB genannten Situation des Vertragspartners. Das ist schwer zu beweisen. Es fehlt, wenn der Vertragspartner lediglich intellektuell oder wirtschaftlich unterlegen ist und darum einen Kredit mit einem auffälligen Mißverhältnis zwischen Leistung und Gegenleistung aufnimmt. Diese in der Praxis der Teilzahlungsbanken sehr häufigen Fälle sind von § 138 BGB nicht erfaßt. Es handelt sich hierbei aber möglicherweise um wucherähnliche Geschäfte.

5. Wucherähnliche Geschäfte

Wucherähnliche Geschäfte sind gemäß § 138 I BGB sittenwidrig. Nach den von der Rechtsprechung entwickelten Grundsätzen[164] liegt ein wucherähnliches Geschäft vor, wenn zwischen Leistung und Gegenleistung ein auffälliges Mißverhältnis besteht und der Kreditgeber die schwächere Lage des Kreditnehmers bewußt zu seinem Vorteil ausnutzt. Es reicht, wenn der Kreditgeber sich leichtfertig der Erkenntnis verschließt, daß der Kreditnehmer sich nur wegen seiner schwächeren Lage auf die drückenden Bedingungen des Kreditgeschäfts einläßt.

Ein **auffälliges Mißverhältnis** zwischen Leistung und Gegenleistung ist bei einem Kredit anzunehmen, wenn der effektive Vertragszins doppelt so hoch ist wie der Vergleichs- oder Marktzins oder wenn der effektive Vertragszins den Vergleichs- oder Marktzins um 12 % übersteigt[165]. Ist ein auffälliges Mißverhältnis zwischen Leistung und Gegenleistung gegeben, wird **vermutet**, daß der Kreditgeber die schwächere Lage des Kreditnehmers bewußt zu seinem Vorteil **ausnutzt**.

---

[164] Zur Rechtsprechung des BGH siehe den Aufsatz von Steinmetz, Sittenwidrige Ratenkreditverträge in der Rechtspraxis auf der Grundlage der BGH-Rechtsprechung, in NJW 1991, S. 881–887.

[165] Der **effektive Vertragszins** wird errechnet aus den Kosten für den Kreditnehmer wie Zinsen, Bearbeitungsgebühren, Spesen (Gesamtkosten) im Verhältnis zu den tatsächlichen Leistungen des Kreditgebers (Nettokredit). Eine Restschuldversicherung wird bei der Berechnung des Vertragszinses nicht berücksichtigt. Der **Vergleichs- oder Marktzins** entspricht dem in den Monatsberichten der Deutschen Bundesbank veröffentlichten durchschnittlichen Zinssatz für Ratenkredite. Gegebenenfalls muß eine Bearbeitungsgebühr hinzugerechnet werden.

3. Rechtsfolge des Sittenverstoßes

Verstößt das Rechtsgeschäft wegen Wuchers, wegen eines wucherähnlichen Geschäfts oder aus einem anderen Grund gegen die guten Sitten, ist es nichtig, § 138 BGB. Von der Sittenwidrigkeit wird aber grundsätzlich nur das Verpflichtungsgeschäft erfaßt. Die abstrakten Erfüllungsgeschäfte sind meistens „sittlich neutral".

> Beispiel: A nimmt bei der B-Bank ein Darlehen zu einem effektiven Jahreszins von 30% auf, während der Marktzins bei 8% liegt. Die Bank übereignet (§ 929 BGB) A die Darlehenssumme, A zahlt (§ 929 BGB) die erste Rate.
>
> Hier ist zwar der Darlehensvertrag, § 607 BGB, gemäß § 138 I BGB als wucherähnliches Rechtsgeschäft nichtig. Die Übereignung der Darlehenssumme und der ersten Rate ist aber sittlich neutral und daher gültig. Die entsprechenden Leistungen müssen nach den Vorschriften über die ungerechtfertigte Bereicherung, §§ 812 ff. BGB, herausverlangt werden[166].

Im Einzelfall ist es aber möglich, daß auch die Erfüllungsgeschäfte sittenwidrig sind.

IV. Wiederholungsfragen

1. Welchen Funktionen dienen Formvorschriften?
2. Nennen Sie Rechtsgeschäfte, für die die Schriftform vorgeschrieben ist.
3. Was wird im Rahmen einer öffentlichen Beglaubigung beglaubigt?
4. Was umfaßt die notarielle Beurkundung?
5. Welche Folgen hat ein Formverstoß?
6. Was ist ein Verbotsgesetz im Sinne des § 134 BGB?
7. Was versteht die Rechtsprechung unter „guten Sitten" im Sinne des § 138 I BGB?
8. Welche beiden Voraussetzungen hat der Wucher gemäß § 138 II BGB?
9. Unter welchen Voraussetzungen liegt ein wucherähnliches Rechtsgeschäft vor?
10. Unter welchen Umständen besteht ein auffälliges Mißverhältnis zwischen Leistung und Gegenleistung bei einem wucherähnlichen Kreditgeschäft?

16. Lektion
Allgemeine Geschäftsbedingungen

Die Vertragsfreiheit setzt voraus, daß die Parteien den Vertrag gemeinsam aushandeln, so daß jede Partei ihren rechtsgeschäftlichen Willen einbringen kann. In der von Massengeschäften gekennzeichneten Wirtschaft hat sich jedoch schon

---

[166] Zu den §§ 812 ff. BGB siehe unten die 25. Lektion: Bereicherungsausgleich.

16. Lektion: Allgemeine Geschäftsbedingungen

seit langem die Verwendung von sogenannten **Allgemeinen Geschäftsbedingungen (AGB)** durchgesetzt. Die AGB werden nicht bei jedem Geschäft neu ausgehandelt, sondern für viele Geschäfte vorformuliert. Der Konsument muß die vom Anbieter formulierten AGB akzeptieren, wenn er das Geschäft abschließen will. Es handelt sich bei den AGB also nicht um Gesetz, sondern um frei formulierte Vertragsklauseln. Die zahlreichen Klauseln stehen oft als „Kleingedrucktes" auf der Rückseite des vom Verwender benutzten Vertragsformulars.

Mit den AGB werden typischerweise drei **Zwecke** verfolgt: Erstens soll durch die vorformulierten Vertragsbedingungen der Geschäftsablauf vereinfacht werden. Es handelt sich insoweit um **Rationalisierung**. Zweitens sind im Gesetz nicht alle möglichen Vertragstypen geregelt. Hier dienen die in den AGB formulierten Klauseln der **Lückenfüllung und Rechtsfortbildung**. Drittens verfolgt der Verwender der AGB regelmäßig das Ziel, mit seinen AGB seine Pflichten aus dem Vertrag zu verringern und die des Vertragspartners zu erweitern. Auf diese **Risikoabwälzung** läßt sich der Vertragspartner meistens ein, weil er die AGB entweder nicht zur Kenntnis nimmt oder weil er keine Chance sieht, seine Interessen gegenüber dem meist wirtschaftlich überlegenen Verwender der AGB durchzusetzen.

Der Gesetzgeber hat daher mit dem Ziel, die wirtschaftlich schwächere Position des Vertragspartners zu stützen, das **Gesetz zur Regelung der Allgemeinen Geschäftsbedingungen (AGBG)**[167] erlassen. Dem Mißbrauch der AGB soll dadurch entgegengewirkt werden, daß unangemessene Regelungen für nichtig erklärt werden und die Einbeziehung der AGB in den Einzelvertrag von bestimmten Voraussetzungen abhängig gemacht wird. Trotz dieser Zwecksetzung ist der **sachliche Geltungsberech** des AGBG gemäß § 23 AGBG sehr eingeschränkt. Es gilt z. B. nicht für Verträge auf den Gebieten des Arbeits-, Erb-, Familien- und Gesellschaftsrechts, § 23 I AGBG. Weitere Einschränkungen sind in § 23 II AGBG genannt.

Das AGBG nennt denjenigen, der die AGB verwendet, **Verwender**[168]. Der andere ist der **Vertragspartner**.

I. Begriff

Das AGBG gilt nur für AGB. AGB sind für **viele Verträge vorformulierte Vertragsbedingungen**, § 1 I AGBG. Die Vertragsbedingungen müssen vorformuliert sein. Werden die Vertragsbedingungen mit dem Vertragspartner ausgehandelt, findet das AGBG keine Anwendung, § 1 II AGBG. Die AGB müssen für viele Verträge vorformuliert sein. Es reicht nicht, wenn die Vertragsbedingungen nur für einen einzigen Vertrag im vorhinein formuliert werden.

---

[167] Gesetz zur Regelung der Allgemeinen Geschäftsbedingungen (AGB-Gesetz) vom 9. Dezember 1976 (BGBl. I S. 3317), Schönfelder, Deutsche Gesetze, Nr. 26.
[168] § 1 I 1 AGBG.

> Beispiel: Jurastudent S möchte sein Auto verkaufen. Er tüftelt daher einen schriftlichen Kaufvertrag aus. Der Käufer muß nur noch unterschreiben. Hier findet das AGBG keine Anwendung.

Es ist aber egal, wer die AGB vorformuliert. Der Verwender kann sich AGB für seine Vertragsformulare z. B. von einem Rechtsanwalt formulieren lassen oder fertige Formularverträge verwenden.

> Beispiel: Zum Verkauf von Gebrauchtwagen gibt es Formularverträge vom ADAC oder im Schreibwarenhandel. Verwendet Student S zum Verkauf seines Autos einen solchen Vertrag, ist er Verwender von AGB. Das AGBG findet Anwendung (str.[169].)

II. Einbeziehung in den Vertrag

Nur wenn die AGB Bestandteil des Einzelvertrages geworden sind, können sie die Situation der Vertragsparteien beeinflussen. Andernfalls sind sie unbeachtlich. Gemäß § 2 AGBG werden AGB nur unter drei Voraussetzungen Vertragsbestandteil. Alle drei Voraussetzungen müssen kumulativ (gehäuft) vorliegen.

Erstens muß gemäß § 2 I Nr. 1 AGBG der Verwender der AGB auf die AGB **hinweisen**. Zweitens muß gemäß § 2 I Nr. 2 AGBG der Vertragspartner die Möglichkeit haben, die AGB zur **Kenntnis zu nehmen**. Drittens muß der Vertragspartner mit den AGB **einverstanden** sein, § 2 I a. E. AGBG.

> Beispiel: K unterschreibt beim Kauf einer Waschmaschine die Erklärung: „Ich habe die AGB auf der Rückseite zur Kenntnis genommen und bin mit ihrer Geltung einverstanden". Die AGB sind damit Bestandteil des Vertrages.

Es reicht die **Möglichkeit**, in zumutbarer Weise von dem Inhalt der AGB Kenntnis zu nehmen. Es genügt auch ein Aushang. Die AGB müssen nicht wirklich durchgelesen werden.

> Beispiel: K kauf einen Fotoapparat. Hinter der Kasse hängt deutlich sichtbar ein Schild: „Es gelten unsere AGB, die an der Kasse eingesehen werden können.". Die AGB liegen an der Kasse aus, so daß K sie in Ruhe vor Abschluß des (mündlichen) Kaufvertrages durchlesen kann. Auch wenn K die AGB nicht durchliest, werden sie Vertragsbestandteil.

---

[169] Heinrichs, Der Rechtsbegriff der Allgemeinen Geschäftsbedingungen, in NJW 1977, S. 1506 unter II. 3. m. N.; Ulmer/Brandner/Hensen, AGB-Gesetz, 5. Auflage 1987, § 1, Rn. 24 m. N.; a. A. Zöllner, Die politische Rolle des Privatrechts, in JuS 1988, S. 329, 333.

16. Lektion: Allgemeine Geschäftsbedingungen

Nicht Vertragsbestandteil werden AGB, die so ungewöhnlich sind, daß der Vertragspartner nicht mit ihnen rechnen muß, § 3 AGBG. Vereinbaren die Parteien etwas, was den AGB widerspricht, sind die AGB insoweit nicht wirksam. Die Individualabrede hat Vorrang vor den AGB, § 4 AGBG.

> Beispiel: Beim Kauf einer Matratze erklärt der Verkäufer des Bettengeschäfts, daß „für den Federkern selbstverständlich 10 Jahre Garantie besteht". In den AGB auf dem Kaufvertrag wird die Gewährleistung auf 6 Monate begrenzt. Hier besteht gemäß § 4 AGBG die Garantie für den Federkern entgegen den AGB für 10 Jahre.

Ist eine AGB nicht Vertragsbestandteil geworden, bleibt der Vertrag im übrigen wirksam, § 6 I AGBG.

III. Inhaltsprüfung

Sind die AGB Bestandteil des Vertrages, muß geprüft werden, ob sie Bestimmungen enthalten, die von der gesetzlichen Regelung, z. B. im BGB, abweichen oder gesetzliche Regelungen ergänzen, § 8 AGBG. Diese Bestimmungen der AGB sind nur wirksam, wenn sie einer Prüfung anhand der §§ 9 bis 11 AGB standhalten.

> Beispiel: Wird bei einem Kaufvertrag die Gewährleistung des Verkäufers in den AGB beschränkt, weicht diese Bestimmung von §§ 459 ff. BGB ab, wonach der Verkäufer für alle Fehler der Kaufsache einzustehen hat. Die Bestimmung der AGB muß anhand der §§ 9 ff. AGBG geprüft werden. Aber: Es gibt keine gesetzliche Regelung, die Art und Umfang der Wartung durch den Leasinggeber[170] regelt. Eine entsprechende Bestimmung in den AGB eines Leasingvertrages kann nicht anhand der §§ 9 ff. AGBG überprüft werden.

Bei der Prüfung einer AGB fängt man bei der speziellen Regelung des § 11 AGBG an. Fällt die Klausel unter § 11 AGBG, ist sie sicher unwirksam. Greift § 11 AGBG nicht ein, wird die Klausel anhand von § 10 AGBG überprüft. § 10 AGBG beschreibt die unwirksamen Klauseln mit Begriffen, die einen weiten Anwendungsbereich haben. Fällt die Klausel auch nicht unter den weiten Anwendungsbereich der unbestimmten Rechtsbegriffe in § 10 AGBG, muß die Klausel noch vor der Generalklausel des § 9 AGBG Bestand haben.

Gemäß § 9 AGBG ist eine Bestimmung in den AGB unwirksam, die den Vertragspartner unangemessen benachteiligt. Die unangemessene Benachteiligung kann darin liegen, daß in den AGB von einem wesentlichen Grundgedanken der gesetzlichen Regelung abgewichen wird.

---

[170] Zum Leasingvertrag siehe unten die 23. Lektion, VII. Leasing.

> Beispiel: In § 652 BGB kommt der gesetzliche Grundgedanke zum Ausdruck, der der Makler nur bei Erfolg einen Provisionsanspruch hat. Wird in einer Bestimmung der AGB eine erfolgsunabhängige Provision verlangt, widerspricht diese Bestimmung dem wesentlichen Grundgedanken der gesetzlichen Regelung.

Es kommt aber auch auf den Gegenstand und den Zweck des Vertrages an. Im Zweifel ist eine Bestimmung unwirksam, die wesentliche Rechte oder Pflichten des Vertrages so einschränkt, daß der Vertragszweck gefährdet ist.

> Beispiel: In den AGB eines Heizöllieferanten wird jede Haftung beim Einfüllen des Heizöls ausgeschlossen.

IV. Gegenüber Kaufleuten

Die §§ 2, 10, 11 und 12 AGBG finden keine Anwendung, wenn die AGB gegenüber einem Kaufmann verwendet werden und der Vertrag zum Betrieb seines Handelsgewerbes gehört, § 24 Nr. 1 AGBG.

Aber auch wenn § 2 AGBG keine Anwendung findet, müssen die AGB doch in den Vertrag **einbezogen** werden. Die Einbeziehung ist nur nicht an so strenge Voraussetzungen geknüpft, wie in § 2 AGBG. Die AGB müssen nicht ausdrücklich einbezogen werden. Es reicht, wenn sie schlüssig (stillschweigend) Bestandteil des Vertrages werden oder branchenüblich sind. Man geht davon aus, daß Kaufleute wissen, daß AGB verwendet werden und welche AGB branchenüblich sind.

Bei der Wirksamkeitsprüfung gelten gegenüber einem Kaufmann zwar die §§ 10 und 11 AGBG nicht; Prüfungsmaßstab bleibt aber § 9 AGBG.

> Beispiel: Kaufmann K betreibt einen Uhrenhandel. Er kauft bei dem Großhändler G neue Uhren für den Weiterverkauf. In den AGB des G ist jede Gewährleistung ausgeschlossen. Ist dieser Ausschluß wirksam?
> Nein! § 11 Nr. 10a AGBG, wonach der Ausschluß jeder Gewährleistung unwirksam ist, gilt zwar nicht gegenüber K. Prüfungsmaßstab bleibt jedoch § 9 AGBG. Gemäß § 9 Nr. 1 AGBG ist eine unangemessene Benachteiligung anzunehmen, wenn die Bestimmung mit wesentlichen Grundgedanken der gesetzlichen Regelung, von der abgewichen wird, nicht zu vereinbaren ist. In §§ 459 ff. BGB kommt der wesentliche Grundgedanke der Gewährleistung zum Ausdruck. Mit diesem Grundgedanken ist ein völliger Ausschluß der Gewährleistung nicht zu vereinbaren. Der völlige Ausschluß der Gewährleistung in AGB ist daher gemäß § 9 I, II Nr. 1 AGBG unwirksam. Es spielt keine Rolle, daß das gleiche in dem für Kaufleute nicht geltenden § 11 Nr. 10a AGBG steht, § 24 S. 2 AGBG.

In § 24 AGBG sind weitere Einschränkungen des Anwendungsbereichs des AGBG genannt.

16. Lektion: Allgemeine Geschäftsbedingungen

V. Prüfungsschema

Ist in einem Sachverhalt von vorformulierten Vertragsklauseln die Rede, empfiehlt sich **in Gedanken** folgendes Prüfungsschema. In der Fallbearbeitung ausformuliert werden nur die Punkte, auf die es nach der Sachverhaltsfrage ankommt!

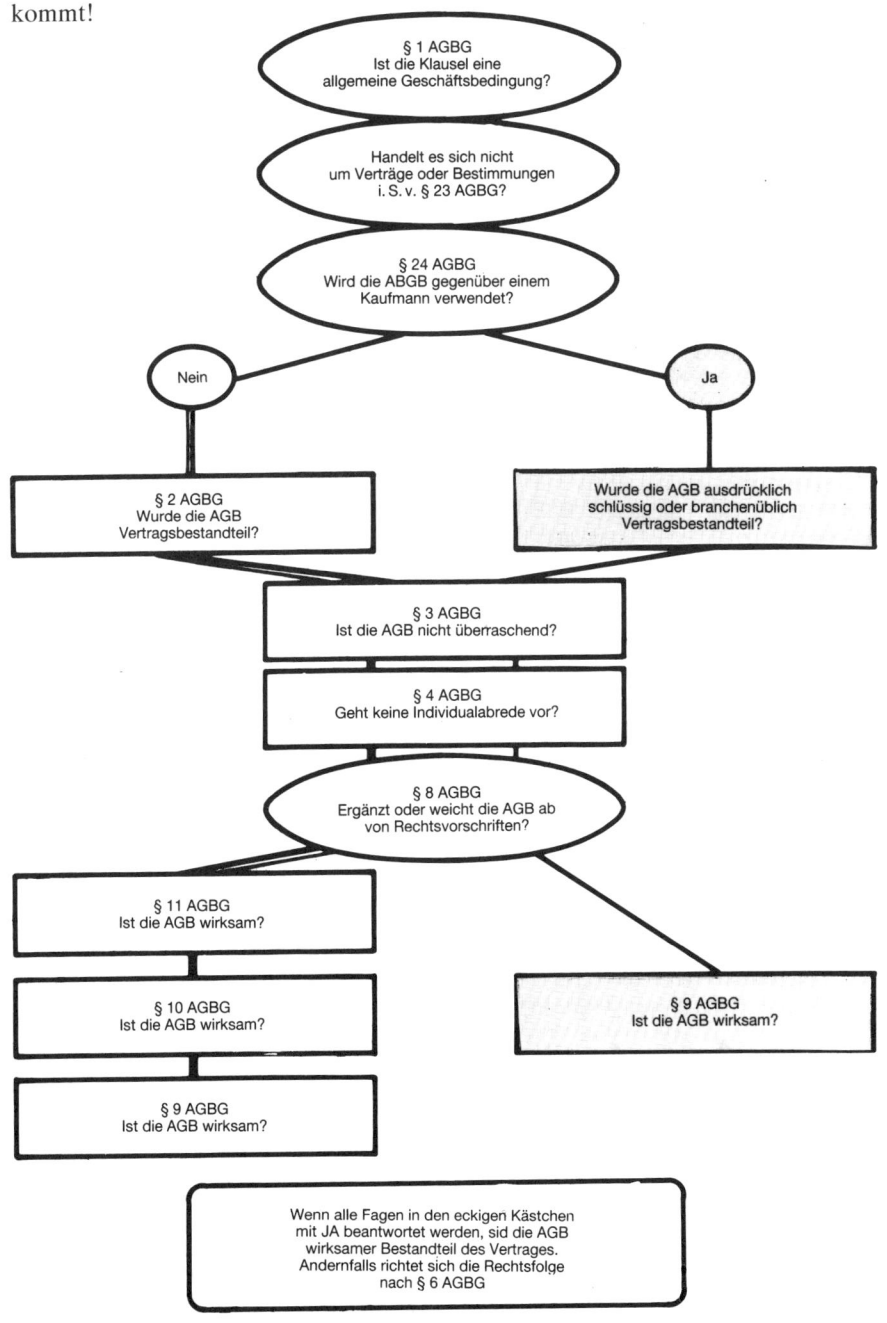

```
          § 1 AGBG
     Ist die Klausel eine
  allgemeine Geschäftsbedingung?

       Handelt es sich nicht
     um Verträge oder Bestimmungen
           i. S. v. § 23 AGBG?

            § 24 AGBG
     Wird die ABGB gegenüber einem
          Kaufmann verwendet?

      Nein                    Ja

    § 2 AGBG          Wurde die AGB ausdrücklich
   Wurde die AGB      schlüssig oder branchenüblich
Vertragsbestandteil?     Vertragsbestandteil?

            § 3 AGBG
     Ist die AGB nicht überraschend?

            § 4 AGBG
      Geht keine Individualabrede vor?

            § 8 AGBG
     Ergänzt oder weicht die AGB ab
         von Rechtsvorschriften?

   § 11 AGBG
 Ist die AGB wirksam?

   § 10 AGBG                § 9 AGBG
 Ist die AGB wirksam?    Ist die AGB wirksam?

   § 9 AGBG
 Ist die AGB wirksam?

   Wenn alle Fagen in den eckigen Kästchen
   mit JA beantwortet werden, sid die AGB
   wirksamer Bestandteil des Vertrages.
   Andernfalls richtet sich die Rechtsfolge
              nach § 6 AGBG
```

VI. Rechtsfolge

Ist eine Bestimmung in den AGB nicht Vertragsbestandteil geworden oder ist sie unwirksam, bestimmt § 6 AGBG die Rechtsfolge. Der Vertrag bleibt, abgesehen von der Klausel, die nicht einbezogen wurde oder unwirksam ist, im übrigen wirksam, § 6 I AGBG.

Das ist eine Ausnahme von dem in § 139 BGB niedergelegten Grundsatz. Nach § 139 BGB ist im Zweifel das ganze Rechtsgeschäft nichtig, wenn ein Teil nichtig ist. § 139 BGB geht jedoch davon aus, daß die Parteien das Rechtsgeschäft in allen seinen Teilen frei ausgehandelt haben. Ist hier ein Teil nichtig, entspricht das ganze Rechtsgeschäft nicht mehr dem ursprünglichen Willen der Parteien. Es ist daher im Zweifel ganz nichtig.

Anders ist die Situation bei der Verwendung von AGB. Hier ist der Vertrag nicht frei ausgehandelt. Die AGB wurden dem Vertragspartner vorgesetzt. Er soll durch das AGBG geschützt werden und von der nicht einbezogenen oder unwirksamen Klausel verschont bleiben; die Vorteile aus dem Vertrag aber dennoch behalten. Der Vertrag bleibt daher im übrigen wirksam. Die unwirksame Regelung aus den AGB wird durch die gesetzliche Regelung ersetzt, § 6 II AGBG.

> Beispiel: K kauft eine neue Waschmaschine. In den AGB des V, mit deren Geltung er sich einverstanden erklärt hat, ist die Gewährleistung auf Nachbesserung beschränkt. Weitere Bestimmungen zur Gewährleistung enthalten die AGB nicht. Welche Rechte hat K, wenn die neue Waschmaschine defekt ist?
>
> Er kann die Rechte aus dem Gesetz, nämlich Rückgängigmachung des Vertrages (Wandelung) oder Herabsetzung des Preises (Minderung), §§ 459, 462 BGB geltend machen. Er muß sich nicht auf Nachbesserung einlassen. Die Beschränkung der Gewährleistung auf Nachbesserung ist gemäß § 11 Nr. 10b AGBG unwirksam. Danach kann die Gewährleistung für neue Sachen nur dann auf Nachbesserung beschränkt werden, wenn bei Fehlschlagen der Nachbesserung ausdrücklich das Recht auf Wandelung oder Minderung vorbehalten wird. Das ist in den AGB des V nicht vorgesehen. Der Kaufvertrag über die Waschmaschine bleibt im übrigen wirksam, § 6 I AGBG. Die Gewährleistung richtet sich nach den gesetzlichen Vorschriften des BGB, § 6 II AGBG.

Dabei spielt es keine Rolle, daß sich der Vertragspartner mit der Geltung der AGB einverstanden erklärt hat. Das ist nur für die Einbeziehung in den Vertrag gemäß § 2 I a. E. AGBG wichtig. Die in den Vertrag einbezogenen AGB müssen, auch wenn sich der Vertragspartner mit ihrer Geltung einverstanden erklärt hat, vor der Wirksamkeitsprüfung des AGBG Bestand haben. Sind sie nicht wirksam, gelten über § 6 II AGBG die gesetzlichen Regelungen.

VII. Wiederholungsfragen

1. Welches sind die typischen Zwecke bei der Verwendung von AGB?
2. Welchem Zweck dient das AGBG?

3. Was sind AGB?
4. Unter welchen Voraussetzungen werden AGB Bestandteil des Einzelvertrages?
5. Für welche in den Einzelvertrag einbezogenen Bestimmungen der AGB gelten die §§ 9 bis 11 AGBG?
6. Wann ist im Zweifel durch eine Bestimmung in den AGB eine unangemessene Benachteiligung des Vertragspartners anzunehmen?
7. Wie prüft man die Wirksamkeit der AGB?
8. Gilt das AGBG für Kaufleute?
9. Lesen Sie § 11 Nr. 10b AGBG! Darf für neu hergestellte, bewegliche Sachen in AGB die Gewährleistung auf Nachbesserung beschränkt werden?
10. Welche Rechtsfolge tritt ein, wenn eine Bestimmung der AGB nicht Bestandteil des Einzelvertrages wurde oder unwirksam ist?

17. Lektion
Grundbegriffe der Leistungsstörungen

Nicht immer wird die in einem Vertrag versprochene Leistung so erbracht, wie sie erbracht werden muß. Es kann eine **Leistungsstörung** vorliegen. Es fragt sich dann, welche Rechte der Gläubiger hat und welche Pflichten den Schuldner treffen. Die Antwort hängt erst einmal davon ab, welche Leistung geschuldet ist.

I. Geschuldete Leistung

Welcher Schuldner welche Leistung schuldet, ergibt sich aus dem Vertrag. Bei zweiseitig verpflichtenden Verträgen dürfen Schuldner und Gläubiger nicht verwechselt werden. Hier kann schnell ein Fehler unterlaufen, da bei zweiseitig verpflichtenden Verträgen jede Partei sowohl Schuldner als auch Gläubiger ist.

Beispiel: Verkauft A sein Auto an B, besteht zwischen A und B ein Kaufvertrag mit zwei Leistungspflichten, zwei Gläubigern und zwei Schuldnern. B ist Gläubiger der Leistungspflicht des Schuldners A, das Auto zu übereignen. A ist Gläubiger der Leistungspflicht des Schuldners B, den Kaufpreis zu zahlen.

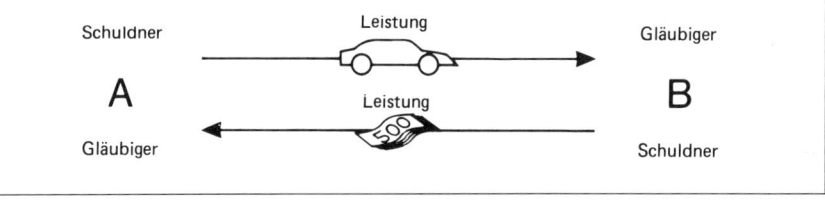

Ist von einer Leistungsstörung die Rede, muß immer zuerst festgestellt werden, **welche** Leistung gestört ist, wer Schuldner und wer Gläubiger **dieser** Leistung ist.

1. Stückschuld und Gattungsschuld

Als nächstes muß festgestellt werden, ob es sich bei der geschuldeten Leistung um eine Stückschuld oder um eine Gattungsschuld handelt. Eine **Stückschuld** liegt vor, wenn der geschuldetee Gegenstand im Vertrag nach individuellen Merkmalen konkret bestimmt ist.

> Beispiel: K geht zu V und sucht sich einen Ballen Baumwolle aus. V verkauft dem K diesen Ballen Baumwolle.

Eine **Gattungsschuld** ist begründet, wenn der geschuldete Gegenstand im Vertrag nach generellen Merkmalen abstrakt beschrieben ist, wie z.B. nach Art, Maß oder Gewicht. Alle Gegenstände, die unter diese Beschreibung fallen, bilden die Gattung, aus der geschuldet wird.

> Beispiel: K bestellt bei V einen Zentner Baumwolle. V liefert einen Ballen Baumwolle zu einem Zentner.

Ist keine Einschränkung der Gattung vorgesehen, handelt es sich um eine sogenannte **marktbezogene Gattungsschuld**. Geschuldet wird danach ein Stück der Gattung, wenn es nur irgendwo im Handel erhältlich ist oder sonst rechtmäßig unter zumutbaren Umständen erworben werden kann.

Möglich ist auch eine **begrenzte Gattungsschuld**, wenn im Vertrag die Leistung nur aus einem bestimmten Teil der Gattung erbracht werden soll. Es handelt sich dann meistens um eine sogenannte Vorratsschuld. Bei der **Vorratsschuld** beschränkt sich die Gattungsschuld auf den Vorrat des Schuldners.

> Beispiel: A verkauft dem B einen Ballen Baumwolle aus seinem Lager.

Der Schuldner muß, um seine Leistung zu erbringen, aus der beschriebenen Gattung eine Sache **mittlerer Art und Güte** leisten, § 243 I BGB.

2. Konkretisierung

Zur Erfüllung seiner Schuld muß der Schuldner eine Sache aus der beschriebenen Gattung auswählen. Die Leistung aus der Gattung beschränkt sich auf diese von ihm ausgewählte Sache, wenn er das nach dem Vertrag Erforderliche zur Leistung getan hat, § 243 II BGB. Die Gattungsschuld wird damit zur Stückschuld; sie wird konkretisiert.

Die Konkretisierung tritt erst ein, wenn der Schuldner das zur Leistung einer solchen Sache seinerseits Erforderliche getan hat, § 243 II BGB. Wann der Schuldner das zur Leistung einer solchen Sache seinerseits Erforderliche getan hat, hängt davon ab, ob eine Holschuld, Bringschuld oder Schickschuld vereinbart ist.

17. Lektion: Grundbegriffe der Leistungsstörungen

Ist weder aus dem Schuldverhältnis noch aus anderen Umständen etwas anderes zu entnehmen, ist eine Holschuld anzunehmen, § 269 I BGB. Bei einer **Holschuld** muß der Gläubiger die Sache beim Schuldner holen. Der Schuldner hat das seinerseits Erforderliche getan, wenn er die Sache aus der Gattung ausgesondert hat und der Gläubiger sie auf seine Nachricht hin abholen kann.

Es kann aber auch eine Bringschuld vereinbart sein. Bei einer **Bringschuld** muß der Schuldner dem Gläubiger die geschuldete Sache bringen. Der Schuldner hat das seinerseits Erforderliche getan, wenn er die Sache beim Gläubiger so anbietet, daß der Gläubiger nur noch zuzugreifen braucht.

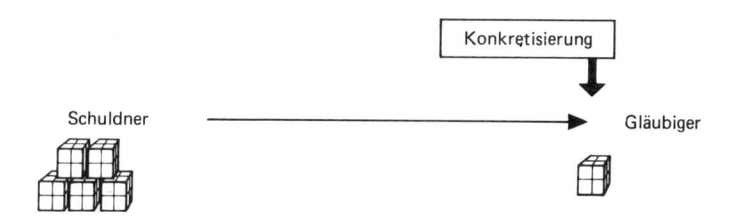

Bei einer **Schickschuld** muß der Schuldner die Sache dem Gläubiger nicht selber bringen, sondern kann sie durch einen Dritten schicken. Der Schuldner hat das seinerseits Erforderliche getan, wenn er die Sache an die Transportperson übergeben hat.

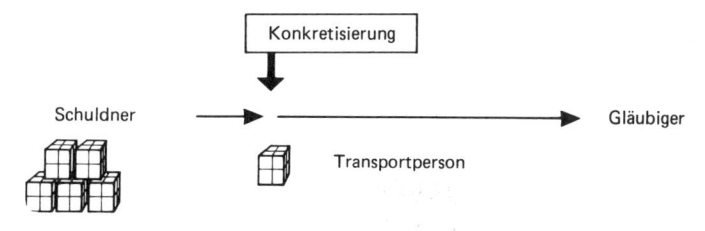

Ist die Gattungsschuld konkretisiert, umfaßt die geschuldete Leistung wie bei der Stückschuld nur noch diesen bestimmten Gegenstand. Auf die geschuldete Leistung kommt es an, welche Art der Leistungsstörung anzunehmen ist.

II. Arten der Leistungsstörung

Die Leistungsstörungen lassen sich in drei Arten unterteilen: Kann die Leistung nicht (mehr) erbracht werden, liegt ein Fall der **Unmöglichkeit** vor. Ist die Leistung zwar möglich, wird aber nicht rechtzeitig erbracht, kann es sich um **Verzug** handeln. Wird die Leistung rechtzeitig erbracht, kann eine Leistungsstörung wegen **Schlechtleistung** gegeben sein. Alle drei Arten der Leistungsstörung sind unterschiedlich geregelt und lösen unterschiedliche Rechtsfolgen aus. Es kommt fast immer entscheidend darauf an, ob der Schuldner oder der Gläubiger die Leistungsstörung zu vertreten hat.

III. Vertretenmüssen

Der Schuldner hat, sofern nichts anderes vereinbart wurde oder sich aus anderen Umständen ergibt, Vorsatz und Fahrlässigkeit zu vertreten, § 276 I 1 BGB. § 276 I BGB umschreibt damit das Verschulden. Das **Verschulden** umfaßt Vorsatz und Fahrlässigkeit. **Vorsatz** ist das Wissen und Wollen des tatbestandlichen Erfolgs.

> Beispiel: V zerschlägt die an K verkaufte Vase, damit die Übereignung unmöglich wird. V hat damit die Unmöglichkeit der Übereignung der Vase wegen Vorsatzes zu vertreten.

Fahrlässig handelt, wer die im Verkehr erforderliche Sorgfalt außer acht läßt, § 276 I 2 BGB.

> Beispiel: V stellt die an K verkaufte Vase auf einen wackeligen Schrank. Die Vase fällt leider herunter und zerbricht. Hier hat V die erforderliche Sorgfalt, zerbrechliche Sachen nicht auf wackelige Unterlagen zu stellen, außer acht gelassen. Er hat fahrlässig gehandelt und muß daher die Unmöglichkeit der Übereignung der Vase an K vertreten.

Wird die erforderliche Sorgfalt in besonders schwerem Maße verletzt, ist **grobe Fahrlässigkeit** gegeben. Andernfalls **ist mittlere, leichte oder leichteste Fahrlässigkeit** anzunehmen.

§ 276 I BGB gilt entsprechend für den Gläubiger, wenn es auf sein Vertretenmüssen ankommt.

1. Erfüllungsgehilfe

Das Vertretenmüssen umfaßt nicht nur das eigene Verschulden des Schuldners. Der Schuldner hat ein Verschulden der Personen, deren er sich zur Erfüllung seiner Verbindlichkeiten bedient, in gleichem Umfang zu vertreten wie eigenes Verschulden, § 278 S. 1 BGB.

Die Personen, deren sich der Schuldner zur Erfüllung seiner Verbindlichkeiten

17. Lektion: Grundbegriffe der Leistungsstörungen

bedient, nennt man **Erfüllungsgehilfen**. Erfüllungsgehilfe ist nur, wer eine Verbindlichkeit des Schuldners erfüllt. Es muß zwischen Schuldner und Gläubiger ein **Schuldverhältnis** bestehen, das eine solche Verbindlichkeit begründet. Der Erfüllungsgehilfe muß mit dem Willen des Schuldners für den Schuldner die Verbindlichkeit aus diesem Schuldverhältnis erfüllen.

> Beispiel: V verkauft dem K ein Auto. Er schickt seinen Angestellten A, das Auto an K zu liefern und damit zu übereignen. A ist damit Erfüllungsgehilfe des V.

Der Erfüllungsgehilfe **muß nicht** vom Schuldner **weisungsabhängig** sein. Er kann mit dem Willen des Schuldners auch selbständig tätig sein.

> Beispiel: Schließt U mit B einen Werkvertrag zum Bau eines Hauses, kann U den Subunternehmer S einsetzen, um das Fundament zu errichten. Mit der Errichtung des Fundaments erfüllt S eine Verpflichtung des U aus dem Werkvertrag mit B. S ist damit Erfüllungsgehilfe des U.

Trifft nun den Erfüllungsgehilfen ein Verschulden, wird dieses Verschulden über § 278 S. 1 BGB dem Schuldner zugerechnet. Der Schuldner wird so behandelt, als habe er selbst mit Vorsatz oder Fahrlässigkeit gehandelt.

> Beispiel (Fortsetzung): Verursacht A fahrlässig einen Unfall, so daß das Auto nicht mehr übereignet werden kann, hat V die Unmöglichkeit der Übereignung zu vertreten. Oder: Errichtet S das Fundament aus Fahrlässigkeit mangelhaft, hat U den Mangel zu vertreten.

§ 278 BGB ist jedoch **keine** selbständige Anspruchsgrundlage[171]. Der Geschäftsherr haftet nur, wenn eine Anspruchsgrundlage zur Verfügung steht. § 278 S. 1 BGB ersetzt dann gegebenenfalls das im Tatbestand vorausgesetzte Verschulden des Geschäftsherrn durch das Verschulden des Erfüllungsgehilfen.

2. Vertretenmüssen bei Gattungsschulden

Für das Vertretenmüssen bei Gattungsschulden bestimmt § 279 BGB, daß der Schuldner, solange die Leistung aus der Gattung möglich ist, sein Unvermögen zur Leistung auch dann zu vertreten hat, wenn ihm ein Verschulden nicht zur Last fällt. § 279 BGB ist nicht nur im Falle des Unvermögens, sondern auch bei Verzug anwendbar.

Handelt es sich um eine Gattungsschuld, kann sich der Schuldner nicht darauf berufen, er habe die zu leistenden Stücke aus der Gattung nicht. Er hat das **Beschaffungsrisiko** zu vertreten. Er muß ein Stück aus der Gattung

---

[171] Zur Anspruchsgrundlage siehe oben die 8. Lektion, III. Anspruchsgrundlage.

beschaffen, auch wenn typische Beschaffungshindernisse entgegenstehen. Darüber hinausgehende Hindernisse bei der Beschaffung muß er nicht vertreten.

> Beispiel: V verkauft K 5 Zentner Zucker. Brennt nun das Lager des V ab, muß V auf dem Markt, gegebenenfalls auch zu einem höheren Preis, Zucker besorgen, damit er K beliefern kann. Bis dahin hat V sein Unvermögen zur Leistung zu vertreten.
> Aber: verkauft V dem K 5 Zentner Zucker, kann aber nicht liefern, weil er erkrankt, gilt § 279 BGB nicht. Die Krankheit des V ist kein typisches Beschaffungshindernis. V hat den Verzug nicht zu vertreten.

IV. Wiederholungsfragen

1. Wer ist bei einem Kaufvertrag Schuldner welcher Leistung? Wer ist Gläubiger welcher Leistung?
2. Unter welchen Voraussetzungen ist eine Stückschuld vereinbart?
3. Unter welchen Umständen ist eine Gattungsschuld vereinbart?
4. Was ist eine Vorratsschuld?
5. Was ist zur Konkretisierung einer Gattungsschuld erforderlich und welches sind die Rechtsfolgen?
6. Was ist eine Hol-, Bring-, Schickschuld?
7. Welche Arten der Leistungsstörung gibt es?
8. Was ist unter Verschulden zu verstehen?
9. Wer ist Erfüllungsgehilfe des Schuldners?
10. Was hat der Schuldner bei Gattungsschulden gemäß § 279 BGB zu vertreten?

18. Lektion
Unmöglichkeit

I. Ursache der Unmöglichkeit

Die Unmöglichkeit der Leistung kann auf verschiedenen Ursachen beruhen. So kann die geschuldete Leistung aus tatsächlichen, rechtlichen oder zeitlichen Gründen unmöglich sein.

1. Tatsächliche Unmöglichkeit

Die Leistung ist tatsächlich nicht möglich, wenn sie aus naturgesetzlichen Gründen oder nach dem Stand von Wissenschaft und Technik nicht erbracht werden kann.

> Beispiel: Das verkaufte Auto ist bei einem Unfall mit Totalschaden verbrannt. Die aus dem Kaufvertrag geschuldete Leistung, das Auto zu übereignen, ist daher aus tatsächlichen Gründen nicht möglich.

18. Lektion: Unmöglichkeit

Bei einer Stückschuld reicht es, wenn die Leistung der einen geschuldeten Sache unmöglich ist. Bei einer Gattungsschuld bleibt auch bei Untergang einer oder mehrerer Sachen die Leistung möglich, solange noch ein Stück aus der Gattung verfügbar ist.

> Beispiel: K sucht bei V einen Ballen Baumwolle aus und kauft ihn von V (Stückschuld). Wird nun bei einem Kabelbrand im Lager des V dieser Ballen vernichtet, ist die Leistung des V aus dem Kaufvertrag unmöglich.
> Aber: K bestellt bei V einen Ballen Baumwolle (Gattungsschuld). Brennt nun das Lager des V ab, ist die Leistung des V nicht unmöglich, solange auch nur ein Ballen Baumwolle auf dem Markt erhältlich ist.

Ist bei einer Gattungsschuld die Sache bereits konkretisiert, ist die Leistung unmöglich, wenn die konkretisierte Sache untergeht. Die Gattungsschuld wurde ja damit zur Stückschuld.

> Beispiel: K bestellt bei V einen Ballen Baumwolle aus dessen Lager (Gattungsschuld als Vorratsschuld). V sondert einen Ballen aus und benachrichtigt K zum Abholen. Verbrennt nun dieser ausgesonderte Ballen, ist die Leistung des V unmöglich, auch wenn V noch ein ganzes Lager voller Baumwollballen hat.

2. Rechtliche Unmöglichkeit

Auch wenn die Leistung tatsächlich möglich ist, kann eine rechtliche Unmöglichkeit gegeben sein. Rechtliche Unmöglichkeit ist gegeben, wenn die Leistung verboten ist oder von der Rechtsordnung nicht anerkannt ist.

> Beispiel: A verkauft B ein Fahrrad, das ohnehin schon B gehört, weil es ihm vorher gestohlen worden war. Die in dem Kaufvertrag begründete Leistungspflicht des A, dem B das Fahrrad zu übereignen, ist rechtlich unmöglich.

3. Zeitliche Unmöglichkeit

Zeitliche Unmöglichkeit tritt ein, wenn die Leistung nur zu einem bestimmten Zeitpunkt erbracht werden kann, dieser Zeitpunkt aber verstrichen ist.

> Beispiel: A bestellt B zum Babysitten am Samstag von 19.00 bis 23.00 Uhr, um sorgenfrei ins Theater gehen zu können. Erscheint B erst um 23.00 Uhr, ist die Erfüllung seiner Pflicht aus dem Babysitter-Vertrag (Dienstvertrag, § 611 BGB) zeitlich unmöglich.
> Oder: Bestellt K bei V einen Weihnachtsbaum zum 24. Dezember, ist die Leistung nach dem 24. Dezember unmöglich. Liefert V den Baum später, ist es kein Weihnachtsbaum, sondern nur ein abgehackter Tannenbaum.

II. Zeitpunkt der Unmöglichkeit

Nachdem festgestellt ist, daß die Leistung unmöglich ist, muß untersucht werden, **wann** sie unmöglich geworden ist. Das Gesetz unterscheidet die anfängliche und die nachträgliche Unmöglichkeit. Für die Unterscheidung ist die Begründung des Schuldverhältnisses, aus dem die unmögliche Leistung folgt, der maßgebliche Zeitpunkt.

Die Leistung ist **anfänglich unmöglich**, wenn sie schon **vor** Begründung des Schuldverhältnisses unmöglich war. Sie ist **nachträglich unmöglich**, wenn die Leistung erst **nach** Begründung des Schuldverhältnisses unmöglich wurde.

> Beispiel: V verkauft sein Auto an K. Verbrannte das Auto schon vor dem Abschluß des Kaufvertrages in einem Verkehrsunfall, ist die Leistung des V, das Auto zu übereignen, anfänglich unmöglich. Verbrennt das Auto erst nach Abschluß des Kaufvertrages, aber vor der Übereignung an K in einem Verkehrsunfall, ist die Leistung des V, das Auto zu übereignen, nachträglich unmöglich.

III. Objektive und subjektive Unmöglichkeit

Für die gesetzliche Regelung der Unmöglichkeit kommt es weiter darauf an, für **wen** die Leistung unmöglich wurde. Es kommt darauf an, ob es sich um eine objektive oder eine subjektive Unmöglichkeit handelt.

Die Leistung ist **objektiv unmöglich**, wenn sie weder vom Schuldner noch von einem anderen erbracht werden kann. Das Gesetz nennt sie schlicht **Unmöglichkeit**.

> Beispiel: Ist das verkaufte Auto verbrannt, kann es niemand als Auto übereignen.

Die Leistung ist **subjektiv unmöglich**, wenn zwar der Schuldner die Leistung nicht erbringen kann, ein anderer es aber könnte. Das Gesetz nennt die subjektive Unmöglichkeit **Unvermögen**[172].

> Beispiel: Ist nicht der Verkäufer, sondern jemand anderes Eigentümer des verkauften Autos, ist die Übereignung für den Käufer subjektiv unmöglich. Der andere, dem das Auto gehört, könnte es ja übereignen.

---

[172] Diese **Begrifflichkeit** wird in § 275 II BGB unterschieden. (Die **Regelung** des § 275 II BGB gilt aber nur für den Fall der nachträglichen Unmöglichkeit!).

18. Lektion: Unmöglichkeit

IV. Regelung der Unmöglichkeit im Gesetz

Die Regelung im Gesetz ist für Anfänger leider etwas unübersichtlich. Zu beachten ist erst einmal, ob es sich um eine anfängliche oder nachträgliche Unmöglichkeit handelt.

Bei der anfänglichen Unmöglichkeit muß zwischen objektiver und subjektiver Unmöglichkeit unterschieden werden.

Bei der nachträglichen Unmöglichkeit kommt es darauf an, ob eine einseitige oder eine im Gegenseitigkeitsverhältnis stehende (synallagmatische) Leistung unmöglich ist[173]. Die nachträgliche Unmöglichkeit und das nachträgliche Unvermögen werden gleichbehandelt, § 275 II BGB. Entscheidend ist dann, ob und von wem die nachträgliche Unmöglichkeit zu vertreten ist.

1. Anfängliche, objektive Unmöglichkeit

Im Falle der anfänglichen, objektiven Unmöglichkeit greift § 306 BGB ein. Es kommt hier nicht darauf an, ob es sich um eine einseitige oder gegenseitige Leistungspflicht handelt. Der Vertrag, in dem die objektiv unmögliche Leistung begründet ist, ist nichtig.

> Beispiel: V verkauft dem K sein Auto. Das Auto ist vor Abschluß des Kaufvertrages bei einem Verkehrsunfall mit Totalschaden zerstört worden. Hier ist die Leistung des V, sein Auto zu übereignen (Stückschuld), anfänglich, objektiv unmöglich, da dieses Auto niemand mehr übereignen kann. Der Kaufvertrag zwischen V und K ist gemäß § 306 BGB nichtig.

Ob bei einem gemäß § 306 BGB nichtigen Vertrag Schadensersatz zu leisten ist, richtet sich nach § 307 BGB. Nach § 307 I 1 BGB kommt es darauf an, ob eine der Parteien die anfängliche, objektive Unmöglichkeit der Leistung kannte oder kennen mußte. Eine Partei muß die Umstände kennen, wenn sie sie aus Fahrlässigkeit nicht kennt[174]. Sie muß dann der anderen Partei den Vertrauensschaden[175] ersetzen.

> Beispiel: Auch wenn V bei dem Verkauf seines Autos nur wußte, daß sein Freund F bei einem Verkehrsunfall mit dem zu verkaufenden Auto verletzt wurde, aber nicht wußte, daß das Auto dabei Totalschaden erlitten hat, mußte er es wissen. Mit der erforderlichen Sorgfalt hätte er sich vor Verkauf des Autos bei F über den Zustand des Autos informieren müssen. V muß daher dem K gemäß § 307 I 1 BGB den Vertrauensschaden ersetzen.

---

[173] Zur einseitigen und gegenseitigen Leistungspflicht vgl. oben die 11. Lektion, III. Arten der Verträge.
[174] Vgl. Legaldefinition in § 122 II BGB.
[175] Zum Vertrauensschaden siehe oben die 10. Lektion, VI. 1. Vertrauensschaden.

2. Anfängliche, subjektive Unmöglichkeit

Die anfängliche, subjektive Unmöglichkeit der Leistung ist im Gesetz nicht allgemein geregelt. § 306 BGB, der nur für die anfängliche, objektive Unmöglichkeit gilt, greift nicht ein. Der auf die anfänglich, subjektiv unmögliche Leistung gerichtete Vertrag ist daher wirksam. Nach herrschender Meinung übernimmt der Schuldner mit Abschluß des Vertrages eine Garantie für sein Leistungsvermögen. Ist ihm die Leistung dann doch nicht möglich, kann der Gläubiger Schadensersatz wegen Nichterfüllung[176] verlangen.

> Beispiel: U schließt mit B einen Werkvertrag, in dem er sich selbst verpflichtet, einen Roman vom Chinesischen ins Japanische zu übersetzen. Hier ist die Leistung für U subjektiv unmöglich, wenn er weder Chinesisch noch Japanisch ausreichend beherrscht. Er muß dann B Schadensersatz wegen Nichterfüllung leisten.

Die wichtigsten Fälle, nämlich die bei Unvermögen des Verkäufers, sind vom Gesetz in § 440 I BGB bedacht worden[177]. § 440 I BGB verweist auch bei anfänglichem Unvermögen auf die nach ihrem Wortlaut nur für die nachträgliche Unmöglichkeit geltenden Vorschriften der §§ 320 bis 327 BGB für gegenseitige Leistungspflichten[178].

3. Nachträgliche Unmöglichkeit der einseitigen Leistung

Bevor auf die nachträgliche Unmöglichkeit der gegenseitigen Leistung eingegangen wird, soll kurz die nachträgliche Unmöglichkeit der einseitigen Leistung dargestellt werden. In beiden Fällen – bei einseitigen und bei gegenseitigen Leistungen – wird vom Gesetz die objektive und die subjektive Unmöglichkeit, also die Unmöglichkeit und das Unvermögen, gleichgestellt, § 275 II BGB. Es kommt statt dessen darauf an, ob die Unmöglichkeit (subjektiv oder objektiv) vom Schuldner zu vertreten ist.

Ist die Unmöglichkeit vom Schuldner zu vertreten, gilt § 280 BGB; der Schuldner muß dem Gläubiger den durch die Nichterfüllung entstehenden Schaden, also den Nichterfüllungsschaden[179], ersetzen. Einzelheiten stehen in § 280 BGB.

> Beispiel: Verspricht Onkel O dem Neffen N unter Beachtung der notariellen Form (§ 518 I 1 BGB), ihm sein Auto zu schenken, muß er dem N Schadensersatz wegen Nichterfüllung leisten, wenn das Auto nach Abschluß des Schenkungsvertrages vor der Übereignung an N durch einen von O verschuldeten Verkehrsunfall zerstört wird.

---

[176] Zum Schadensersatz wegen Nichterfüllung siehe oben die 10. Lektion, VI. 2. Nichterfüllungsschaden.
[177] Zur subjektiven Unmöglichkeit beim Kaufvertrag siehe unten die 23. Lektion, I. 1. Verzug und Unmöglichkeit beim Kaufvertrag.
[178] Zu den §§ 323 ff. BGB siehe sogleich in dieser Lektion, IV. 4. Nachträgliche Unmöglichkeit der gegenseitigen Leistung.
[179] Zum Schadensersatz wegen Nichterfüllung siehe oben die 10. Lektion, VI. 2. Nichterfüllungsschaden.

18. Lektion: Unmöglichkeit

Der Schuldner einer einseitigen Leistungspflicht wird von der Leistung frei, ohne daß er Schadensersatz leisten muß[180], wenn er die Unmöglichkeit der Leistung nicht zu vertreten hat, § 275 I BGB.

> Beispiel: Verspricht Onkel O dem Neffen N unter Beachtung der notariellen Form (§ 518 I 1 BGB), ihm sein Auto zu schenken, wird er von der Leistungspflicht frei, wenn das Auto nach Abschluß des Schenkungsvertrages vor der Übereignung an N durch einen von O nicht verschuldeten Verkehrsunfall zerstört wird.

4. Nachträgliche Unmöglichkeit der gegenseitigen Leistung

Bei der nachträglichen Unmöglichkeit der gegenseitigen Leistung reicht es nicht festzustellen, daß die Leistung nicht erbracht oder Schadensersatz geleistet werden muß. Auch die Gegenleistung muß berücksichtigt werden. Das Gesetz hält daher in den §§ 323 bis 325 BGB besondere Regelungen für die nachträgliche Unmöglichkeit bei gegenseitigen Leistungen bereit. Soweit diese Bestimmungen eingreifen, gehen sie denen der §§ 275 I BGB, 280 BGB vor oder ergänzen sie.

Auch für die nachträgliche Unmöglichkeit bei gegenseitigen Leistungen gilt die Gleichstellung von Unmöglichkeit und Unvermögen gemäß § 275 II BGB. Es kommt darauf an, von wem die Unmöglichkeit zu vertreten ist.

Ist die Unmöglichkeit **vom Schuldner zu vertreten**, greift § 325 BGB ein. Der Gläubiger kann Schadensersatz wegen Nichterfüllung verlangen oder vom Vertrag zurücktreten oder die Rechte aus § 323 BGB (dazu sogleich) geltend machen.

> Beispiel: V verkauft dem K eine wertvolle Schallplatte, eine Rarität. Nach dem Kaufvertrag aber vor Übereignung an K bietet ihm X mehr. V verkauft und übereignet die Schallplatte an X. Hier ist die geschuldete Leistung, nämlich die Übereignung an K, für V durch sein Verschulden unmöglich geworden. K kann von V gemäß § 325 I 1 BGB z. B. Schadensersatz wegen Nichterfüllung verlangen.

Ist die Unmöglichkeit **vom Gläubiger zu vertreten**, gilt § 324 BGB. Der Schuldner wird von der Leistung frei, § 275 I BGB, er behält aber den Anspruch auf die Gegenleistung. Näheres steht in § 324 BGB.

> Beispiel: Die von V gemietete Wohnung brennt durch das Verschulden des Mieters M ab. Hier hat M die Unmöglichkeit der Leistung des V, ihm weiterhin den Gebrauch der Mietsache zu gewähren, § 535 Satz 1 BGB, zu vertreten, § 276 I BGB. M kann zwar in der Wohnung nicht mehr wohnen, muß aber weiter Miete zahlen, § 324 I BGB.

Ist die Unmöglichkeit von den Parteien **nicht zu vertreten**, verteilt § 323 BGB das

---
[180] Vgl. aber auch § 281 BGB!

Risiko. Der Schuldner muß nicht leisten, § 275 I BGB, er verliert aber auch den Anspruch auf die Gegenleistung. Vgl. im übrigen § 323 BGB.

> Beispiel: V verkauft dem K sein Auto. Nach Abschluß des Kaufvertrages, vor der Übereignung wird das Auto, obwohl es ordnungsgemäß abgeschlossen und gesichert war, gestohlen und total demoliert. Hier haben weder V noch K die Unmöglichkeit, das Auto von V an K zu übereignen, zu vertreten. V wird von der Leistung frei, K muß den Kaufpreis nicht zahlen, § 323 BGB.

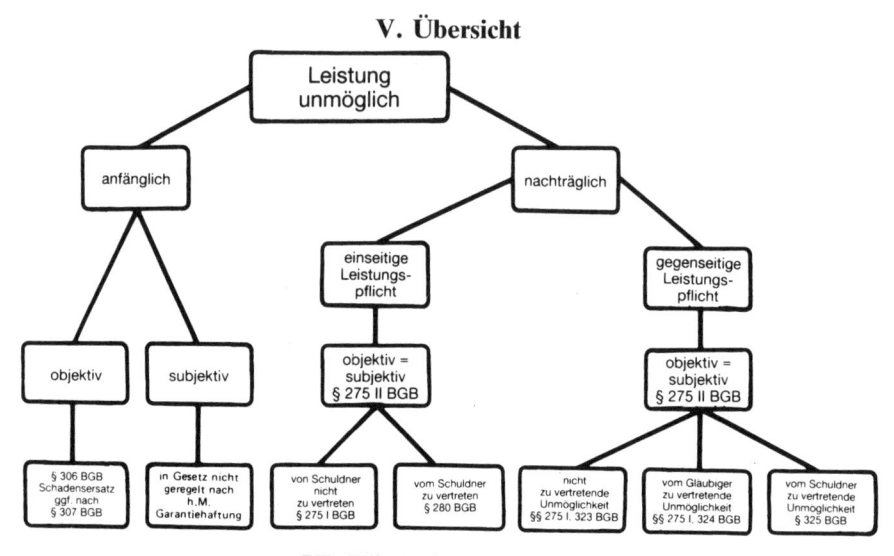

V. Übersicht

```
                        Leistung
                       unmöglich
                      /         \
              anfänglich       nachträglich
             /      \          /           \
        objektiv  subjektiv  einseitige    gegenseitige
                             Leistungs-    Leistungs-
                             pflicht       pflicht
                                │              │
                          objektiv =     objektiv =
                          subjektiv      subjektiv
                          § 275 II BGB   § 275 II BGB
```

anfänglich objektiv	anfänglich subjektiv	einseitige Leistungspflicht		gegenseitige Leistungspflicht		
§ 306 BGB Schadensersatz ggf. nach § 307 BGB	in Gesetz nicht geregelt nach h.M. Garantiehaftung	von Schuldner nicht zu vertreten § 275 I BGB	vom Schuldner zu vertreten § 280 BGB	nicht zu vertretende Unmöglichkeit §§ 275 I. 323 BGB	vom Gläubiger zu vertretende Unmöglichkeit §§ 275 I. 324 BGB	vom Schuldner zu vertretende Unmöglichkeit § 325 BGB

VI. Wiederholungsfragen

1. Unter welchen Umständen ist eine Leistung tatsächlich unmöglich?
2. Weshalb kommt es bei der Frage nach der Unmöglichkeit der Leistung darauf an, ob eine Stückschuld, Gattungsschuld oder konkretisierte Gattungsschuld gegeben ist?
3. Unter welchen Umständen ist eine Leistung rechtlich unmöglich?
4. Unter welchen Umständen ist eine Leistung zeitlich unmöglich?
5. Wann ist eine Leistung anfänglich, wann nachträglich unmöglich?
6. Was bedeutet objektive, was subjektive Unmöglichkeit?
7. Wie ist die anfängliche, objektive Unmöglichkeit im Gesetz geregelt?
8. Welche Rechte hat der Gläubiger, wenn die Leistung für den Schuldner anfänglich, subjektiv unmöglich ist?
9. Welche Regelung gilt bei der nachträglichen Unmöglichkeit der einseitigen Leistung?
10. Welche Unterschiede bestehen je nachdem, von wem die nachträgliche Unmöglichkeit bei einer gegenseitigen Leistung zu vertreten ist?

19. Lektion
Verzug

Wird die Leistung nicht rechtzeitig erbracht, kann Verzug vorliegen. Verzug ist zum einen durch den Schuldner, zum anderen durch den Gläubiger möglich.

I. Schuldnerverzug

1. Voraussetzungen

Beim Schuldnerverzug wird die Leistung zu spät erbracht. Sie ist aber überhaupt noch **möglich**. Andernfalls ist ein Fall der Unmöglichkeit gegeben, der nach den in der Lektion[181] zuvor genannten Regeln zu lösen ist.

Der Schuldner kann nur in Verzug kommen, wenn die Leistung **fällig** ist. Grundsätzlich ist die Leistung sofort fällig, § 271 BGB. Aus den Umständen des Falles oder aus der Vereinbarung zwischen Schuldner und Gläubiger kann sich aber auch ein anderer Fälligkeitszeitpunkt ergeben.

> Beispiel: B gibt sein Auto bei U in Reparatur. Die Rechnung soll zugeschickt werden. Hier ist die Leistung des B nicht fällig, bevor er die Rechnung erhalten hat.

Erst nach der Fälligkeit kann als weitere Voraussetzung des Verzugs eine **Mahnung** durch den Gläubiger erfolgen, § 284 I BGB. Eine Mahnung ist die an den Schuldner gerichtete Aufforderung, die geschuldete Leistung zu erbringen. Die Aufforderung muß bestimmt und eindeutig sein. Darüber hinaus ist eine besondere Form nicht vorgeschrieben. Sie kann schriftlich, mündlich oder konkludent erfolgen. Das Wort Mahnung muß nicht darin vorkommen.

> Beispiel: Nachdem B von U die Rechnung erhalten hat, zahlt er nicht. U schickt ihm nun noch einmal eine gleiche Rechnung. Diese zweite Rechnung ist eine Mahnung im Sinne des § 284 I BGB.

Eine Mahnung ist für den Eintritt des Verzugs nicht notwendig, wenn gemäß § 284 II BGB eine **nach dem Kalender bestimmte Zeit** für die Leistung in dem Vertrag vereinbart oder gesetzlich festgelegt ist. Nach dem Kalender bestimmt ist die Zeit nur, wenn unmittelbar oder mittelbar auf einen bestimmten Kalendertag Bezug genommen wird.

> Beispiel: In dem Vertrag ist vereinbart, daß die Rechnung bis zum 15. Oktober zu begleichen ist. Dieser Vertrag beinhaltet mit „bis zum 15. Oktober" eine nach dem Kalender bestimmte Zeit im Sinne des § 284 II BGB.

---

[181] 18. Lektion: Unmöglichkeit.

Eine bloße Berechenbarkeit, die an andere Ereignisse als an eine Kündigung knüpft, genügt nicht.

> Beispiel: In dem Vertrag ist vereinbart, daß der Rechnungsbetrag bis spätestens 4 Wochen nach Erhalt der Rechnung zu begleichen ist. Diese Zeitbestimmung „4 Wochen nach Erhalt der Rechnung" reicht nicht im Sinne des § 284 II BGB, da der Zeitpunkt des Erhalts der Rechnung nicht feststeht.

Gemäß § 285 BGB kommt der Schuldner nicht in Verzug, solange die Leistung infolge eines Umstandes unterbleibt, den er **nicht zu vertreten** hat[182]. Die doppelte Verneinung regelt die Behauptungs- und Beweislast. Der Gläubiger muß nicht dartun und belegen, daß der Schuldner die Zuspätleistung zu vertreten hat. Es wird vermutet, daß der Schuldner, wenn die oben genannten Voraussetzungen gegeben sind, in Verzug ist. Hat er die Zuspätleistung nicht zu vertreten, muß **er** das dartun und belegen, wenn er den Verzugsfolgen entgehen will.

2. Ersatz des Verzögerungsschadens

Ist der Schuldner in Verzug, kann der Gläubiger weiterhin die **ursprünglich vereinbarte Leistung** und dazu gemäß § 286 I BGB den **Verzögerungsschaden** vom Schuldner verlangen. Der Verzögerungsschaden umfaßt alle Nachteile, die der Gläubiger durch den Verzug erleidet.

> Beispiel: K bestellt bei V einen neuen VW Golf. Als Liefertermin wird der 1. August vereinbart. K hat zum 2. August einen Besuch bei seinen Verwandten auf dem Lande angemeldet. Weil das Auto nicht rechtzeitig geliefert wird, muß K einen Mietwagen nehmen, um den angemeldeten Besuch abstatten zu können. Hier muß V die Mietwagenkosten gemäß § 286 I BGB erstatten.

Aufwendungen, die der Gläubiger vor Eintritt des Verzugs macht, muß der Schuldner nicht ersetzen.

> Beispiel: G beauftragt einen Rechtsanwalt, die fällige Leistung des S anzumahnen, um ihn so in Verzug zu setzen. Hier muß G die Kosten des Rechtsanwalts für diese Mahnung selbst tragen, da S erst mit der Mahnung in Verzug gerät. Aber: Hat G bereits selbst gemahnt, ist S in Verzug. Schaltet G jetzt einen Rechtsanwalt zur Durchsetzung seiner Forderung ein, muß S auch die Kosten für den Rechtsanwalt begleichen.

Neben der Pflicht zum Ersatz des Verzögerungsschadens trifft den Schuldner während des Verzugs eine **verschärfte Haftung**, § 287 BGB. Wird die Leistung, die ja nach wie vor noch zu erbringen ist, zufällig unmöglich, hat der Schuldner

---

[182] Zum Vertretenmüssen siehe oben die 17. Lektion, III. Vertretenmüssen.

das zu vertreten. Es gelten dann z. B. im Falle der Unmöglichkeit die §§ 280 BGB statt 275 I BGB oder 325 BGB statt 323 BGB[183].

3. Schadensersatz wegen Nichterfüllung

Auch wenn der Gläubiger den Verzögerungsschaden gemäß § 286 I BGB ersetzt verlangt, muß er die ursprünglich vom Schuldner zu erbringende Leistung weiterhin abnehmen. Will der Gläubiger die geschuldete Leistung nicht mehr abnehmen und statt dessen Schadensersatz wegen Nichterfüllung verlangen, kommt es darauf an, ob der Schuldner mit einer einseitigen oder einer gegenseitigen Leistungspflicht in Verzug ist.

Ist der Schuldner mit einer **einseitigen Leistungspflicht** in Verzug, gilt § 286 II BGB. Danach kann der Gläubiger unter Ablehnung der Leistung **Schadensersatz wegen Nichterfüllung** verlangen, wenn die Leistung für ihn infolge des Verzugs kein Interesse mehr hat. In der Praxis spielt der Interessewegfall bei einseitigen Leistungspflichten keine große Rolle.

Bei Verzug einer **gegenseitigen Leistung** kann der Gläubiger nur unter den Voraussetzungen des § 326 BGB die Leistung ablehnen und **Schadensersatz wegen Nichterfüllung verlangen oder vom Vertrag zurücktreten**. § 326 BGB geht als speziellere Norm § 286 II BGB vor. Voraussetzung des § 326 BGB ist erst einmal, daß der Schuldner gemäß §§ 284, 285 BGB in **Verzug** ist: die Leistung muß möglich und fällig, der Schuldner muß gemahnt oder eine nach dem Kalender bestimmte Frist vereinbart sein und der Schuldner bestreitet und widerlegt gegebenenfalls nicht sein Vertretenmüssen. Darüber hinaus muß der Gläubiger dem Schuldner gemäß § 326 I 1 BGB „zur Bewirkung der Leistung eine angemessene Frist mit der Erklärung bestimmen, daß er die Annahme der Leistung nach dem Ablaufe der Frist ablehne." Man bezeichnet das kurz als **Fristsetzung mit Ablehnungsandrohung**.

> Beispiel: B bestellt bei U eine Einbauküche. Die Küche soll bis spätestens zum 30. September fertig installiert sein, da B am 1. Oktober in die Wohnung einziehen möchte. Ist die Einbauküche nicht bis zum 30. September fertig, kann B von U ab dem 1. Oktober erst einmal gemäß § 286 I BGB den Verzögerungsschaden ersetzt verlangen. Hierzu zählen gegebenenfalls die Mehrkosten für das Essen in einem Restaurant, da das Essen nicht in der eigenen Küche zubereitet werden kann. Er kann darüber hinaus dem U eine Nachfrist mit Ablehnungsandrohung setzen: „... Ich bitte Sie dringend, die Küche nunmehr bis spätestens zum 15. Oktober fertigzustellen. Nach dem 15. Oktober lehne ich Ihre Leistung ab. ..." Nach Ablauf der Frist kann nun B nach seiner Wahl die Leistung des U ablehnen und Schadensersatz wegen Nichterfüllung verlangen oder vom Vertrag mit U zurücktreten. Hat B die Möglichkeit, eine ähnliche, wenn auch teurere Küche durch den Unternehmer X einbauen zu lassen, ist ihm zu raten, die Leistung des U abzulehnen und von X die Küche einbauen zu lassen. Die Mehrkosten für die Küche kann er dann von U als Schadensersatz wegen Nichterfüllung ersetzt verlangen.

---

[183] Näher hierzu oben die 18. Lektion, IV. Regelung der Unmöglichkeit im Gesetz.

Die Fristsetzung mit Ablehnungsandrohung ist nicht notwendig, wenn der Gläubiger infolge des Verzugs kein Interesse mehr an der Leistung hat. Das Interesse wird aus objektiver Sicht beurteilt. Dabei werden strenge Anforderungen gestellt, um eine Umgehung der Nachfristsetzung mit Ablehnungsandrohung zu vermeiden. Ein **Interessewegfall** ist nur dann anzunehmen, wenn der Gläubiger gerade infolge des Verzugs die Leistung nicht mehr in der vorgesehenen Weise verwenden kann.

> Beispiel: K bestellt bei V Saisonartikel. Ist die Saison vorüber, hat K kein Interesse Im Sinne des § 326 II BGB mehr an der Lieferung des V.

II. Gläubigerverzug

Der Gläubiger kann in Verzug kommen, wenn seine Mitwirkung bei der Leistung des Schuldners notwendig ist.

> Beispiel: K kauft von V ein Grundstück, §§ 433, 313 BGB. Zur Erfüllung der Übereignungspflicht des V muß K gemäß §§ 873 I, 925 I BGB vor einer zuständigen Stelle (z.B. Notar) die Auflassung erklären. Oder: B läßt sich von U ein Abendkleid schneidern, § 631 BGB. Hierzu muß sie ihre Maße nehmen lassen und zur Anprobe erscheinen. Oder: K kauft von V einen Kleiderschrank und läßt ihn sich liefern, § 433 BGB. Hier muß K zum Liefertermin den Schrank abnehmen.

1. Voraussetzungen

Voraussetzung für den Gläubigerverzug ist, daß die Leistung des Schuldners **möglich** ist und daß der Schuldner zur Leistung **berechtigt** ist. Im Zweifel darf der Schuldner die Leistung auch schon vor der vereinbarten Zeit bewirken, § 271 II BGB. Aus dem Schuldverhältnis kann sich aber auch ergeben, daß der Schuldner vor der vereinbarten Zeit nicht zur Leistung berechtigt ist.

> Beispiel: B bestellt bei dem Taxiunternehmer U im voraus zu 18 Uhr ein Taxi für eine Fahrt zum Flughafen. Kommt hier U schon um 17 Uhr, ist er zur Leistung noch nicht berechtigt.

Weitere Voraussetzung ist, daß der Schuldner **imstande** ist, die Leistung zu bewirken, vgl. § 297 BGB, und daß er sie so, wie sie geschuldet ist, dem Gläubiger **anbietet**, §§ 294ff. BGB.

Nimmt der Gläubiger die so angebotene Leistung nicht an, kommt er in Verzug, § 293 BGB. Auf ein Verschulden des Gläubigers kommt es nicht an. Ist er aber nur vorübergehend an der Annahme verhindert, kommt er nicht in Verzug, wenn die Leistungszeit nicht bestimmt war oder der Schuldner berechtigt war, vor der vereinbarten Zeit zu leisten, § 299 BGB.

> Beispiel: K kauft von V einen Kleiderschrank und läßt ihn sich liefern, § 433 BGB. Kann V den Schrank nicht abgeben, weil K zum Liefertermin nicht zu Hause ist, kommt K in Gläubigerverzug, § 293 BGB. Das gilt auch, wenn K wegen eines unverschuldeten Unfalls zu dieser Zeit im Krankenhaus liegt. Etwas anderes gilt aber dann, wenn kein fester Termin vereinbart war und K nur kurz außer Haus ist, § 299 BGB.

2. Rechtsfolgen

Der Gläubigerverzug verpflichtet den Gläubiger nicht zum Schadensersatz. Der Schuldner bleibt weiter zur Leistung verpflichtet. Die **Haftung** des Schuldners für die Leistung wird aber **erleichtert**.

Er muß gemäß § 300 I BGB während des Gläubigerverzugs nur für Vorsatz und grobe Fahrlässigkeit[184] einstehen. Bei Gattungsschulden geht die Gefahr auf den Gläubiger über, § 300 II BGB. § 300 betrifft nur die **Leistungsgefahr**. Der Schuldner muß gemäß § 300 I, II, 275 I BGB nicht mehr leisten, wenn die Leistung bei Verzug des Gläubigers durch Zufall oder leichte Fahrlässigkeit unmöglich wird.

Die **Preisgefahr** regelt in diesem Fall § 324 II BGB. Danach behält der Schuldner den Anspruch auf die Gegenleistung.

> Beispiel: Als V nach dem Annahmeverzug des K mit dem angebotenen Schrank zurückfährt, verursacht er aufgrund leichter Fahrlässigkeit mit seinem LKW einen Verkehrsunfall. Der Schrank auf der Ladefläche wird zerstört. Hier muß V an K keinen neuen Schrank liefern, §§ 275 I, 300 I BGB. K muß dennoch den Kaufpreis bezahlen, §§ 433 II, 324 II BGB.

III. Wiederholungsfragen

1. Nennen Sie die Voraussetzungen des Schuldnerverzugs!
2. Was ist eine Mahnung im Sinne des § 284 I BGB?
3. Wann ist eine Zeit nach dem Kalender bestimmt?
4. Was bedeutet die doppelte Verneinung in § 285 BGB?
5. Welche Rechte hat der Gläubiger bei Verzug des Schuldners?
6. Unter welchen Voraussetzungen kann der Gläubiger bei Verzug des Schuldners die Leistung ablehnen und Schadensersatz wegen Nichterfüllung verlangen?

---

[184] Zur groben Fahrlässigkeit siehe oben die 17. Lektion, III. Vertretenmüssen.

7. Unter welchen Umständen ist ein Interessewegfall im Sinne des § 326 II BGB anzunehmen?
8. Nennen Sie die Voraussetzungen des Gläubigerverzugs!
9. Welche Auswirkungen hat der Gläubigerverzug auf die Leistungsgefahr?
10. Welche Auswirkungen hat der Gläubigerverzug auf die Preisgefahr?

20. Lektion
Positive Forderungsverletzung

Neben der Unmöglichkeit und dem Verzug ist die Schlechtleistung als dritte Art der Leistungsstörung zu nennen. Die Schlechtleistung ist vom Gesetz beim Kauf, bei der Miete und beim Werkvertrag weitgehend berücksichtigt[185]. Darüber hinaus gibt es aber Fälle, die weder durch Unmöglichkeit, noch durch Verzug, noch durch die gesetzlich geregelten Fälle der Schlechtleistung erfaßt sind. Insoweit besteht eine Gesetzeslücke.

Die Gesetzeslücke wird durch die **positive Forderungsverletzung (pFV)** geschlossen. Die positive Forderungsverletzung ist heute gewohnheitsrechtlich anerkannt. Da die positive Forderungsverletzung nur die Gesetzeslücke füllt, greift sie immer nur dann ein, wenn der Fall nicht durch das Gesetz, z. B. die Vorschriften über die Unmöglichkeit, den Verzug oder die speziellen Gewährleistungsvorschriften, geregelt ist.

Manchmal wird die positive Forderungsverletzung (pFV) auch positive Vertragsverletzung (pVV) genannt. Da sie aber auch Anwendung findet, wenn kein wirksamer Vertrag besteht, ist die Bezeichnung positive Forderungsverletzung (pFV) treffender.

I. Tatbestand

Voraussetzung der positiven Forderungsverletzung ist eine Handlung, die eine Pflicht verletzt und dadurch zu einem Schaden führt. Die Pflichtverletzung muß vom Schuldner zu vertreten sein.

1. Handlung

Eine Handlung ist ein menschliches Verhalten, das bei Bewußtsein vom Willen beherrschbar ist. Die Handlung kann in einem Tun oder in einem Unterlassen bestehen. Unterlassen ist aber nicht jedes Nichtstun. Nichtstun ist nur dann ein Unterlassen und damit eine Handlung im Rechtssinne, wenn eine Pflicht zum Tun besteht.

---

[185] Siehe zu diesen Gewährleistungsvorschriften unten die 23. Lektion: Schuldrechtliche Verträge über Gegenstände.

> Beispiel: M ist bei dem Unternehmen U als Maschinist, B als Buchhalter eingestellt. Zu den Dienstpflichten des M gehört es, die Maschine zu schmieren. Er tut das aber nicht. Eine Welle läuft daher heiß; es kommt zu einem Schaden. Hier hat M das Schmieren der Welle unterlassen, da es zu seinen Dienstpflichten gehörte. B hingegen hat zwar die Welle auch nicht geschmiert. Das ist aber kein Unterlassen; denn zu seinen Dienstpflichten gehörte nicht das Schmieren der Maschine.

2. Pflichten

Als Pflichten, die durch Tun oder Unterlassen verletzt werden können, kommen neben den ausdrücklich vereinbarten Pflichten vor allem drei Gruppen in Betracht:

1. Verträge begründen für jede Partei eine Leistungstreuepflicht. **Leistungstreuepflicht** ist die Pflicht, den Vertragszweck nicht zu gefährden oder zu beeinträchtigen. So darf ein Vertragspartner nicht grundlos die Erfüllung seiner vertraglichen Pflicht verweigern. Auch eine unberechtigte Kündigung ist ein Verstoß gegen die Leistungstreuepflicht.

2. Den Beteiligten obliegen bei Abwicklung eines Schuldverhältnisses **Schutzpflichten**. Sie haben sich so zu verhalten, daß Personen, Eigentum und sonstige Rechte des anderen Teils nicht verletzt werden.

3. Aus Schuldverhältnissen können sich auch **Aufklärungspflichten** ergeben. Die Beteiligten eines Schuldverhältnisses müssen ihre Kenntnisse dem anderen mitteilen, wenn diese für den anderen nach dem Vertragszweck erkennbar von Bedeutung sind. Eine genaue Definition ist leider nicht möglich. Es kommt auf den Einzelfall an.

3. Kausalität

Die Handlung muß für die Verletzung der Pflicht und diese für den Schaden kausal (ursächlich) sein. Kausal ist erst einmal alles, was nicht hinweggedacht werden kann, ohne daß der Erfolg entfiele. Man spricht insoweit von **äquivalenter Kausalität**. Die Äquivalenztheorie allein ist für die rechtliche Beurteilung aber zu weit.

> Beispiel: U repariert die Heizung des B. Dabei hantiert er mit dem Schweißgerät so unvorsichtig, daß der Teppichboden des B Feuer fängt und ein Wohnungsbrand ausbricht. Nach der Äquivalenztheorie ist hier nicht nur das Verhalten des U für die Verletzung der Schutzpflicht und den Schaden durch den Wohnungsbrand kausal. Ebenso kausal ist der Umstand, daß B die Wohnung mit einen Teppichboden und nicht mit einem Fliesenboden ausgestattet hat.

Die Äquivalenztheorie wird eingeschränkt durch die **Adäquanztheorie**. Danach ist kausal im Rechtssinne nur das, was die Möglichkeit des Erfolgs generell nicht unerheblich erhöht hat.

> Beispiel: Im vorherigen Beispiel ist nur das unvorsichtige Hantieren des U mit dem Schweißgerät im Sinne der Adäquanztheorie generell nicht unerheblich gefahrerhöhend. Die Ausstattung einer Wohnung mit einem Teppichboden durch B ist dagegen nicht generell gefahrerhöhend. Nur das Verhalten des U ist daher für die Verletzung der Schutzpflicht und den Schaden kausal im Rechtssinne.

Darüber hinaus ist der Normzweck zu beachten. Die Handlung ist nur dann für den Erfolg kausal im Rechtssinne, wenn der Erfolg nach Art und Entstehungsweise unter den **Schutzzweck der verletzten Norm** fällt.

> Beispiel: Wenn U als Heizungsmonteur die Reparatur der Heizung des B in Schwarzarbeit ausführt, ist das zwar eine Pflichtverletzung; das Gesetz gegen Schwarzarbeit[186] soll aber nur Steuerhinterziehung, die Verkürzung von Sozialabgaben und die Konkurrenz durch Schwarzarbeit verhindern. Es bezweckt nicht die Verhinderung von Sorgfaltspflichtverletzungen und Wohnungsbränden. Der Umstand, daß U in Schwarzarbeit tätig war, ist daher nach dem Schutzzweck der Norm nicht kausal für die Pflichtverletzung, die den Schaden durch den Wohnungsbrand herbeigeführt hat.

4. Vertretenmüssen

Neben der Pflichtverletzung und der Kausalität zwischen Handlung, Pflichtverletzung und Schaden ist weitere Voraussetzung der positiven Forderungsverletzung, daß der Schuldner die Pflichtverletzung vertreten muß[187]. In der Praxis und in Klausuren ist hier insbesondere auch die Haftung für das Verschulden des Erfüllungsgehilfen, § 278 BGB, zu beachten[188].

II. Rechtsfolgen

Die positive Forderungsverletzung begründet für den anderen Teil einen **Schadensersatzanspruch**, der sich auf alle Nachteile bezieht, die durch die Pflichtverletzung des Schuldners entstanden sind.

Der Schaden muß auf der Pflichtverletzung beruhen. Diesen Kausalzusammenhang zwischen der Rechtsgutverletzung (Haftgrund) und dem Schaden nennt man **haftungsausfüllende Kausalität**. Davon zu unterscheiden ist **die haftungsbegründende Kausalität**, die den Kausalzusammenhang zwischen dem Verhalten des Schädigers und der Rechtsgutverletzung betrifft.

---

[186] Gesetz zur Bekämpfung der Schwarzarbeit in der Fassung der Bekanntmachung vom 29. Januar 1982 (BGBl. I S. 109) geändert durch Art. 14 Gesetz vom 20.12.1988 (BGB. I S. 2330).
[187] Zum Vertretenmüssen siehe oben die 17. Lektion, III. Vertretenmüssen.
[188] Näher zum Erfüllungsgehilfen oben die 17. Lektion, III. 1. Erfüllungsgehilfe.

> Beispiel: In den oben genannten Beispielen besteht eine haftungsbegründende Kausalität zwischen dem unvorsichtigen Hantieren des U mit dem Schweißgerät und dem Brand des Teppichs. U haftet aber nicht nur für den angebrannten Teppich. Er haftet darüber hinaus für alle Nachteile, die aus diesem Brand des Teppichs folgen, also für alle bei dem Wohnungsbrand beschädigten Gegenstände, für die Rauchvergiftung der Hausbewohner, die Kosten für einen Hotelaufenthalt während der Zeit, in der die Wohnung wieder hergestellt wird, usw. Er haftet für alle Schäden, die in haftungsausfüllender Kausalität mit dem Brand des Teppichs zusammenhängen.

Bei gegenseitigen Verträgen kann die positive Forderungsverletzung auch ein **Rücktrittsrecht** oder **Schadensersatz wegen Nichterfüllung**[189] des ganzen Vertrages begründen. Es kommt auf den Einzelfall an.

III. Wiederholungsfragen

1. Nennen Sie die Rechtsgrundlage und den Anwendungsbereich der pFV!
2. Was ist eine Handlung im Rechtssinne?
3. Nennen Sie drei Gruppen von Pflichten, deren Verletzung den Tatbestand der pFV verwirklichen kann!
4. Was ist kausal im Rechtssinne?
5. Was verstehen Sie unter haftungsbegründender Kausalität?
6. Was verstehen Sie unter haftungsausfüllender Kausalität?
7. Beschreiben Sie die Adäquanztheorie!
8. Welche Bedeutung hat der Schutzweck der Norm für die Kausalität?
9. Nennen Sie die Voraussetzungen der pFV in Schlagworten!
10. Welche Ansprüche begründet die pFV für den Geschädigten?

21. Lektion
Verträge für Dritte

Bisher war immer von Verträgen die Rede, die Wirkungen zwischen den beiden Beteiligten hatten. Das entspricht auch der Privatautonomie, nach der jeder über **seine** Rechte frei verfügen kann. Die Verfügung über eigene Rechte geschieht in der Regel durch den Abschluß eines Vertrages, wobei es gleichgültig ist, ob der Abschluß durch eine eigene Willenserklärung oder durch die eines Vertreters erfolgt.

Verträge, in denen eine andere, nicht beteiligte Person verpflichtet werden soll, nennt man **Verträge zu Lasten Dritter**. Solche Verträge verstoßen gegen die Privatautonomie und sind in jedem Fall unzulässig.

---

[189] Zum Schadensersatz wegen Nichterfüllung siehe oben die 10. Lektion, VI. 2. Nichterfüllungsschaden.

Davon zu unterscheiden sind die Verträge, die nicht zum Nachteil, sondern zum Vorteil Dritter Wirkungen haben. Zu nennen sind hier vor allem der **Vertrag zugunsten Dritter** und der **Vertrag mit Schutzwirkung für Dritte**.

I. Vertrag zugunsten Dritter

Beim **echten Vertrag zugunsten Dritter** erwirbt der Dritte, obwohl er weder selbst noch durch einen Vertreter am Abschluß des Vertrages beteiligt war, einen eigenen Anspruch gegen den Schuldner, § 328 I BGB. Der echte Vertrag zugunsten Dritter wird daher auch als berechtigender Vertrag zugunsten Dritter bezeichnet, da der Dritte aus diesem Vertrag berechtigt wird, die Leistung vom Schuldner zu verlangen.

Beim **unechten Vertrag zugunsten Dritter** ist zwar der Schuldner mit schuldbefreiender Wirkung ermächtigt, an den Dritten zu leisten, der Dritte hat aber keinen Anspruch auf die Leistung. Das Recht, die Leistung an den Dritten zu verlangen, hat allein der Gläubiger. Wegen der Ermächtigung des Schuldners, an den Dritten zu leisten, wird der unechte Vertrag zugunsten Dritter auch als ermächtigender Vertrag zugunsten Dritter bezeichnet.

Ob ein echter oder ein unechter Vertrag zugunsten Dritter gegeben ist, ist durch Auslegung des Vertrages zu ermitteln. Die §§ 329, 330 BGB bieten hierbei Entscheidungshilfen.

1. Terminologie

Das Gesetz nennt die Vertragsschließenden beim Vertrag zugunsten Dritter Versprechenden und Versprechensempfänger, das Verhältnis zwischen ihnen heißt **Deckungsverhältnis**, da hier der Versprechende die Gegenleistung und damit die Deckung für seine Leistung an den Dritten erhält. Das Verhältnis zwischen dem Versprechensempfänger und Drittem wird als **Zuwendungs- oder Valutaverhältnis** bezeichnet. Aus diesem Verhältnis ergibt sich der Rechtsgrund für die Leistung, die der Versprechensempfänger über den Versprechenden an den Dritten erbringt. Siehe im übrigen die Skizze S. 141.

2. Voraussetzungen

Nahezu jeder Vertrag, wie Kaufvertrag (§ 433 BGB), Werkvertrag (§ 631 BGB) usw., kann durch eine entsprechende Abrede zwischen den Vertragsschließenden zu einem Vertrag zugunsten Dritter ausgestaltet werden. Voraussetzung hierfür ist, daß der Vertrag zwischen dem Versprechenden und dem Versprechensempfänger wirksam zustandekommt und daß als begünstigter Dritter eine natürliche oder juristische Person eingesetzt wird.

21. Lektion: Verträge für Dritte 141

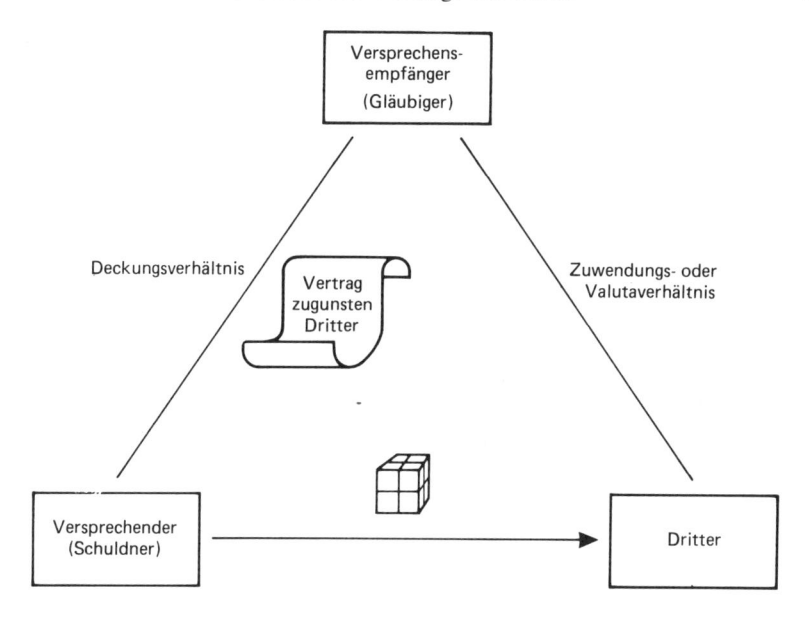

```
                    Versprechens-
                    empfänger
                    (Gläubiger)

Deckungsverhältnis      Vertrag        Zuwendungs- oder
                        zugunsten      Valutaverhältnis
                        Dritter



Versprechender                              Dritter
(Schuldner)
```

3. Rechtsfolgen

Beim echten Vertrag zugunsten Dritter erwirbt der Dritte gegen den Schuldner einen Anspruch auf die Leistung. Bei Unmöglichkeit der Leistung des Schuldners kann er die Rechte aus §§ 280 ff. BGB, bei Verzug die aus § 286 I BGB und bei Schlechtleistung gegebenenfalls die Rechte aus positiver Forderungsverletzung geltend machen. Der Schuldner kann ihm aber Einwendungen entgegenhalten, die ihm aus dem Vertrag gegenüber dem Gläubiger zustehen, § 334 BGB.

Der Dritte nimmt nicht die Stelle des Versprechensempfängers ein. Er ist nach wie vor am Vertrag nicht beteiligt. Nach herrschender Meinung kann er daher nicht ohne weiteres z. B. gemäß §§ 286 II, 325, 326 BGB den Rücktritt erklären. Im Einzelfall kommt es auf die Auslegung des Vertrages zwischen Versprechendem und Versprechensempfänger an, welche Rechte dem Dritten insoweit zustehen sollen.

Beim unechten Vertrag zugunsten Dritter ist der Schuldner ermächtigt, an den Dritten zu leisten; der Dritte kann die Leistung aber nicht selbst fordern. Nur der Gläubiger kann die Leistung an den Dritten verlangen, vgl. § 335 BGB („auch"). Im übrigen unterscheidet sich der unechte Vertrag zugunsten Dritter nicht von einem Vertrag, in den kein Dritter einbezogen ist.

II. Vertrag mit Schutzwirkung für Dritte

Anders als der Vertrag zugunsten Dritter ist der Vertrag mit Schutzwirkung für Dritte nicht im Gesetz geregelt. Der Dritte erhält weder einen Anspruch auf die

Leistung, noch ist der Schuldner ermächtigt, an den Dritten zu leisten. Der Dritte ist aber in den Schutzbereich des Vertrages insoweit einbezogen, als er bei Verletzung von Schutzpflichten gegenüber dem Schuldner eigene, vertragliche Schadensersatzansprüche geltend machen kann.

> Beispiel: Nach einem Theaterbesuch nimmt B ein Taxi, um seine Freundin F nach Hause zu bringen. Hier ist F in den Schutzbereich des Beförderungsvertrages (§ 631 BGB) zwischen B und U einbezogen. Bei einem vom U verschuldeten Verkehrsunfall hat sie gegebenenfalls einen eigenen, vertraglichen Schadensersatzanspruch gegenüber U, obwohl sie nicht Vertragspartei des Beförderungsvertrages ist.

1. Voraussetzungen

Damit der Vertrag mit Schutzwirkung für Dritte den Schuldner nicht unvorhergesehen unangemessen belastet, ist die Einbeziehung Dritter an strenge Voraussetzungen gebunden.

Der Dritte muß nach dem Inhalt des Vertrages mit der Leistung des Schuldners in Berührung kommen und dadurch den Gefahren von Schutzpflichtsverletzungen ebenso ausgesetzt sein, wie der Gläubiger selbst. Der Dritte muß in **Leistungsnähe** stehen.

Außerdem muß die Leistung nach dem Inhalt des Vertrages bestimmungsgemäß auch Dritten zugute kommen. Eine solche **Drittbezogenheit** kann sich unter besonderen Umständen des Einzelfalles auch stillschweigend ergeben.

Die beiden erstgenannten Umstände müssen für den Schuldner bei Abschluß des Vertrages **erkennbar** sein.

Schließlich muß der Dritte **schutzbedürftig** sein. Das ist er, wenn ihm kein vertraglicher Anspruch gegenüber jemand anderem zusteht, so daß er auf einen Anspruch gegen den Schuldner angewiesen ist.

2. Rechtsfolgen

Bei einer Schutzpflichtverletzung des Schuldners hat der Dritte einen eigenen, vertraglichen Schadensersatzanspruch gegenüber dem Schuldner. Er muß sich aber analog § 334 BGB Einwendungen des Schuldners gegenüber dem Gläubiger, wie z. B. vertragliche oder gesetzliche Haftungsbeschränkungen, entgegenhalten lassen.

III. Wiederholungsfragen

1. Unterscheiden Sie den echten und den unechten Vertrag zugunsten Dritter!
2. Welches Verhältnis bezeichnet man beim Vertrag zugunsten Dritter als Deckungsverhältnis?
3. Was ist unter Valutaverhältnis zu verstehen?

4. Unter welchen Voraussetzungen kommt ein Vertrag zugunsten Dritter zustande?
5. Welche Rechte hat der Dritte aus einem echten Vertrag zugunsten Dritter?
6. Welche Rechte hat der Dritte aus einem unechten Vertrag zugunsten Dritter?
7. Unterscheiden Sie den Vertrag zugunsten Dritter und den Vertrag mit Schutzwirkung für Dritte!
8. Nennen Sie die Voraussetzungen des Vertrages mit Schutzwirkung für Dritte schlagwortartig!
9. Was ist unter Leistungsnähe des Dritten zu verstehen?
10. Welche Ansprüche hat der Dritte bei einer Schutzpflichtverletzung des Schuldners aus dem Vertrag mit Schutzwirkung für Dritte?

22. Lektion
Abtretung

Bei einer Abtretung wird eine Forderung von dem Gläubiger durch Vertrag mit einem anderen auf diesen übertragen, § 398 S. 1 BGB. Obwohl der Schuldner an dem Vertrag nicht beteiligt ist, kann der neue Gläubiger nun den Schuldner direkt aus der abgetretenen Forderung in Anspruch nehmen.

> Beispiel: K hat bei V ein neues Auto zum Preis von 60.000 DM bestellt (§ 433 BGB). Die Lieferfrist beträgt 6 Monate. Nach 5 1/2 Monaten ist er in finanziellen Schwierigkeiten. Er verkauft daher seine Forderung aus dem Kaufvertrag mit V auf Lieferung des Autos für 65.000 DM an G und tritt ihm die Forderung ab. G kann nun direkt von V Lieferung des Autos in 2 Wochen verlangen.

Bei der Abtretung ist das Abstraktionsprinzip[190] zu beachten. Die Abtretung ist eine Verfügung[191], da durch sie unmittelbar auf ein bestehendes Recht (die Forderung) eingewirkt wird, indem es (sie) übertragen wird. Diese Verfügung ist abstrakt. Ihr liegt ein Kausalgeschäft zugrunde. Das Kausalgeschäft kann z. B. ein Kaufvertrag sein, in dem sich der alte Gläubiger verpflichtet hat, die Forderung abzutreten, und der neue Gläubiger sich verpflichtet hat, dafür einen Kaufpreis zu zahlen. Das Kausalgeschäft und die Abtretung sind zwei nach dem Abstraktionsprinzip voneinander unabhängige Rechtsgeschäfte.

Die Abtretung wird auch als **Zession** bezeichnet. Der alte Gläubiger wird **Zedent**, der neue Gläubiger **Zessionar** genannt.

---

[190] Zum Trennungs- und Abstraktionsprinzip siehe oben die 7. Lektion: Trennungs- und Abstraktionsprinzip.
[191] Zur Verfügung siehe oben die 6. Lektion, III. 1. c) Unterscheidung nach der Rechtswirkung.

```
                    ┌─────────────────┐
                    │     Zedent      │
                    │ (alter Gläubiger)│
                    └─────────────────┘
                       ╱          ╲
                      ╱            ╲
      Forderung      ╱   Zession    ╲   Kausalgeschäft
      (vorher)      ╱   (Abtretung)  ╲  (z. B. Kaufvertrag, § 433 BGB)
                   ╱     § 398 BGB    ╲
                  ╱                    ╲
                 ▼                      ▼
   ┌──────────┐      Forderung       ┌──────────────┐
   │ Schuldner│ ◄──────────────────  │   Zessionar  │
   └──────────┘      (nachher)       │(neuer Gläubiger)│
                                     └──────────────┘
```

I. Voraussetzungen

Voraussetzung einer Abtretung ist erst einmal, daß die abgetretene Forderung überhaupt **besteht**. Besteht die Forderung gegenüber dem Schuldner nicht, kann sie der Zessionar auch nicht gutgläubig erwerben. Er hat dann aber gegebenenfalls gegenüber dem Zedenten einen Anspruch aus dem Kausalgeschäft, wie z. B. aus dem Kaufvertrag, § 437 BGB[192].

Bei mehreren Abtretungen durch den selben Gläubiger gilt das **Prioritätsprinzip**. Nur die erste Abtretung ist wirksam. Wurde die Forderung bereits an einen anderen abgetreten, kann sie der alte Gläubiger nicht noch einmal abtreten.

> Beispiel: G tritt die Forderung gegen S zuerst an X, dann an Y und dann an Z ab. Hier wird nur X neuer Gläubiger der Forderung gegen S. Y und Z erwerben die Forderung nicht. Sie haben aber aus dem Kausalgeschäft gegebenenfalls Gewährleistungsansprüche gegenüber G.

Die Forderung muß **übertragbar** sein. Höchstpersönliche Ansprüche, wie z. B. der Anspruch auf Urlaub in einem Arbeitsverhältnis, sind nicht übertragbar. Gemäß § 399 1. Alt BGB können auch Forderungen nicht abgetreten werden, wenn sich mit der Abtretung der Leistungsinhalt ändern würde, wie das z. B. bei Unterhaltsansprüchen der Fall ist. Nicht abtretbar sind schließlich Forderungen, wenn die Abtretung durch Vereinbarung mit dem Schuldner ausgeschlossen ist, § 399 2. Alt BGB. Vgl. im übrigen § 400 BGB.

---

[192] Zu § 437 BGB siehe unten die 23. Lektion, I. 1. Verzug und Unmöglichkeit beim Kaufvertrag.

22. Lektion: Abtretung 145

Die Abtretung künftiger Forderungen ist möglich. Allerdings müssen sie dann **bestimmt oder bestimmbar** sein. Hierfür muß zwar weder der zukünftige Schuldner, noch der Betrag der Forderung bekannt sein; bestimmbar ist die Forderung aber nur, wenn sie sich klar abgrenzen läßt. Bestimmbar sind z. B. die Forderungen aus dem zukünftigen Verkauf bestimmter Sachen.

II. Rechtsfolgen

Mit der Abtretung tritt der neue Gläubiger an die Stelle des alten Gläubigers, § 398 S. 2 BGB.

Der neue Gläubiger erwirbt auch die Neben- und Vorzugsrechte[192a] der abgetretenen Forderung, § 401 BGB. Nebenrechte sind z. B. Hypotheken, Pfandrechte und Rechte aus einer Bürgschaft[192b].

> Beispiel: S schuldet G 100 DM. B hat sich für die Schuld des S gegenüber G verbürgt. Tritt nun G seine Forderung gegen S an Z ab, erwirbt Z auch den Anspruch aus der Bürgschaft gegen B.

Alle Einwendungen und Einreden, die für den Schuldner zur Zeit der Abtretung gegen den alten Gläubiger begründet waren, bleiben bestehen, § 404 BGB. (Zu den Ausnahmen siehe § 405 BGB). Der Schuldner kann sie auch dem neuen Gläubiger gegenüber geltend machen.

> Beispiel: G verkauft sein Auto an S und verschweigt dabei, daß es sich um einen Unfallwagen handelt. Tritt nun G die Forderung auf Zahlung des Kaufpreises an Z ab, kann S den Kaufvertrag gemäß § 123 BGB gegenüber Z wegen arglistiger Täuschung anfechten[193].

Hat der Schuldner keine Kenntnis von der Abtretung, kann er weiterhin an den alten Gläubiger leisten, § 407 I BGB. Der neue Gläubiger muß diese Leistung gegen sich gelten lassen. Das gleiche gilt für alle Rechtsgeschäfte, die zwischen dem Schuldner und dem alten Gläubiger in Hinblick auf die (abgetretene) Forderung vorgenommen werden.

> Beispiel: Die Bank B tritt ihre Forderung gegen S an Z ab. Nach einiger Zeit bittet S die Bank, ihm die Schuld für 2 Monate zu stunden. B übersieht die Abtretung der Forderung an Z und gewährt dem S die Stundung. Hier wirkt die Stundung auch gegenüber Z.

[192a] Vorzugsrechte sind z. B. das Pfändungspfandrecht in der Zwangsvollstreckung, § 804 ZPO, oder die Absonderungsrechte im Konkurs, §§ 47 St. KO
[192b] Zur Bürgschaft, Pfand und Hypothek siehe unten die 30. Lektion: Sicherungsgeschäfte
[193] Zur Anfechtung siehe oben die 10. Lektion: Anfechtung.

III. Sicherungszession

Die Sicherungszession (Sicherungsabtretung) ist ähnlich wie eine Hypothek oder eine Bürgschaft eine Sicherheit[194]. Der Zedent tritt seine Forderung gegenüber dem Schuldner an den Zessionar ab, um ihm so eine Sicherheit für eine Forderung gegen ihn, den Zedenten, zu bieten. Der Sicherungszession liegt eine **Sicherungsabrede** als Kausalgeschäft zugrunde. In dieser Sicherungsabrede ist bestimmt, unter welchen Umständen der Sicherungsnehmer die abgetretene Forderung verwerten darf. Sinnvoll ist diese Art der Sicherung bei der Sicherungszession zukünftiger Forderungen.

> Beispiel: G betreibt einen Großhandel mit Elektrogeräten. Er benötigt ein Darlehen von der Bank B, um sein Geschäft auszubauen. Die Bank B verlangt Sicherheiten. Hier können die Bank B und G eine Sicherungsabrede treffen, in der sich G verpflichtet, der Bank B seine zukünftigen Forderungen gegenüber seinen Kunden aus dem Verkauf bestimmter Artikel an die Bank B zur Sicherheit abzutreten. Wenn G zahlungsunfähig wird, soll die Bank B die Forderungen gegenüber den Kunden einziehen und verwerten dürfen. Kommt nun G in finanzielle Schwierigkeiten, kann die Bank sich aus den abgetretenen Forderungen befriedigen.

Bei der Sicherungszession muß auch geregelt sein, wie die abgetretene Forderung an den Sicherungsgeber zurückgelangt, wenn dieser seine Schulden begleicht. Es sind hier zwei Möglichkeiten denkbar: Zum einen kann in der Sicherungsabrede vereinbart sein, daß der Sicherungsnehmer die Forderung zurückabtreten muß, wenn die Schulden beglichen sind. Zum anderen ist es möglich, die Sicherungszession gleich unter der auflösenden Bedingung der Begleichung der Schulden vorzunehmen (vgl. § 158 II BGB). Begleicht nun der Sicherungsgeber seine Schulden, tritt die Bedingung ein und die zur Sicherheit abgetretene Forderung fällt ohne weiteres an ihn zurück.

IV. Factoring

Das Factoring ist im Gesetz nicht geregelt. Es hat sich Ende des 19. Jahrhunderts in den USA entwickelt und wird in Deutschland erst seit dem Jahre 1958 praktiziert. Seit dem hat es eine erhebliche wirtschaftliche Bedeutung erlangt.

Das Factoring ist ein besonderes Kausalgeschäft, das der Abtretung zugrundeliegt. Danach tritt ein Unternehmen, das **Klient** oder **Anschlußkunde** genannt wird, laufend kurzfristige Forderungen gegenüber seinen Schuldnern an einen Factor ab. Ein **Factor** ist eine Bank oder ein Factorunternehmen. Der Factor zahlt an den **Klienten**, die Beträge in Höhe der ausstehenden Forderungen. Er übernimmt die Verwaltung und Einziehung der Forderungen gegenüber den Schuldnern. Der Klient spart so die mit der Einziehung der Forderungen verbun-

---

[194] Zur Sicherungszession (Sicherungsabtretung) siehe auch unten die 30. Lektion, II. 4. Sicherungszession.

dene Arbeit. Der Factor kann die Einziehung der zahlreichen Forderungen verschiedener Klienten, z. B. durch den Einsatz elektronischer Datenverarbeitung, kostengünstig rationalisieren.

Beim **echten Factoring** übernimmt der Factor neben der Verwaltung der Forderungen auch das Kreditrisiko. Nach herrschender Meinung handelt es sich um einen **Forderungskauf**, § 433 BGB. Der Klient erhält vom Factor für seine Forderungen einen Kaufpreis. Er haftet dem Factor nicht für die Zahlungsfähigkeit (Bonität) der Schuldner[195].

Das **unechte Factoring** ist nach herrschender Meinung ein Kreditgeschäft. Die Zahlung des Factors ist gemäß § 607 ein **Darlehen** an den Klienten. Die Abtretung der Forderungen dient als Sicherheit. Anders als bei der Sicherungszession ist aber hier der Factor nicht erst bei Zahlungsunfähigkeit des Sicherungsgebers, sondern von vornherein berechtigt, die Forderungen einzuziehen. Es wird so bei der Rückzahlung des Darlehens der Umweg über den Klienten gespart. Können die Forderungen nicht eingezogen werden, trifft die Rückzahlungspflicht wieder den Klienten. Er trägt damit das Kreditrisiko.

V. Wiederholungsfragen

1. Ist die Abtretung ein Verfügungs- oder ein Verpflichtungsgeschäft?
2. Nennen Sie ein Beispiel für ein der Abtretung zugrundeliegendes Kausalgeschäft!
3. Was ist eine Zession? Wer ist Zedent? Wer ist Zessionar?
4. Welche Bedeutung hat das Prioritätsprinzip bei der mehrfachen Abtretung einer Forderung?
5. Nennen Sie die Voraussetzungen einer wirksamen Abtretung!
6. Welche Rechtsfolgen hat die Abtretung?
7. Was ist eine Sicherungszession?
8. Beschreiben Sie das Kausalgeschäft der Sicherungszession!
9. Was ist Factoring?
10. Unterscheiden Sie das echte und das unechte Factoring!

23. Lektion
Schuldrechtliche Verträge über Gegenstände

Die Einteilung in **Verträge über Gegenstände** und **Verträge über Tätigkeiten**, die in der nächsten Lektion behandelt werden, soll den Überblick über die im Besonderen Schuldrecht des BGB geregelten Vertragstypen erleichtern. Nach dieser Einteilung sind Verträge über Gegenstände der Kaufvertrag, der Tausch, die Schenkung, die Miete, die Pacht, die Leihe, das Darlehen und die Verwahrung.

---

[195] Vgl. § 438 BGB.

Es handelt sich um Verträge, die dazu verpflichten, die Beziehungen zu Gegenständen (Sachen oder Rechte)[196] zu ändern. In diese Kategorie gehört auch das nicht im Gesetz geregelte Leasing. Im folgenden werden nur die wichtigsten Vertragstypen kurz vorgestellt.

I. Kaufvertrag

Durch den Kaufvertrag wird der Verkäufer einer Sache **verpflichtet**, dem Käufer die Sache zu übergeben und das Eigentum daran zu verschaffen, § 433 I 1 BGB. Der Käufer ist **verpflichtet**, dem Verkäufer den vereinbarten Kaufpreis zu zahlen, § 433 II BGB.

Ein Kaufvertrag kann nicht nur über Sachen, sondern auch über Rechte geschlossen werden. In diesem Fall ist der Verkäufer **verpflichtet**, dem Käufer das Recht zu verschaffen und, wenn das Recht zum Besitz einer Sache berechtigt, die Sache zu übergeben, § 433 I 2 BGB.

> Beispiel: V verkauft dem K seine Forderung gegenüber S, § 433 I 2 BGB. Er ist nun verpflichtet, die Forderung an S abzutreten, § 398 BGB. Hat V für die Forderung ein Pfand[197], so muß er auch das Pfand übergeben, §§ 401, 1251 BGB.

Die Erfüllungsgeschäfte, wie die Übereignung des Kaufpreises und der Kaufsache (§§ 929 ff. BGB) oder die Abtretung der Forderung (§ 398 BGB), müssen vom Kaufvertrag (§ 433 BGB) unterschieden werden[198].

Außer den Rechten können auch andere nicht körperliche Gegenstände, wie z. B. elektrische Energie oder Wasserkraft, verkauft werden.

Der Kaufvertrag ist ein Verpflichtungsgeschäft. Anders als im Sachenrecht gilt hier nicht der Spezialitätsgrundsatz[199]. Ein einziger Kaufvertrag kann daher über **viele** verschiedene Gegenstände geschlossen werden.

> Beispiel: Ein Unternehmen kann mit einem Kaufvertrag verkauft werden. Der Kaufvertrag umfaßt dann nicht nur die Verpflichtung zur Übereignung der Sachgüter, wie LKW, Büromaschinen usw., sondern auch die Verpflichtung zur Abtretung von Forderungen gegen Kunden und zur Übertragung des „goodwill". Die Erfüllung des Kaufvertrages muß dann allerdings durch entsprechend viele verschiedene Rechtsgeschäfte erfolgen[200].

---

[196] Zu dem Begriff „Gegenstand" siehe oben die 5. Lektion, II. Rechtsobjekte.
[197] Vgl. §§ 1204 ff. BGB und unten die 30. Lektion, II. 1. Pfand.
[198] Zum Trennungs- und Abstraktionsprinzip siehe oben die 7. Lektion: Trennungs- und Abstraktionsprinzip.
[199] Zum Spezialitätsgrundsatz siehe oben die 5. Lektion, II. 1. Körperliche Gegenstände.
[200] Zur Unterscheidung zwischen Grund- und Erfüllungsgeschäft siehe oben die 7. Lektion, I. Trennungsprinzip.

23. Lektion: Schuldrechtliche Verträge über Gegenstände

1. Verzug und Unmöglichkeit beim Kaufvertrag

Bei **Verzug**[201] und **Unmöglichkeit**[202] ist § 440 BGB, der auf die Vorschriften für gegenseitige Verträge verweist, zu beachten. Die Verweisung gilt auch für die anfängliche, subjektive Unmöglichkeit.

> Beispiel: V verkauft dem K ein Gemälde, das er bereits vorher an X verkauft und übereignet hat. Kann V das Gemälde nun von X nicht wieder beschaffen, liegt ein Fall der subjektiven Unmöglichkeit vor. Der nur für die anfängliche, objektive Unmöglichkeit geltende § 306 BGB greift nicht ein. Der Kaufvertrag ist wirksam. Anstelle der sonst nach herrschender Meinung gegebenen, nicht im Gesetz geregelten Garantiehaftung des Schuldners, ist hier § 440 I BGB zu beachten. § 440 I BGB verweist auf die nach ihrem Wortlaut („Wird ...") eigentlich nur für die nachträgliche Unmöglichkeit geltenden §§ 320 ff. BGB. V kann gemäß § 325 BGB Schadensersatz wegen Nichterfüllung verlangen oder die anderen Rechte aus § 325 BGB geltend machen.

Beim **Verkauf eines Rechts** haftet der Verkäufer für den Bestand (Verität) der Forderung, § 437 BGB[203]. Der Kaufvertrag ist daher trotz § 306 BGB wirksam, auch wenn die verkaufte Forderung von Anfang an nicht besteht und ein Fall der anfänglichen, objektiven Unmöglichkeit gegeben ist[204]. Über § 440 I BGB haftet der Verkäufer gemäß § 325 BGB.

2. Schlechtleistung beim Kaufvertrag

Bei **Schlechtleistung** wegen eines Sachmangels oder wegen Fehlens einer zugesicherten Eigenschaft haftet der Verkäufer gemäß §§ 459 ff. BGB.

Ein **Sachmangel** ist gemäß § 459 I 1 BGB gegeben, wenn die verkaufte Sache bei Gefahrübergang (§§ 446, 447 BGB) einen Fehler hat. Nach heute herrschender Meinung hat die Sache einen **Fehler**, wenn sie von der vereinbarten Beschaffenheit abweicht und damit ihr Wert oder ihre Tauglichkeit zum vertraglich vorausgesetzten Gebrauch aufgehoben oder gemindert ist (**subjektiver Fehlerbegriff**). Ist nicht festzustellen, welcher Gebrauch vertraglich vorausgesetzt ist, ist die Sache fehlerhaft, wenn sie von der normalen Beschaffenheit und den objektiv zu bestimmenden Merkmalen der Art abweicht (**objektiver Fehlerbegriff**).

> Beispiel: V verkauft dem K ein Auto. Das Auto ist nicht mehr verkehrstauglich, da die tragenden Holme durchgerostet und die Bremsen defekt sind. Bei der Beurteilung, ob das Auto fehlerhaft ist, kommt es auf die Vereinbarung im Kaufvertrag an. Wurde das Auto zur weiteren Benutzung im Straßenverkehr verkauft, ist das Auto nach dem subjektiven Fehlerbegriff fehlerhaft, da die Tauglichkeit zum vertraglich vorausgesetz-

---

[201] Zum Verzug im Allgemeinen siehe oben die 19. Lektion: Verzug.
[202] Zur Unmöglichkeit im Allgemeinen siehe oben die 18. Lektion: Unmöglichkeit.
[203] Eine Haftung für die Bonität (Zahlungsfähigkeit) kommt nur in Betracht, wenn der Verkäufer die Haftung für die Zahlungsfähigkeit des Schuldners besonders übernommen hat, vgl. § 438 BGB.
[204] Zur anfänglichen, objektiven Unmöglichkeit siehe oben die 18. Lektion, IV. 1. Anfängliche, objektive Unmöglichkeit.

ten Gebrauch aufgehoben ist. Wurde im Kaufvertrag diesbezüglich nichts vereinbart, ist ein Fehler auch nach dem objektiven Fehlerbegriff anzunehmen, da das Auto von der normalen Beschaffenheit und den objektiv zu bestimmenden Merkmalen der Art abweicht. Etwas anderes gilt aber, wenn das Auto zum Ausschlachten verkauft wurde. Dann ist es nach dem subjektiven Fehlerbegriff nicht fehlerhaft. Seine Tauglichkeit zum vertraglich vorausgesetzten Gebrauch, dem Ausschlachten, ist weder aufgehoben noch gemindert. Auf den objektiven Fehlerbegriff kommt es nicht mehr an.

Ist die verkaufte Sache fehlerhaft, kann der Käufer Rückgängigmachung des Kaufes **(Wandelung)** oder Herabsetzung des Kaufpreises **(Minderung)** verlangen, § 462 BGB. Wurde die gekaufte Sache nur der Gattung nach bestimmt (Gattungskauf), kann der Käufer statt der Wandelung oder Minderung verlangen, daß ihm an Stelle der mangelhaften Sache eine mangelfreie geliefert wird **(Ersatzlieferung)**, § 480 I BGB. Der Käufer kann wählen, welches der Rechte er geltend machen möchte. Ein Recht auf Nachbesserung hat nach dem Gesetz aber weder der Käufer noch der Verkäufer. Das ist in der Praxis oft nicht bekannt. Insbesondere Wandelung oder Minderung stoßen dort bei Verkäufern auf harten Widerstand. Der Widerstand ist aber nur dann berechtigt, wenn z. B. in den Allgemeinen Geschäftsbedingungen das Recht auf Nachbesserung im Rahmen des § 11 Nr. 10b AGBG vorbehalten wurde[205].

Der Verkäufer muß sich auf Verlangen des Käufers mit der Wandelung oder der Minderung einverstanden erklären; die Wandelung oder Minderung ist damit vollzogen, § 465 BGB.

Die **Durchführung der Wandelung** regelt § 467 BGB, der auf die Vorschriften für das vertraglich vereinbarte Rücktrittsrecht verweist. Danach müssen gemäß § 346 S. 1 BGB die Parteien einander die empfangenen Leistungen zurückgewähren. Der Käufer muß also die gekaufte Sache zurückgeben; der Verkäufer muß den Kaufpreis zurückzahlen. Verlangt der Käufer aufgrund einer Wandelung den Kaufpreis zurück, ist § 346 S. 1 BGB die Anspruchsgrundlage.

Die **Minderung** wird gemäß § 472 BGB berechnet. Danach ist der Kaufpreis in dem Verhältnis herabzusetzen, in welchem zur Zeit des Verkaufs der Wert der Sache in mangelfreiem Zustande zu dem wirklichen Wert gestanden haben würde. Der geminderte Kaufpreis errechnet sich also nach einem Dreisatz:

$$\frac{\text{Wert mit Fehler} \cdot \text{gezahlter Kaufpreis}}{\text{Wert ohne Fehler}} = \text{geminderter Kaufpreis}$$

Fehlt der verkauften Sache eine zugesicherte Eigenschaft, kann der Käufer statt der Wandelung, Minderung oder gegebenenfalls Ersatzlieferung **Schadensersatz wegen Nichterfüllung**[206] verlangen, §§ 463, 480 II BGB. Eine **zugesicherte Eigenschaft** ist allerdings nur dann anzunehmen, wenn der Verkäufer erklärt hat,

---

[205] Zu § 11 Nr. 10b AGBG siehe oben die 16. Lektion, VI. Rechtsfolge.
[206] Zum Schadensersatz wegen Nichterfüllung siehe oben die 10. Lektion, VI. 2. Nichterfüllungsschaden.

23. Lektion: Schuldrechtliche Verträge über Gegenstände

daß er für den Bestand der Eigenschaft einstehen will. Die Erklärung muß Vertragsinhalt geworden sein. Keine Zusicherungen sind z. B. Beschreibungen oder Anpreisungen der Kaufsache.

Erleidet der Käufer durch die mangelhafte Kaufsache oder wegen Fehlens einer zugesicherten Eigenschaft einen Schaden an seinen sonstigen Rechtsgütern, spricht man von einem **Mangelfolgeschaden**. Soweit der Mangelfolgeschaden nicht schon gemäß § 463 BGB zu ersetzen ist, kommt ein Anspruch aus **positiver Forderungsverletzung**[207] in Betracht.

Der Anspruch auf Wandelung, Minderung und der Schadensersatzanspruch wegen Fehlens einer zugesicherten Eigenschaft **verjährt** bei beweglichen Sachen in sechs Monaten von der Ablieferung, bei Grundstücken in einem Jahr von der Übergabe an, § 477 I BGB. Die gleiche Verjährungsfrist gilt für einen gegebenen Anspruch aus positiver Forderungsverletzung, wenn der Verkäufer seine Leistungspflicht durch Lieferung einer mangelhaften Sache schuldhaft verletzt.

3. Kaufmännische Rügeobliegenheit

Besonderheiten sind zu beachten, wenn der Kauf für beide Teile ein Handelsgeschäft ist. **Handelsgeschäfte** sind die Geschäfte eines Kaufmanns[208], die zum Betrieb seines Handelsgewerbes gehören, § 343 I HGB. Hier gelten zwar auch erst einmal die §§ 433ff., 459ff. BGB; in den §§ 373ff. HGB sind aber einige Besonderheiten bestimmt. So trifft den Käufer eine besondere **Untersuchungs- und Rügeobliegenheit**. Der Käufer muß die Ware unverzüglich nach der Ablieferung durch den Verkäufer untersuchen und, wenn sich ein Mangel zeigt, dem Verkäufer unverzüglich Anzeige machen, § 377 I HGB. Unterläßt der Käufer die Anzeige, so gilt die Ware als genehmigt, § 377 II BGB. Er verliert damit seine Rechte gemäß §§ 459ff. BGB auf Wandelung, Minderung oder Ersatzlieferung.

Die Untersuchungs- und Rügeobliegenheit besteht auch, wenn eine andere als die vereinbarte Ware oder eine andere Menge geliefert wurde, § 378 S. 1 HGB. Es soll damit die schwierige Abgrenzung zwischen Fehler[209] und Falschlieferung[210] vermieden werden.

> Beispiel: Kaufmann K hat bei Kaufmann V 100 Dosen russischen Kaviar bestellt. V liefert 100 Dosen deutschen Kaviar. Es ist fraglich, ob der deutsche Kaviar schlechter russischer Kaviar ist, oder ob er etwas anderes ist. Der deutsche Kaviar wird aus den Rogen von Seehasen, der russische aus den von Stören gewonnen. Jedenfalls muß K die Lieferung untersuchen und dem V anzeigen, daß es sich nicht um russischen Kaviar handelt. Andernfalls verliert er seine Rechte.

---

[207] Zur positiven Forderungsverletzung (pFV) siehe oben die 20. Lektion: Positive Forderungsverletzung.
[208] Zum Kaufmann siehe oben die 4. Lektion, IV. 2. Handelsrecht.
[209] Lateinischer Fachausdruck: „peius".
[210] Lateinischer Fachausdruck: „aliud".

Weicht die gelieferte Ware offensichtlich von der Bestellung so erheblich ab, daß der Verkäufer die Genehmigung des Käufers als ausgeschlossen betrachten muß, muß der Käufer keine Anzeige machen, um seine Rechte zu behalten, § 378 a. E. HGB.

> Beispiel: V liefert statt des bestellten russischen Kaviars Brombeermarmelade. Hier muß K nicht unverzüglich rügen, um seine Rechte zu behalten.

Hat der Käufer rechtzeitig gerügt, sind die Rechtsfolgen bei Gattungskauf und Stückkauf[211] unterschiedlich.

Beim Gattungskauf stehen nach herrschender Meinung dem Käufer auch bei einer Falschlieferung die Gewährleistungsrechte auf Wandelung, Minderung oder Ersatzlieferung zu. Denn § 378 HGB soll nach herrschender Meinung die schwierige Abgrenzung zwischen Fehler und Falschlieferung nicht nur für die Untersuchungs- und Rügeobliegenheit, sondern auch für die Frage nach der Rechtsfolge vermeiden. Das ist für den Käufer von Vorteil, wenn er die Leistung nicht mehr haben möchte. Er kann sofort Wandelung erklären und muß nicht gemäß § 326 I BGB eine Nachfrist setzen.

Beim Stückkauf ist die Abgrenzung zwischen Fehler und Falschlieferung kein Problem. Es ist sofort erkennbar, ob die ausgesuchte Sache geliefert wurde. Wurde eine andere Sache geliefert, steht dem Käufer das Recht auf Lieferung der vereinbarten Sache zu, § 433 I 1 BGB. War die Lieferung fehlerhaft, kann er die Gewährleistungsrechte aus §§ 459 ff. BGB auf Wandelung oder Minderung geltend machen.

Wurde beim Stückkauf oder beim Gattungskauf eine falsche Menge geliefert, kann der Käufer bei Minderlieferung den ausstehenden Rest verlangen oder kann die Mehrlieferung zurückgeben.

II. Schenkung

Die Schenkung ist im Gegensatz zum Kaufvertrag unentgeltlich. Das Gesetz unterscheidet die **Handschenkung, § 516 I BGB**, und das **Schenkungsversprechen, § 518 BGB**. Nach herrschender Meinung handelt es sich in beiden Fällen um einen einseitig verpflichtenden Vertrag[212]. Zum Abschluß des Vertrages sind **zwei übereinstimmende Willenserklärungen**, eine vom Schenker, die andere vom Beschenkten, notwendig. Wenn der andere sich nichts schenken lassen will, muß er das Schenkungsangebot nicht annehmen. Um in diesen Fällen Klarheit zu schaffen, kann der Schenker dem anderen eine **Frist zur Erklärung über die**

---

[211] Zum Stückkauf und zum Gattungskauf siehe oben die 17. Lektion, I. 1. Stückschuld und Gattungsschuld.
[212] Zum einseitig verpflichtenden Vertrag siehe oben die 11. Lektion, III. Arten der Verträge.

Annahme setzen. Nach dem Ablauf der Frist gilt die Schenkung als angenommen, wenn der andere sie vorher nicht abgelehnt hat, § 516 II BGB[213].

Das Schenkungsversprechen bedarf gemäß § 518 I BGB der **notariellen Beurkundung**[214]. Der Schenker soll so vor übereilter Großzügigkeit gewarnt werden. Das Schenkungsversprechen wird aber auch ohne Einhaltung dieser Form gültig, wenn die versprochene Leistung bewirkt, z. B. die versprochene Sache übereignet wird. Hier braucht der Schenker keinen Schutz vor Übereilung mehr; er sieht ja die Folgen.

Ist das Schenkungsversprechen als schuldrechtlicher Vertrag formgültig zustandegekommen, ist nur der Schenker zu einer unentgeltlichen Zuwendung verpflichtet.

Eine **unentgeltliche Zuwendung** ist gegeben, wenn der Schenker aus seinem Vermögen einen anderen unentgeltlich bereichert, § 516 I BGB. Das Vermögen des Schenkers muß durch die Zuwendung vermindert, das des Beschenkten vermehrt werden. Keine Schenkung ist gegeben, wenn nur der Verzicht auf einen Vermögenserwerb gewährt wird.

> Beispiel: A und B gehen über einen Flohmarkt. B sucht altes Geschirr für einen Polterabend und sieht in einer Kiste mit der Aufschrift „für den Polterabend! Jedes Stück 1 DM!" eine echte Meißner Porzellan-Untertasse, die A schon lange zur Vervollständigung seines Services sucht. B überläßt großzügig den Kauf der Untertasse dem A. Hier hat B dem A nichts im Sinne des § 516 BGB geschenkt. Eine Schenkung liegt nur vor, wenn B die Untertasse auf eigene Kosten erwirbt und dann dem A schenkt.

Von der Schenkung zu unterscheiden sind auch alle unentgeltlichen Verträge wie z. B. die Leihe, § 598 BGB, das unverzinsliche Darlehen, § 607 BGB, und der Auftrag, § 662 BGB. Bei diesen Verträgen wird das Vermögen des Entleihers, des Darlehensgebers oder des Auftragnehmers nicht vermindert. Bei Leihe und Darlehen erhält er die Sachen ja zurück. Beim Auftrag tut er etwas. Dieses Tun mindert nicht sein Vermögen.

Der Schenker **haftet** für das Geschenk nur **eingeschränkt**, vgl. §§ 523, 524 BGB. Er kann das Geschenk **zurückfordern**, wenn er verarmt, § 528 BGB, oder die Schenkung **widerrufen**, wenn sich der Beschenkte wegen groben Undanks schuldig macht, § 530 BGB. Schenkungen, durch die auf eine sittliche Pflicht oder einer auf den Anstand zu nehmenden Rücksicht entsprochen wird, wie z. B. Geburtstags- und Weihnachtsgeschenke, können allerdings nicht zurückgefordert oder widerrufen werden, § 534 BGB.

---

[213] Zu dieser Ausnahme der Wirkung des Schweigens siehe oben die 12. Lektion, I. Annahme einer Schenkung.
[214] Zur notariellen Beurkundung siehe oben die 15. Lektion, I. 1. b) Notarielle Beurkundung.

III. Miete

Der Mietvertrag unterscheidet sich vom Kaufvertrag und von der Schenkung dadurch, daß die vermietete Sache nicht übereignet, sondern nur vorübergehend überlassen wird. Durch den Mietvertrag wird der Vermieter verpflichtet, dem Mieter den Gebrauch der vermieteten Sache während der Mietzeit zu gewähren. Der Mieter ist verpflichtet, dem Vermieter den vereinbarten Mietzins zu entrichten, § 535 BGB. Vermietet werden können bewegliche Sachen, wie z. B. Teppichreinigungsmaschinen oder Autos, und unbewegliche Sachen, wie z. B. Grundstücke. Die Vorschriften über die Miete von Grundstücken gelten auch für die Miete von Wohnräumen, § 580 BGB. Bei der Miete von Wohnräumen sind aber zahlreiche Sondervorschriften[215] zu beachten. Rechte können nicht gemietet werden.

Der Vermieter muß die Mietsache dem Mieter in gebrauchsfähigem Zustand überlassen und während der Mietzeit in diesem Zustand erhalten, § 536 BGB. Man spricht insoweit von der **Gebrauchsüberlassungs-** und **Instandhaltungspflicht** des Vermieters. Die Instandhaltungspflicht des Vermieters umfaßt auch die Beseitigung der vertragsgemäßen Abnutzung der Mietsache.

> Beispiel: Der Vermieter V ist verpflichtet, die alten, durch Korrosion und Kalk zugesetzten Wasserrohre in dem von M gemieteten Haus zu erneuern.

Zur Instandhaltungspflicht gehört auch die Vornahme der sogenannten Schönheitsreparaturen. Die Schönheitsreparaturen wie Tapezieren, Wände und Decken streichen werden mit den AGB[216] der Wohnraummietverträge aber meistens auf den Mieter abgewälzt.

Der Vermieter kann nicht immer wissen, ob Instandhaltungsmaßnahmen erforderlich sind. Er hat die vermietete Sache ja nicht. Der Mieter ist daher verpflichtet, den Vermieter von Mängeln der Sache zu unterrichten, § 545 I BGB. Unterläßt er die **Mängelanzeige**, kann er bei daraus folgenden Leistungsstörungen keine Rechte gemäß § 537 BGB geltend machen und ist zum Ersatz des aus dem Unterlassen der Mängelanzeige entstehenden Schadens verpflichtet, § 545 II BGB.

---

[215] Z. B.: §§ 547a III, 550b, 556a, 556b, 556c, 557 II–IV, 557a II, 564a, 564c, 565 II, III, 565a, 565b, 565c, 596a, 595b, 570a BGB, außerdem gibt es besondere Gesetze wie z. B. das Gesetz zur Sicherung der Zweckbestimmung von Sozialwohnungen (Wohnungsbindungsgesetz – WoBindG) in der Fassung der Bekanntmachung vom 22. Juli 1982, Sartorius I, Verfassungs- und Verwaltungsgesetze, Nr. 387, und das Gesetz zur Regelung der Miethöhe vom 18. Dezember 1974 (BGBl. I S. 3603, 3604), Schönfelder, Deutsche Gesetze, Nr. 30.

[216] Zu den allgemeinen Geschäftsbedingungen (AGB) siehe oben die 16. Lektion: Allgemeine Geschäftsbedingungen.

23. Lektion: Schuldrechtliche Verträge über Gegenstände

1. Leistungsstörungen beim Mietvertrag

Leistungsstörungen beim Mietvertrag regeln vor den allgemeinen Bestimmungen zur Leistungsstörung[217] erst einmal die §§ 537ff. BGB. Danach muß der Mieter **keine oder weniger Miete** entrichten, wenn die Mietsache oder Mietwohnung einen Fehler hat, der ihre vertragsgemäße Tauglichkeit aufhebt oder mindert, § 537 I BGB.

> Beispiel: Das gemietete Auto hat einen Motorschaden. Oder: Die Zentralheizung der gemieteten Wohnung fällt im Januar bei -20°C aus, so daß eine Raumtemperatur von -5°C herrscht. Hier muß der Mieter keinen Mietzins entrichten.

Darüber hinaus kann der Mieter **Schadensersatz wegen Nichterfüllung** verlangen, wenn der Mangel bei Abschluß des Vertrages vorhanden ist oder ein solcher Mangel später infolge eines Umstandes entsteht, den der Vermieter zu vertreten[218] hat, § 538 I BGB. Das gleiche gilt, wenn der Vermieter mit der Beseitigung eines Mangels in Verzug[219] kommt. In diesem Fall kann der Mieter den Mangel auch selbst beseitigen und **Ersatz der erforderlichen Aufwendungen** verlangen, § 538 II BGB.

> Beispiel (Fortsetzung): Hatte das gemietete Auto bereits **bei Abschluß** des Mietvertrages einen Motorschaden, kann der Mieter bei einer anderen Autovermietung ein gleichwertiges Auto mieten und die Mehrkosten als Schadensersatz wegen Nichterfüllung ersetzt verlangen. Fällt aber die Zentralheizung der gemieteten Wohnung **nach Abschluß** des Mietvertrages aus, kann der Mieter keinen Schadensersatz wegen Nichterfüllung verlangen, wenn der Vermieter den Ausfall nicht z. B. wegen schlechter Wartung der Heizungsanlage zu vertreten hat. Ist der Vermieter mit der Reparatur der Heizung in Verzug, kann der Mieter selbst einen Heizungsmonteur bestellen und die Kosten dem Vermieter in Rechnung stellen.

2. Beendigung des Mietverhältnisses

Das Mietverhältnis endet mit **Ablauf der Zeit**, für die es eingegangen ist. War keine Mietzeit bestimmt, kann es gekündigt werden, § 564 BGB.

Zu unterscheiden ist die ordentliche Kündigung und die außerordentliche Kündigung. Beide Kündigungsarten sind bei der Wohnraummiete eingeschränkt, vgl. z. B. §§ 564 a, 564 b BGB.

Von der Wohnraummiete abgesehen, ist die **ordentliche Kündigung** ohne besonderen Kündigungsgrund möglich. Dafür müssen meistens Kündigungsfristen eingehalten werden. Gesetzliche Kündigungsfristen stehen in § 565 BGB. Die

---

[217] Zu den allgemeinen Bestimmungen zur Leistungsstörung siehe oben die 17. Lektion: Grundbegriffe der Leistungsstörungen und die dort folgenden Lektionen.
[218] Zum Vertretenmüssen siehe oben die 17. Lektion, III. Vertretenmüssen.
[219] Zum Verzug siehe oben die 19. Lektion: Verzug.

156   Hauptteil

außerordentliche Kündigung ist nur bei Vorliegen eines wichtigen Grundes gegeben. Das Gesetz nennt in den §§ 542, 544, 553, 554, 554a BGB solche Gründe. Die außerordentliche Kündigung ist, je nach Wichtigkeit des Grundes, fristlos.

IV. Leihe

Die Leihe, § 598 BGB, ist wie die Miete ein Vertrag, in dem der Gebrauch einer Sache gestattet wird. Anders als die Miete ist die Leihe aber unentgeltlich. Im täglichen Sprachgebrauch wird das nicht immer beachtet.

> Beispiel: Umgangssprachlich spricht man von einem Leihwagen, obwohl dafür ein Preis zu entrichten ist. Juristisch handelt es sich um Miete.

Trotz der Unentgeltlichkeit handelt es sich um einen Vertrag und nicht nur um ein Gefälligkeitsverhältnis[220]. Der Entleiher hat einen klagbaren Anspruch gegen den Verleiher auf Gebrauchsüberlassung, § 598 BGB. Wegen der Unentgeltlichkeit ist aber die Haftung des Verleihers eingeschränkt. Er haftet nur, wenn er einen Mangel arglistig verschwiegen hat, § 600 BGB. Im übrigen hat er nur Vorsatz und grobe Fahrlässigkeit[221] zu vertreten, § 599 BGB. Der Entleiher muß mit der Sache pfleglich umgehen, § 603 BGB, und muß die gewöhnlichen Erhaltungskosten tragen, § 601 BGB.

Die Leihe endet mit Ablauf der vereinbarten Zeit, § 604 I BGB. Unter bestimmten Umständen kann der Verleiher auch kündigen, § 605 BGB. Ist keine Zeit bestimmt, kann der Entleiher die Sache jederzeit zurückfordern, § 604 III BGB. Der Entleiher muß dann die Sache zurückgeben, § 604 I BGB.

V. Darlehen

Der Begriff Darlehen wird heute in der Umgangssprache kaum noch verwandt. Meistens ist von Kredit oder Kreditvertrag die Rede. Gemeint ist aber dasselbe, nämlich ein schuldrechtlicher Vertrag[222] gemäß § 607 BGB, nach dem der Darlehensgeber einen Geldbetrag zur Verfügung stellt, den der Darlehensnehmer später zurückzahlen muß. Weniger bekannt ist, daß ein Darlehensvertrag auch über andere vertretbare Sachen geschlossen werden kann. Vertretbare Sachen sind gemäß § 91 BGB bewegliche Sachen, die im Verkehr nach Zahl, Maß oder Gewicht bestimmt werden, wie z.B. Waschmaschinen, Heizöl oder Kartoffeln.

---

[220] Zum Gefälligkeitsverhältnis siehe oben die 6. Lektion, II. Gefälligkeitsverhältnisse.
[221] Zu Vorsatz und grober Fahrlässigkeit siehe oben die 17. Lektion, III. Vertretenmüssen.
[222] Nach herrschender Meinung handelt es sich um einen Konsensualvertrag, der wie jeder Vertrag durch Angebot und Annahme zustandekommt. Der Darlehensgeber ist dann aus diesem Vertrag zur Hingabe der Darlehensvaluta verpflichtet. Nach anderer Ansicht ist der Darlehensvertrag ein Realvertrag, der erst durch die Hingabe der Darlehensvaluta zustandekommt.

Anders als bei der Leihe oder der Miete müssen aber nicht dieselben, sondern andere, gleichartige Sachen zurückgegeben werden.

Der Darlehensvertrag ist ein Verpflichtungsgeschäft. Er wird erfüllt, indem der Darlehensgeber dem Darlehensnehmer das Geld oder die vertretbaren Sachen gemäß §§ 929 ff. BGB übereignet.

Im gesetzlichen Regelfall ist das Darlehen zinslos. Ein zinsloses Darlehen darf der Schuldner jederzeit zurückerstatten, § 609 III BGB. In der Praxis sind zinslose Darlehen aber außer unter Freunden oder in der Familie sehr selten. Wirtschaftlich relevant ist das Darlehen, für das Zinsen zu begleichen sind, § 608 BGB. Dieses Darlehen kann nur nach Ablauf der vereinbarten Zeit oder nach Kündigung zurückerstattet werden. Bei der Kündigungsfrist ist das Interesse des Darlehensgebers an den Zinseinnahmen einerseits und das Interesse des Schuldners an einer schnellen Tilgung andererseits zu beachten. §§ 609 II, 609 a BGB stellen in diesem Sinne verschiedene Kündigungsfristen zur Verfügung.

VI. Verbraucherkredit

Verbraucherkredite kommen als Geldkredite und als Sachkredite vor. **Geldkredite** sind vor allem Darlehen. **Sachkredite** werden vor allem bei Abzahlungskäufen in Anspruch genommen. **Verbraucherkredite** im Sinne des Verbraucherkreditgesetzes (VerbrKrG)[223] sind aber nur die Kredite, die von gewerblichen oder beruflichen Kreditgebern an natürliche Personen[224] als Verbraucher zur privaten Verwendung gegeben werden, § 1 I VerbrKrG. Hinzu kommen Kredite bis 100.000 DM, die zur Gründung einer gewerblichen oder freiberuflichen Tätigkeit gewährt werden, vgl. § 3 I Nr. 2 VerbrKrG.

> Beispiel: K nimmt bei der Teilzahlungsbank T einen privaten Kredit auf. Oder: K kauft von dem Elektrohändler E eine Waschmaschine auf Raten für den privaten Gebrauch. Hier sind T und E Kreditgeber, K ist Verbraucher, es handelt sich in beiden Fällen um einen Verbraucherkredit.

1. Schriftform

Der Kreditvertrag über einen Verbraucherkredit muß mit wenigen Ausnahmen schriftlich unter Angabe des effektiven Jahreszinses geschlossen werden, § 4 I VerbrKrG. Der **effektive Jahreszins** muß als Prozentsatz vom Nettokreditbetrag oder vom Barzahlungspreis angegeben werden, § 4 II 1 VerbrKrG. Bei Geldkrediten muß u. a. weiter angegeben sein der Nettokreditbetrag, die Teilzahlungen und der Zinssatz einschließlich sämtlicher sonstiger Kosten, § 4 I 4 Nr. 1

---
[223] Beiträge zum Verbraucherkreditgesetz (VerbrKrG): Bülow, Das neue Verbraucherkreditgesetz, in NJW 1991, S. 129–134; Emmerich, Das Verbraucherkreditgesetz, in JuS 1991, S. 705–710.
[224] Zur natürlichen Person siehe oben die 5. Lektion, I. 1. Natürliche Personen.

VerbrKrG. Bei Sachkrediten müssen u.a. der Barzahlungspreis, der Teilzahlungspreis und die Raten genannt werden, § 4 I 4 Nr. 2 VerbrKrG.

Wird die Form nicht eingehalten, ist der Kreditvertrag **nichtig,** § 6 I VerbrKrG. Der Vertrag wird jedoch wirksam, wenn der Verbraucher den Geldkredit in Anspruch nimmt oder wenn dem Verbraucher bei einem Sachkredit die Sache übergeben wird. Die fehlenden Angaben werden dann durch die gesetzlichen Bestimmungen des § 6 II, III VerbrKrG ersetzt.

2. Widerrufsrecht

Der Verbraucher hat bei allen Verbraucherkreditverträgen ein Widerrufsrecht. Die Widerrufsfrist beträgt **eine Woche** und beginnt erst, wenn der Verbraucher darüber belehrt wurde. Einzelheiten stehen in § 7 VerbrKrG.

3. Verbundene Geschäfte

Es ist auch möglich, daß der Kreditgeber den Kredit nicht an den Verbraucher, sondern an einen Verkäufer auszahlt. Ein so finanzierter Kaufvertrag bildet mit dem Kreditvertrag ein **verbundenes Geschäft,** wenn der Kredit der Finanzierung des Kaufpreises dient und beide Verträge als wirtschaftliche Einheit anzusehen sind. Eine wirtschaftliche Einheit ist insbesondere anzunehmen, wenn der Verkäufer bei der Vorbereitung oder dem Abschluß des Kreditvertrages mitwirkt, § 9 I VerbrKrG.

> Beispiel: K möchte einen Videorecorder kaufen. Ihm fehlt jedoch das Geld. Der Verkäufer V legt ihm einen Kreditantrag der Bank B vor. Danach zahlt die Bank B den Kaufpreis an V. K verpflichtet sich, entsprechende Raten an die Bank B zu zahlen. Hier hat der Verkäufer durch die Vermittlung des Kredits bei dem Abschluß des Kreditvertrages zwischen der Bank B und K mitgewirkt. Damit sind der Kaufvertrag zwischen K und V und der Kreditvertrag zwischen K und B verbundene Geschäfte.

Das Widerrufsrecht gemäß § 7 I VerbrKrG gilt dann auch gegenüber dem Kaufvertrag, § 9 II VerbrKrG. Einwendungen aus dem Kaufvertrag gegenüber dem Verkäufer wie z. B. Wandelung oder Minderung wirken auch gegenüber dem Kreditgeber, § 9 III VerbrKrG.

> Beispiel (Fortsetzung): Ist der Videorecorder mangelhaft, kann K gegenüber V die Wandelung erklären. Er muß dann, nachdem er den Videorecorder an V zurückgegeben hat, keine Raten mehr an die Bank B bezahlen und kann gegebenenfalls von B die bereits gezahlten Raten zurückverlangen, §§ 467, 346 BGB, 9 III VerbrKrG.

VII. Leasing

Das Leasing ist im Gesetz nicht geregelt. Es kommt aus den USA und wird in Deutschland seit 1962 praktiziert. Seitdem hat es im Wirtschaftsleben ständig an

23. Lektion: Schuldrechtliche Verträge über Gegenstände

Bedeutung gewonnen. Es werden mittlerweile nicht nur EDV-Anlagen und Industriemaschinen geleast, sondern auch Fernsehgeräte oder Autos für die private Nutzung.

Das **Leasing** ist ein schuldrechtlicher Vertrag. Der Leasinggeber, der die Sache von einem Dritten kauft, verpflichtet sich in dem Leasingvertrag, die Sache dem Leasingnehmer zum Gebrauch zu überlassen. Der Leasingnehmer verpflichtet sich, hierfür an den Leasinggeber Raten zu zahlen. Außerdem muß der Leasingnehmer meistens für die Instandhaltung, die Sachmängel, den Untergang und die Beschädigung der Sache aufkommen. Der Leasinggeber tritt ihm dafür alle Ansprüche gegen Dritte, vor allem gegen den Verkäufer, ab.

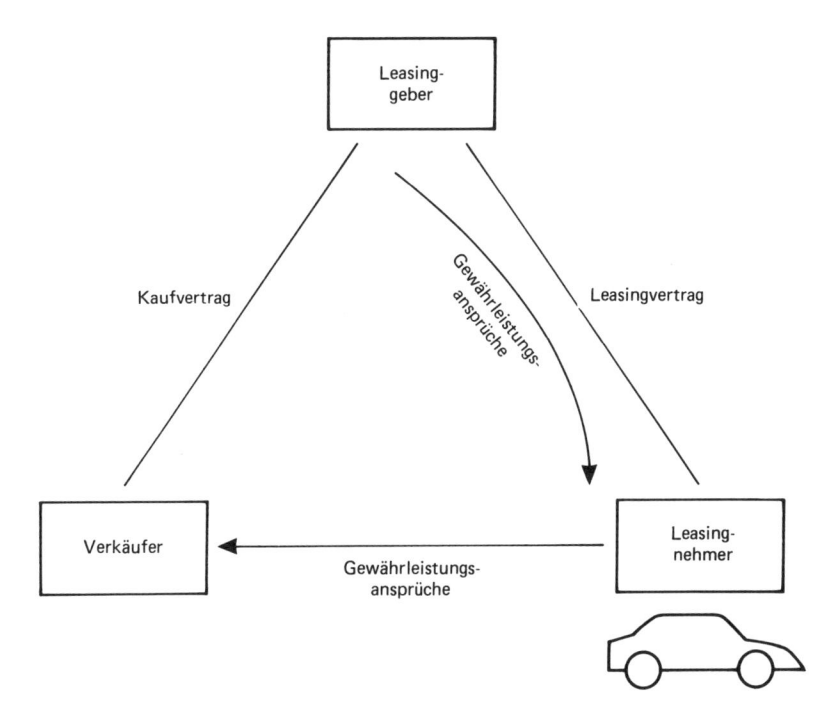

Es gibt verschiedene Arten des Leasings. Am häufigsten sind das Finanzierungsleasing und das Operatingleasing.

1. Finanzierungsleasing

Das **Finanzierungsleasing** wird für eine feste Grundlaufzeit von meistens 3 bis 7 Jahren abgeschlossen. Die Zeit ist so lange bemessen, daß die Anschaffungskosten und der Gewinn des Leasinggebers aus den insgesamt zu leistenden Raten gewonnen werden. Die Leasingsache ist danach meistens wertlos. Ist die Grundlaufzeit kürzer bemessen, erhält der Leasingnehmer das Recht, die Sache anschließend zu kaufen (Kaufoption); sonst wird sie anderweitig verwertet. Der Vorteil des Leasingnehmers liegt in der Finanzierungsfunktion. Er muß das Geld zum Kauf der Sache nicht auf einmal aufbringen. Außerdem wird in der Bilanz die Leasingsache nicht als den Gewinn erhöhendes Betriebsvermögen ausgewiesen. Die Leasingraten mindern statt dessen als Betriebsausgaben die Steuern.

Nach herrschender Meinung ist das Finanzierungsleasing ein **Abzahlungskauf**. Jedenfalls ist es gemäß § 1 III VerbrKrG gegenüber dem Verbraucher eine „sonstige Finanzierungshilfe", also ein **Verbraucherkredit**, so daß das VerbrKrG zu beachten ist. Zu den Ausnahmen siehe § 3 II Nr. 1 VerbrKrG.

2. Operatingleasing

Das **Operatingleasing** wird nur für eine kurze Zeit geschlossen oder kann kurzfristig gekündigt werden. Der Leasingnehmer hat so mit geringen Kosten die Möglichkeit, die jeweils neueste Sache zu gebrauchen. Häufig übernimmt der Leasinggeber die Wartung. Die Raten sind das Entgelt für die Gebrauchsüberlassung und gegebenenfalls für die Wartung.

Nach herrschender Meinung ist das Operatingleasing wie ein **Mietvertrag** zu behandeln.

VIII. Wiederholungsfragen

1. Erwirbt der Käufer durch den Kaufvertrag Eigentum an der Kaufsache?
2. Welche Rechte hat der Käufer einer fehlerhaften Sache?
3. Welche Rechte hat der Käufer, wenn der verkauften Sache eine zugesicherte Eigenschaft fehlt?
4. Welche Obliegenheit trifft den Käufer bei einem Handelskauf?
5. Welcher Art ist der Schenkungsvertrag?
6. Welche Gegenstände können vermietet werden?
7. Welche Rechte hat der Mieter bei Mängel der Mietsache?
8. In welchem Umfang haftet der Verleiher?
9. Wie ist der Darlehensvertrag nach dem Trennungs- und Abstraktionsprinzip zu qualifizieren?
10. Was ist ein Verbraucherkredit nach dem Verbraucherkreditgesetz?

24. Lektion
Schuldrechtliche Verträge über Tätigkeiten

Der Dienstvertrag, der Werkvertrag, der Reisevertrag, der Maklervertrag, der Auftrag und der Geschäftsbesorgungsvertrag gleichen sich darin, daß die mit ihnen begründeten Hauptleistungspflichten der einen Seite auf die Vornahme von Tätigkeiten gerichtet sind. Über die wichtigsten dieser Verträge wird im folgenden ein kurzer Überblick gegeben.

I. Dienstvertrag

Durch den Dienstvertrag verpflichtet sich der eine zur Leistung der versprochenen Dienste, der andere zur Gewährung der vereinbarten Vergütung, § 611 I BGB. Die **Vergütung** muß nicht ausdrücklich vereinbart sein. Sie gilt als stillschweigend vereinbart, wenn die Dienstleistung den Umständen nach nur gegen eine Vergütung zu erwarten ist, § 612 BGB.

1. Dienstvertrag im allgemeinen

Mit dem Dienstvertrag können **Dienste** jeder Art, das heißt freie und abhängige Dienste, vereinbart werden, § 611 II BGB. **Freie Dienste** sind solche der Ärzte, Rechtsanwälte, Steuerprüfer und anderer Freiberufler und Unternehmer wie z. B. Privatlehrer. Diese Dienstverpflichteten sind wirtschaftlich und sozial selbständig und unabhängig.

Die §§ 611 ff. BGB gelten auch für die **abhängigen Dienste** der Arbeitnehmer. Wegen der wirtschaftlichen und sozialen Abhängigkeit der Arbeitnehmer von den Arbeitgebern gelten jedoch viele Schutzvorschriften. Näheres hierzu wird beim Arbeitsvertrag behandelt[225].

a) Leistungsstörungen

Der Dienstvertrag ist ein gegenseitig verpflichtender Vertrag. Bei **Leistungsstörungen** der Dienstleistungspflicht oder der Vergütungspflicht sind grundsätzlich die §§ 320 ff. BGB einschlägig. Es sind aber folgende Besonderheiten zu beachten.

Bei beiderseits nicht zu vertretender **Unmöglichkeit**[226] der Dienstpflicht behält der Dienstverpflichtete gemäß § 616 BGB[227] seinen Anspruch auf Vergütung, wenn er für eine verhältnismäßig nicht erhebliche Zeit durch einen in seiner Person liegenden Grund ohne sein Verschulden an der Dienstleistung verhindert ist. § 616 BGB bildet insoweit eine Ausnahme von § 323 BGB.

Kommt der Dienstberechtigte mit der Annahme der Dienste in **Verzug** (Gläubigerverzug[228]), so kann der Verpflichtete gemäß § 615 BGB für die infolge des Verzugs nicht geleisteten Dienste die vereinbarte Vergütung verlangen, ohne zur Nachleistung verpflichtet zu sein.

> Beispiel: Versäumt S seine Klavierstunde bei K, kann K dennoch die vereinbarte Vergütung verlangen. K muß den Unterricht nicht nachholen.

---

[225] Siehe auch die 4. Lektion, IV. 3. Arbeitsrecht.
[226] Zur Unmöglichkeit siehe oben die 18. Lektion: Unmöglichkeit.
[227] Vgl. auch §§ 63 HGB, 133 c GewO.
[228] Zum Gläubigerverzug siehe oben die 19. Lektion, II. Gläubigerverzug.

Bei **Schlechtleistung** gelten die Grundsätze der positiven Forderungsverletzung[229].

> Beispiel (Fortsetzung): Als K die Vergütung für die ausgefallene Klavierstunde verlangt, läßt sich S von dem Rechtsanwalt R beraten. R rät S, die Klavierstunde nicht zu bezahlen und die Nachholung der Klavierstunde einzuklagen. S verliert den Prozeß und muß nicht nur die Klavierstunde, sondern auch die Prozeßkosten tragen. Hier hat S gegenüber R einen Anspruch aus pFV. R hat seine Dienstleistungspflicht, S richtig zu beraten, schuldhaft verletzt; denn § 615 BGB muß jedem Rechtsanwalt bekannt sein. R muß daher dem S den Schaden ersetzen, den er durch die falsche Beratung erlitten hat. Das sind hier die Prozeßkosten.

b) Beendigung

Das Dienstverhältnis **endet** mit Ablauf der Zeit, für die es eingegangen ist, § 620 I BGB. Der Ablauf der Zeit kann sich auch aus der Art und dem Zweck des Dienstvertrages ergeben.

> Beispiel: P geht zum Zahnarzt Z, um seine Zähne vorsorglich untersuchen zu lassen. P bietet damit dem Zahnarzt Z den Abschluß eines Dienstvertrages an. Der Dienstvertrag kommt zustande, wenn Z den P als Patienten annimmt. Z ist nun verpflichtet, die Zähne des P zu untersuchen. P muß hierfür eine Vergütung (Honorar) leisten, wenn das nicht seine Krankenkasse für ihn tut. Der Dienstvertrag endet, wenn die Untersuchung beendet ist.

Ist der Dienstvertrag auf unbestimmte Zeit geschlossen, endet er durch **Aufhebungsvertrag**, der jederzeit einverständlich zwischen den Parteien geschlossen werden kann, oder durch **Kündigung**, § 620 II BGB. Wie bei der Miete[230] ist auch hier die ordentliche und die außerordentliche Kündigung zu unterscheiden.

Die **ordentliche Kündigung** ist an die in den §§ 621, 622, 624 BGB genannten Kündigungsfristen gebunden. Ein Kündigungsgrund ist, außer gegebenenfalls bei Arbeitsverträgen, nicht nötig.

Darüber hinaus ist die **außerordentliche Kündigung** aus **wichtigem Grund** ohne Einhaltung einer Kündigungsfrist möglich, wenn Tatsachen vorliegen, auf Grund derer dem Kündigenden unter Berücksichtigung aller Umstände des Einzelfalles und unter Abwägung der Interessen beider Vertragspartner die Fortsetzung des Dienstverhältnisses bis zum Ablauf der Kündigungsfrist oder bis zu der vereinbarten Beendigung des Dienstverhältnisses nicht zugemutet werden kann, § 626 I BGB. Bei einem Dienstverhältnis höherer Art, bei dem der Dienstvertrag aufgrund eines **besonderen Vertrauens** gegenüber dem Dienstverpflichteten ge-

---

[229] Zur positiven Forderungsverletzung (pFV) siehe oben die 20. Lektion: Positive Forderungsverletzung.
[230] Zur Beendigung der Miete siehe oben die 23. Lektion, III. 2. Beendigung des Mietverhältnisses.

24. Lektion: Schuldrechtliche Verträge über Tätigkeiten

schlossen wurde, ist die außerordentliche Kündigung auch ohne die in § 626 I BGB genannten Voraussetzungen gemäß § 627 I BGB zulässig.

> Beispiel: Angesichts des Zahnarztes Z bereut P seinen Entschluß, sich die Zähne vorsorglich untersuchen zu lassen. Er springt auf, verläßt das Behandlungszimmer und kündigt damit den Dienstvertrag mit Z gemäß § 627 I BGB.

Die Vergütung des Dienstverpflichteten richtet sich in diesem Fall nach § 628 BGB. Er kann einen seiner bisherigen Leistung entsprechenden Teil der Vergütung verlangen.

Der Dienstverpflichtete darf nur kündigen, wenn sich der Dienstberechtigte die Dienste anderweitig beschaffen kann. Etwas anderes gilt, wenn ein wichtiger Grund für die unzeitige Kündigung vorliegt, § 627 II BGB.

> Beispiel: Wenn der Zahnarzt Z beim Patienten P den Backenzahn aufbohrt, darf er nicht plötzlich die Behandlung abbrechen und den Dienstvertrag gemäß § 627 I BGB kündigen. Er muß vorher das aufgebohrte Loch verplomben. Die Kündigung ist aber gemäß § 627 II 1 a. E. BGB zulässig, wenn P dem Z beim Bohren ständig auf die Hände beißt und an die Beine tritt, so daß die Fortsetzung der Behandlung dem Z nicht zuzumuten ist.

Kündigt der Dienstverpflichtete ohne wichtigen Grund zur Unzeit, muß er dem Dienstberechtigten den daraus entstehenden Schaden ersetzen, § 627 II 2 BGB. Im übrigen richtet sich die Vergütung und der durch die außerordentliche Kündigung veranlaßte Schadensersatz nach § 628 BGB.

2. Arbeitsvertrag

Der Arbeitsvertrag ist ein Dienstvertrag gemäß §§ 611 ff. BGB, der auf die Leistung abhängiger Dienste gerichtet ist. Die wirtschaftliche und soziale Abhängigkeit der Arbeitnehmer von den Arbeitgebern erfordert nach dem Gebot der Sozialstaatlichkeit in Art. 20 I GG Schutzvorschriften zugunsten der Arbeitnehmer. Solche Schutzvorschriften sind z. B. in den §§ 611 a, 611 b, 612 a, 613 a, 622 BGB und in besonderen Gesetzen[231] gegeben. Darüber hinaus erfordert das Verhältnis zwischen Arbeitnehmer und Arbeitgeber besondere Problemlösungen. Einige dieser Besonderheiten müssen auch ohne tiefere Kenntnisse des (Individual-)Arbeitsrechts bekannt sein.

---

[231] Z. B. das Kündigungsschutzgesetz (KSchG) in der Fassung der Bekanntmachung vom 25. August 1969 (BGBl. I S. 1317), Schönfelder, Deutsche Gesetze, Nr. 84; siehe im übrigen auch die Arbeitszeitordnung, das Bundesurlaubsgesetz, das Mutterschutzgesetz, das Jugendschutzgesetz etc.

a) Direktionsrecht

Als grundsätzliche Besonderheit muß bekannt sein, daß der Arbeitnehmer dem **Weisungs- oder Direktionsrecht** des Arbeitgebers unterworfen ist. Andere Dienstverpflichtete sind zwar auch den Weisungen der Dienstberechtigten unterworfen; diese Weisungen können aber wegen der Selbständigkeit der Dienstverpflichteten nur grundsätzlicher Art sein. Der Arbeitgeber hingegen kann die im Arbeitsvertrag nur rahmenmäßig umschriebene Arbeit bis ins Einzelne regeln. Er kann bestimmen, an welchem Ort, zu welcher Zeit und in welcher Art die Arbeit zu erledigen ist. Der Arbeitnehmer muß den Weisungen Folge leisten. Er muß sich in die vom Arbeitgeber bestimmte Arbeitsorganisation einordnen.

Zum Schutz des Arbeitnehmers besteht das Direktionsrecht jedoch nur im Rahmen der gesetzlichen Vorschriften, vgl. z. B. § 611 a BGB. Auch z. B. Tarifvereinbarungen zwischen den Gewerkschaften und den Arbeitgebern können das Direktionsrecht einschränken.

b) Sphärentheorie

Bei Ausfall oder Verzögerung der Arbeitsleistung, die üblicherweise zu einer bestimmten Zeit erbracht werden muß, ist ein Fall der zeitlichen **Unmöglichkeit**[232] gegeben. Bei von beiden Seiten nicht zu vertretender Unmöglichkeit der Arbeit paßt die Regelung des § 323 BGB jedoch nicht vorbehaltlos. Die Rechtsprechung hat daher die sogenannte Sphärentheorie entwickelt. Nach der **Sphärentheorie** hängt die Pflicht zur Zahlung des Lohns von der Ursache der Unmöglichkeit ab.

Kann der Arbeitnehmer die Arbeitsleistung z. B. wegen Auftragsmangels oder wegen fehlender Betriebs- oder Rohstoffe nicht erbringen, fällt das als **Betriebsrisiko** in die Sphäre des Arbeitgebers. Der Arbeitgeber muß weiter den Lohn zahlen.

Liegt dagegen die Störung in der Sphäre des Arbeitnehmers, weil z. B. der Betrieb bestreikt wird oder weil die Arbeit wegen einer legalen Aussperrung der Arbeitnehmer desselben Betriebs nicht geleistet werden kann, muß der Arbeitnehmer das **Arbeitskampfrisiko** tragen. Er bekommt vom Arbeitgeber keinen Lohn.

Beruht die Störung der Arbeitsleistung auf einem (Schwerpunkt-)Streik in einem anderen Betrieb, etwa weil dadurch die Lieferung von Rohstoffen ausbleibt, kommt es auf den **tarifpolitischen Zusammenhang** an. Besteht ein tarifpolitischer Zusammenhang, weil der Streik Tarifforderungen unterstützt, die auch dem Arbeitnehmer zugute kommen sollen, trifft den Arbeitnehmer auch für diese Fernwirkung des (Schwerpunkt-)Streiks das Arbeitskampfrisiko. Er bekommt keinen Lohn. Besteht aber kein tarifpolitischer Zusammenhang, etwa weil der Streik in einem anderen Tarifgebiet stattfindet, fällt die Fernwirkung des Streiks unter das Betriebsrisiko. Der Arbeitgeber muß den Lohn weiterzahlen.

---

[232] Zur zeitlichen Unmöglichkeit siehe oben die 18. Lektion, I. 3. Zeitliche Unmöglichkeit.

Bei **allgemeinen Ereignissen** wie Naturkatastrophen, Krieg oder innerer Unruhen ist die Unmöglichkeit der Arbeitsleistung weder auf das Betriebsrisiko noch auf das Arbeitskampfrisiko zurückzuführen. Hier bleibt es bei der Regelung des § 323 BGB. Der Anspruch auf die Gegenleistung entfällt. Der Arbeitnehmer bekommt keinen Lohn.

c) Beschränkung der Arbeitnehmerhaftung
Bei schuldhafter **Schlechtleistung** haftet der Arbeitnehmer dem Arbeitgeber aus pFV[233]. Bei schadensgeneigter Arbeit[232a] kommt es für den Umfang des Schadensersatzes auf den Grad des Verschuldens[234] an.

Schadensgeneigte Arbeit, die auch als gefahrgeneigte oder gefahrtragende Arbeit bezeichnet wird, liegt vor, wenn bei der Arbeit auch einem sorgfältigen Arbeitnehmer Fehler unterlaufen können, die zu einem im Verhältnis zum Arbeitslohn unangemessen hohen Schaden führen können.

> Beispiel: Das Führen eines LKW, einer Taxe, einer Planierraupe oder eines Krans sind typische schadensgeneigte Arbeiten.

Verursacht der Arbeitnehmer bei einer solchen Tätigkeit einen Schaden, haftet er gegenüber dem Arbeitgeber nicht, wenn der Schaden schon bei **leichtester Fahrlässigkeit** eingetreten ist. Er haftet in vollem Umfang, wenn ihm **Vorsatz oder grobe Fahrlässigkeit** zur Last fällt. Beruht der Schaden auf **leichter oder mittlerer Fahrlässigkeit**, wird der Schaden zwischen Arbeitnehmer und Arbeitgeber je nach den Umständen des Einzelfalls geteilt.

d) Kündigung
Bei **ordentlichen Kündigungen** durch den Arbeitgeber gegenüber einem Arbeitnehmer ist das Kündigungsschutzgesetz (KschG)[235] zu beachten, wenn das Arbeitsverhältnis länger als 6 Monate bestanden hat und der Betrieb in der Regel mehr als 5 Arbeitnehmer beschäftigt[236]. Die Kündigung ist dann nur wirksam, wenn sie sozial gerechtfertigt ist[237]. **Sozial gerechtfertigt** ist die Kündigung, wenn sie durch Gründe in der Person oder in dem Verhalten des Arbeitnehmers oder durch dringende betriebliche Erfordernisse, die einer Weiterbeschäftigung in diesem Betrieb entgegenstehen, bedingt ist[238]. Man spricht insoweit von personen-, verhaltens- oder betriebsbedingter Kündigung.

[232a] Zukünftig gelten die Grundsätze über die Beschränkung der Arbeitnehmerhaftung möglicherweise für alle Arbeiten, die durch den Betrieb veranlaßt sind und aufgrund eines Arbeitsverhältnisses geleistet werden, auch wenn diese Arbeiten nicht gefahrgeneigt sind (vgl. BAG, BB 1993, 1009).
[233] Zur positiven Forderungsverletzung (pFV) siehe oben die 20. Lektion: Positive Forderungsverletzung.
[234] Zum Verschulden siehe oben die 17. Lektion, III. Vertretenmüssen.
[235] Kündigungsschutzgesetz (KSchG) in der Fassung der Bekanntmachung vom 25. August 1969 (BGBl. I S. 1317), Schönfelder, Deutsche Gesetze, Nr. 84.
[236] Vgl. § 23 KSchG.
[237] Vgl. § 1 I KSchG.
[238] Vgl. § 1 II KSchG.

Auch wenn das KSchG nicht eingreift, sind von Arbeitgeber und Arbeitnehmer bei der ordentlichen Kündigung die Kündigungsfristen in § 622 BGB zu beachten. Bei einem **Aufhebungsvertrag**, der jederzeit einverständlich zwischen Arbeitnehmer und Arbeitgeber geschlossen werden kann, kommt es auf die Kündigungsfristen nicht an.

Die **außerordentliche Kündigung** ist gemäß § 626 BGB auch bei Arbeitsverhältnissen für beide Seiten möglich.

II. Werkvertrag

Die Parteien eines Werkvertrages werden **Unternehmer** und **Besteller** genannt. Der Unternehmer wird durch den Werkvertrag zur Herstellung eines Werkes, der Besteller zur Entrichtung der vereinbarten Vergütung verpflichtet, § 631 BGB. Ein **Werk** kann die Herstellung oder Veränderung einer Sache oder ein anderer durch Arbeit oder Dienstleistung herbeizuführender **Erfolg** sein.

> Beispiel: Reparaturen, Installationen, Taxifahrten, Gutachten oder Pläne sind typische, im Rahmen eines Werkvertrages geschuldete Erfolge.

Auch wenn der Erfolg durch Arbeit oder Dienstleistung herbeigeführt werden kann, § 631 II BGB, wird nicht wie beim Dienstvertrag Arbeit oder Dienstleistung geschuldet, sondern der vereinbarte Erfolg. Solange der Erfolg nicht eintritt, hat der Unternehmer seine Pflicht aus dem Werkvertrag nicht erfüllt; der Besteller muß keine Vergütung entrichten. Die Vergütung kann allerdings nach der aufgewendeten Zeit und Arbeit berechnet werden.

> Beispiel: B bestellt den Klempner U zum Auswechseln eines Wasserhahns. Hier hat U seine Pflicht aus dem Werkvertrag, § 631 BGB, erst erfüllt, wenn der Wasserhahn ausgewechselt ist. Das gilt auch, wenn U die Vergütung vereinbarungsgemäß nach der aufgewendeten Zeit berechnet.

Der Unternehmer ist verpflichtet, das Werk mangelfrei herzustellen, § 631 I, 633 I BGB. Hierauf hat der Besteller bis zur Abnahme einen Anspruch. Ist das Werk in Ordnung, ist der Besteller gemäß § 640 BGB zur Abnahme des Werkes verpflichtet. **Abnahme** ist die Entgegennahme und Billigung des Werkes als vertragsgemäße Leistung.

1. Mängelgewährleistung

Ist das Werk mangelhaft, kann der Besteller gemäß § 633 II BGB die **Beseitigung des Mangels** verlangen. Kommt der Unternehmer mit der Beseitigung des Mangels in Verzug[239], kann der Besteller den Mangel selbst beseitigen und **Ersatz der erforderlichen Aufwendungen** verlangen, § 633 III BGB. Er kann statt dessen

---

[239] Zum Verzug siehe oben die 19. Lektion, I. Schuldnerverzug.

auch schon vor Abnahme dem Unternehmer eine **Frist setzen** und erklären, daß er nach Ablauf der Frist die Beseitigung des Mangels ablehnen werde, § 634 I 1 BGB. Die Frist darf natürlich nicht kürzer sein, als die für die Ablieferung bestimmte Zeit, § 634 I 2 BGB. Nach Ablauf der Frist hat der Besteller einen Anspruch auf **Wandelung oder Minderung**[240].

Liegen die Voraussetzungen der Wandelung oder Minderung vor und hat der Unternehmer den Mangel am Werk zu vertreten, kann der Besteller statt der Wandelung oder Minderung gemäß § 635 BGB **Schadensersatz wegen Nichterfüllung** verlangen. Der Schadensersatz wegen Nichterfüllung umfaßt beim Werkvertrag nach herrschender Meinung alle Schäden, die mit dem Werk in **engem und unmittelbarem Zusammenhang** stehen. Man bezeichnet diese Schäden als Mangelschäden. Darüber hinaus gehende Schäden, die sogenannten **Mangelfolgeschäden**, kann der Besteller wegen **positiver Forderungsverletzung** ersetzt verlangen.

> Beispiel: U hat die Heizung im Haus des B repariert. Kurze Zeit danach leckt eine von U unsorgfältig gelötete Rohrverbindung. Das austretende Öl entzündet sich, so daß ein Wohnungsbrand die Einrichtung vernichtet. Hier ist das Leck in der Leitung ein nach § 635 BGB zu ersetzender Schaden. Der durch den Wohnungsbrand verursachte Schaden an der Einrichtung ist als Mangelfolgeschaden wegen positiver Forderungsverletzung zu ersetzen.

Die Ansprüche auf Beseitigung des Mangels, auf Wandelung, Minderung oder Schadensersatz **verjähren** in 6 Monaten, bei Arbeiten an einem Grundstück in einem Jahr, § 638 BGB. Die Ansprüche aus positiver Forderungsverletzung verjähren gemäß § 195 BGB in 30 Jahren.

> Beispiel (Fortsetzung): Ist nach der Heizungsreparatur des U bereits mehr als ein Jahr vergangen, bekommt B nur den Schaden an der Einrichtung ersetzt. Der Mangelschaden an der Rohrleitung gemäß § 635 BGB ist dagegen verjährt, § 638 BGB.

2. Werklieferungsvertrag

Verpflichtet sich der Unternehmer, das Werk aus einem von ihm zu beschaffenden Stoff herzustellen, und soll er mehr als nur die Zutaten oder sonstigen Nebensachen beschaffen, liegt ein **Werklieferungsvertrag** gemäß § 651 I, II BGB vor.

> Beispiel: Bringt B seinen Anzug zum Ändern zum Schneider U, handelt es sich um einen Werkvertrag gemäß § 631 BGB. Es kommt nicht darauf an, daß U zum Ändern eigenen Zwirn u. ä. verwendet. Soll U aber aus eigenem oder von ihm zu besorgendem Stoff einen Maßanzug herstellen, liegt ein Werklieferungsvertrag gemäß § 651 BGB vor.

---

[240] Zur Wandelung und Minderung vgl. oben die 23. Lektion, I. 2. Schlechtleistung beim Kaufvertrag.

Bei einem Werklieferungsvertrag ist der Unternehmer verpflichtet, dem Besteller die hergestellte Sache zu übergeben und das Eigentum daran zu verschaffen, § 651 I 1 BGB. Auch sonst gelten die Vorschriften über den Kauf, §§ 433 ff. BGB. Einzelheiten stehen in § 651 I 2 BGB.

> Beispiel (Fortsetzung): Den geänderten Anzug muß B nur abnehmen, § 640 BGB. Eine Übereignung erübrigt sich; der geänderte Anzug gehört ja schon dem B. Der neu geschneiderte Maßanzug hingegen gehört erst einmal dem U. U muß den Anzug an B gemäß §§ 929 ff. BGB übereignen.

III. Auftrag

Der Auftrag ist nicht etwa ein Gefälligkeitsverhältnis[241], sondern gemäß § 662 BGB ein unvollkommen zweiseitig[242] verpflichtender **Vertrag**, in dem sich der Beauftragte verpflichtet, ein ihm von dem Auftraggeber übertragenes Geschäft für diesen unentgeltlich zu besorgen. Die durch den Auftragsvertrag begründete Pflicht, ein Geschäft zu besorgen, kann eingeklagt werden. Als zu besorgende **Geschäfte** kommen nicht nur Rechtsgeschäfte und geschäftsähnliche Handlungen[243], sondern auch tatsächliche Handlungen jeder Art in Betracht.

1. Abgrenzung

Anders als bei der Schenkung schuldet der Beauftragte eine Tätigkeit und keine Vermögenszuwendung. Vom Dienst- und Werkvertrag unterscheidet sich der Auftrag durch seine Unentgeltlichkeit.

Im täglichen Leben wird der Begriff „Auftrag" oft nicht im juristischen Sinne gebraucht. Man spricht z. B. von einer Auftragserteilung, wenn damit der Abschluß eines Kaufvertrages zur Lieferung von Sachen oder der Abschluß eines Werkvertrages gemeint ist. Auch der „Auftrag" an einen Arbeitnehmer, eine bestimmte Arbeit auszuführen, oder der „Überweisungsauftrag" an eine Bank sind keine Aufträge im Sinne der §§ 662 ff. BGB; es sind Weisungen. Der Auftrag als ein Vertrag im Grundverhältnis muß auch von der Vollmacht unterschieden werden[244]. Häufig sieht man vor Unterschriften den Zusatz „i. A. (im Auftrag)". Gemeint ist aber meist „i. V. (in Vertretung)" als Zeichen dafür, daß als Vertreter[245] im Sinne des § 164 BGB unterschrieben wurde.

---

[241] Zum Gefälligkeitsverhältnis siehe oben die 6. Lektion, II. Gefälligkeitsverhältnisse.
[242] Zur Bezeichnung als unvollkommen zweiseitiger Vertrag siehe oben die 11. Lektion, III. Arten der Verträge.
[243] Zum Rechtsgeschäft und zu geschäftsähnlichen Handlungen siehe oben die 6. Lektion: Rechtsverhältnisse und rechtliches Handeln.
[244] Zum Grundverhältnis und zur Vollmacht siehe oben die 14. Lektion, II. Grundverhältnis und abstrakte Vertretungsmacht.
[245] Zum Vertreter siehe oben die 14. Lektion: Stellvertretung.

2. Zustandekommen und Inhalt

Der Auftragsvertrag kommt wie jeder andere Vertrag durch Angebot und Annahme zustande[246]. § 663 BGB macht hiervon keine Ausnahme. Wer zur Besorgung von Geschäften öffentlich bestellt ist oder sich hierzu öffentlich oder dem Auftraggeber gegenüber erboten hat, muß jedoch gemäß § 663 BGB dem Auftraggeber seine **Ablehnung unverzüglich anzeigen**. Andernfalls muß er dem Auftraggeber den Vertrauensschaden[247] ersetzen.

Der Beauftragte muß alles, was er zur Ausführung des Auftrages erhalten hat und aus der Geschäftsbesorgung erlangt hat, dem Auftraggeber **herausgeben**, § 667 BGB. Andererseits bekommt er von dem Auftraggeber gemäß § 670 BGB die Aufwendungen ersetzt, die er den Umständen nach für erforderlich halten durfte. **Aufwendungen** sind freiwillige Vermögensopfer. **Schäden**, also unfreiwillige Vermögensopfer, sind nach herrschender Meinung gemäß § 670 BGB als Aufwendungen zu ersetzen, wenn sie aufgrund der spezifischen Gefahren der Geschäftsbesorgung entstanden sind.

> Beispiel: A bittet den B, ihm beim Löschen des Wohnungsbrandes zu helfen. Wird beim Löschen die Kleidung des B beschädigt, muß A dem B gemäß § 670 BGB die Kleidung ersetzen.

3. Beendigung

Der Auftrag kann gemäß § 671 I BGB vom Auftraggeber jederzeit **widerrufen** oder von dem Beauftragten jederzeit **gekündigt** werden. Der Beauftragte muß jedoch beachten, ob der Auftraggeber das Geschäft anderweit besorgen lassen kann. Ist das nicht der Fall, darf er nur bei einem wichtigen Grund kündigen. Kündigt er ohne wichtigen Grund zu dieser Unzeit, so hat er dem Auftraggeber den daraus entstehenden Schaden zu ersetzen, § 671 II BGB.

IV. Geschäftsbesorgungsvertrag

Ein Geschäftsbesorgungsvertrag ist ein gegenseitig verpflichtender Dienst- oder Werkvertrag, der eine Geschäftsbesorgung zum Gegenstand hat, vgl. § 675 BGB. **Geschäftsbesorgung** im Sinne des § 675 BGB ist eine selbständige Tätigkeit wirtschaftlicher Art, für die ursprünglich der Geschäftsherr selbst zu sorgen hatte, die ihm aber durch einen anderen, den Geschäftsführer, abgenommen wird. Es muß sich um eine Tätigkeit aus dem Bereich des Geschäftsherren handeln, deren Folgen den Geschäftsherrn treffen.

---

[246] Zum Zustandekommen eines Vertrages siehe oben die 11. Lektion, I. Zustandekommen des Vertrages.
[247] Zum Vertrauensschaden siehe oben die 10. Lektion, VI. 1. Vertrauensschaden.

> Beispiel: Die Führung eines Girokontos durch eine Bank ist eine typische Geschäftsbesorgung. Hier nimmt die Bank im Interesse des Bankkunden z. B. Überweisungen vor, deren Wert dem Bankkunden in Rechnung gestellt oder gutgeschrieben wird.

Ein Geschäftsbesorgungsvertrag kommt wie jeder Vertrag durch zwei übereinstimmende Willenserklärungen zustande. Allerdings gilt gemäß § 362 HGB eine **Besonderheit für Kaufleute**, deren Gewerbebetrieb die Besorgung von Geschäften für andere mit sich bringt, wie das z. B. bei Banken der Fall ist. Geht ihnen ein Antrag über die Besorgung von Geschäften von jemandem zu, mit dem sie in Geschäftsverbindung stehen oder gegenüber dem sie sich zur Besorgung von solchen Geschäften erboten haben, müssen sie unverzüglich antworten. Ihr Schweigen gilt als Annahme des Antrags[248]. Erfüllen sie ihre Geschäftsbesorgungspflichten aus dem so ausnahmsweise durch Schweigen zustandegekommenen Vertrag nicht, haften sie gegebenenfalls auf Schadensersatz wegen Nichterfüllung.

> Beispiel: Ein langjähriger Kunde schickt seiner Bank einen Brief mit der Bitte, für ihn sofort Aktien der Glückauf-AG zu kaufen. Die Bank antwortet nicht. Einige Zeit später, als die Aktien der Glückauf-AG gestiegen sind, stellt sich heraus, daß die Bank die Geschäftsbesorgung nicht ausgeführt hat. Hier hat der Kunde einen Anspruch aus einem Geschäftsbesorgungsvertrag zwischen ihm und der Bank. Der Geschäftsbesorgungsvertrag war durch seinen Brief als Angebot und dem Schweigen der Bank, das gemäß § 362 I a. E. HGB als Annahme gilt, zustandegekommen. Die Bank hat ihre Pflicht aus dem Geschäftsbesorgungsvertrag, die nunmehr zeitlich unmöglich ist, nicht erfüllt. Sie haftet daher dem Kunden aus § 325 BGB auf Schadensersatz wegen Nichterfüllung und muß dem Kunden den Kursgewinn ersetzen.

Für den Geschäftsbesorgungsvertrag gelten neben den Vorschriften zum Dienst- oder Werkvertrag die in § 675 BGB genannten Vorschriften zum Auftrag. Damit ist auch bei einem Geschäftsbesorgungsvertrag der Geschäftsführer gemäß § 667 BGB verpflichtet, alles **herauszugeben**, was er aus der Geschäftsbesorgung erlangt hat. Der Geschäftsherr ist verpflichtet, dem Geschäftsführer die **Aufwendungen zu ersetzen**, wenn diese nicht bereits durch das Entgelt gemäß §§ 611 I, 631 I BGB abgegolten sind.

> Beispiel: Bei der Überweisung von einem Girokonto kann die Bank das Konto des Kunden gemäß §§ 675, 670 BGB mit dem entsprechenden Betrag belasten. Bei einer eingehenden Überweisung muß sie den Betrag gemäß §§ 675, 667 BGB dem Konto gutschreiben und den Tagessaldo auf Verlangen dem Bankkunden auszahlen.

---

[248] Siehe auch oben die 12. Lektion, II. Schweigen auf einen Antrag gemäß § 362 HGB.

V. Wiederholungsfragen

1. Über welche Art von Diensten kann ein Dienstvertrag geschlossen werden?
2. Welche Regelungen gelten bei Leistungsstörungen im Dienstvertrag?
3. Unter welchen Umständen ist eine außerordentliche Kündigung des Dienstvertrages möglich?
4. Erklären Sie die Sphärentheorie!
5. Unter welchen Umständen ist die Arbeit schadensgeneigt?
6. Was ist unter dem „versprochenen Werk" im Sinne des § 631 I BGB zu verstehen?
7. Nennen Sie die Rechte des Bestellers bei mangelhafter Werkleistung!
8. Welche Besonderheiten sind beim Werklieferungsvertrag zu beachten?
9. Was ist ein Auftrag?
10. Was ist eine Geschäftsbesorgung im Sinne des § 675 BGB?

25. Lektion
Bereicherungsausgleich

Es kann vorkommen, daß ein Kausalgeschäft fehlt oder unwirksam ist. Aufgrund des Abstraktionsprinzips[249] ist dann die durch das Erfüllungsgeschäft vorgenommene Vermögensverschiebung dennoch wirksam. Denkbar ist auch, daß aus anderen Gründen eine Vermögensverschiebung stattgefunden hat, die letztlich dem Empfänger nicht zusteht. Durch die §§ 812 ff. BGB sollen derartig ungerechtfertigte Bereicherungen ausgeglichen werden. Das, was der andere zuviel hat, muß er herausgeben. Es geht nicht um Schadensersatz. Etwaige Nachteile werden von § 812 ff. BGB nicht (immer) ausgeglichen. Es wird nur das Zuviel, nicht das Zuwenig ausgeglichen.

> Beispiel: V verkauft und übereignet dem K einen neuen Personal Computer. Ist nun der Kaufvertrag, § 433 BGB, aus irgend einem Grund nichtig, wurde K gemäß § 929 BGB dennoch rechtswirksam Eigentümer des PC. Dieses Eigentum steht ihm aber nicht zu. Der Rechtsgrund, nämlich der Kaufvertrag, fehlt ja. K muß daher das Eigentum am PC gemäß §§ 812 ff. BGB als ungerechtfertigte Bereicherung an V herausgeben. Er muß ihn gemäß § 929 BGB zurückübereignen. Hat V einen Schaden erlitten, weil der PC in der Zwischenzeit technisch überholt ist und daher kaum noch einen Wert hat, bekommt er diesen Schaden gegebenenfalls aus anderen Vorschriften[250], aber grundsätzlich nicht gemäß §§ 812 ff. BGB ersetzt.

§ 812 I 1 BGB unterscheidet zwei Grundtatbestände, bei deren Vorliegen ein

---
[249] Zum Trennungs- und Abstraktionsprinzip siehe oben die 7. Lektion: Trennungs- und Abstraktionsprinzip.
[250] Hat V den Kaufvertrag z. B. gemäß § 123 BGB wegen arglistiger Täuschung angefochten, kommt für ihn ein Schadensersatzanspruch gemäß § 823 II BGB i. V. m. § 263 StGB in Betracht.

Anspruch auf Bereicherungsausgleich besteht. Zum einen besteht der Anspruch gegenüber dem, der „durch die Leistung eines anderen" „etwas ohne rechtlichen Grund erlangt". Man bezeichnet diesen Grundtatbestand als **Leistungskondiktion**. Zum anderen hat jemand einen Anspruch auf Bereicherungsausgleich gegenüber dem, der „in sonstiger Weise auf dessen Kosten" etwas erlangt. Zur Unterscheidung von der Leistungskondiktion faßt man diese Fälle unter dem Begriff **Bereicherung in sonstiger Weise** (Nichtleistungskondiktion) zusammen.

I. Bereicherung

Voraussetzung ist in beiden Alternativen des § 812 I 1 BGB, daß jemand „etwas erlangt" hat. Er muß bereichert sein, indem er irgend einen Vermögensvorteil erhält. Ein **Vermögensvorteil** ist nicht nur der Erwerb von Eigentum, einer Forderung oder die Befreiung von einer Schuld. Auch wenn jemand Aufwendungen, die er eigentlich selbst hätte bestreiten müssen, erspart, ist er im Sinne des § 812 I 1 BGB bereichert.

> Beispiel: P fliegt als blinder Passagier von Hamburg nach New York. Hier ist das Vermögen des P zwar vorher und nachher gleich groß. Er hat aber die Aufwendungen für den Flug gespart. Um den Wert der Flugreise ist er daher im Sinne des § 812 I 1 BGB bereichert.

II. Leistungskondition

Bei der Leistungskondiktion, § 812 I 1 1. Alt. BGB, muß die Bereicherung durch die **Leistung** eines anderen eingetreten sein.

Nach heute herrschender Meinung ist eine **Leistung** im Sinne des § 812 I 1 BGB die bewußte, zweckgerichtete Vermehrung fremden Vermögens. Als Vermehrung fremden Vermögens kommt dabei jede Bereicherung im oben genannten Sinne in Betracht. Die Vermehrung des fremden Vermögens muß **bewußt**, also mit dem Willen des Entreicherten, erfolgt sein. Ohne Willen des Entreicherten liegt keine Leistung vor. Es kommt eine Bereicherung in „sonstiger Weise" in Betracht.

> Beispiel: Student S sortiert seine Nachlieferung neuer Gesetzestexte in, wie er glaubt, seine Gesetzessammlung. Später stellt sich heraus, daß er in der Bibliothek die Gesetzessammlung seines Platznachbarn X mit der seinen verwechselt hat. Hier hat S seine Nachlieferung neuer Gesetzestexte und die Arbeit des Einsortierens nicht an X im Sinne des § 812 I 1 1. Alt BGB „geleistet". In Betracht kommt aber eine Bereicherung des X in „sonstiger Weise".

Zweckgerichtet ist die Leistung, wenn sie darauf zielt, eine Schuld zu tilgen. Möglich sind auch andere Zwecke.

25. Lektion: Bereicherungsausgleich

> Beispiel: R wirft ein 5-DM-Stück in einen Zigarettenautomaten. Zweck dieser Übereignung des Geldes an den Inhaber des Automaten ist der Abschluß eines Kaufvertrages über eine Schachtel Zigaretten mit der anschließenden Übereignung der Zigaretten. Eine Schuld bestand vor Einwurf des Geldes nicht.

Durch die Leistung wird ein **Leistungsverhältnis** begründet. Aus diesem Leistungsverhältnis ergibt sich, wer Gläubiger und wer Schuldner des Bereicherungsanspruchs ist. Der Leistende ist **Gläubiger**; der Leistungsempfänger der **Schuldner** des Bereicherungsausgleichs. Sind nur zwei Personen beteiligt, ist das noch ganz einfach:

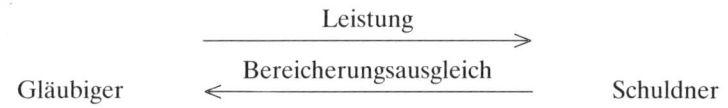

$$\text{Gläubiger} \quad \xrightarrow{\text{Leistung}} \quad \text{Schuldner}$$
$$\text{Gläubiger} \quad \xleftarrow{\text{Bereicherungsausgleich}} \quad \text{Schuldner}$$

Das gleiche Schema gilt, wenn eine oder mehrere Hilfspersonen oder Zahlstellen beteiligt sind. Die Hilfspersonen oder Zahlstellen verfolgen keinen eigenen Leistungszweck. Auch wenn sie die Leistung ausführen, sind sie nicht Leistende. Umgekehrt werden sie beim Empfang der Leistung nicht bereichert.

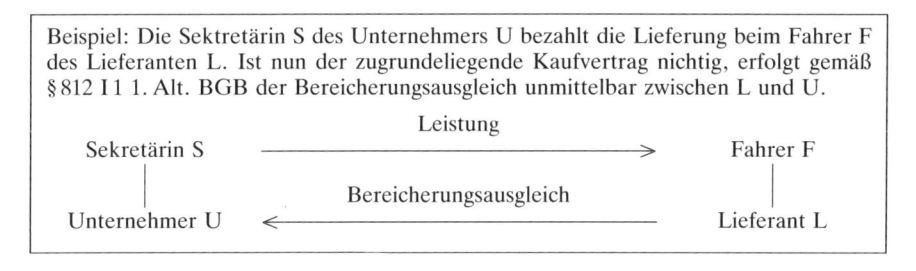

> Beispiel: Die Sekretärin S des Unternehmers U bezahlt die Lieferung beim Fahrer F des Lieferanten L. Ist nun der zugrundeliegende Kaufvertrag nichtig, erfolgt gemäß § 812 I 1 1. Alt. BGB der Bereicherungsausgleich unmittelbar zwischen L und U.
>
> $$\text{Sekretärin S} \quad \xrightarrow{\text{Leistung}} \quad \text{Fahrer F}$$
> $$\text{Unternehmer U} \quad \xleftarrow{\text{Bereicherungsausgleich}} \quad \text{Lieferant L}$$

1. Leistung im Dreiecksverhältnis

Schwierig wird die Beteiligung mehrerer Personen, wenn an eine Person die Zuwendung erbracht wird; der Leistungszweck aber gegenüber einer anderen Person besteht. Solche Fälle kommen bei sogenannten Anweisungen, Bezahlungen fremder Schulden oder Verträgen zugunsten Dritter[251] vor. Diesen Fällen ist gemeinsam, daß der Schuldner die Zuwendung nicht an den Gläubiger erbringt, sondern in dessen Interesse direkt an den Dritten. Der Schuldner begleicht damit seine Schuld gegenüber dem Gläubiger; der Gläubiger seine Schuld gegenüber dem Dritten.

---

[251] Zum Vertrag zugunsten Dritter siehe oben die 21. Lektion, I. Vertrag zugunsten Dritter.

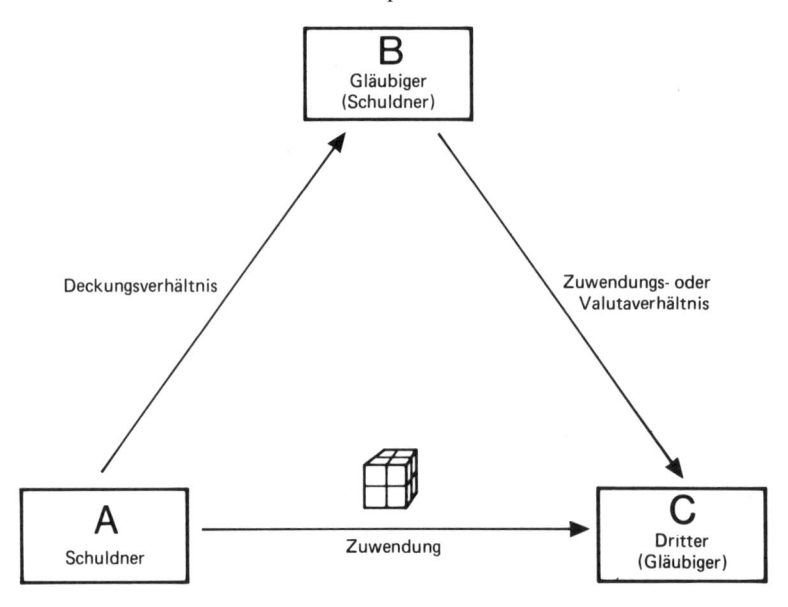

```
                    ┌─────────────┐
                    │      B      │
                    │  Gläubiger  │
                    │ (Schuldner) │
                    └─────────────┘
                     ↗           ↘
    Deckungsverhältnis      Zuwendungs- oder
                            Valutaverhältnis

┌─────────────┐                    ┌─────────────┐
│      A      │    Zuwendung       │      C      │
│  Schuldner  │ ─────────────────→ │   Dritter   │
│             │                    │ (Gläubiger) │
└─────────────┘                    └─────────────┘
```

In diesen Fällen liegen einer Zuwendung zwei (schuldrechtliche) Rechtsverhältnisse, nämlich das Deckungsverhältnis und das Valutaverhältnis zugrunde. Bereicherungsrechtlich sind dementsprechend zwei Leistungen zu unterscheiden.

> Beispiel: A verkauft eine Sache an B, der sie an C weiterveräußert. B bittet A, die Sache direkt an C zu liefern. In diesem Fall besteht zwischen A und B im Deckungsverhältnis und zwischen B und C im Valutaverhältnis je ein Kaufvertrag gemäß § 433 BGB. Mit der Lieferung von A an C begleicht A seine Schuld im Deckungsverhältnis gegenüber B und B seine Schuld im Valutaverhältnis gegenüber C. Es werden damit zwei Leistungen, eine von A an B und eine von B an C bewirkt.

In diesen Fällen findet der Bereicherungsausgleich grundsätzlich[251a] nur zwischen den Parteien der jeweiligen Leistung statt.

> Beispiel (Fortsetzung): Ist der Kaufvertrag zwischen A und B nichtig, findet der Bereicherungsausgleich zwischen A und B statt. B muß A die Sache herausgeben. Da er sie nicht mehr hat – sie wurde ja an C geliefert – muß er gegebenenfalls den Wert ersetzen, § 818 II BGB. Ist der Kaufvertrag zwischen B und C nichtig, findet der Bereicherungsausgleich zwischen B und C statt. C muß die Sache, die er von A bekommen hat, an B herausgeben.

Das gilt auch bei einem sogenannten Doppelmangel, wenn beide Kausalverhältnisse aus irgend einem Grund unwirksam sind. Ein Durchgriff kommt nach herrschender Meinung nicht in Betracht.

[251a] Eine Ausnahme ist z. B. der Fall des § 822 BGB.

> Beispiel (Fortsetzung): Sind sowohl der Kaufvertrag zwischen A und B, als auch der zwischen B und C unwirksam, kann nicht A gemäß § 812 I 1 1. Alt. BGB von C die Sache herausverlangen; er muß sich an B halten. B hat seinerseits einen Bereicherungsanspruch gemäß § 812 I 1 1. Alt. BGB gegenüber C.

Nur so können etwaige Einwendungen aus dem Kausalverhältnis und das Insolvenzrisiko zwischen den Parteien erhalten bleiben, die sich mit der Begründung des Kausalverhältnisses darauf eingelassen haben.

> Beispiel (Fortsetzung): Ist bei einem Doppelmangel C insolvent, kann A dennoch seinen Bereicherungsanspruch gegenüber B gemäß § 812 I 1 1. Alt. BGB durchsetzen. Das Insolvenzrisiko realisiert sich bei B. B hat sich ja auf den (nun unwirksamen) Kaufvertrag mit dem jetzt insolventen C eingelassen.

Nicht immer ist eindeutig, wer an wen leistet. Es kann vorkommen, daß aus der Sicht des Leistenden ein anderes Leistungsverhältnis besteht, als aus der Sicht des Leistungsempfängers. Nach herrschender Meinung entscheidet die objektive Betrachtungsweise aus der Sicht des Empfängers.

> Beispiel: C bestellt bei A Lieferung und Einbau von Installationsmaterial, § 651 BGB. A kauft bei B im Namen des C, jedoch ohne von ihm bevollmächtigt zu sein, das Installationsmaterial und baut es in das Haus des C ein. Hier hat B aus seiner Sicht an C geleistet. Er wollte ja den vermeintlichen, aber mangels Vertretungsmacht des A unwirksamen Kaufvertrag mit C erfüllen. Aus Sicht des C hat A geleistet, um seine Pflicht aus dem Werklieferungsvertrag zu erfüllen. Nach herrschender Meinung entscheidet die Sicht des C. B hat keinen Bereicherungsanspruch gemäß § 812 I 1 1 BGB gegenüber C. B muß sich an den Vertreter ohne Vertretungsmacht A halten, § 179 BGB.

2. Fehlen des rechtlichen Grundes

Von der Leistung und deren Zweck hängt es ab, welcher rechtliche Grund maßgeblich ist. Nur wenn der rechtliche Grund fehlt, besteht ein Anspruch auf Bereicherungsausgleich gemäß § 812 I 1 1. Alt. BGB. Der rechtliche Grund kann fehlen, weil der zugrundeliegende, verpflichtende Vertrag z. B. wegen Geschäftsunfähigkeit einer der Parteien nichtig, § 105 I BGB, oder wegen fehlender Genehmigung, vgl. § 177 BGB, unwirksam ist. Es kann auch sein, daß der rechtliche Grund gleich gar nicht zustandegekommen ist.

> Beispiel: R wirft ein 5-DM-Stück in einen Zigarettenautomaten. Der Automat ist aber leer und das Geldstück verklemmt im Einwurfkanal. Hier hat R einen Anspruch auf Herausgabe des 5-DM-Stückes gegenüber dem Automateninhaber gemäß § 812 I 1 1. Alt. BGB, da der rechtliche Grund, nämlich der Kaufvertrag über eine Schachtel Zigaretten, nicht zustandegekommen ist.

Besteht der rechtliche Grund zuerst und fällt später weg, kommt ein Bereicherungsanspruch gemäß § 812 I 2 1. Alt. BGB in Betracht. Ebenso besteht ein Bereicherungsanspruch, wenn der mit der Leistung nach dem Inhalt des Rechtsgeschäfts bezweckte Erfolg nicht eintritt, § 812 I 2 2. Alt. BGB oder wenn der Verbindlichkeit, die mit der Leistung erfüllt werden sollte, eine dauernde Einrede[252] entgegensteht, § 813 BGB.

3. Ausschluß der Leistungskondiktion

Die Rückforderung ist gemäß § 817 S. 2 BGB ausgeschlossen, wenn der Leistende und der Empfänger durch die Leistung gegen ein gesetzliches Verbot oder gegen die guten Sitten verstoßen haben. Entsprechendes gilt, wenn nur dem Leistenden ein solcher Verstoß zur Last fällt.

> Beispiel: Der Darlehensvertrag eines wucherähnlichen Darlehens ist gemäß § 138 I BGB nichtig. Der Rechtsgrund der Darlehenshingabe fehlt damit. Der Darlehensnehmer ist um die Überlassung des Darlehens für die vereinbarte Zeit bereichert. Dennoch kann der Darlehensgeber nach herrschender Rechtsprechung das Darlehen während der vereinbarten Laufzeit nicht gemäß § 812 I 1 BGB zurückfordern, da er mit dem wucherähnlichen Darlehen gegen die guten Sitten verstoßen hat, § 817 S. 2 BGB.

Vergleiche im übrigen zum Ausschluß der Leistungskondiktion die §§ 814, 815 BGB. § 817 S. 1 BGB geht diesen Vorschriften jedoch vor.

III. Bereicherung in sonstiger Weise

Ist die Bereicherung nicht durch eine Leistung erfolgt, kommt ein Bereicherungsausgleich gemäß § 812 I 1 2. Alt. BGB wegen Bereicherung in sonstiger Weise in Betracht. Er ist subsidiär (nachrangig) gegenüber der Leistungskondiktion. Eine Bereicherung in sonstiger Weise kann durch einen Eingriff in fremdes Vermögen erfolgen. Es ist dann ein Fall der **Eingriffskondiktion** gegeben.

> Beispiel: D stiehlt beim Bäcker B eine Torte und ißt sie auf.

Möglich ist auch, daß der Eigentümer unbewußt eine fremde Sache verbessert, z. B. darauf Verwendungen macht. Der Bereicherungsausgleich erfolgt dann durch die sogenannte **Verwendungskondiktion**.

> Beispiel: Student S sortiert seine Nachlieferung neuer Gesetzestexte in, wie er glaubt, seine Gesetzessammlung. Später stellt sich heraus, daß er in der Bibliothek die Gesetzessammlung seines Platznachbarn X mit der seinen verwechselt hat.

Schließlich liegt eine Bereicherung in sonstiger Weise vor, wenn ein Dritter den

---

[252] Vgl. z. B. §§ 821, 853 BGB.

Schuldner von dessen Schulden gegenüber dem Gläubiger befreit. Dieser Fall der **Rückgriffskondiktion** ist aber sehr selten.

In allen Fällen der Bereicherung in sonstiger Weise verliert der Bereicherungsgläubiger ein Recht, das nach dessen **Zuweisungsgehalt** dem Bereicherten nicht zusteht.

1. Fehlen des rechtlichen Grundes

Der Zuweisungsgehalt des Rechts, um das der andere bereichert ist, bestimmt auch, ob für diese Bereicherung ein rechtlicher Grund gegeben ist. Die Bereicherung ist **ohne rechtlichen Grund** erfolgt, wenn dem Bereicherten der erlangte Vorteil **nach der Rechtsordnung nicht gebührt**.

> Beispiel: S benutzt das Bild des berühmten G ohne dessen Einwilligung im Rahmen einer Werbesendung. Hier gebührt das Recht am eigenen Bild dem G, vgl. § 22 KunstUrhG. S muß gemäß § 812 I 1 2. Alt. BGB das, was er aus der Verwertung des Bildes erlangt hat, an G herausgeben.

2. Verfügung eines Nichtberechtigten

Ein besonderer Fall der Eingriffskondiktion ist die Verfügung eines Nichtberechtigten, die gegenüber dem Berechtigten wirksam ist.

> Beispiel: B leiht dem A für eine Ferienfahrt sein Fernglas. A verkauft das Fernglas im eigenen Namen für 200 DM an den gutgläubigen C und übereignet es ihm. Hier erwirbt C gemäß § 929, 932 BGB das Eigentum am Fernglas, obwohl A nicht zur Verfügung über das Fernglas berechtigt ist. B verliert damit sein Eigentum.

Gemäß § 816 I 1 BGB ist der Nichtberechtigte zur Herausgabe des „durch die Verfügung Erlangten" verpflichtet. Da durch eine Verfügung[253] nichts erlangt werden kann, ist gemeint, daß das aus der der Verfügung zugrundeliegenden Kausalgeschäft Erlangte herausgegeben werden muß.

> Beispiel (Fortsetzung): A muß die 200 DM, die er als Kaufpreis erhalten hat, dem B gemäß § 816 I 1 BGB herausgeben.

Hat der Nichtberechtigte durch das der Verfügung zugrundeliegende Kausalgeschäft nichts erlangt, weil er z. B. den Gegenstand verschenkt hat, ist die Person, die dadurch einen Vorteil erlangt hat, also z. B. der Beschenkte, gemäß § 816 I 2 BGB zur Herausgabe verpflichtet.

---

[253] Zur Verfügung siehe oben die 6. Lektion, III. 1. c) Unterscheidung nach der Rechtswirkung.

IV. Umfang des Bereicherungsausgleichs

Gemäß §§ 812 ff. BGB ist grundsätzlich das Erlangte in original herauszugeben. Im übrigen bestimmen §§ 818 ff. BGB Art und Umfang des Bereicherungsausgleichs. Hierzu stellt § 818 I BGB erst einmal klar, daß auch die gezogenen Nutzungen (§§ 99, 100 BGB) und das, was der Bereicherte aus dem Erlangten oder für das Erlangte erhalten hat, herauszugeben ist.

> Beispiel: K hat von V einen Personal Computer aufgrund eines unwirksamen Kaufvertrages übereignet bekommen und seit 3 Monaten in Besitz. Er muß, von V gemäß §§ 812 I 1 1. Alt., 818 I BGB auf Herausgabe in Anspruch genommen, nicht nur den PC, sondern auch den Gebrauchsvorteil für die 3 Monate ersetzen. Den Gebrauchsvorteil muß er allerdings nur dann ersetzen, wenn er den PC benutzt hat. Nicht ersetzen muß er einen Wertverlust, den der PC durch Abnutzung oder aufgrund einer neuen technischen Entwicklung erlitten hat. Ist der PC in der Zwischenzeit bei einem Wohnungsbrand zerstört worden, muß K gegebenenfalls seinen Anspruch aus der Hausratversicherung an V abtreten.

Ist die Herausgabe wegen der Art des Erlangten nicht möglich oder kann der Bereicherte das Erlangte aus einem anderen Grund nicht herausgeben, muß er gemäß § 818 II BGB den Wert ersetzen.

> Beispiel: Geleistete Arbeit, ein ausgeführter Transport, verbrauchter Kraftstoff, eine aufgegessene Torte können nicht (mehr) herausgegeben werden; hier muß gemäß § 818 II BGB der Wert ersetzt werden, soweit nicht gemäß § 818 III BGB eine Entreicherung eingetreten ist.

Gemäß § 818 III BGB besteht keine Pflicht zur Herausgabe, soweit der Empfänger nicht mehr bereichert ist. Die Herausgabe der Bereicherung soll für den Bereicherten ja nicht zu einer Verminderung seines Vermögens führen. Es soll nur das abgeschöpft werden, was bei einer Gegenüberstellung der erlangten Vorteile und der erlittenen Nachteile als Überschuß bleibt.

> Beispiel: Ist der herauszugebende PC in der Zwischenzeit bei einem Wohnungsbrand zerstört worden, ist K insoweit nicht mehr bereichert. Er muß nicht aus eigenen Mitteln hierfür Ersatz leisten. (Einen Anspruch aus der Hausratversicherung muß er aber gegebenenfalls an V abtreten; insoweit ist er ja bereichert, vgl. § 818 I BGB.)

Eine verschärfte Haftung besteht aber, wenn der Bereicherte auf Herausgabe verklagt wird. Ab Rechtshängigkeit[254] der Klage haftet er gemäß § 818 IV BGB nach den allgemeinen Vorschriften. Das gleiche gilt, wenn der Empfänger bei der Bereicherung weiß oder später erfährt, daß er ungerechtfertigt bereichert ist,

---

[254] Vgl. § 261 ZPO; siehe zur Klageerhebung und Rechtshängigkeit auch oben die 2. Lektion, VII. Klage und IX. Rechtshängigkeit.

§ 819 I BGB, oder wenn er durch die Annahme der Leistung gegen ein gesetzliches Verbot oder gegen die guten Sitten verstoßen hat, § 819 II BGB. Er muß dann gemäß § 291 BGB eine Geldschuld verzinsen und gemäß §§ 292, 987 II BGB Wertersatz auch für die Nutzungen leisten, die er nicht gezogen hat, aber hätte ziehen können. Insgesamt haftet er dem Bereicherungsgläubiger gemäß §§ 292, 989 BGB auf Ersatz des Schadens, der durch sein Verschulden entsteht.

> Beispiel: Wird der herauszugebende PC nach Rechtshängigkeit der Herausgabeklage oder bei Bösgläubigkeit des K bei einem von K fahrlässig verursachten Wohnungsbrand zerstört, muß K dem V Schadensersatz leisten; unabhängig davon, ob er einen Anspruch aus einer Hausratversicherung hat.

V. Wiederholungsfragen

1. Aufgrund welcher beiden Grundtatbestände gewährt § 812 I 1 BGB einen Anspruch auf Ausgleich der Bereicherung?
2. Unter welchen Umständen ist jemand im Sinne des § 812 I 1 BGB bereichert?
3. Was ist eine Leistung im Sinne des § 812 I 1 1. Alt. BGB?
4. Wer ist bei einer Bereicherung durch Leistung eines anderen Schuldner des Bereicherungsausgleichs, wer ist Gläubiger?
5. Welche Sicht entscheidet, wenn aus der Sicht des Leistenden ein anderes Leistungsverhältnis besteht, als aus der Sicht des Leistungsempfängers?
6. In welchem Verhältnis steht der Bereicherungsausgleich gemäß § 812 I 1 2. Alt. BGB wegen Bereicherung in sonstiger Weise zur Leistungskondiktion?
7. Unterscheiden Sie die verschiedenen Fälle der Bereicherung in sonstiger Weise stichwortartig!
8. Unter welchen Umständen ist die Bereicherung in sonstiger Weise ohne rechtlichen Grund erfolgt?
9. Was ist gemäß §§ 812 ff. BGB herauszugeben?
10. Unter welchen Umständen besteht keine Pflicht zur Herausgabe und unter welchen Umständen besteht eine verschärfte Haftung?

26. Lektion
Deliktsrecht

Das Deliktsrecht begründet wie das Bereicherungsrecht ein gesetzliches Schuldverhältnis. Es soll jedoch nicht, wie das Bereicherungsrecht, eine ungerechtfertigte Vermögensvermehrung abschöpfen, sondern den Schaden ausgleichen. Es wird das Zuwenig, nicht das Zuviel ausgeglichen.

Hierzu begründet das Deliktsrecht zum einen die **Verschuldenshaftung**. Danach haftet der Schädiger für sein schuldhaftes, unerlaubtes Verhalten. Den daraus folgenden Schaden muß er ersetzen.

> Beispiel: Gemäß § 823 BGB (unerlaubte Handlung), § 823 I BGB (Verstoß gegen ein Schutzgesetz), § 824 BGB (Kreditgefährdung), § 825 BGB (Verletzung der Geschlechtsehre), § 826 BGB (vorsätzliche, sittenwidrige Schädigung), Art. 34 GG i. V. m. § 839 BGB (Amtspflichtverletzung) ist ein Verschulden Voraussetzung der Schadensersatzpflicht.

Zum anderen ist in einigen Vorschriften die Haftung so gestaltet, daß ein Verschulden des Schädigers vermutet wird; es besteht eine **Haftung aus widerleglich vermutetem Verschulden**. Der Schädiger kann sich im Einzelfall „exculpieren" (entschuldigen), das heißt, er kann nachweisen, daß ihn kein Verschulden trifft. Er haftet dann nicht.

> Beispiel: In § 831 BGB (Haftung für Verrichtungsgehilfen), § 832 BGB (Haftung des Aufsichtspflichtigen), § 833 S. 2 BGB (Haftung des Tierhalters eines Berufshaustiers), § 834 BGB (Haftung des Tieraufsehers), § 836 ff. BGB (Haftung bei Einsturz eines Bauwerks), § 18 I StVG (Haftung des Fahrzeugführers) wird ein Verschulden des Schadensersatzpflichtigen vermutet. Er kann sich aber exculpieren.

Schließlich kommt eine Haftung auch ganz unabhängig von einem Verschulden in Betracht. Grund der Haftung ist nicht ein schuldhaftes Verhalten, sondern die Verursachung eines erlaubten Risikos, das sich verwirklicht und zu einem Schaden führt. Für den aus dem Risiko folgenden Schaden besteht eine **Gefährdungshaftung**.

> Beispiel: § 231 BGB (irrtümliche Selbsthilfe), § 833 S. 1 BGB (Haftung des Tierhalters), § 7 I StVG (Haftung des Fahrzeughalters) und § 1 ProdHaftG sind Vorschriften, die eine Gefährdungshaftung begründen.

Im folgenden wird über die wichtigsten Vorschriften des Deliktsrechts ein kurzer Überblick gegeben.

I. Unerlaubte Handlung

Gemäß § 823 I BGB ist zum Schadensersatz verpflichtet, wer vorsätzlich oder fahrlässig das Leben, den Körper, die Gesundheit, die Freiheit, das Eigentum oder ein sonstiges Recht eines anderen widerrechtlich verletzt.

Es lassen sich, wie bei jeder Anspruchsgrundlage, Rechtsfolge und Tatbestand unterscheiden[255]. Die Rechtsfolge, nämlich die Verpflichtung zum Schadensersatz, ist nur gegeben, wenn der Tatbestand verwirklicht ist.

---

[255] Zu Tatbestand und Rechtsfolge siehe auch oben die 8. Lektion, I. Anspruchsgrundlage.

Der Tatbestand des § 823 I BGB läßt sich in den objektiven Tatbestand, die Rechtswidrigkeit und den subjektiven Tatbestand unterteilen. Der **objektive Tatbestand** umfaßt die äußerlich erkennbaren Tatbestandsmerkmale. Danach muß eine Handlung zur Verletzung einer der genannten Rechtsgüter geführt haben. Die **Rechtswidrigkeit** ist gegeben, wenn die Verletzung einer der genannten Rechtsgüter der Rechtsordnung widerspricht. Der **subjektive Tatbestand** verlangt Vorsatz oder Fahrlässigkeit, also Verschulden. Das Verschulden setzt Verschuldensfähigkeit voraus. Zwischen Handlung und Verletzung eines der genannten Rechtsgüter einerseits und Verletzung und dem daraus entstandenen Schaden andererseits muß ein Kausalzusammenhang bestehen[256].

Objektiver Tatbestand
Handlung
Verletzung eines Rechtsguts
+
Rechtswidrigkeit
+
Subjektiver Tatbestand
Verschuldensfähigkeit
Verschulden
=
Schadensersatz

1. Handlung

Eine Handlung ist ein menschliches Verhalten, das vom Willen beherrschbar ist. Die Handlung kann in einem Tun oder in einem Unterlassen bestehen. Unterlassen ist aber nicht jedes Nichtstun. Nichtstun ist nur dann ein Unterlassen und damit eine Handlung im Rechtssinne, wenn eine Pflicht zum Tun besteht. Eine Pflicht zum Tun kann aus Gesetz, Vertrag oder vorangegangenem Tun folgen.

Beispiel: K ist bei der Familie F als Kindermädchen angestellt, § 611 BGB. Bei einem Spaziergang mit der Familie fällt das 5jährige Kind in eine nicht gesicherte Baugrube. Hier hat es K unterlassen, das Kind vor dem Sturz zu bewahren, da sie gemäß dem Kinderbetreuungs**vertrag** mit der Familie F zur Aufsicht über das Kind verpflichtet war. Das gleiche gilt für die Eltern. Sie sind aufgrund **Gesetzes**, §§ 1626 I, 1631 I

---

[256] Zur Kausalität siehe oben die 20. Lektion, I. 3. Kausalität.

BGB, zur Aufsicht über ihre Kinder verpflichtet. Derjenige, der die Baugrube ausgehoben, aber nicht gesichert hat, hat es unterlassen, den Unfall durch Sicherheitsmaßnahmen zu verhindern. Hierzu war er aufgrund seines **vorangegangenen Tuns**, dem Ausheben der Baugrube, verpflichtet.

Zwar haben sich auch andere, entfernte Spaziergänger nicht um das Kind gekümmert. Sie waren hierzu aber nicht verpflichtet. Ihr Nichtstun ist kein Unterlassen.

2. Verletzung der Rechtsgüter

Durch die Handlung muß ein in § 823 I BGB genanntes Rechtsgut verletzt worden sein.

Das **Leben** ist verletzt, wenn der Lebende durch die Handlung getötet wird. Die Hinterbliebenen haben dann gegebenenfalls einen Anspruch auf Schadensersatz, vgl. §§ 844 f. BGB.

Der **Körper** oder die **Gesundheit** werden durch jeden Eingriff verletzt, der die körperlichen, geistigen oder seelischen Lebensvorgänge stört.

Die **Freiheit** ist verletzt, wenn die körperliche Bewegungsfreiheit entzogen oder zu einer Handlung genötigt wird.

Das **Eigentum** kann durch Zerstörung, Beschädigung, Verunstaltung oder Entzug der Sache verletzt werden. Auch die Beeinträchtigung der Gebrauchsmöglichkeit kann eine Eigentumsverletzung sein. Die Gebrauchsmöglichkeit muß aber nicht nur für den Eigentümer und nicht nur vorübergehend ganz aufgehoben sein.

Beispiel: R ist Eigentümer zweier Binnenschiffe, die eine an einem Kanal gelegene Mühle beliefern. Durch den von S verschuldeten Einsturz eines Teils der Kanalmauer wird ein Schiff bei der Mühle eingesperrt, das andere Schiff wird ausgesperrt. Beide Schiffe werden nicht beschädigt.
Hier ist nur das Eigentum am eingesperrten Schiff, nicht aber am ausgesperrten Schiff verletzt. Die Gebrauchsmöglichkeit des eingesperrten Schiffs ist völlig aufgehoben. Es kann keinen Transport unternehmen. Die Gebrauchsmöglichkeit des ausgesperrten Schiffs ist dagegen nicht ganz aufgehoben. Es kann zwar die Mühle nicht mehr beliefern; es kann aber andere Transporte ausführen.

Als **sonstige Rechte** im Sinne des § 823 I BGB sind vor allem das Recht am eingerichteten und ausgeübten Gewerbebetrieb und das allgemeine Persönlichkeitsrecht zu beachten.

Das **Recht am eingerichteten und ausgeübten Gewerbebetrieb** wurde von der Rechtsprechung entwickelt. Es ist ein Auffangtatbestand, der die unternehmerische Tätigkeit schützen soll, soweit sie nicht durch spezielle Vorschriften[257] geschützt ist.

---

[257] Z.B. Gesetz gegen den unlauteren Wettbewerb (UWG) vom 7. Juni 1909 (RGBl. S. 499), Schönfelder, Deutsche Gesetze, Nr. 73; Gesetz gegen Wettbewerbsbe-

Schadensersatz gemäß § 823 I BGB wegen Verletzung des Rechts am eingerichteten und ausgeübten Gewerbebetrieb kommt daher nur in Betracht, wenn **nicht ein anderes Rechtsgut**, vor allem das Eigentum, verletzt ist.

> Beispiel: S beschädigt ein Stromkabel. Wegen des Stromausfalls verderben in der Tiefkühltruhe im Betrieb des G 500 Portionen Speiseeis. Hier kommt nur ein Anspruch auf Schadensersatz gemäß § 823 I BGB wegen Verletzung des Eigentums des S an dem Speiseeis in Betracht.

Außerdem muß der Eingriff in den eingerichteten und ausgeübten Gewerbebetrieb **unmittelbar betriebsbezogen** erfolgen. Keine Verletzung des Rechts am eingerichteten und ausgeübten Gewerbebetrieb ist die nur mittelbare Schädigung des Betriebs.

> Beispiel (Fortsetzung): Mußte der Betrieb wegen des Stromausfalls ruhen, ist auch wegen des Gewinnausfalls kein Anspruch auf Schadensersatz gemäß § 823 I BGB wegen einer Verletzung des Rechts am eingerichteten und ausgeübten Gewerbebetrieb gegeben, wenn die Zerstörung des Kabels, z. B. bei Bauarbeiten auf einem Nachbargrundstück, nicht gegen den Betrieb gerichtet war. Ein Eingriff in den eingerichteten und ausgeübten Gewerbebetrieb ist aber dann gegeben, wenn S, z. B. als Konkurrent oder als Streikposten eines illegalen Streiks, den Betrieb durch die Unterbrechung der Stromleitung lahmlegen wollte.

Das **allgemeine Persönlichkeitsrecht** ist schon in Artt. 1 I, 2 I GG genannt. In verfassungskonformer Auslegung wird es als ein subjektives Recht auf Achtung und Entfaltung der Persönlichkeit anerkannt und als sonstiges Recht durch § 823 I BGB geschützt. Es umfaßt in Fallgruppen den Schutz der persönlichen Ehre und abgestuft den Schutz der Intim-, Privat- und Individualsphäre. Die **Intimsphäre** umfaßt die Gedanken und Gefühle. Sie äußert sich z. B. in Krankengeschichten, in Tagebüchern, in privaten Briefen und im Sexualleben. Die **Privatsphäre** ist der private Lebensraum, vor allem im Haus und in der Familie. Die **Individualsphäre** beinhaltet die persönliche Eigenart im Verhältnis zur Umwelt, wie im Berufsleben und in der Öffentlichkeit.

Die persönliche Ehre wird z. B. bei Beleidigungen verletzt. Die Intim-, Privat- und Individualsphäre kann verletzt werden, wenn in sie, z. B. durch heimliche Bild- oder Tonaufnahmen, eingedrungen wird oder wenn Angelegenheiten aus ihr der Öffentlichkeit preisgegeben werden; insbesondere, wenn dabei ein falscher Eindruck erweckt wird.

> Beispiel: G läßt sich für ein Biologiebuch nackt fotografieren. Später wird ohne sein Einverständnis das Bild in einer Illustrierten veröffentlicht. Hier liegt eine Verletzung seiner Intimsphäre vor.

---

schränkungen (GWB) in der Fassung der Bekanntmachung vom 20. Februar 1990 (BGBl. I S. 235); § 824 BGB.

3. Rechtswidrigkeit

Bei Verletzung der in § 823 I BGB genannten Rechtsgüter Leben, Körper, Gesundheit, Freiheit und Eigentum wird die Rechtswidrigkeit durch die Verwirklichung des objektiven Tatbestandes indiziert. Sie ist nur[258] ausgeschlossen, wenn für die Verletzungshandlung ein Rechtfertigungsgrund besteht. Als Rechtfertigungsgründe kommen z. B. in Betracht: Notwehr (§ 227 BGB), Verteidigungsnotstand (§ 228 BGB), Selbsthilfe (§ 229 BGB), Angriffsnotstand (§ 904 BGB) oder die Einwilligung des Verletzten.

Eine Verletzung des Rechts am eingerichteten und ausgeübten Gewerbebetrieb oder des allgemeinen Persönlichkeitsrechts ist nicht von vornherein widerrechtlich. Es handelt sich um sogenannte **offene Tatbestände**. Die Rechtswidrigkeit muß besonders begründet werden, da schützenswerte Interessen an einem Eingriff in einen Gewerbebetrieb oder in das allgemeine Persönlichkeitsrecht bestehen können. Nur im Einzelfall kann nach Abwägung der Interessen darüber entschieden werden, ob der Eingriff rechtswidrig war. Je intensiver der Eingriff war, um so wichtigere Interessen sind zur Rechtfertigung nötig.

> Beispiel: Das öffentliche Interesse an Information über politische Ereignisse rechtfertigt sicher die Veröffentlichung einer Photographie, auf der ein Politiker im öffentlichen Leben, z. B. beim Treffen mit anderen Politikern, abgebildet ist (Individualsphäre); sie rechtfertigt aber nicht ohne weiteres die Veröffentlichung einer Photographie aus der Intimsphäre des Politikers, auf der er z. B. in der Badewanne zu sehen ist.

4. Verschulden

Das in § 823 I BGB verlangte Verschulden setzt **Verschuldensfähigkeit** voraus. Nicht verschuldensfähig sind vor allen Kinder unter 7 Jahren. Beschränkt verschuldensfähig sind Kinder zwischen dem 7. und 18. Lebensjahr. Sie haften nur, wenn sie bei der Tat die zur Erkenntnis der Verantwortlichkeit erforderliche Einsicht hatten. Näheres zur Verschuldensfähigkeit steht in den §§ 827, 828 BGB. Zu beachten ist, daß auch bei fehlender Verantwortlichkeit eine Ersatzpflicht aus Billigkeitsgründen in Betracht kommt, § 829 BGB.

Das **Verschulden** umfaßt Vorsatz und Fahrlässigkeit[259]. **Vorsatz** ist das Wissen und Wollen des tatbestandlichen Erfolgs bei Bewußtsein der Rechtswidrigkeit. **Fahrlässig** handelt, wer die im Verkehr erforderliche Sorgfalt außer acht läßt, § 276 I 2 BGB.

---

[258] Mit der herrschenden Meinung ist das Erfolgsunrecht entscheidend. Dagegen stellt die neuerer Ansicht auf das Handlungsunrecht ab. Danach ist die Rechtswidrigkeit nur gegeben, wenn die Verletzungshandlung gegen ein Gebot verstoßen hat oder wenn die zu beachtende Sorgfalt außer acht gelassen wurde.
[259] Zum Verschulden vgl. auch oben die 17. Lektion, III. Vertretenmüssen.

5. Schadensersatz

Ist der Tatbestand des § 823 I BGB erfüllt, muß der Täter Schadensersatz leisten. Der Umfang des Schadensersatzes richtet sich erst einmal nach §§ 249 ff. BGB. Danach ist grundsätzlich der ursprüngliche Zustand herzustellen. Bei **Personenschäden** regeln darüber hinaus die §§ 842 ff. BGB den Umfang des Schadensersatzes. Unter den dort genannten Umständen ist der Schädiger z. B. zur Zahlung einer Geldrente verpflichtet. Bei **Sachschäden** sind die Bestimmungen in §§ 848 ff. BGB zu beachten.

Immaterielle Schäden werden – mit Ausnahme der Schäden aufgrund einer Verletzung des allgemeinen Persönlichkeitsrechts – nur in den durch das Gesetz bestimmten Fällen erstattet, § 253 BGB. Ein solcher Fall ist das Schmerzensgeld gemäß § 847 BGB.

II. Schmerzensgeld

Gemäß § 847 BGB wird bei Verletzung des Körpers, der Gesundheit oder der Freiheit eine „billige" Entschädigung in Geld gewährt. Der Begriff „billig" darf dabei nicht im heutigen Sinn verstanden werden. Gemeint ist eine angemessene Entschädigung für immaterielle Einbußen am körperlichen oder seelischen Wohlbefinden. Das Schmerzensgeld soll diese Einbußen ausgleichen und dem Verletzten Genugtuung bieten.

§ 847 BGB bestimmt nicht nur den Umfang des Schadensersatzes, sondern ist eine **eigene Anspruchsgrundlage**. Der Anspruch auf Schmerzensgeld besteht neben dem Anspruch auf Ersatz des Personen- oder Sachschadens aus unerlaubter Handlung gemäß § 823 ff. BGB.

Voraussetzung für den Anspruch auf Schmerzensgeld ist die Verletzung des Körpers, der Gesundheit oder der Freiheit. Bei einer **schweren Verletzung des Persönlichkeitsrechts** wird darüber hinaus Schmerzensgeld gewährt, wenn nicht auf andere Weise, z. B. durch Unterlassen, Gegendarstellung oder Widerruf, der in Artt. 1 I, 2 I GG vorgesehene Schutz des Persönlichkeitsrechts erreicht werden kann.

III. Vorsätzliche sittenwidrige Schädigung

Während gemäß § 823 I BGB nur die Verletzung der dort genannten Rechtsgüter zum Schadensersatz verpflichtet, begründet § 826 BGB eine Schadensersatzpflicht für jeden **Vermögensschaden**. Der Vermögensschaden muß jedoch durch eine **vorsätzliche sittenwidrige Handlung** verursacht worden sein. Wegen der Sittenwidrigkeit der Handlung muß die Rechtswidrigkeit nicht besonders festgestellt werden. Sie versteht sich von selbst.

| **Objektiver Tatbestand** |
| Sittenwidrige Handlung |

+

| **Subjektiver Tatbestand** |
| Verschuldensfähigkeit |
| Vorsatz |

=

| Schadensersatz |

Sittenwidrige Handlungen sind solche, die gegen das „Anstandsgefühl aller billig und gerecht Denkender verstoßen[259a]". So ist z. B. die arglistige Täuschung, das Verleiten zum Vertragsbruch, das Erteilen von falschen Auskünften oder der Mißbrauch einer formalen Rechtsstellung oder tatsächlichen Machtstellung gegebenenfalls sittenwidrig.

Der **Vorsatz** muß sich nicht nur auf die sittenwidrige Handlung, sondern auch auf den dadurch verursachten Schaden beziehen.

IV. Haftung für den Verrichtungsgehilfen

Gemäß § 831 BGB ist der, der einen anderen zu einer Verrichtung bestellt, zum Ersatz des Schadens verpflichtet, den der andere in Ausführung der Verrichtung einem Dritten widerrechtlich zufügt. Die Haftung besteht nicht für das Verschulden des Verrichtungsgehilfen, sondern für das eigene Verschulden des Geschäftsherrn bei der Auswahl und Überwachung des Verrichtungsgehilfen. Dieses Verschulden wird vermutet.

1. Verrichtungsgehilfe

Vorraussetzung für die eigene Haftung des Geschäftsherrn ist, daß er einen anderen zu einer Verrichtung bestellt. Der andere ist in diesem Sinne ein **Verrichtungsgehilfe**, wenn er weisungsgebunden im Einflußbereich des Geschäftsherrn für diesen eine Tätigkeit ausführt. Auf die Art der Tätigkeit kommt es nicht an. Eine selbständige Tätigkeit reicht jedoch nicht.

> Beispiel: G, der ein Gebäudereinigungsunternehmen betreibt, schickt den Fensterputzer F zum Fenster putzen. F ist Verrichtungsgehilfe des G, wenn G ihm z. B. im Rahmen eines Arbeitsvertrages[260] vorgeben kann, wann und wo er die Arbeit auf welche Art auszuführen hat. F ist dann gegenüber G weisungsgebunden. F ist jedoch

---

[259a] RZG 80, 221; „billig" bedeutete zur Zeit dieser Entscheidung des Reichsgerichts „angemessen".
[260] Zum Arbeitsvertrag siehe oben die 24. Lektion, I. 2. Arbeitsvertrag.

kein Verrichtungsgehilfe, wenn er als Subunternehmer von G im Rahmen eines Werksvertrages[261] bestellt wird. Er schuldet dann G nur den Erfolg: die sauberen Fenster. G kann ihm nicht im Einzelnen die Art und Weise der Arbeit vorschreiben.

2. Widerrechtlich zugefügter Schaden

Der Verrichtungsgehilfe muß seinerseits in Ausführung (nicht nur bei Gelegenheit) der Verrichtung dem Dritten widerrechtlich einen Schaden zugefügt haben. Das ist der Fall, wenn er den **objektiven Tatbestand einer unerlaubten Handlung** gemäß §§[261] BGB **rechtswidrig** verwirklicht hat. Im Rahmen des Tatbestands des § 831 BGB muß wie die Puppe in der Puppe der objektive Tatbestand und die Rechtswidrigkeit der vom Verrichtungsgehilfen begangenen unerlaubten Handlung geprüft werden. Es reicht dabei die Verwirklichung des objektiven Tatbestandes und die Rechtswidrigkeit. Auf ein Verschulden kommt es nicht an. Trifft den Verrichtungsgehilfen ein Verschulden, mag das für seine eigene Haftung aus der unerlaubten Handlung gemäß § 823 ff. BGB bedeutsam sein. Die eigene Haftung des Verrichtungsgehilfen ändert aber nichts an der Haftung des Geschäftsherrn gemäß § 831 BGB.

Beispiel (Fortsetzung): G schickt den bei ihm als Arbeiter eingestellten (§ 611 BGB) F zum Fensterputzen. F fällt bei der Arbeit der Eimer vom Fensterbrett, so daß das Dach des vor dem Haus parkenden Autos des D zerbeult wird. Hier hat F als Verrichtungsgehilfe gemäß § 823 I BGB das Eigentum des D verletzt. Da kein Rechtfertigungsgrund ersichtlich ist, geschah das rechtswidrig. Unabhängig von einem Verschulden des F haftet G dem D gemäß § 831 I 1 BGB. Hat F schuldhaft gehandelt, haftet auch er dem D. Seine Haftung folgt aus § 823 I BGB.

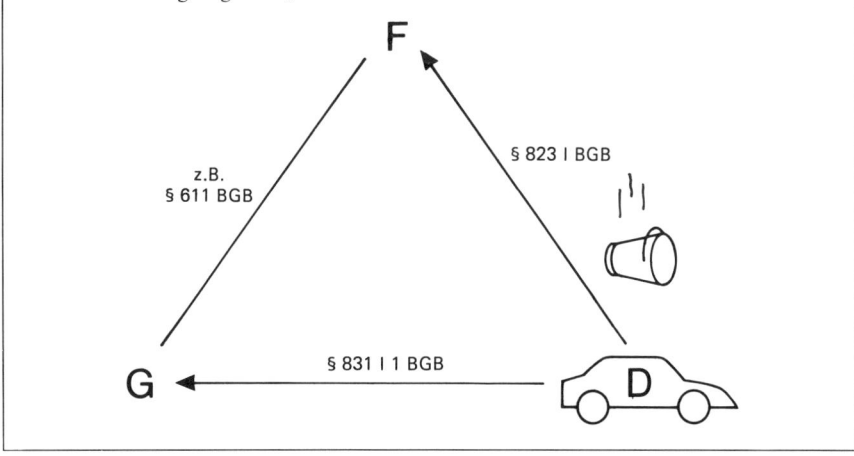

[261] Zum Werkvertrag siehe oben die 24. Lektion, II. Werkvertrag.

3. Exculpation

Hat der Verrichtungsgehilfe bei der Tätigkeit dem Dritten widerrechtlich einen Schaden zugefügt, haftet der Geschäftsherr für sein Verschulden bei der Auswahl und Überwachung des Verrichtungsgehilfen. Dieses Verschulden des Geschäftsherrn wird gemäß § 831 I 1 BGB vermutet. Gemäß § 831 I 2 BGB hat der Geschäftsherr jedoch die Möglichkeit, sich zu exculpieren. Er haftet nicht, wenn er bei der Auswahl des Verrichtungsgehilfen die im Verkehr erforderliche Sorgfalt beachtet hat oder wenn der Schaden auch bei Anwendung dieser Sorgfalt entstanden sein würde.

> Beispiel (Fortsetzung): Macht G gegenüber D geltend und weist gegebenenfalls auch nach, daß F besonnen und verantwortungsbewußt ist und bislang sehr zuverlässig und sorgfältig gearbeitet hat, haftet er nicht gemäß § 831 I 2 BGB.

4. Verhältnis Geschäftsherr-Verrichtungsgehilfe

Kann sich der Geschäftsherr nicht exculpieren, stehen dem geschädigten Dritten gegebenenfalls zwei Ansprüche auf Schadensersatz zu: einer gegenüber dem Verrichtungsgehilfen z. B. gemäß § 823 I BGB, der andere gegenüber dem Geschäftsherrn gemäß § 831 BGB. Beide haften gemäß § 840 I BGB als Gesamtschuldner. Der Geschädigte kann nach seinem Belieben von dem einen oder dem anderen Gesamtschuldner die Leistung ganz oder zum Teil fordern, § 421 BGB; insgesamt selbstverständlich nur einmal.

Der Ausgleich im Innenverhältnis zwischen Geschäftsherr und Verrichtungsgehilfen richtet sich nach § 840 II BGB. Wird der Geschäftsherr vom geschädigten Dritten in Anspruch genommen, muß der Verrichtungsgehilfe dem Geschäftsherrn den Schaden ersetzen. Bei einem Arbeitsvertrag haftet der Verrichtungsgehilfe dem Geschäftsherrn auch aus § 611 BGB i. V. m. positiver Forderungsverletzung (pFV)[262].

Für den geschädigten Dritten ist eine Inanspruchnahme des Geschäftsherrn z. B. dann vorteilhaft, wenn der Verrichtungsgehilfe zahlungsunfähig ist. Das **Insolvenzrisiko** trägt dann der Geschäftsherr und nicht der geschädigte Dritte.

Zu beachten sind auch die Grundsätze der **schadensgeneigten Arbeit**[263]. Trifft den Verrichtungsgehilfen nur leichteste Fahrlässigkeit, haftet er gegenüber dem Geschäftsherrn nicht. Bei Vorsatz oder grober Fahrlässigkeit haftet er in voller Höhe. Dazwischen wird der Schaden je nach Einzelfall geteilt.

---

[262] Zur positiven Forderungsverletzung (pFV) siehe oben die 20. Lektion: Positive Forderungsverletzung.
[263] Zur schadensgeneigten Arbeit siehe oben die 24. Lektion, I. 2. c) Schadensgeneigte Arbeit.

26. Lektion: Deliktsrecht

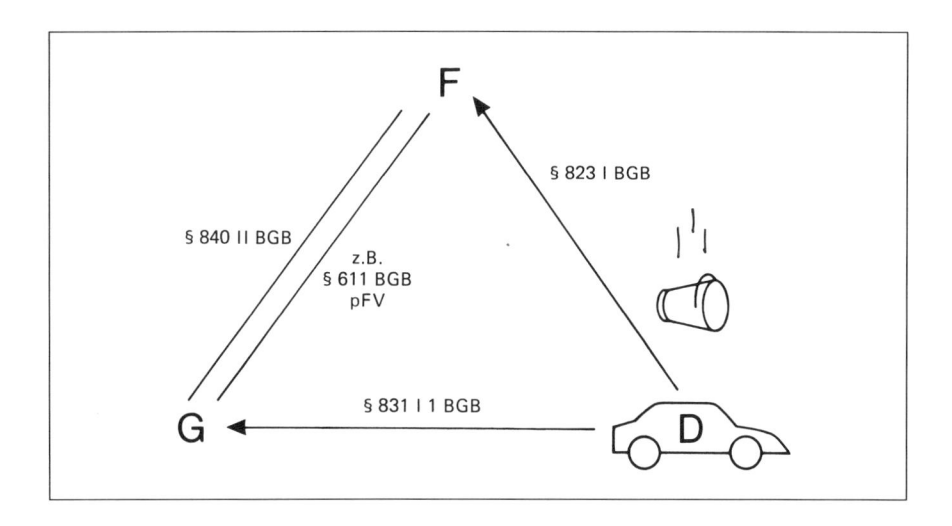

```
            F
           /|\
          / | \
         /  |  \
  §840 II BGB  §823 I BGB
       /     |
      / z.B. |
     / §611 BGB
    /   pFV
   /         
  G ←——— §831 I 1 BGB ——— D
```

5. Im Vergleich die Haftung für den Erfüllungsgehilfen

Die Haftung für den Verrichtungsgehilfen gemäß §831 BGB darf nicht mit der Haftung für den Erfüllungsgehilfen[264] gemäß §278 BGB verwechselt werden.

§831 BGB	§278 BGB
Selbständige Anspruchsgrundlage gegenüber dem Geschäftsherrn	Keine Anspruchsgrundlage gegenüber dem Geschäftsherrn
Haftung für eigenes Verschulden	Haftung für fremdes Verschulden
Nicht notwendig im Rahmen eines Schuldverhältnisses GH – Dritter	Nur im Rahmen eines Schuldverhältnisses GH – Dritter
Verrichtungsgehilfe ist weisungsgebunden	Erfüllungsgehilfe ist nicht notwendig weisungsgebunden
Exculpationsmöglichkeit	Keine Exculpationsmöglichkeit

Trotz der Unterschiede kommt es aber häufig vor, daß dieselbe Person gleichzeitig Verrichtungs- und Erfüllungsgehilfe ist.

Beispiel: E läßt sich von dem Gebäudereinigungsunternehmen des G die Fenster putzen. Zerspringt dem F als Arbeiter des Reinigungsunternehmens beim Fensterputzen schuldhaft die Fensterscheibe des E, haftet G sowohl gemäß §831 GBG, als auch gemäß pFV i. V. m. §278 BGB. Der Anspruch ist gemäß §831 BGB begründet, weil F als Arbeiter gegenüber G weisungsgebunden dem E rechtswidrig einen Eigentumsscha-

---

[264] Zum Erfüllungsgehilfen siehe oben die 17. Lektion, III. 1. Erfüllungsgehilfe.

den im Sinne des § 823 I BGB zugefügt hat. G haftet auch gemäß pFV i. V. m. § 278 BGB, da es zu seinen Schutzpflichten aus dem Werkvertrag gehört, nicht das Eigentum des E zu beschädigen. Diese Schutzpflicht hat zwar F schuldhaft verletzt. Über § 278 BGB wird diese Tatbestandsvoraussetzung der pFV aber dem G zugerechnet.

Die zweifache Anspruchsgrundlage kommt dem Geschädigten zugute. Ihm wird der Schaden zwar insgesamt nur einmal ersetzt. Fällt aber die eine Anspruchsgrundlage, z. B. § 831 BGB wegen Exculpation, weg, kann er den Schadensersatz immer noch aus der anderen fordern.

V. Produkthaftung

Es kommen zahlreiche Produkte auf den Markt, die z. B. wegen eines Konstruktions-, Produktions- oder Instruktionsfehlers einen Schaden verursachen. Ein Konstruktionsfehler ist gegeben, wenn das Produkt aufgrund seiner Konstruktion geeignet ist, beim Verwender oder bei einem Dritten einen Schaden herbeizuführen. Möglich ist auch, daß das Produkt zwar richtig konstruiert wurde; bei der Produktion kann aber ein Fehler unterlaufen sein („Montagsproduktion"), so daß die Sicherheit nicht gewährleistet ist. Schließlich kann das Produkt in Ordnung sein; es fehlt aber eine Gebrauchsanweisung oder die Gebrauchsanweisung ist falsch, so daß bei der Benutzung ein Schaden entsteht.

1. Produkthaftung gemäß § 823 I BGB

Der Hersteller ist verpflichtet, alles zu unternehmen, damit keine Gefahren von seinen Produkten ausgehen. Ihn trifft insoweit eine **Verkehrssicherungspflicht**[265]. Er darf nur ordnungsgemäß konstruierte Produkte herstellen, muß die Produktion überwachen und für eine richtige Instruktion der Verbraucher sorgen. Tut er das nicht oder nicht ordnungsgemäß, haftet er gemäß § 823 I BGB, wenn ihn ein Verschulden trifft.

Der Geschädigte kann ein **Verschulden** des Herstellers nur schwer nachweisen. Ihm fehlt der Einblick in das Produktionsverfahren. Nach der Rechtsprechung wird daher die **Beweislast umgekehrt**. Kann der Hersteller bei gegebenem objektiven Tatbestand nicht nachweisen, daß ihn kein Verschulden trifft, haftet er. Es handelt sich insoweit um eine Haftung für vermutetes Verschulden.

Der Hersteller muß gemäß § 823 I BGB den **Personen- und Sachschaden**, der

---

[265] Die Verkehrssicherungspflicht wird nach wohl herrschender Meinung als eine Pflicht angesehen, die bei Nichtbeachtung ein Unterlassen begründet. Sie ist dann im objektiven Tatbestand des § 823 I BGB bei der Handlung zu prüfen. Unabhängig von Tun oder Unterlassen kann die Verletzung der Verkehrssicherungspflicht aber im Rahmen der Kausalität auch den Zurechnungszusammenhang oder bei offenen Tatbeständen die Rechtswidrigkeit begründen. Näher hierzu: Dieter Medicus, Bürgerliches Recht, 15. Auflage 1991, § 25 I., Rn. 642 ff. mit weiteren Nachweisen.

durch das fehlerhafte Produkt entstanden ist, ersetzen. Gemäß § 847 BGB kommt außerdem ein Anspruch auf **Schmerzensgeld** in Betracht.

2. Produkthaftungsgesetz

Der Hersteller eines fehlerhaften Produkts, durch das jemand getötet, an Körper oder Gesundheit verletzt oder durch das eine Sache beschädigt wird, kann außerdem nach § 1 Produkthaftungsgesetz (ProdHaftG) in Anspruch genommen werden. § 1 ProdHaftG begründet eine Gefährdungshaftung.

Die Gefährdungshaftung nach dem Produkthaftungsgesetz ist einerseits weiter, andererseits enger als die aus unerlaubter Handlung. Sie ist weiter, weil es nach dem Produkthaftungsgesetz auf ein Verschulden des Herstellers nicht ankommt[266]. Er haftet also auch, wenn er nachweist, daß ihn kein Verschulden trifft. Es handelt sich um eine Gefährdungshaftung. Dafür ist der Umfang der Haftung beschränkt. Nach §§ 7 ff. ProdHaftG wird kein Schmerzensgeld gewährt. § 10 ProdHaftG setzt einen Höchstbetrag für den Schadensersatz bei Personenschäden fest. Gemäß § 11 ProdHaftG muß sich der Geschädigte bei einem Sachschaden mit 1125 DM selbst beteiligen. Nur wenn der Sachschaden größer ist, kann er den Hersteller aus dem Produkthaftungsgesetz in Anspruch nehmen. Weitere Einschränkungen ergeben sich aus § 1 I 2 und § 2 S. 2 ProdHaftG.

VI. Wiederholungsfragen

1. Unterscheiden Sie Verschuldenshaftung und Gefährdungshaftung!
2. Untergliedern Sie den Tatbestand des § 823 I BGB!
3. Welche besonderen Voraussetzungen bestehen für einen Anspruch auf Schadensersatz gemäß § 823 I BGB wegen Verletzung des Rechts am eingerichteten und ausgeübten Gewerbebetrieb?
4. Wodurch unterscheidet sich eine Verletzung der in § 823 I BGB genannten Rechtsgüter von einer Verletzung des Rechts am eingerichteten und ausgeübten Gewerbebetrieb oder einer Verletzung des allgemeinen Persönlichkeitsrechts im Hinblick auf die Rechtswidrigkeit?
5. Nennen Sie die Anspruchsgrundlage für Schmerzensgeld bei Verletzung des Körpers, der Gesundheit oder der Freiheit!
6. Wodurch unterscheidet sich die Haftung nach dem Produkthaftungsgesetz von der Haftung für Produkte gemäß § 823 I BGB?
7. Was ist eine sittenwidrige Handlung im Sinne des § 826 BGB?
8. Wer ist Verrichtungsgehilfe im Sinne des § 831 BGB?
9. Was ist Exculpation?
10. In welchem Verhältnis steht die Haftung des Geschäftsherrn zur Haftung des Verrichtungsgehilfen gegenüber dem geschädigten Dritten?

---

[266] Zu den Ausnahmen vgl. § 1 II Nr. 5 und § 3 II ProdHaftG.

27. Lektion
Verschulden bei Vertragsschluß

Eine Haftung aus Verschulden bei Vertragsschluß (culpa in contrahendo = c. i. c.) ist im Gesetz nicht geregelt. Sie ist aber seit langem anerkannt[267] und gilt heute gewohnheitsrechtlich. Rechtsgrund der Haftung ist das Vertrauen, das der eine bei Vertragsverhandlungen dem anderen entgegenbringt. Er muß sich darauf verlassen können, daß er durch die Aufnahme des rechtsgeschäftlichen Kontakts, zu dem er sich in den Einflußbereich des anderen begibt, keinen Schaden erleidet. Die Haftung beruht damit nicht auf einer Willenserklärung, sondern auf einem Vertrauenstatbestand. Der Vertrauenstatbestand wird mit der Vorbereitung und Aufnahme von Vertragsverhandlungen durch einen Realakt[268] begründet. An den Vertrauenstatbestand knüpft das Gewohnheitsrecht die Haftung. Die c. i. c. folgt damit aus einem gesetzlichen Schuldverhältnis. Sie ist eine Anspruchsgrundlage für den Geschädigten auf Ersatz seines Vertrauensschadens.

Zusammengefaßt ist die c. i. c. eine gesetzliche Haftung, die durch geschäftlichen Kontakt begründet wird. Im Rahmen dieses geschäftlichen Kontakts besteht eine vertragsähnliche Haftung für die schuldhafte Verletzung der Pflichten, auf die der andere vertrauen durfte.

I. Geschäftlicher Kontakt

Ein geschäftlicher Kontakt entsteht nicht erst bei der Aufnahme konkreter Vertragsverhandlungen. Andererseits reicht nicht räumliche Nähe oder ein sozialer Kontakt. Der Kontakt muß in Hinblick auf einen möglichen Geschäftsabschluß aufgenommen worden sein.

> Beispiel: Betritt K den Selbstbedienungsladen des S, um einzukaufen, besteht ein geschäftlicher Kontakt. Es besteht kein geschäftlicher Kontakt, wenn K den Selbstbedienungsladen nur betritt, um sich bei Regen unterzustellen.

Es reichen auch Vorbereitungen für einen möglichen Geschäftsabschluß. Das muß meines Erachtens insbesondere dann gelten, wenn der Kontakt mit nicht abschlußbereiten Geschäftspartnern gesucht wird, um sie doch zum Abschluß eines Geschäfts zu bewegen.

> Beispiel: Ein zwischen zwei Straßen gelegenes Kaufhaus leitet mit Wegweisern durch die eigenen Verkaufsräume den Weg zu der anderen Straße. Hier die die Wegführung darauf angelegt, nicht interessierte Passanten doch für einen Kauf zu interessieren. Der Weg begründet insofern einen geschäftlichen Kontakt zwischen Passanten und dem Kaufhaus.

---

[267] Vgl. z. B. § 11 Nr. 7 AGBG.
[268] Zum Realakt siehe oben die 6. Lektion, III. 2. b) Realakt.

II. Verletzung einer Pflicht

Bei einem geschäftlichen Kontakt ist weitere Voraussetzung einer Haftung aus c.i.c., daß eine Pflicht gegenüber dem Geschädigten verletzt wird. Es sind vor allem Schutz- und Aufklärungspflichten zu beachten. **Schutzpflichten** bestehen, wenn der andere bei dem geschäftlichen Kontakt seine Güter wie Leben, Körper, Gesundheit oder Eigentum der Einwirkung des möglichen Geschäftspartners aussetzt.

> Beispiel: Unternimmt V zum Verkauf seines Autos mit dem am Kauf interessierten K eine Probefahrt, muß V dafür sorgen, daß K dabei keinen Schaden an Leib, Leben oder Eigentum erleidet.

Aufklärungspflichten bestehen immer dann, wenn der andere redlicherweise Aufklärung erwarten durfte. Zwar muß jeder seine Interessen grundsätzlich selbst wahrnehmen; bei Umständen, die den Vertragszweck gefährden und die für den anderen erkennbar von erheblicher Bedeutung sind, besteht aber auch ohne ausdrückliche Fragen eine Pflicht zur Aufklärung. Eine gesteigerte Aufklärungspflicht trifft denjenigen, der als Fachberater auftritt.

> Beispiel: Eine Bank ist verpflichtet, den Kunden über die Gefahren besonderer Kreditformen aufzuklären.

III. Verschulden

Für das Verschulden gilt § 276 I BGB. Derjenige, dem bei einem geschäftlichen Kontakt Pflichten obliegen, hat Vorsatz und Fahrlässigkeit[269] zu vertreten. Ein Verschulden des Erfüllungsgehilfen wird über § 278 BGB dem Geschäftsherrn zugerechnet.

IV. Schadensersatz

Zum Schadensersatz verpflichtet ist der, der bei einem geschäftlichen Kontakt schuldhaft eine ihm obliegende Pflicht verletzt und dadurch dem anderen einen Schaden zufügt. Der Schadensersatz umfaßt den **Vertrauensschaden**[270]. Durch den Ersatz des Vertrauensschadens muß der andere so gestellt werden, als sei keine Pflicht verletzt worden.

> Beispiel: Wird der Mantel des K bei einer Probefahrt durch Verschulden des Verkäufers V mit Öl verschmutzt, muß V dem K gemäß c.i.c. die Reinigungskosten oder notfalls den Mantel erstatten.

---

[269] Zu Vorsatz und Fahrlässigkeit siehe oben die 17. Lektion, III. Vertretenmüssen.
[270] Zum Vertrauensschaden siehe oben die 10. Lektion, VI. 1. Vertrauensschaden.

V. Haftung Dritter

Besondere Bedeutung hat die c.i.c. im Verhältnis zur Deliktshaftung bei Beteiligung von Gehilfen. Während bei der Deliktshaftung gemäß § 831 I 2 BGB dem Geschäftsherrn die Möglichkeit der Exculpation offensteht, haftet der Geschäftsherr bei c.i.c. über § 278 BGB für das Verschulden seines Erfüllungsgehilfen ohne die Möglichkeit eines Entlastungsbeweises.

> Beispiel: K besucht den Heimwerkermarkt H, um neuen Bodenbelag zu kaufen. Bei Besichtigung der Rollen stürzt eine um und verletzt den K. Die Rolle war von dem Angestellten A des H schuldhaft nicht ordnungsgemäß aufgestellt worden. Hier haftet zum einen A gemäß § 823 I BGB wegen Verletzung des Körpers des K. Zum anderen haftet H gemäß § 831 I 1 BGB und aus c.i.c. in Verbindung mit § 278 BGB. H war verpflichtet, bei dem geschäftlichen Kontakt mit K diesen vor Schäden zu bewahren. H hat die Rolle zwar nicht selbst unsorgfältig aufgestellt; ihm ist aber im Rahmen der c.i.c. über § 278 BGB das Verschulden des A wie eigenes Verschulden zuzurechnen. K hat damit gegen H zwei Anspruchsgrundlagen: § 831 I 1 BGB und c.i.c. in Verbindung mit § 278 BGB. Kann sich H gemäß § 831 I 2 BGB exculpieren, bekommt K seinen Schaden immer noch aus c.i.c. in Verbindung mit § 278 BGB ersetzt.

Darüber hinaus kommt eine eigene Haftung des Gehilfen aus c.i.c. in Betracht, wenn der Gehilfe selbst ein erhebliches wirtschaftliches Interesse am Vertragsschluß hat oder wenn er selbst ein ihm entgegengebrachtes Vertrauen in Anspruch genommen hat.

> Beispiel: Der Kraftfahrzeughändler G verkauft als Vertreter des Privatmanns V dessen Auto an K. Bei dem Verkaufsgespräch erklärt G als Fachmann mit eigener Werkstatt, der Wagen sei technisch in Ordnung. Ist der Wagen nun nicht technisch in Ordnung, hat K unmittelbar gegen G einen Anspruch auf Ersatz seines Vertrauensschadens gemäß c.i.c.

VI. Wiederholungsfragen

1. Nennen Sie den Rechsgrund der Haftung aus c.i.c.!
2. Beschreiben Sie kurz die c.i.c.!
3. Unter welchen Umständen entsteht ein geschäftlicher Kontakt als Voraussetzung der c.i.c.?
4. Unter welchen Umständen bestehen bei einem geschäftlichen Kontakt Schutzpflichten gegenüber dem anderen?
5. Unter welchen Umständen bestehen Aufklärungspflichten?
6. Welche Vorschriften gelten für das Verschulden im Rahmen der c.i.c.?
7. Welcher Schaden muß gemäß c.i.c. ersetzt werden?
8. Ist § 278 BGB eine Anspruchsgrundlage?
9. Nennen Sie einen entscheidenden Unterschied zwischen der Haftung des

Geschäftsherrn für seinen Gehilfen aus § 831 I BGB gegenüber der Haftung aus c. i. c. in Verbindung mit § 278 BGB!
10. Unter welchen Umständen kommt eine eigene Haftung des Gehilfen aus c. i. c. in Betracht?

28. Lektion
Besitz und Eigentum

In der Umgangssprache werden die Begriffe Besitz und Eigentum oft gleichbedeutend gebracht. Juristisch bestehen aber wichtige Unterschiede. Das Eigentum ist das umfassende **Recht** an einer Sache; der Besitz ist die **tatsächliche Sachherrschaft** über eine Sache. Zwar wird gemäß § 1006 BGB (für bewegliche Sachen) vermutet, daß der Besitzer auch Eigentümer ist; Eigentümer und Besitzer können aber auch verschiedene Personen sein.

> Beispiel: D stiehlt das Auto des E. Hier ist E weiterhin Eigentümer. D hat aber die tatsächliche Sachherrschaft über das Auto. D ist Besitzer.

I. Besitz

Der Besitz kann an einer beweglichen Sache oder an einer unbeweglichen Sache (Grundstück) bestehen. Er wird gemäß § 854 BGB durch die Erlangung der **tatsächlichen Gewalt** über die Sache erworben. Hinzukommen muß ein darauf gerichteter Wille. Es handelt sich dabei nicht um einen rechtsgeschäftlichen Willen; es reicht der **natürliche Wille**. Die §§ 104 ff. BGB sind nicht anwendbar.

> Beispiel: Leiht der 7jährige B von E ein Fahrrad, so ist B Besitzer des Fahrrads. Eine Genehmigung der Eltern ist nicht erforderlich.

Der Besitz kann vererbt werden. Der Erbe wird, obwohl er nicht die tatsächliche Gewalt über die Sache hat, mit dem Erbfall Besitzer, § 857 BGB.

1. Besitzdiener

Keinen Besitz hat der **Besitzdiener** im Sinne des § 855 BGB. Er übt zwar die tatsächliche Gewalt über eine Sache aus; das aber nur für einen anderen in dessen Haushalt oder Erwerbsgeschäft oder in einem ähnlichen Verhältnis, in dem er den sich auf die Sache beziehenden Weisungen folgen muß.

> Beispiel: Der Arbeiter auf dem Betriebsgelände hat zwar die tatsächliche Gewalt über die für seine Arbeit benötigten Werkzeuge des Betriebs; er muß diesbezüglich aber den Weisungen des Arbeitgebers folgen. Er übt daher die tatsächliche Gewalt über die Werkzeuge für den Arbeitgeber aus. Nur der Arbeitgeber ist Besitzer der Werkzeuge.

2. Arten des Besitzes

Der Besitz kann zum einen danach unterschieden werden, ob er mit dem Eigentum zusammenfällt. Hat der Eigentümer die Sache in Besitz, ist er gemäß § 872 BGB **Eigenbesitzer**. Ist der Besitzer nicht Eigentümer der Sache, spricht man von **Fremdbesitz**.

Eine weitere wichtige Unterteilung ist die zwischen unmittelbarem und mittelbarem Besitz. **Unmittelbarer Besitzer** ist der, der die Sache selbst hat. Der mittelbare Besitz ist in § 868 BGB definiert. Danach ist **mittelbarer Besitzer** der, für den der unmittelbare Besitzer aufgrund eines von ihm anerkannten Rechtsverhältnisses gegenüber dem mittelbaren Besitzer auf Zeit zum Besitz berechtigt oder verpflichtet ist. Das Rechtsverhältnis zwischen mittelbarem und unmittelbarem Besitzer wird als **Besitzmittlungsverhältnis** bezeichnet.

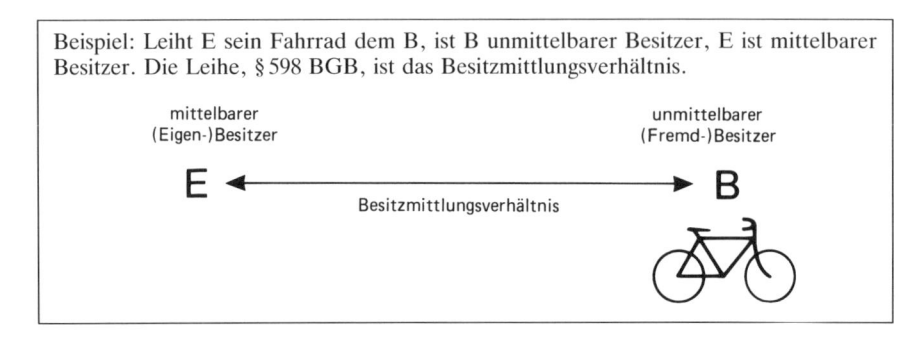

> Beispiel: Leiht E sein Fahrrad dem B, ist B unmittelbarer Besitzer, E ist mittelbarer Besitzer. Die Leihe, § 598 BGB, ist das Besitzmittlungsverhältnis.
>
> mittelbarer (Eigen-)Besitzer   unmittelbarer (Fremd-)Besitzer
>
> E ◄――― Besitzmittlungsverhältnis ―――► B 🚲

Wichtig ist, daß der unmittelbare Besitzer das Besitzmittlungsverhältnis anerkennt. Ist das nicht der Fall, besteht kein mittelbarer Besitz.

> Beispiel (Fortsetzung): In dem Moment, in dem B beschließt, das von E geliehene Fahrrad nicht zurückzugeben, verliert E den mittelbaren Besitz.

Es kommt nicht darauf an, ob das Besitzmittlungsverhältnis tatsächlich wirksam ist. Der unmittelbare Besitzer muß das Besitzmittlungsverhältnis nur anerkennen.

> Beispiel (Fortsetzung): Ist der Leihvertrag, § 598 BGB, zwischen E und B gemäß §§ 104 Nr. 1, 105 I BGB nichtig, weil E erst 6 Jahre alt ist, ist E dennoch mittelbarer Besitzer, wenn B das Leihverhältnis anerkennt und das Fahrrad nur in diesem Rahmen nutzen und zurückgeben will.

Der mittelbare Besitzer kann seinerseits gegenüber einem Dritten aufgrund eines von ihm anerkannten Rechtsverhältnisses auf Zeit zum Besitz berechtigt oder verpflichtet sein. Der Dritte ist dann auch mittelbarer Besitzer. Man spricht von **mehrstufigem Besitz**.

28. Lektion: Besitz und Eigentum

> Beispiel: M verleiht mit Erlaubnis des D ein Fahrrad an B, das er seinerseits von dem Eigentümer D geliehen hat. Hier ist B unmittelbarer Besitzer. Zwischen ihm und M besteht durch den Leihvertrag ein Besitzmittlungsverhältnis. M ist daher mittelbarer Besitzer. Das gleiche gilt für das Verhältnis zwischen M und D. D ist daher auch mittelbarer Besitzer.

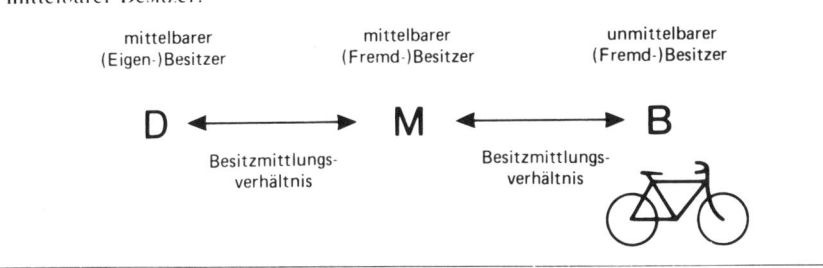

```
    mittelbarer         mittelbarer          unmittelbarer
  (Eigen-)Besitzer    (Fremd-)Besitzer     (Fremd-)Besitzer

      D    ◄─────►    M    ◄─────►    B
       Besitzmittlungs-    Besitzmittlungs-
        verhältnis           verhältnis
```

Der mehrstufige Besitz kann beliebig aufgestockt werden. Jeder Besitzer unter dem Eigenbesitzer muß aber ein Besitzmittlungsverhältnis zu dem nächst höheren, mittelbaren Besitzer anerkennen.

3. Besitzschutz

Der Besitz ist zwar kein Herrschaftsrecht; er ist aber doch rechtlich geschützt. So hat der Besitzer gemäß §§ 858 f. BGB das Recht, sich gegen denjenigen mit Gewalt zu wehren, der ihm widerrechtlich den Besitz entziehen oder im Besitz stören will. Der andere handelt dann in **verbotener Eigenmacht**.

> Beispiel: B, der das Fahrrad von E geliehen hat, darf sich mit Gewalt wehren, wenn X ihm das Fahrrad widerrechtlich wegnehmen will. X handelt gegenüber B in verbotener Eigenmacht.

Der Besitzer hat auch gemäß § 861 BGB einen Anspruch, daß ihm der durch verbotene Eigenmacht entzogenen Besitz wieder eingeräumt wird. Ebenso kann er gemäß § 862 BGB verlangen, daß die durch verbotene Eigenmacht hervorgerufene Störung seines Besitzes beseitigt wird.

> Beispiel (Fortsetzung): Hat B den X nicht mehr erwischt, kann er ihm gegenüber seinen Herausgabeanspruch einklagen. X wird dann gemäß § 861 BGB verurteilt, das Fahrrad an B herauszugeben.

Diese Rechte des Besitzers aus §§ 861 f. BGB sind gemäß § 864 BGB aber nur vorübergehend. Das eigentliche Herrschaftsrecht an einer Sache ist das Eigentum.

II. Eigentum

Das Eigentum wird durch Art. 14 GG gewährleistet. Es ist das umfassende Herrschaftsrecht an einer Sache[271]. Gemäß § 903 BGB kann der Eigentümer mit der Sache nach Belieben verfahren und andere von jeder Einwirkung ausschließen. Das Eigentum ist aber nicht schrankenlos. Zu beachten sind das Gesetz und die Rechte der anderen, vgl. Art. 14 I 2, II GG und z. B. §§ 904 ff. BGB.

Es gilt der Spezialitätsgrundsatz[272]. Das Eigentum kann nur an einer einzelnen Sache bestehen.

1. Arten des Eigentums

Umgekehrt können an einer Sache einzelne oder mehrere Personen Eigentum haben. Steht das Eigentum mehreren zu, handelt es sich um Miteigentum nach Bruchteilen oder um Gesamthandseigentum. Für das **Miteigentum nach Bruchteilen** gelten die §§ 1008 ff. und 741 ff. BGB. Gemäß § 747 S. 1 BGB kann jeder Miteigentümer über seinen ideellen Anteil frei verfügen.

> Beispiel: Sind A und B Miteigentümer eines Segelbootes, kann A oder B nicht über einzelne Teile am Boot wie Rumpf oder Mast verfügen. Er kann aber über seinen ideellen Anteil (Bruchteil am Recht Eigentum) am ganzen Boot verfügen, indem er ihn z. B. auf C übereignet. Das ganze Segelboot gehört dann A und C.

Gesamthandseigentum an einer Sache ist nur im Rahmen einer Gesamthandsgemeinschaft möglich. Gesamthandsgemeinschaften sind die GbR, §§ 718, 719 BGB[273], die eheliche Gütergemeinschaft, § 1416 BGB und die Erbengemeinschaft, § 2032 BGB. Die der Gesamthandsgemeinschaft angehörenden Personen, die Gesamtshandseigentümer, können über die Sache nur gemeinschaftlich verfügen, vgl. §§ 719 I, 1419 I, 2033 II BGB.

> Beispiel: Besteht zwischen A und B eine GbR und gehört das Segelboot zum Gesellschaftsvermögen, kann A oder B nicht frei über seinen Anteil verfügen, § 719 I BGB. Ihr Anteil am Gesamthandsvermögen ist mit ihrer Gesellschafterstellung untrennbar verbunden.

2. Eigentum an beweglichen Sachen

Das Eigentum an einer beweglichen Sache kann durch **Übereignung** von einem anderen Eigentümer, §§ 929 ff. BGB, durch **Ersitzung**, §§ 937 ff. BGB, durch **Verbindung, Vermischung** oder **Verarbeitung**, §§ 946 ff. BGB, durch **Aneignung**

---

[271] Zum Begriff „Sache" siehe oben die 5. Lektion, II. 1. Körperliche Gegenstände.
[272] Zum **Spezialitätsgrundsatz** siehe oben die 5. Lektion, II. 1. Körperliche Gegenstände.
[273] Gesamthandsgemeinschaften sind auch die OHG, § 105 HGB, die KG, § 161 HGB, und der nicht rechtsfähige Verein, § 54 BGB.

28. Lektion: Besitz und Eigentum

einer herrenlosen Sache, durch **Fund**, §§ 965 ff. 973 ff. BGB oder durch **Erbschaft**, § 1922 BGB, erworben werden.

a) Übereignung beweglicher Sachen

Der häufigste Eigentumserwerb an einer beweglichen Sache erfolgt durch **Übereignung**. Nach dem **Grundtatbestand** des § 929 BGB ist hierzu erforderlich, daß der Eigentümer die Sache dem Erwerber **übergibt** und beide darüber **einig** sind, daß das Eigentum übergehen soll. Erforderlich ist also ein doppelter Tatbestand: Einigung und Übergabe. Die **Einigung** ist ein abstrakter, dinglicher Vertrag, der wie jeder Vertrag durch zwei übereinstimmende Willenserklärungen zustandekommt. Die Willenserklärungen können auch konkludent abgegeben werden. Die **Übergabe** muß in Vollzug der Übereignung erfolgen. Sie ist ein Realakt, durch den der ursprüngliche Eigentümer seinen Besitz verliert und der Erwerber den Besitz erhält. Erst wenn beide Tatbestandsmerkmale, Einigung und Übergabe, erfüllt sind, ist die Übereignung vollzogen und der Erwerber Eigentümer. Die Übereignung muß nach dem Trennungs- und Abstraktionsprinzip[274] streng von dem zugrundeliegenden Verpflichtungsgeschäft getrennt werden.

> Beispiel: Will V sein Buch dem K verkaufen und übereignen, müssen beide zuerst mit zwei übereinstimmenden Willenserklärungen einen Kaufvertrag gemäß § 433 BGB schließen. Sodann muß V seine Pflicht aus diesem Kaufvertrag durch die Übereignung des Buches erfüllen. Hierzu müssen V und K zur Einigung gemäß § 929 BGB wieder zwei übereinstimmende Willenserklärungen abgeben und V muß dem K das Buch übergeben. Umgekehrt muß K den Kaufpreis entsprechend übereignen. In der Praxis werden die Willenserklärungen meistens konkludent mit der Übergabe von Kaufgegenstand und Kaufpreis abgegeben.

Gemäß § 930 BGB kann die Übergabe dadurch ersetzt werden, daß zwischen Eigentümer und Erwerber ein Besitzmittlungsverhältnis (**Besitzkonstitut**) gemäß § 868 BGB vereinbart wird. Ein Besitzmittlungsverhältnis begründen z. B. die Miete[275] oder die Leihe[276]. Das Besitzkonstitut gemäß §§ 930, 868 BGB kann auch schon im voraus als **antizipiertes Besitzkonstitut** vereinbart werden, wenn der Veräußerer die Sache noch gar nicht hat. Erhält dann der Veräußerer das Eigentum, geht es sofort auf den Erwerber über.

> Beispiel: V verkauft ein Buch, das er erst noch besorgen muß, dem K. Hier können zur Erfüllung des Kaufvertrages V und K sofort die Einigung gemäß § 929 BGB treffen und anstelle der Übergabe gemäß § 930 BGB vereinbaren, daß K dem V das Buch leihen wird, § 598 BGB. Erhält nun V das Eigentum am Buch, geht das Eigentum sofort (nach einer logischen Sekunde) auf K über. K ist nun Eigentümer, V ist dann nur Besitzer des Buches.

---

[274] Zum Trennungs- und Abstraktionsprinzip siehe oben die 7. Lektion: Trennungs- und Abstraktionsprinzip.
[275] Zur Miete siehe oben die 23. Lektion, III. Miete.
[276] Zur Leihe siehe oben die 23. Lektion, IV. Leihe.

Ist ein Dritter im Besitz der Sache, so kann gemäß § 931 BGB die Übergabe durch die **Abtretung**[277] **des Herausgabeanspruchs** ersetzt werden.

> Beispiel: V verkauft sein Buch, das er gerade dem X geliehen hat, an K. Hier können zur Erfüllung des Kaufvertrages V und K die Einigung gemäß § 929 BGB treffen und anstelle der Übergabe kann V gemäß § 398 BGB dem K den Herausgabeanspruch gegen X abtreten, § 931 BGB.

b) Gutgläubiger Erwerb beweglicher Sachen

Voraussetzung der Übereignung nach §§ 929 ff. BGB ist immer, daß der Erwerber die Sache **vom Eigentümer** übereignet bekommt. Der Eigentümer muß dabei nicht persönlich auftreten. Es reicht, wenn ein Vertreter (§ 164 BGB) in seinem Namen oder ein anderer im eigenen Namen aber mit Einwilligung (§ 185 BGB) des Eigentümers die Sache übereignet. Andernfalls, kommt ein **gutgläubiger Erwerb** gemäß § 932 ff. BGB in Betracht.

Der gutgläubige Erwerb gemäß §§ 932 ff. BGB ist ausgeschlossen, wenn der Erwerber nicht im guten Glauben ist. Der Erwerber ist gemäß § 932 II BGB **nicht im guten Glauben**, wenn ihm bekannt oder infolge grober Fahrlässigkeit unbekannt ist, daß die Sache nicht dem Veräußerer gehört.

> Beispiel: Kann bei der Übereignung eines Autos der Kraftfahrzeugbrief nicht vorgelegt werden, muß sich der Erwerber sehr genau nach den Eigentumsverhältnissen erkundigen. Andernfalls fällt ihm grobe Fahrlässigkeit zur Last, so daß ein gutgläubiger Erwerb ausgeschlossen ist.

§ 932 BGB schützt nur den guten Glauben an die Eigentümersstellung des Veräußerers, nicht den guten Glauben an die Verfügungsbefugnis gemäß § 185 BGB. Ist der Veräußerer aber Kaufmann und veräußert oder verpfändet er die Sache im Betrieb seines Handelsgewerbes, so wird gemäß § 366 HGB auch der gute Glaube an die Verfügungsbefugnis geschützt.

> Beispiel: K kauft in dem Fotogeschäft des V eine Filmkamera, die ihm V auch übereignet. K weiß, daß V die Kamera von einem Großhändler unter Eigentumsvorbehalt[278] bezogen hat; V also nicht Eigentümer ist. Das ist aber im Einzelhandel nichts Ungewöhnliches. Üblicherweise hat, darauf vertraut auch K, der Einzelhändler eine Einwilligung des Großhändlers gemäß § 185 BGB, die unter Eigentumsvorbehalt stehenden Sachen im Rahmen des ordnungsgemäßen Geschäftsbetriebs weiterzuveräußern. Fehlt nun dem V diese Verfügungsbefugnis, kann K gemäß §§ 366 HGB, 932, 929 BGB dennoch gutgläubig das Eigentum an der Filmkamera erwerben.

---

[277] Zur Abtretung siehe oben 22. Lektion: Abtretung.
[278] Zum verlängerten Eigentumsvorbehalt siehe unten die 30. Lektion, II. 2. b) Verlängerter Eigentumsvorbehalt.

Gemäß § 935 BGB ist auch bei gutem Glauben der Eigentumserwerb ausgeschlossen, wenn die Sache dem Eigentümer abhanden gekommen ist. **Abhanden gekommen** ist die Sache, wenn der Eigentümer den Besitz daran ohne seinen Willen verloren hat. Das ist z. B. der Fall, wenn ihm die Sache gestohlen wurde oder wenn er sie verloren hat, vgl. 935 I 1 BGB.

c) Verlust des Eigentums an beweglichen Sachen
Durch den gutgläubigen Erwerb eines anderen, die Ersitzung, die Verbindung, die Vermischung, die Verarbeitung und den Fund verliert der vorherige Eigentümer sein Eigentum oft unfreiwillig. Durch Übereignung und Dereliktion verliert er es freiwillig. **Dereliktion** ist gemäß § 959 BGB die Aufgabe des Besitzes in der Absicht, auf das Eigentum zu verzichten.

> Beispiel: E beschließt, Nichtraucher zu werden, und wirft seine Zigaretten in den Müll. Hier hat E seine Zigaretten dereligiert.

3. Eigentum an unbeweglichen Sachen

Unbewegliche Sachen sind Grundstücke. Das Eigentum daran kann durch **Übereignung** von einem anderen Eigentümer, §§ 873, 925 BGB, durch **Ersitzung**, § 900 BGB, oder durch **Erbfolge**, § 1922 BGB, erworben werden.

a) Übereignung unbeweglicher Sachen
Die **Übereignung** setzt gemäß § 873 I BGB, ähnlich wie bei beweglichen Sachen, einen doppelten Tatbestand voraus: die Einigung und, anders als bei beweglichen Sachen, die Eintragung. Die **Einigung** wird bei der Übereignung von Grundstücken **Auflassung** genannt. Sie ist ein abstrakter Vertrag. Die Willenserklärungen hierzu müssen gemäß § 925 BGB bei gleichzeitiger Anwesenheit[279] des Veräußerers und des Erwerbers vor einer zuständigen Stelle erklärt werden. Eine zuständige Stelle ist vor allem[280] der Notar. Da die Eigentumsverhältnisse an Grundstücken für die Wirtschaft und den Rechtsverkehr von besonderer Bedeutung sind, muß der Erwerber gemäß § 873 BGB in das Grundbuch **eingetragen** werden. Das Verfahren richtet sich nach der Grundbuchordnung (GBO)[281]. Erst mit der Eintragung wird der Erwerber Eigentümer des Grundstücks.

---

[279] Beide Parteien können sich aber vertreten lassen, § 164 BGB. Die Vollmacht hierzu kann gemäß § 167 II BGB zwar formlos erteilt werden; für die Eintragung muß dann gemäß § 29 I 1 GBO aber doch die Vollmacht durch eine öffentlich beglaubigte Urkunde nachgewiesen werden.
[280] Möglich ist auch die Auflassung vor einem Gericht im Rahmen eines Vergleichs, § 925 I 3 BGB, oder vor einem Konsularbeamten.
[281] Vgl. insbesondere §§ 1, 13, 17, 18, 19, 20, 29, 30 GBO.

b) Gutgläubiger Erwerb unbeweglicher Sachen
Ist der Veräußerer nicht Eigentümer, kann das Grundstück **gutgläubig** erworben werden. Voraussetzung hierfür ist, daß der Veräußerer (fälschlich) als Eigentümer in das Grundbuch eingetragen ist. Dem Erwerber kommt dann der öffentliche Glaube des Grundbuchs zustatten. Danach gilt gemäß § 892 I 1 BGB zugunsten desjenigen, welcher ein Recht an einem Grundstück erwirbt, der Inhalt des Grundbuchs als richtig. Der öffentliche Glaube des Grundbuchs wird allerdings durch einen Widerspruch oder die Kenntnis der Unrichtigkeit zerstört.

c) Verlust des Eigentums an unbeweglichen Sachen
Das Eigentum an einem Grundstück kann entweder durch Übereignung auf jemand anderen übertragen oder gemäß § 928 BGB durch **Dereliktion** aufgegeben werden. Voraussetzung der Dereliktion ist eine Verzichtserklärung gegenüber dem Grundbuchamt und die Eintragung des Verzichts in das Grundbuch.

III. Wiederholungsfragen

1. Unterscheiden Sie Eigentum und Besitz!
2. Wie wird Besitz erworben?
3. Ist der Besitzdiener Besitzer?
4. Unterscheiden Sie den unmittelbaren und mittelbaren Besitzer!
5. Was ist verbotene Eigenmacht?
6. Was ist Eigentum?
7. Wie wird Eigentum erworben?
8. Unterscheiden Sie die Übereignung einer beweglichen und einer unbeweglichen Sache!
9. Unter welchen Umständen ist der gutgläubige Erwerb einer beweglichen und einer unbeweglichen Sache ausgeschlossen?
10. ErklärenSie bitte die Dereliktion einer beweglichen und einer unbeweglichen Sache!

29. Lektion
Eigentumsschutz

Der Schutz des Eigentums wird gegenüber dem Besitzer durch das in den §§ 985 ff. BGB geregelte Eigentümer-Besitzer-Verhältnis und im übrigen durch die Vorschriften über die unerlaubte Handlung, § 823 I BGB, die Nachbarrechte, §§ 907 ff. BGB, und den Beseitigungs- und Unterlassungsanspruch, § 1004 BGB, gewährleistet. Die Vorschriften über die unerlaubte Handlung wurden bereits[282] behandelt. Im folgenden werden das Eigentümer-Besitzer-Verhältnis und der Beseitigungs- und Unterlassungsanspruch kurz vorgestellt.

---

[282] Zur unerlaubten Handlung siehe oben die 26. Lektion, I. Unerlaubte Handlung.

29. Lektion: Eigentumsschutz

I. Eigentümer-Besitzer-Verhältnis

Mit dem Eigentum als umfassendes Herrschaftsrecht über die Sache stehen dem Eigentümer auch der Besitz und die Nutzungen der Sache zu. Andererseits muß er gegebenenfalls Verwendungen auf die Sache machen und das Schadensrisiko tragen. Sind nun Eigentümer und Besitzer verschiedene Personen, muß geregelt sein, ob der Eigentümer einen Anspruch auf den Besitz der Sache hat und ob bis zur Herausgabe er oder der Besitzer die Vor- oder Nachteile der Sache tragen muß.

1. Herausgabeanspruch des Eigentümers

Gemäß § 985 BGB hat der Eigentümer gegen den Besitzer einen Anspruch auf Herausgabe der Sache. Der Besitzer kann die Herausgabe der Sache jedoch verweigern, wenn er gegenüber dem Eigentümer zum Besitz berechtigt ist, § 986 I 1 BGB. Ein **Recht zum Besitz** kann aus einem dinglichen Recht[283] oder einer schuldrechtlichen Beziehung, wie z. B. aus der Miete oder Leihe, folgen.

> Beispiel: Der Besitzer B kann gegenüber dem Eigentümer E die Herausgabe des Fahrrads verweigern, wenn er das Fahrrad z. B. aufgrund eines wirksamen Leihvertrages, § 598 BGB, besitzt.

Aus dem zum Besitz berechtigenden dinglichen Recht oder der schuldrechtlichen Beziehung ergibt sich auch, wer die Vorteile und wer die Nachteile aus dem Besitz der Sache tragen muß.

> Beispiel (Fortsetzung): Hat B das Fahrrad von E geliehen, folgen die Rechte und Pflichten beider Parteien aus dem Leihvertrag gemäß §§ 598 ff. BGB. So hat B als Entleiher die gewöhnlichen Kosten der Erhaltung der Sache zu tragen, § 601 BGB. Für die Abnutzung der geliehenen Sache muß er bei vertragsgemäßem Verbrauch nicht einstehen, § 602 BGB.

2. Vindikationslage

Hat der Besitzer gegenüber dem Eigentümer **kein Recht zum Besitz**, z. B. weil der zum Besitz berechtigende Vertrag nichtig ist, besteht bis zur tatsächlichen Herausgabe der Sache eine **Vindikationslage**. Bei einer Vindikationslage regeln die §§ 987 ff. BGB, ob dem Besitzer oder dem Eigentümer die Vorteile oder die Nachteile aus dem Besitz der Sache zustehen. Es kommt entscheidend darauf an, ob der Besitzer redlich, bösgläubig, verklagt oder deliktisch ist.

---

[283] Zum Besitz berechtigende, dingliche Rechte sind z. B. der Nießbrauch, § 1036 I BGB, das dingliche Wohnrecht, § 1093 BGB, oder das das Pfandrecht, § 1205 I BGB.

a) Redlicher Besitzer

Redlich ist der Besitzer, wenn er mit gutem Glauben davon ausgehen durfte, daß er zum Besitz berechtigt sei.

> Beispiel: B kauft und bekommt von dem unerkannt geistesgestörten E ein Fahrrad übereignet. Hier ist sowohl der Kaufvertrag, § 433 BGB, als auch die Übereignung des Fahrrads, § 929 BGB, und damit das Recht zum Besitz gemäß §§ 104 Nr. 2, 105 I BGB nichtig. B konnte das nicht wissen. Er ist redlicher (Eigen-)Besitzer.

Stellt sich dann heraus, daß er nicht zum Besitz berechtigt war, muß er die Sache zwar gemäß § 985 BGB an den Eigentümer herausgeben; gemäß § 993 I BGB kann er jedoch die im Rahmen einer ordnungsgemäßen Wirtschaft gezogenen Nutzungen[284] behalten. Zum Schadensersatz ist er nicht verpflichtet, § 993 I Halbs. 2 BGB.

> Beispiel (Fortsetzung): B muß das Fahrrad zwar an E herausgeben; er muß für die Zeit, in der er es benutzt hat, aber keine Nutzungsentschädigung zahlen. Wurde das Fahrrad in der Zeit seines Besitzes beschädigt, muß er keinen Schadensersatz leisten.

Die Früchte[285], die nach den Regeln einer ordnungsgemäßen Wirtschaft nicht als Ertrag der Sache anzusehen sind, muß er nach den Vorschriften über die Herausgabe einer ungerechtfertigten Bereicherung[286] herausgeben, § 993 I Halbs. 2 BGB. Das gleiche gilt auch für die im Rahmen einer ordnungsgemäßen Wirtschaft gezogenen Nutzungen, wenn er den Besitz unentgeltlich, z. B. aufgrund einer vermeintlichen Schenkung, erlangt hat, § 988 BGB.

Andererseits hat der redliche Besitzer gegenüber dem Eigentümer gemäß § 994 I 1 BGB einen Anspruch auf Ersatz der notwendigen Verwendungen, die er auf die Sache gemacht hat. Es handelt sich um **notwendige Verwendungen**, wenn sie zur Erhaltung oder ordnungsgemäßen Bewirtschaftung der Sache objektiv erforderlich waren; vgl. im übrigen auch § 995 BGB. Sind die Verwendungen nicht notwendig, aber wertsteigernd, spricht man von **nützlichen Verwendungen**. Die nützlichen Verwendungen kann der redliche Besitzer gemäß § 996 BGB nur ersetzt verlangen, wenn der Wert der Sache noch zu der Zeit erhöht ist, in der der Eigentümer die Sache wiederbekommt. Die gewöhnlichen **Erhaltungskosten** bekommt der Besitzer für die Zeit, für welche ihm die Nutzung verbleibt, nicht ersetzt, § 994 I 2 BGB.

---

[284] § 100 BGB.
[285] § 99 BGB.
[286] Zur ungerechtfertigten Bereicherung siehe oben die 25. Lektion: Bereicherungsausgleich.

> Beispiel (Fortsetzung): Hat B das Fahrrad des E mit den vorgeschriebenen Rückstrahlern vorne, hinten und in den Speichen ausgestattet, sind das notwendige Verwendungen. Er kann von E hierfür Ersatz verlangen. Hat er außerdem neue Reifen aufgezogen, sind das Erhaltungskosten. Diese Kosten bekommt er von E nur ersetzt, soweit er (B) die Reifen während seiner Nutzung nicht selbst wieder abgefahren hat.

b) Verklagter oder bösgläubiger Besitzer

Verklagt ist der Besitzer ab dem Zeitpunkt der Rechtshängigkeit[287] der Klage gegen ihn auf Herausgabe der Sache gemäß § 985 BGB. Ihm gleichgestellt ist gemäß § 990 I BGB der bösgläubige Besitzer. **Bösgläubig** ist der Besitzer, der beim Besitzerwerb nicht in gutem Glauben ist, weil er weiß oder aufgrund grober Fahrlässigkeit nicht weiß, daß die Sache einem anderen gehört und er selbst nicht zum Besitz berechtigt ist. Erfährt ein redlicher Besitzer später, daß er zum Besitz nicht berechtigt ist, ist er von diesem Moment an bösgläubig.

Der bösgläubige oder verklagte Besitzer muß gemäß §§ 987 I, 990 BGB alle Nutzungen herausgeben, die er gezogen hat. Hat er es schuldhaft unterlassen, Nutzungen zu ziehen, die er nach den Regeln einer ordnungsgemäßen Wirtschaft hätte ziehen können, muß er dem Eigentümer Schadensersatz leisten, § 987 II, 990 BGB. Außerdem ist er für den Schaden verantwortlich, der dadurch entsteht, daß infolge seines Verschuldens die Sache verschlechtert wird, untergeht oder aus einem anderen Grunde von ihm nicht herausgegeben werden kann, §§ 989, 990 BGB.

> Beispiel: Bekommt der volljährige B von dem offensichtlich minderjährigen E ein Fahrrad geschenkt und übereignet, ist B bösgläubiger Eigenbesitzer. Er mußte wissen, daß Schenkung und Übereignung wegen der Minderjährigkeit des E (§§ 104 ff. BGB) ihn nicht zum Besitz berechtigen. Er muß das Fahrrad gemäß § 985 BGB an E herausgeben und den Schaden ersetzen, den das Fahrrad in seinem Besitz erlitten hat.
> Für die Ansprüche des bösgläubigen oder verklagten Besitzers auf Verwendungsersatz und Ersatz der Erhaltungskosten gilt § 994 II BGB.

c) Deliktischer Besitzer

Deliktischer Besitzer ist gemäß § 992 BGB der, der sich durch verbotene Eigenmacht[288] oder durch eine Straftat[289] den Besitz verschafft hat. Nach der Rechtsgrundverweisung in § 992 BGB haftet er dem Eigentümer nach den Vorschriften über die unerlaubte Handlung, §§ 823 ff. BGB. Die Haftung besteht dabei gemäß § 848 BGB auch für einen zufälligen Untergang oder eine zufällige Verschlechterung der Sache.

---

[287] Zur Rechtshängigkeit siehe oben die 2. Lektion, IX. Rechtshängigkeit.
[288] § 858 BGB. Siehe auch oben die 28. Lektion, I. 3. Besitzschutz.
[289] Z. B. Diebstahl, § 242 StGB, oder Betrug, § 263 StGB.

> Beispiel: Hat B dem E das Fahrrad gestohlen, ist er deliktischer Besitzer. Er haftet dem E gemäß §§ 823 ff., 848 BGB.

Für die Ansprüche auf Verwendungsersatz und Ersatz der Erhaltungskosten gilt für den deliktischen Besitzer ebenso wie für den bösgläubigen oder verklagten Besitzer § 994 II BGB.

II. Beseitigungs- und Unterlassungsanspruch

Gegen Beeinträchtigungen des Eigentums, die nicht von §§ 985 ff. BGB oder den §§ 907 ff. BGB erfaßt sind, kommt unter den Voraussetzungen des § 1004 BGB ein Beseitigungs- und Unterlassungsanspruch in Betracht. Voraussetzung des Beseitigungs- und Unterlassungsanspruchs ist, daß eine **rechtswidrige Beeinträchtigung** des Eigentums durch einen **Störer** gegeben ist. Der **Eigentümer** hat dann gegen den Störer einen Anspruch auf **Beseitigung** der Beeinträchtigung. Droht eine Eigentumsbeeinträchtigung, hat der Eigentümer gegenüber dem Störer einen Anspruch auf **Unterlassen** der Beeinträchtigung.

1. Rechtswidrige Beeinträchtigung des Eigentums

Das Eigentum wird **beeinträchtigt**, wenn die Substanz verletzt, die Sache unbefugt gebraucht oder der Eigentümer an der Ausübung seines Herrschaftsrechts behindert wird.

> Beispiel: S parkt so vor der Ausfahrt des Grundstücks, daß der Eigentümer E mit seinem Wagen nicht mehr aus seiner Garage fahren kann.

Keine Beeinträchtigung im Sinne des § 1004 BGB sind Einwirkungen auf die Sache durch Naturkräfte, wie z. B. Überschwemmungen.

Liegt eine Beeinträchtigung des Eigentums vor, ist sie **rechtswidrig**, wenn nicht ein Rechtfertigungsgrund gegeben ist. Neben den Rechtfertigungsgründen aus § 228 BGB (Verteidigungsnotstand), § 229 BGB (Selbsthilfe), § 904 BGB (Angriffsnotstand) ist vor allem eine Duldungspflicht des Eigentümers gemäß § 906 BGB (Zuführung von unwägbaren Stoffen) und § 912 BGB (Überbau) zu beachten, § 1004 II BGB.

2. Schuldner

Störer und damit Schuldner des Anspruchs aus § 1004 BGB ist derjenige, der die Beeinträchtigung des Eigentums zu verantworten hat. Auf ein Verschulden kommt es nicht an. Je nach Art der Verantwortung ist der Handlungsstörer und der Zustandsstörer zu unterscheiden.

Handlungsstörer ist der, der die Beeinträchtigung adäquat kausal[290] durch sein Verhalten (Tun oder Unterlassen[291]) verursacht hat. Geht die Beeinträchtigung von einer anderen Sache oder Anlage aus, ist der Halter der Sache oder Anlage **Zustandsstörer**, wenn er aufgrund seiner Herrschaftsbefugnis über die Sache oder Anlage die Beeinträchtigung beseitigen kann. Handlungsstörer und Zustandsstörer kann eine Person sein.

> Beispiel (Fortsetzung): Parkt S seinen Wagen vor der Ausfahrt des Grundstücks des E, so ist er als Handlungsstörer, weil er das Auto dort abgestellt hat, und gegebenenfalls als Zustandsstörer, weil er der Halter des Fahrzeugs ist, für die damit gegebene Beeinträchtigung des Grundstücks verantwortlich.

3. Gläubiger

Gläubiger des Anspruchs aus § 1004 BGB ist der Eigentümer der beeinträchtigten Sache. Übereignet der Eigentümer die Sache an einen Dritten, hat nur der neue Eigentümer den Anspruch. Allein, ohne Übereignung der beeinträchtigten Sache, kann der Anspruch aus § 1004 BGB nicht abgetreten werden.

4. Inhalt des Beseitigungsanspruchs

Der Beseitigungsanspruch aus § 1004 I 1 BGB richtet sich ausschließlich auf Beseitigung der Beeinträchtigung. Der aus der Beeinträchtigung folgende Schaden wird nicht aus § 1004 I 1 BGB ersetzt.

> Beispiel (Fortsetzung): Aus § 1004 BGB hat E gegen S nur einen Anspruch auf Beseitigung des Wagens vor der Ausfahrt. Hat er wegen der versperrten Ausfahrt einen Termin verpaßt und dadurch einen Gewinnausfall erlitten, bekommt er diesen Gewinnausfall nicht über § 1004 I 1 BGB erstattet. Möglich ist aber gegebenenfalls ein Anspruch z. B. aus § 823 BGB.

5. Unterlassungsanspruch

Ist die konkrete Gefahr einer Eigentumsbeeinträchtigung gegeben, hat der Eigentümer gemäß § 1004 I 2 BGB einen Anspruch auf Unterlassung der Beeinträchtigung. Entgegen dem Wortlaut des § 1004 BGB besteht dieser Unterlassungsanspruch auch schon gegenüber der ersten zu erwartenden Beeinträchtigung. Die Beeinträchtigung muß aber nach den konkreten Umständen des Einzelfalls unmittelbar und ernst bevorstehen. War sie schon einmal eingetreten, ist die Wahrscheinlichkeit bei gleichem Sachverhalt groß, daß sie wieder eintritt. Der Anspruch richtet sich dann gegen den, der bei Eintritt der drohenden Beeinträchtigung Störer wäre.

---

[290] Zur Kausalität siehe oben die 20. Lektion, I. 3. Kausalität.
[291] Zum Tun und Unterlassen siehe oben die 20. Lektion, I. 1. Handlung.

> Beispiel: E kann nicht gegen alle Nachbarn auf Unterlassen des Parkens vor seiner Ausfahrt klagen, wenn kein Anzeichen für ein derartiges Verhalten der Nachbarn gegeben ist. Parkt aber der Nachbar S immer vor der Ausfahrt des E, muß E eine Wiederholung fürchten. Er kann dann den Nachbarn S aus § 1004 I 2 BGB auf Unterlassen in Anspruch nehmen.

6. Quasinegatorischer Anspruch

§ 1004 BGB schützt nach seinem Wortlaut nur das Eigentum. Der eine Beeinträchtigung des Eigentums abwehrende Anspruch wird als **negatorischer** Beseitigungs- und Unterlassungsanspruch bezeichnet.

Darüber hinaus ist anerkannt, daß § 1004 BGB über seinen Wortlaut hinaus auch einen Schutz gegen die Beeinträchtigung aller anderen absoluten Rechte wie Leben, Gesundheit, Freiheit, Recht am eingerichteten und ausgeübten Gewerbebetrieb, allgemeines Persönlichkeitsrecht, Recht am eigenen Bild usw. bietet. Der gegen eine Beeinträchtigung dieser absoluten Rechte gerichtete Anspruch wird quasinegatorischer Beseitigungs- und Unterlassungsanspruch genannt.

III. Wiederholungsfragen

1. Unter welchen Umständen kann der Besitzer gegenüber dem Anspruch des Eigentümers aus § 985 BGB die Herausgabe der Sache verweigern?
2. Unter welchen Umständen besteht eine Vindikationslage?
3. Unterscheiden Sie bitte den berechtigten und den redlichen Besitzer!
4. Wer ist verklagter, wer ist bösgläubiger, wer ist deliktischer Besitzer?
5. Muß der redliche, der verklagte, der bösgläubige oder der deliktische Besitzer dem Eigentümer Schadensersatz leisten?
6. Unter welchen Umständen wird das Eigentum im Sinne des § 1004 BGB beeinträchtigt?
7. Wer ist Handlungsstörer, wer Zustandsstörer?
8. Welchen Umfang hat der Beseitigungsanspruch aus § 1004 I 1 BGB?
9. Welche Anforderungen sind an eine Beeinträchtigung des Eigentums zu stellen, damit ein Unterlassungsanspruch aus § 1004 I 2 BGB besteht?
10. Beschreiben Sie bitte den quasinegatorischen Anspruch!

30. Lektion
Sicherungsgeschäfte

Jeder schuldrechtliche Vertrag birgt für den Gläubiger das Risiko, daß der Schuldner seine Pflicht aus diesem Vertrag nicht erfüllt. Handelt es sich um einen gegenseitigen, sofort zu erfüllenden Vertrag, hat der Gläubiger die Möglichkeit, seine Leistung zu verweigern und gegenüber dem Erfüllungsanspruch des Vertragspartners die **Einrede des nichterfüllten Vertrages** gemäß § 320 BGB zu erheben. Unter Umständen hat er auch ein **Zurückbehaltungsrecht** gemäß § 273 BGB oder bei einem beiderseitigen Handelsgeschäft[292] gemäß § 369 HGB.

Die Einrede des nichterfüllten Vertrages und das Zurückbehaltungsrecht nutzen dem Gläubiger aber wenig, wenn er bereits vorgeleistet und damit einen Kredit gewährt hat. Er kann zwar seinen Anspruch gegen den Schuldner einklagen und vollstrecken[293]; Urteil und Vollstreckung helfen jedoch nicht, wenn der Schuldner mittlerweile vermögenslos ist. Bei ihm kann dann nichts gepfändet werden. Auch wenn er noch ein wenig pfändbares Vermögen hat, kann es sein, daß nicht alle Gläubiger befriedigt werden können.

> Beispiel: B gibt dem S ein Darlehen über 10.000 DM. S zahlt das Darlehen nicht wie vereinbart zurück. Jetzt kann zwar B den S auf Rückzahlung verklagen. Die Klage wird B auch gewinnen, § 607 I BGB. Das Urteil hilft ihm aber wenig, wenn bei S nichts zu pfänden ist. Hat S noch 10.000 DM pfändbares Vermögen, kann B dennoch leer ausgehen, wenn der Gläubiger X kurz vor ihm vollstreckt[294].

Jeder Kreditgeber ist daher bestrebt, für seinen Kredit eine Sicherheit zu erhalten. Es kann sich um eine Personal- oder Realsicherheit handeln.

I. Personalsicherheiten

Personalsicherheiten begründen eine allgemeine Vermögenshaftung eines Dritten. Kann der Schuldner seine Schulden gegenüber dem Gläubiger nicht begleichen, muß der Dritte zahlen. Personalsicherheiten sind vor allem die Bürgschaft und der Garantievertrag.

1. Bürgschaft

Die Bürgschaft ist gemäß § 765 BGB ein Vertrag zwischen dem Gläubiger und dem Bürgen, in dem sich der Bürge verpflichtet, für die Erfüllung der Verbindlichkeit des Schuldners einzustehen. Die zum Abschluß des Bürgschaftsvertrages notwendige Erklärung des Bürgen muß **schriftlich** erfolgen, § 766 BGB. Ist der Bürge Vollkaufmann[295], reicht aber auch eine mündliche Bürgschaftserklärung, §§ 350, 351 HGB.

Der Schuldner muß an dem Bürgschaftsvertrag nicht mitwirken. Allerdings kann, wenn der Bürge sich nicht nur aus Gefälligkeit für den Schuldner verbürgt, zwischen Schuldner und Bürge ein anderer Vertrag, z. B. ein Geschäftsbesor-

---

[292] Inhaber eines Handelsgeschäfts sind Kaufleute, § 1 I HGB. Siehe oben die 4. Lektion, IV. 2. Handelsrecht.
[293] Siehe zur Klage und zur Zwangsvollstreckung oben die 2. Lektion, VII. Klage und XVII. Zwangsvollstreckung.
[294] Vgl. § 804 III ZPO.
[295] Zum Kaufmann siehe oben die 4. Lektion, IV. 2. Handelsrecht.

210   Hauptteil

gungsvertrag[296] gemäß § 675 BGB, bestehen. Hat der Bürge den Gläubiger des
Hauptschuldners befriedigt, kann er seinerseits den Hauptschuldner in Anspruch
nehmen. Der Anspruch kann sich zum einen aus dem der Bürgschaft zugrundeliegenden Verhältnis zum Hauptschuldner ergeben.

> Beispiel: Besteht zwischen Hauptschuldner und Bürge ein Geschäftsbesorgungsvertrag
> gemäß § 675 BGB, hat der Bürge gegen den Hauptschuldner einen Anspruch auf
> Ersatz seiner Aufwendungen gemäß § 670 BGB.

Zum anderen kann der Bürge gemäß § 774 BGB gegen den Hauptschuldner
vorgehen. § 774 BGB bestimmt, daß die Forderung des Gläubigers gegen den
Hauptschuldner auf den Bürgen übergeht, wenn der Bürge den Gläubiger befriedigt hat.

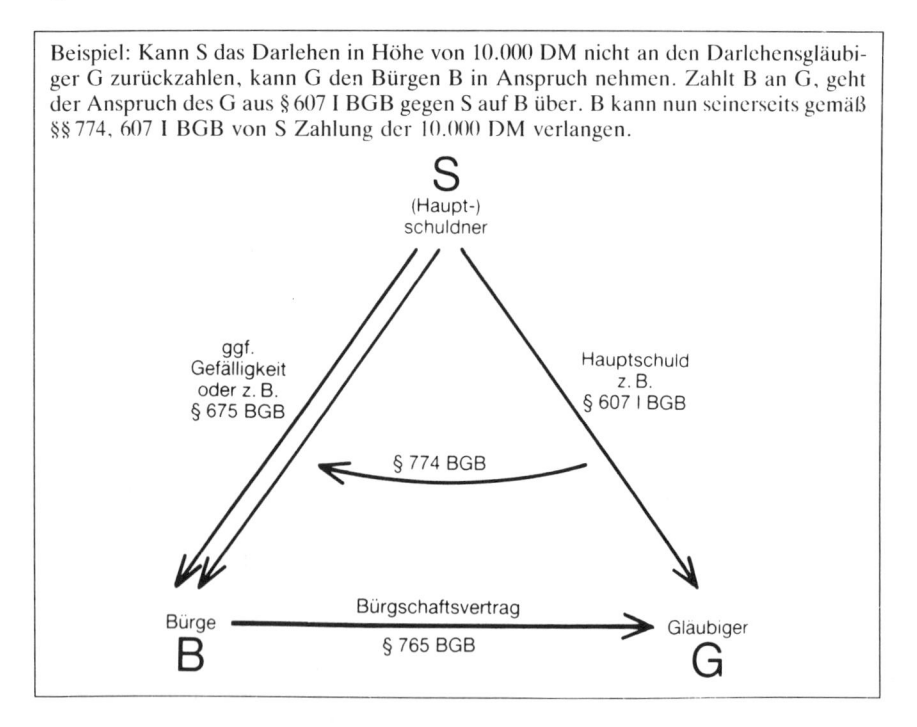

> Beispiel: Kann S das Darlehen in Höhe von 10.000 DM nicht an den Darlehensgläubi-
> ger G zurückzahlen, kann G den Bürgen B in Anspruch nehmen. Zahlt B an G, geht
> der Anspruch des G aus § 607 I BGB gegen S auf B über. B kann nun seinerseits gemäß
> §§ 774, 607 I BGB von S Zahlung der 10.000 DM verlangen.
>
> ```
>                           S
>                       (Haupt-)
>                       schuldner
>
>         ggf.                          Hauptschuld
>      Gefälligkeit                        z. B.
>      oder z. B.                       § 607 I BGB
>      § 675 BGB
>                      ← § 774 BGB
>
>                    Bürgschaftsvertrag
>         Bürge   ───────────────────→   Gläubiger
>          B         § 765 BGB               G
> ```

Die Bürgschaft ist gemäß § 767 I 1 BGB in ihrem Bestand von der (Haupt-)
Schuld abhängig. Diese Abhängigkeit der Bürgschaft von der (Haupt-)Schuld
nennt man **Akzessorietät**. Vermindert sich die Hauptschuld, z. B. weil der
Schuldner einen Teil begleicht, mindert sich auch die Bürgschaftsverpflichtung
entsprechend.

---

[296] Zum Geschäftsbesorgungsvertrag siehe oben im Hauptteil die 24. Lektion, IV.: Geschäftsbesorgungsvertrag.

Der Gläubiger kann den Bürgen nicht gleich in Anspruch nehmen. Die Bürgschaftsverbindlichkeit ist gegenüber der Hauptschuld **subsidiär**. Der Gläubiger muß zuerst versuchen, die Schuld beim (Haupt-)Schuldner einzutreiben. Notfalls muß der Gläubiger die Zwangsvollstreckung[297] gegen den Schuldner betreiben. Bis dahin kann der Bürge die **Einrede der Vorausklage** erheben und die Befriedigung des Gläubigers verweigern, § 771 f. BGB. Hat der Bürge jedoch eine **selbstschuldnerische Bürgschaft** versprochen, ist die Einrede der Vorausklage ausgeschlossen, § 773 I Nr. 1 BGB.

> Beispiel: Student S mietet an seinem Studienort eine Wohnung. Die Eltern B des S haben hierfür gegenüber dem Vermieter G eine selbstschuldnerische Bürgschaft abgegeben. Zahlt nun S die Miete nicht, kann V die Eltern ohne weiteres sofort in Anspruch nehmen.

2. Garantie

Von Garantie ist im Wirtschafts- und Rechtsverkehr viel die Rede. Es ist aber nicht immer dasselbe gemeint. Es kann sich einerseits um die gesetzliche oder eine erweiterte **Gewährleistung** handeln.

> Beispiel: Übernimmt V beim Verkauf eines neuen Personal Computers 6 Monate Garantie, ist das lediglich ein (überflüssiger aber werbeträchtiger) Hinweis auf die gesetzliche Gewährleistung gemäß §§ 459 ff., 477 BGB. Ist die Garantiezeit länger als 6 Monate, haftet V auch für die Mängel, die noch nicht bei Übergabe des PC vorhanden waren, aber in der Garantiezeit auftreten.

Andernfalls kommt ein Garantievertrag in Betracht. Von einem **Garantievertrag** spricht man, wenn ein Garant für einen bestimmten Erfolg einstehen will. Der Erfolg kann auch der Leistungserfolg eines Schuldners, z. B. die Zahlung einer Schuld, sein. Der Garantievertrag ähnelt insoweit der Bürgschaft. Es bestehen aber wichtige Unterschiede:

Der Garantievertrag ist im Gesetz **nicht geregelt**. Er kann im Rahmen der Vertragsfreiheit (vgl. § 305 BGB) frei vereinbart werden. Eine besondere Form (z. B. Schriftform) ist nicht notwendig.

Die Garantieverpflichtung ist vom Bestand der Hauptschuld **unabhängig**. Der Garant muß leisten, auch wenn der Hauptschuld Einwendungen oder Einreden entgegenstehen.

> Beispiel: Übernimmt G gegenüber V die Garantie für die Zahlung des Kaufpreises durch den Käufer K, muß er dafür einstehen, auch wenn die Verpflichtung des K wegen Geschäftsunfähigkeit gar nicht begründet wurde.

---

[297] Siehe zur Zwangsvollstreckung oben die 2. Lektion, XVII. Zwangsvollstreckung.

Im übrigen kommt es darauf an, was im einzelnen im Rahmen des Garantievertrages vereinbart wird.

II. Realsicherheiten

Die Personalsicherheiten haben den Nachteil, daß auch der haftende Dritte (Bürge, Garant) zahlungsunfähig werden kann. Besser sind daher Realsicherheiten. **Realsicherheiten** gewähren dem Gläubiger einen Zugriff auf bestimmte Vermögensgegenstände des Schuldners oder eines Dritten. Der Gläubiger kann sich dann aus diesem Gegenstand vor den anderen Gläubigern befriedigen.

1. Pfand

Die bekannteste, wenn auch in der Praxis relativ bedeutungslose Realsicherheit ist das Pfand. Es ist im Gesetz in den §§ 1204 ff. BGB geregelt. Ein Pfandrecht ist nur an beweglichen Sachen (§§ 1204 ff. BGB) oder an Rechten (§§ 1273 ff. BGB) möglich.

Die **Bestellung** des Pfandrechts erfolgt durch eine Verfügung. Zur Bestellung eines Pfandrechts an einer beweglichen Sache ist gemäß § 1205 I 1 BGB erforderlich, daß der Eigentümer die Sache dem Gläubiger übergibt und beide darüber einig sind, daß das Pfandrecht dem Gläubiger zustehen soll. Die Sache gehört damit weiter dem Eigentümer; sie ist aber nun im Besitz des Gläubigers und mit dem Pfandrecht belastet. Schuldner und Eigentümer des Pfandes können verschiedene Personen sein.

> Beispiel: S geht in das Pfandleihhaus des G und nimmt ein Darlehen über 200 DM auf. Die Freundin F des G gibt dafür dem G zur Sicherheit ihren Brillantring. Der Brillantring gehört damit weiter der F. G behält ihn aber in Besitz. Er hat ein Pfandrecht daran.

Das Pfandrecht ist vom Bestand der Hauptschuld abhängig; es ist **akzessorisch**, §§ 1210, 1252 BGB. Es haftet auch für Zinsen und eine Vertragsstrafe, § 1210 I BGB.

Begleicht der Schuldner nach Fälligkeit seine Schuld nicht, kann der Pfandgläubiger gemäß § 1228 BGB das Pfand verwerten, indem er es nach Verkaufsandrohung, § 1234 BGB, öffentlich versteigern läßt, § 1235 BGB.

> Beispiel (Fortsetzung): Zahlt S nach Fälligkeit das Darlehen nicht mit Zinsen an G zurück, kann G den Ring der F versteigern lassen und sich aus dem Erlös befriedigen.

Das Pfand hat den **Nachteil**, daß es dem Gläubiger übergeben werden muß. Der Schuldner benötigt die als Pfand geeignete Sache aber oft, um das Geld zur Rückzahlung der Schuld zu verdienen.

Beispiel: S betreibt ein Fuhrunternehmen. Die einzige wertvolle Sache in seinem Betrieb ist sein LKW. Benötigt nun S einen Kredit, wäre es unsinnig, wenn er seinen einzigen LKW hierfür verpfänden müßte. Er hätte dann keine Möglichkeit, das Geld für die Rückzahlung des Kredits zu verdienen.

Das Pfand ist auch nicht als Sicherheit geeignet, wenn der Schuldner die Sache, die er gegebenenfalls verpfänden könnte, mit dem Kredit erst erwerben will. In der Praxis haben sich daher neben dem Pfandrecht andere Sicherungsformen entwickelt. Insbesondere der Eigentumsvorbehalt und die Sicherungsübereignung sind hier zu nennen.

2. Eigentumsvorbehalt

Kann der Käufer einer beweglichen[298] Sache den Kaufpreis nicht sofort entrichten, bietet sich der Eigentumsvorbehalt als Sicherheit an. Bei Teilzahlungsgeschäften mit Endverbrauchern reicht ein einfacher Eigentumsvorbehalt.

a) Einfacher Eigentumsvorbehalt

Es sind der schuldrechtliche Kaufvertrag und die Übereignung der Sache zu unterscheiden[299]. Beide weisen beim Verkauf unter Eigentumsvorbehalt Besonderheiten auf.

Während beim **Kaufvertrag** gemäß § 433 II BGB der Käufer verpflichtet ist, den Kaufpreis sofort (§ 271 BGB) zu zahlen, muß er ihn bei einem Teilzahlungsgeschäft (Ratenkauf) erst später in Raten begleichen. Dafür ist auch der Verkäufer nicht verpflichtet, die Kaufsache sofort gemäß § 433 I 1 BGB zu übereignen. Er muß sie zwar sofort übergeben; gemäß § 455 BGB soll die Übereignung aber nur unter der aufschiebenden Bedingung vollständiger Zahlung des Kaufpreises erfolgen. Die Bedingung betrifft nur die Übereignung. Der schuldrechtliche Kaufvertrag gemäß § 433 BGB ist unbedingt!

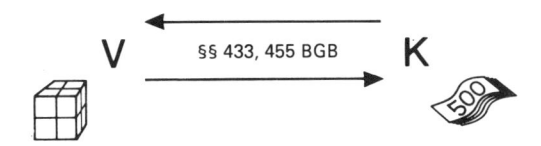

Die **Übereignung** der Kaufsache wird dann in diesem Sinne nicht einfach gemäß § 929 BGB durch Übergabe und Einigung des Eigentumsübergangs vollzogen. Die Sache wird zwar sofort übergeben; die Einigung zur Übertragung des Eigen-

---

[298] Ein Eigentumsvorbehalt bei unbeweglichen Sachen (Grundstücken) kommt wegen § 925 II BGB nicht in Betracht.
[299] Die Kenntnis des Trennungs- und Abstraktionsprinzips ist unabdingbare Voraussetzung für das Verständnis des Eigentumsvorbehalts! Siehe oben die 7. Lektion: Trennungs- und Abstraktionsprinzip.

tums wird aber unter die **aufschiebende Bedingung (§ 158 I BGB)** der vollständigen Kaufpreiszahlung gestellt. Diese Einigung im Sinne des § 929 BGB mit der aufschiebenden Bedingung kann sofort vereinbart werden; der Eigentumsübergang erfolgt aber erst später mit Eintritt der Bedingung, also wenn der Käufer seinerseits den vollen Kaufpreis gezahlt hat. Bis dahin bleibt der Verkäufer Eigentümer. Andererseits kann der Verkäufer nun gemäß § 161 I BGB nicht mehr verhindern, daß der Käufer mit vollständiger Zahlung des Kaufpreises Eigentümer wird. Er darf das Eigentum an der Sache z. B. nicht auf einen anderen übertragen. Der Käufer hat damit ein **Anwartschaftsrecht** auf das Eigentum.

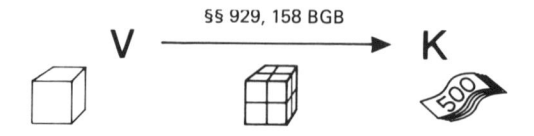

Erst mit Zahlung der letzten Rate des Kaufpreises wird der Käufer Eigentümer der Kaufsache. Wird der Käufer vorher zahlungsunfähig, kann der Verkäufer sein Eigentum herausverlangen[300]. Im Konkurs kann er es aussondern[301]. Andere Gläubiger können es nicht pfänden[302].

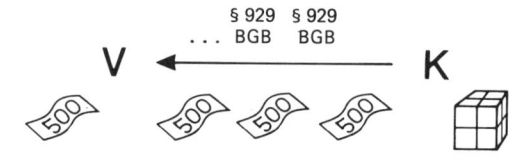

Der einfache Eigentumsvorbehalt ist als Sicherheit bei Teilzahlungsgeschäften mit Endverbrauchern gut geeignet. Probleme treten jedoch auf, wenn der Käufer nicht Endverbraucher ist, sondern seinerseits als Händler mit dem Weiterverkauf der Sache das Geld verdienen muß, um die Sache bei dem Verkäufer (Großhändler oder Produzent) bezahlen zu können. Hier hilft der verlängerte Eigentumsvorbehalt.

b) Verlängerter Eigentumsvorbehalt
Beim verlängerten Eigentumsvorbehalt gestattet der Verkäufer dem Käufer (Händler) gemäß § 185 BGB, die unter Eigentumsvorbehalt stehende Ware **im Rahmen des ordnungsgemäßen Geschäftsverkehrs** an Dritte (Kunden) zu übereignen. Da der Verkäufer so das Eigentum und damit die Sicherheit verliert, tritt ihm der Käufer dafür gemäß § 398 BGB alle Forderungen (§ 433 II BGB) aus dem Kaufvertrag mit dem Dritten (Kunden) im voraus ab[303]. Die einzelnen Verträge sind wie folgt zu unterscheiden:

---

[300] § 985 BGB; beachte aber auch § 12 f. VerbrKrG, § 346 BGB.
[301] Vgl. § 43 KO.
[302] Notfalls muß der Verkäufer die Drittwiderspruchsklage erheben, vgl. § 771 ZPO.
[303] Zur Abtretung siehe oben 22. Lektion: Abtretung.

30. Lektion: Sicherungsgeschäfte

Im **Kaufvertrag zwischen Verkäufer (V) und Händler (H)** wird erst einmal ein Eigentumsvorbehalt vereinbart, wie er beim einfachen Eigentumsvorbehalt beschrieben wurde. Hinzu kommt eine Einwilligung des Verkäufers im Sinne des § 185 I BGB, die unter Eigentumsvorbehalt stehende Sache im Rahmen des ordnungsgemäßen Geschäftsverkehrs weiter zu veräußern. Der Händler (H) tritt zugleich gemäß § 398 BGB seine Forderung aus dem Weiterverkauf abzüglich seiner Gewinnspanne an den Verkäufer (V) ab. Der Verkäufer (V) erteilt dafür dem Händler (H) eine Einzugsermächtigung. Damit darf der Händler (H) die Forderung im eigenen Namen gegenüber dem Kunden (K) geltend machen. Er muß aber dann das Geld an den Verkäufer (V) weiterleiten. Durch diesen schuldrechtlichen Vertrag haben sich die Eigentumslage und die Besitzverhältnisse an der Sache noch nicht geändert. Davon unabhängig kann der Händler (H) schon jetzt oder später einen Kaufvertrag mit seinem Kunden (K) zum Verkauf der Sache des Verkäufers schließen.

Der **Kaufvertrag zwischen dem Händler (H) und dem Kunden (K)** weist keine Besonderheiten auf. Es ist ein normaler Kaufvertrag gemäß § 433 BGB. Von dem verlängerten Eigentumsvorbehalt und der Abtretung der Kaufpreisforderung (§ 433 II BGB) an den Verkäufer (V) muß der Kunde (K) nichts erfahren.

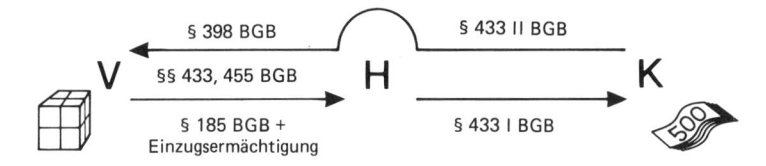

Der Verkäufer erfüllt nun seine Verpflichtung aus dem schuldrechtlichen Kaufvertrag, indem er dem Händler (H) die Kaufsache **übergibt**. Er übereignet sie nicht (oder wie beim einfachen Eigentumsvorbehalt nur aufschiebend bedingt).

Aufgrund der Verfügungsermächtigung gemäß § 185 I BGB kann nun der Händler (H) die Sache des Verkäufers (V) im eigenen Namen an den Kunden (K) **übereignen**. Das Eigentum an der Sache geht damit direkt von V auf K über.

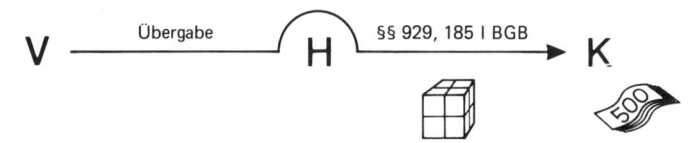

Aufgrund der Vorausabtretung hat V einen Anspruch auf Zahlung des Kaufpreises gemäß § 433 II BGB aus dem Kaufvertrag zwischen dem Händler (H) und dem Kunden (K). Der Kunde (K) müßte also eigentlich direkt an V zahlen. Aufgrund der Einzugsermächtigung kann jedoch der Händler (H) die Forderung der Verkäufers (V) gegenüber dem Kunden (K) geltend machen. Der Kunde (K) **zahlt** daher an den Händler (H), der den Betrag abzüglich seiner Gewinnspanne an den Verkäufer (V) **weiterleitet**.

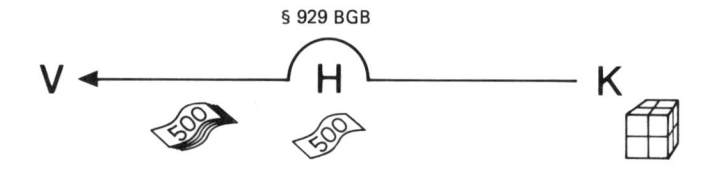

Durch diesen verlängerten Eigentumsvorbehalt hat der Verkäufer (V) jederzeit eine Sicherheit für seine Außenstände. Befindet sich die Kaufsache noch bei dem Händler (H), kann er sie bei Konkurs des Händlers (H) als sein Eigentum aussondern. Wurde die Kaufsache bereits an einen Kunden (K) des Händlers (H) weiterverkauft, kann der Verkäufer (V) die Kaufpreisforderung aus diesem Kaufvertrag gegenüber dem Kunden (K) geltend machen.

Wird die Sache bei dem Händler (H) weiterverarbeitet, muß beachtet werden, daß gemäß § 950 I BGB bei **Verarbeitung** der Hersteller Eigentümer wird. Damit nicht der Händler (H) durch die Verarbeitung gemäß § 950 I BGB Eigentümer wird und so ein Risiko für den Verkäufer (V) entsteht, wird vereinbart, daß er die Sache für den Verkäufer (V) verarbeitet. **Hersteller** ist dann der Verkäufer (V), der damit das (vorbehaltene) Eigentum an der Sache behält, bis sie von dem Händler (H) im Rahmen des ordnungsgemäßen Geschäftsbetriebs an den Kunden (K) gemäß §§ 929, 185 I BGB übereignet wird.

3. Sicherungsübereignung

Während der Eigentumsvorbehalt nur zur Sicherung von Außenständen bei Verkauf einer Sache geeignet ist, ist die Sicherungsübereignung auch unabhängig vom Kauf einer Sache möglich. Die Sicherungsübereignung dient als Sicherheit für einen Kredit, indem Sachen des Schuldners als Sicherheit an den Gläubiger übereignet werden.

Auch bei der Sicherungsübereignung ist die Kenntnis des Trennungs- und Abstraktionsprinzips[304] unabdingbare Voraussetzung für das Verständnis. Es sind der schuldrechtliche Sicherungsvertrag und die Sicherungsübereignung zu unterscheiden.

Grundlage der Sicherungsübereignung ist ein **schuldrechtlicher Sicherungsvertrag**. Der Sicherungsvertrag kann im Rahmen der Vertragsfreiheit vereinbart werden. Im Gesetz ist er nicht geregelt. Inhalt des Sicherungsvertrages ist zum einen die **Verpflichtung** des Schuldners (Sicherungsgebers), die Sache (z. B. einen LKW) dem Gläubiger (Sicherungsnehmer) **zu übereignen**. Damit der Sicherungsgeber die Sache für seinen Geschäftsbetrieb weiter nutzen kann, soll er den

---

[304] Zum Trennungs- und Abstraktionsprinzip siehe oben die 7. Lektion: Trennungs- und Abstraktionsprinzip.

30. Lektion: Sicherungsgeschäfte

Besitz behalten. Er verpflichtet sich nur zur Übereignung gemäß § 930 BGB[305]. Hierzu ist keine Übergabe, sondern die Vereinbarung eines Besitzmittlungsverhältnisses im Sinne des § 868 BGB notwendig. Dieses **Besitzmittlungsverhältnis** wird auch gleich im schuldrechtlichen Sicherungsvertrag vereinbart. Weiterer Inhalt des schuldrechtlichen Sicherungsvertrages ist eine **Vereinbarung über die Verwertung** der Sache. Der Sicherungsnehmer wird verpflichtet, von dem Sicherungseigentum an der Sache nur Gebrauch zu machen, wenn der Sicherungsgeber trotz Fälligkeit den Kredit nicht begleicht. Er kann die Sache dann z. B. an jemand anderen verkaufen und übereignen. Hat der Sicherungsgeber den Kredit aber vollständig zurückgezahlt, muß der Sicherungsnehmer die Sache dem Sicherungsgeber gemäß § 929 S. 2 BGB zurückübereignen (**Vereinbarung über Rückübereignung**). Außerdem ist in dem schuldrechtlichen Sicherungsvertrag bestimmt, für welchen Kredit die Sache haftet (**Zweckbestimmung**). Der Kreditvertrag, z. B. gemäß § 607 ff. BGB, ist von dem (schuldrechtlichen) Sicherungsvertrag zu unterscheiden.

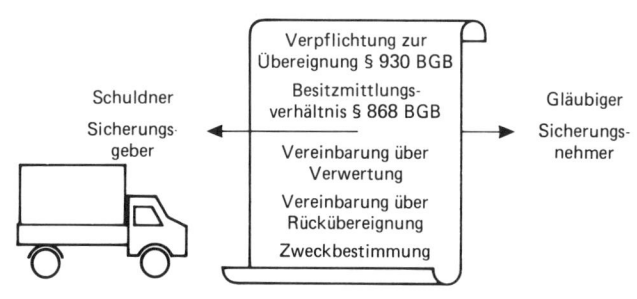

Die **Sicherungsübereignung** der Sache erfolgt dann allein durch die Einigung im Sinne des § 929 I BGB. Die Übergabe wird gemäß § 930 BGB durch das Besitzmittlungsverhältnis aus dem schuldrechtlichen Sicherungsvertrag ersetzt. Der Sicherungsgeber besitzt für den Sicherungsnehmer. Der Sicherungsnehmer ist Eigentümer der Sache.

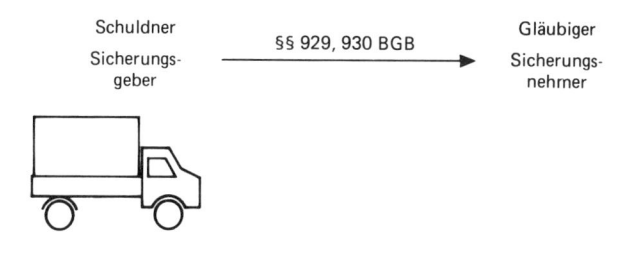

---

[305] Zum Besitzkonstitut gemäß § 930 BGB siehe oben die 28. Lektion, II. 2. Eigentum an beweglichen Sachen.

Fällt der Sicherungsgeber vor Rückzahlung des Kredits in Konkurs, kann der Sicherungsnehmer sein Eigentum an der Sache verwerten[306]. Andere Gläubiger können die Sache nicht pfänden[307].

Zahlt der Sicherungsgeber den Kredit vereinbarungsgemäß zurück, muß der Sicherungsgeber das Eigentum an der Sache gemäß § 929 S. 2 BGB zurückübereignen. Möglich ist auch eine durch die Rückzahlung des Kredits **auflösend bedingte Sicherungsübereignung**, §§ 929, 930, 158 II BGB. Der Sicherungsnehmer muß dann die Sache nicht gemäß § 929 S. 2 BGB zurückübereignen. Der Sicherungsgeber erhält mit Rückzahlung des Kredits ohne weiteres das Eigentum an der Sache zurück. Bis dahin hat er ein Anwartschaftsrecht darauf.

4. Sicherungszession

Die Sicherungszession (Sicherungsabtretung)[308] ist im Prinzip das Gleiche wie die Sicherungsübereignung, nur daß statt einer Sache eine Forderung des Sicherungsgebers als Sicherheit dient. Es sind der schuldrechtliche Sicherungsvertrag und die Sicherungszession zu unterscheiden.

In dem **schuldrechtlichen Sicherungsvertrag** ist die Verpflichtung des Sicherungsgebers zur Abtretung der Forderung begründet. Außerdem ist vereinbart, unter welchen Umständen (z. B. Verzug des Schuldners) der Sicherungsgeber die Forderung verwerten darf und wie die Forderung zurückübertragen wird, wenn der Kredit beglichen ist. Schließlich ist bestimmt, welchen Kredit die abgetretene Forderung sichern soll.

Die **Sicherungszession** erfolgt dann wie jede Abtretung[309] gemäß § 398 BGB. Nach außen erwirbt der Sicherungsnehmer alle Rechte aus der Forderung gegen den entsprechenden Drittschuldner. Gegenüber dem Sicherungsgeber ist er aber aufgrund des schuldrechtlichen Sicherungsvertrages verpflichtet, die Forderung nur in diesem Sinne zu handhaben.

5. Grundpfandrechte

Grundpfandrechte sind u. a.[310] die Hypothek (§§ 1113 ff. BGB) und die Grundschuld (§§ 1191 ff. BGB). Es sind Pfandrechte, die einen Kredit sichern sollen. Im Unterschied zum Pfand (§§ 1204 ff. BGB) bietet hier aber nicht eine bewegliche Sache, sondern ein Grundstück Sicherheit für den Kredit.

---

[306] Nach h. M. hat der Sicherungsnehmer einer Sicherungsübereignung im Konkurs des Sicherungsgebers nur ein Absonderungsrecht entsprechend § 48 KO.
[307] Notfalls muß der Sicherungsnehmer die Drittwiderspruchsklage erheben, vgl. § 771 ZPO.
[308] Zur Sicherungszession (Sicherungsabtretung) siehe auch oben die 22. Lektion, III. Sicherungszession.
[309] Zur Abtretung siehe oben 22. Lektion: Abtretung.
[310] Die Rentenschuld (§§ 1199 ff. BGB) ist heute praktisch bedeutungslos.

a) Hypothek

Die Hypothek ist abhängig von der Forderung (zur Rückzahlung des Kredits), die sie sichern soll, vgl. §§ 1113, 1137 BGB. Sie ist **akzessorisch**. Inhaber der Hypothek kann nur der Gläubiger der Forderung sein, vgl. § 1153 II BGB. Dennoch sind Forderung und Hypothek streng zu unterscheiden. Aus der Hypothek kann nicht Zahlung einer Geldsumme, sondern nur die **Duldung der Zwangsvollstreckung in das Grundstück** verlangt werden, § 1147 BGB. Schuldner und Eigentümer des durch die Hypothek belasteten Grundstücks können, müssen aber nicht dieselbe Person sein.

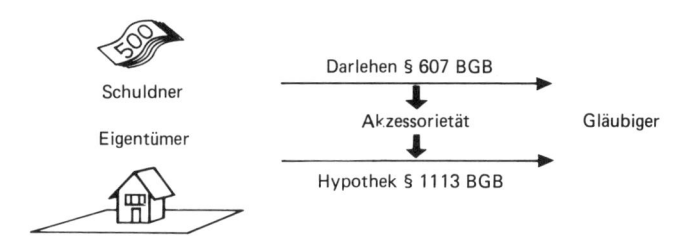

```
                    Darlehen § 607 BGB
    Schuldner      ─────────────────────▶
                              ↓
    Eigentümer        Akzessorietät           Gläubiger
                              ↓
                    ─────────────────────▶
                    Hypothek § 1113 BGB
```

Zur **Bestellung** einer Hypothek ist wegen der Akzessorietät erforderlich, daß eine **gültige Forderung** gegen den Schuldner vorliegt. Es muß eine **Einigung** zwischen Eigentümer und Gläubiger über die Bestellung der Hypothek erzielt werden. Die zu sichernde Forderung und die Einigung müssen in das **Grundbuch eingetragen** werden, §§ 873 I, 1115 I BGB. Soll eine Briefhypothek[311] bestellt werden, ist auch die **Übergabe des Hypothekenbriefes** an den Gläubiger notwendig, § 1117 BGB.

Forderung
Einigung § 873 I BGB
Eintragung §§ 873 I, 1115 I BGB
Brief § 1117 I BGB

Begleicht der Schuldner bei Fälligkeit die Forderung nicht, kann der Gläubiger aufgrund der Hypothek das Grundstück verwerten. Hierzu muß er Klage gegen den Eigentümer erheben, auch wenn der Eigentümer nicht der Schuldner ist. Das Gericht prüft dann, ob der Eigentümer die **Zwangsvollstreckung** gemäß § 1147 BGB dulden muß. Der Eigentümer muß die Zwangsvollstreckung dulden, wenn der Gläubiger rechtswirksam Inhaber der Hypothek ist und ihm die fällige Forderung gegen den Schuldner zusteht. Das Grundstück wird dann versteigert[312]. Aus dem Erlös wird der Gläubiger befriedigt. Die Hypothek erlischt damit, § 1181 I BGB.

---

[311] Zur Buchhypothek siehe § 1116 II BGB.
[312] Möglich ist auch eine Zwangsverwaltung. Siehe hierzu und zur Zwangsversteigerung

Die Akzessorietät der Hypothek ist in der Praxis **hinderlich**, da Einreden gegen die Forderung auch gegen die Hypothek vorgebracht werden können, § 1137 BGB und die Hypothek nicht ohne die Forderung übertragen werden kann, § 1153 II BGB. Die Praxis bevorzugt daher die insoweit weniger angreifbare und leichter übertragbare Grundschuld.

b) Grundschuld
Im Gegensatz zur Hypothek ist die Grundschuld nicht akzessorisch. Sie kann **unabhängig von einer Forderung** bestehen, vgl. §§ 1191, 1192 I BGB. Sie wird aber sinnvollerweise zur Sicherung einer Forderung bestellt. Man spricht dann von einer **Sicherungsgrundschuld**. Grundlage der Sicherungsgrundschuld ist eine schuldrechtliche **Sicherungsabrede**. Die schuldrechtliche Sicherungsabrede ist von der zu sichernden **Forderung** zu unterscheiden. Schuldner der Forderung und Eigentümer des belasteten Grundstücks können die selben oder verschiedene Personen sein. Das Gleiche gilt für den Gläubiger der Forderung und den Inhaber der Grundschuld.

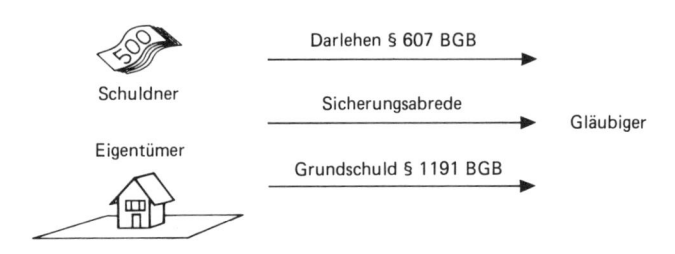

Die **schuldrechtliche Sicherungsabrede** wird zwischen dem Sicherungsnehmer, der meistens der Gläubiger der Forderung sein wird, und dem Eigentümer des Grundstücks geschlossen. Der Eigentümer des Grundstücks wird Sicherungsgeber genannt. In der Sicherungsabrede wird die **Verpflichtung des Sicherungsgebers zur Bestellung der Sicherungsgrundschuld** begründet. In der Sicherungsabrede ist auch bestimmt, **welche Forderungen** die Sicherungsgrundschuld sichert und unter welchen Umständen die **Sicherungsgrundschuld zurückgewährt** werden muß.

Die Sicherungsgrundschuld wird dann durch Einigung zwischen Sicherungsgeber und Sicherungsnehmer und Eintragung in das Grundbuch **bestellt**, § 873 I BGB. Ist eine Briefgrundschuld[313] vereinbart, muß auch der Grundschuldbrief an den Sicherungsnehmer übergeben werden, §§ 1192 I, 1117 BGB.

---

das Gesetz über die Zwangsversteigerung und die Zwangsverwaltung (ZVG) vom 24. März 1897 (RGBl. S. 713), Schönfelder, Deutsche Gesetze, Nr. 108.
[313] Zur Buchgrundschuld siehe §§ 1191 I, 1116 II BGB.

Einigung § 873 I BGB
Eintragung § 873 I BGB
Brief §§ 1192 I, 1117 I BGB

Wird die in der Sicherungsabrede genannte Forderung bei Fälligkeit nicht beglichen, kann der Sicherungsnehmer aufgrund der Sicherungsgrundschuld das Grundstück verwerten. Hierzu muß er Klage gegen den Eigentümer erheben, auch wenn der Eigentümer nicht der Schuldner ist. Das Gericht prüft dann, ob der Eigentümer die **Zwangsvollstreckung** gemäß §§ 1192 I, 1147 BGB dulden muß. Der Eigentümer muß die Zwangsvollstreckung dulden, wenn der Sicherungsnehmer rechtswirksam Inhaber der Sicherungsgrundschuld ist und wenn die Sicherungsgrundschuld fällig ist. Die Fälligkeit der Sicherungsgrundschuld richtet sich nicht wie bei der Hypothek ohne weiteres nach der Fälligkeit der gesicherten Forderung, sondern nach den Vereinbarungen in der Sicherungsabrede, § 1193 II BGB. Die Grundschuld kann auch unabhängig von der Forderung gekündigt werden, § 1193 I BGB. Liegen die Voraussetzungen der Zwangsvollstreckung vor, wird das Grundstück versteigert[314]. Aus dem Erlös wird der Sicherungsnehmer befriedigt. Die Grundschuld erlischt damit, § 1192 I, 1181 I BGB.

III. Wiederholungsfragen

1. Wodurch unterscheiden sich Personal- und Realsicherheit?
2. Welche Form muß bei Abschluß eines Bürgschaftsvertrages beachtet werden?
3. Was versteht man unter einem Garantievertrag?
4. An welchen Gegenständen kann ein Pfandrecht bestellt werden?
5. Wie unterscheidet sich eine Übereignung gemäß § 929 I BGB von einer Übereignung unter Eigentumsvorbehalt?
6. Welche Besonderheit weist der verlängerte Eigentumsvorbehalt gegenüber dem einfachen Eigentumsvorbehalt auf?
7. Welchen Inhalt hat der Sicherungsvertrag einer Sicherungsübereignung?
8. Wie erfolgt die Sicherungsübereignung einer Sache?
9. Wie wird eine Hypothek bestellt?
10. Wie kann sich der Inhaber einer Sicherungsgrundschuld aus dem Grundstück befriedigen?

---

[314] Möglich ist auch eine Zwangsverwaltung. Siehe hierzu und zur Zwangsversteigerung das Gesetz über die Zwangsversteigerung und die Zwangsverwaltung (ZVG) vom 24. März 1897 (RGBl. S. 713), Schönfelder, Deutsche Gesetze, Nr. 108.

Antworten zu den Wiederholungsfragen

Die folgenden **Antworten der Wiederholungsfragen** sind nur ein Lösungsvorschlag. Bitte versuchen Sie zuerst, **selbst** die Wiederholungsfragen zu beantworten. Es reicht, wenn ihre Antworten **sinngemäß** den hier vorgeschlagenen Antworten entsprechen. Wenn Sie keine Lösung wissen, sollten Sie den Text der Lektion noch einmal lesen. Die Antworten der Wiederholungsfragen sind fast ausschließlich unmittelbar dem Text der jeweiligen Lektion entnommen.

In den ersten drei Lektionen der Einführung wurden keine Wiederholungsfragen gestellt.

Antworten zur 4. Lektion

1. Nach dem Grundsatz der Privatautonomie kann jeder seine Lebensverhältnisse im Rahmen der Rechtsordnung eigenverantwortlich regeln, insbesondere kann jeder frei darüber entscheiden, ob und mit welchem Inhalt er Verträge schließen will.
2. Bürgerliches Recht, Handelsrecht, Arbeitsrecht, Gesellschaftsrecht.
3. Das Handelsrecht ist das Sonderprivatrecht der Kaufleute.
4. Das Arbeitsrecht wird unterteilt in das Individualarbeitsrecht und das Kollektivarbeitsrecht. Das Individualarbeitsrecht regelt die Beziehungen zwischen Arbeitgeber und Arbeitnehmer. Das Kollektivarbeitsrecht regelt die Beziehungen zwischen Gewerkschaften und Arbeitgeberverbänden und zwischen Betriebsräten und Arbeitgebern.
5. Verein, GbR oder BGB-Gesellschaft, OHG, KG, stG, Reederei, AG, KGaA, GmbH, e. G., VVaG.
6. Das BGB ist in fünf Bücher untergliedert: Allgemeiner Teil, Recht der Schuldverhältnisse, Sachenrecht, Familienrecht und Erbrecht. Im Allgemeinen Teil sind die Regelungen zusammengefaßt, die auch in den anderen Büchern gelten.
7. Es gilt subsidiär. Das heißt, die Regelungen des BGB greifen ein, wenn die Bestimmungen des Handelsrechts, des Arbeitsrechts und des Gesellschaftsrechts dafür Platz lassen.
8. **Kaufmann** ist, wer ein Handelsgewerbe betreibt, § 1 I HGB. Unter **Gewerbe** versteht man eine selbständige, offene, planmäßige, auf Gewinnerzielung gerichtete Tätigkeit mit Ausnahme der freien Berufe. Das Gewerbe ist ein **Handelsgewerbe**, wenn eines der in § 1 II HGB genannten Grundhandelsgewerbe betrieben wird.
9. Der **Vollkaufmann** betreibt ein Unternehmen (§§ 1, 2, 3 HGB), das nach Art und Umfang einen in kaufmännischer Weise eingerichteten Geschäftsbetrieb erfordert. Auch der Formkaufmann (§ 6 HGB) ist Vollkaufmann. Für Vollkaufleute gelten die Vorschriften des HGB uneingeschränkt. Der **Minderkaufmann** betreibt ein Grundhandelsgewerbe (§ 1 II HGB); dieses erfordert aber nach Art und Umfang keine kaufmännische Organisation, wie Buchführung und Fachpersonal. Für Minderkaufleute gelten gemäß § 4 I HGB nicht die Vorschriften des HGB über die Firma, die Handelsbücher und die Prokura. Weitere Ausnahmen sind in § 351 HGB genannt.
10. **Arbeitnehmer** ist, wer weisungsabhängig für einen anderen Arbeit leistet. **Arbeitgeber** ist, wer einen anderen in einem Arbeitsverhältnis als Arbeitnehmer beschäftigt.

Antworten zur 5. Lektion

1. Die Eigenschaft der Rechtssubjekte, Träger von Rechten und Pflichten zu sein, nennt man Rechtsfähigkeit.
2. Natürliche Person ist jeder Mensch.
3. Juristische Personen des Privatrechts sind entweder Personenvereinigungen oder Vermögensmassen, denen die Rechtsordnung Rechtsfähigkeit zuerkennt.
4. Juristische Personen des Privatrechts sind der e. V., die GmbH, die AG, die KGaA, die e. G., der VVaG und die Stiftung. Keine juristischen Personen sind die GbR, die oHG, die KG und die stG.
5. Personen haben Rechte, an Gegenständen bestehen Rechte.
6. Die Rechtsobjekte lassen sich in körperliche und nicht körperliche Gegenstände einteilen.
7. Die körperlichen Gegenstände werden Sachen genannt. Grundstücke sind unbewegliche Sachen. Alle anderen Sachen sind bewegliche Sachen.
8. Nach dem **Spezialitätsgrundsatz** sind dingliche Rechte nur an einzelnen Sachen möglich.
9. Es kommt auf den üblichen Gebrauch und den Zweck an.
10. Zu den nicht körperlichen Gegenständen gehören vor allem Rechte, soweit über sie verfügt werden kann. Das bekannteste dingliche Recht ist das Eigentum.

Antworten zur 6. Lektion

1. Ein Schuldverhältnis ist ein Rechtsverhältnis zwischen zwei Personen, aufgrund dessen der Gläubiger vom Schuldner eine Leistung fordern kann, § 241 BGB.
2. Die Rechte aus Rechtsverhältnissen zwischen bestimmten Personen nennt man relative Rechte. Sie wirken ja nur relativ zwischen den beiden. Die Rechte aus Rechtsverhältnissen zwischen einer Person und allen anderen nennt man absolute Rechte.
3. In einem Gefälligkeitsverhältnis bestehen zwar keine Erfüllungsansprüche. Es bestehen aber Sorgfaltspflichten. Grundsätzlich darf der Gefallen den anderen nicht schlechter stellen als vorher.
4. Ein Rechtsgeschäft ist eine Handlung, deren Rechtserfolg gerade deshalb eintritt, weil er gewollt ist.
5. Eine **Willenserklärung** ist die Äußerung des auf die Herbeiführung einer Rechtswirkung gerichteten Willens. Sie ist der Bestandteil des Rechtsgeschäfts, der den Willen ausdrückt.
6. Ein **Vertrag** kommt durch mindestens zwei übereinstimmende Willenserklärungen zustande.
7. Ein **Verpflichtungsgeschäft** ist ein Rechtsgeschäft, durch das eine Leistungspflicht begründet wird. **Verfügungsgeschäfte** sind dagegen Rechtsgeschäfte, durch die auf ein bestehendes Recht eingewirkt wird um es zu verändern, zu belasten, zu übertragen oder aufzuheben.
8. Der Rechtsgrund ist der rechtliche Beweggrund zum Abschluß des Rechtsgeschäfts, der über die eigene Verpflichtung hinausgeht.
9. Während bei den Rechtsgeschäften die Rechtsfolge eintritt, weil sie gewollt ist, tritt bei den Rechtshandlungen die Rechtsfolge unabhängig vom Willen ein.
10. Die geschäftsähnliche Handlung ist eine Erklärung. Der Wille bei Abgabe der Erklä-

rung ist notwendig nur auf den tatsächlichen Erfolg gerichtet. Der Rechtserfolg tritt unabhängig vom Willen des Erklärenden ein. Der Realakt ist keine Erklärung. Der Realakt ist eine Rechtshandlung, bei der der Wille nicht notwendig auf den rechtlichen Erfolg gerichtet ist. Die Rechtsfolgen ergeben sich aus dem Gesetz.

Antworten zur 7. Lektion

1. Das Trennungsprinzip spaltet einen einheitlichen Lebenssachverhalt in mehrere rechtliche Handlungen auf. Die Verpflichtung wird als Grundgeschäft bezeichnet. Die Erfüllung der Verpflichtung wird davon unterschieden.

2. Kaufvertrag über den Kauf einer Zeitung § 433 BGB = Grundgeschäft; Übereignung der Zeitung § 929 BGB = Erfüllungsgeschäft; Übereignung des Geldes § 929 BGB = Erfüllungsgeschäft.

3. Grundgeschäfte sind im Rahmen des Trennungsprinzips die Geschäfte, die die zu erfüllenden Verpflichtungen begründen. Erfüllungsgeschäfte sind die Geschäfte, die die Verpflichtungen aus den Grundgeschäften erfüllen. Kausale Geschäfte tragen ihren Rechtsgrund in sich. Bei abstrakten Geschäften liegt der Rechtsgrund außerhalb des Geschäfts. Verpflichtungsgeschäfte begründen Leistungspflichten. Verfügungsgeschäfte sind Rechtsgeschäfte, durch die auf ein bestehendes Recht eingewirkt wird um es zu verändern, zu belasten, zu übertragen oder aufzuheben.

4. Grundgeschäfte sind kausale Verpflichtungsgeschäfte. Erfüllungsgeschäfte erfüllen die Verpflichtungen aus den Grundgeschäften. Erfüllungsgeschäfte sind meistens abstrakte Geschäfte, häufig Verfügungsgeschäfte, bisweilen aber auch Verpflichtungsgeschäfte.

5. Das abstrakte Schuldanerkenntnis, § 781 BGB.

6. Nach dem **Abstraktionsprinzip** sind die Erfüllungsgeschäfte von der Wirksamkeit des Grundgeschäfts unabhängig. Wenn das Grundgeschäft unwirksam ist, ist deshalb noch nicht das entsprechende Erfüllungsgeschäft unwirksam.

7. §§ 812 ff. BGB.

8. Besitzer ist der, der die Sache tatsächlich hat, vgl. § 854 I BGB; Eigentümer ist der, dem die Sache gehört.

9. Herausgabe der Sache.

10. Wenn einzelne Rechtsgeschäfte im Rahmen des Trennungsprinzips aus dem selben Grund unwirksam sind, spricht man von Fehleridentität.

Antworten zur 8. Lektion

1. Der Sachverhalt ist das, was tatsächlich geschehen ist. In Klausuraufgaben der Grundausbildung wird der Sachverhalt geschildert.

2. Eine Anspruchsgrundlage ist ein Rechtssatz (Paragraph, Gewohnheitsrecht, Vertrag o. ä.), der als Rechtsfolge das gewährt, was verlangt wird.

3. Der Sachverhalt ist das, was tatsächlich geschehen ist. Der Tatbestand steht in einem Rechtssatz (Paragraph, Gewohnheitsrecht, Vertrag o. ä.) und beschreibt abstrakt die Umstände, unter denen der Rechtssatz eingreift.

4. Der Tatbestand ist die Voraussetzung der Rechtsfolge. Nur wenn der Tatbestand des Rechtssatzes durch den gegebenen Sachverhalt erfüllt ist, tritt die Rechtsfolge des Rechtssatzes ein.

5. Subsumtion ist der Vergleich des Sachverhalts mit dem Tatbestand.

Antworten zu den Wiederholungsfragen 225

6. könnte ...; Voraussetzung dafür ist, daß ...; Fraglich ist, ob ...; Dazu ist erforderlich, daß ...; daraus folgt, daß ...; daher, somit, demnach.
7. muß; da; weil; denn; nämlich; zwar; aber.
8. Im Urteilsstil werden Gegenargumente mit einem „zwar-aber"-Satz eingeflochten.
9. **§ 275 I BGB: Tatbestand:** ..., soweit die Leistung infolge eines nach der Entstehung des Schuldverhältnisses eintretenden Umstandes, den er nicht zu vertreten hat, unmöglich wird. **Rechtsfolge:** Der Schuldner wird von der Verpflichtung zur Leistung frei.... **§ 280 I BGB: Tatbestand:** Soweit die Leistung infolge eines von dem Schuldner zu vertretenden Umstandes unmöglich wird ... . **Rechtsfolge:** ..., hat der Schuldner dem Gläubiger den durch die Nichterfüllung entstehenden Schaden zu ersetzen.
10. **§ 325 I S. 1 BGB:** Schadensersatz wegen Nichterfüllung; vom Vertrag zurücktreten; Rechte aus § 323 BGB. **§ 985 BGB:** Herausgabe der Sache. **§ 1004 BGB:** Beseitigung der Beeinträchtigung; Unterlassung.

Antworten zur 9. Lektion

1. Zur Verwirklichung des objektiven Tatbestands einer Willenserklärung reicht grundsätzlich jede erkennbare **Erklärungshandlung**.
2. Der Handlungswille ist unstreitig ein notwendiges Merkmal des subjektiven Tatbestands einer Willenserklärung.
3. Das **Erklärungsbewußtsein** ist das Bewußtsein, daß die gewollte Erklärungshandlung als (irgend eine) **rechtsgeschäftliche** Erklärung verstanden wird.
4. Nach heute herrschender Meinung liegt trotz fehlenden Erklärungsbewußtseins eine Willenserklärung vor, wenn der Erklärende mit der erforderlichen Sorgfalt hätte erkennen und verhindern können, daß seine Äußerung als Willenserklärung aufgefaßt werden durfte, und wenn der Empfänger sie auch tatsächlich so verstanden hat.
5. Der **Geschäftswille** ist der auf eine **bestimmte** Rechtsfolge gerichtete Wille. Es ist der Wille, dem mit der Willenserklärung Geltung verschafft werden soll. Der Geschäftswille hat keine Bedeutung für das Vorliegen einer Willenserklärung. Bei fehlendem Geschäftswillen kann der Erklärende aber unter den Voraussetzungen der §§ 119ff. BGB das Rechtsgeschäft anfechten.
6. Das Testament.
7. Die **empfangsbedürftigen** Willenserklärungen müssen dem Empfänger zugehen, damit sie wirksam werden, § 130 I BGB. Bei **nicht empfangsbedürftigen** Willenserklärungen muß nur der Erklärungsvorgang beendet werden.
8. **Abgegeben** wurde eine empfangsbedürftige Willenserklärung, wenn sie mit dem Willen des Erklärenden in den Rechtsverkehr gelangt ist.
9. Unter **Abwesenden** ist die Willenserklärung **zugegangen**, wenn sie so in den Bereich des Empfängers gelangt ist, daß dieser unter normalen Verhältnissen die Möglichkeit hat, von ihrem Inhalt Kenntnis zu nehmen.
10. Unter **Anwesenden** ist die Willenserklärung **zugegangen**, wenn sie der Empfänger wahrnimmt („Vernehmungstheorie").

Antworten zur 10. Lektion

1. Beim **Erklärungsirrtum** weiß der Erklärende, was er will und wie er seinen Willen richtig erklären muß; bei der Erklärung unterläuft ihm aber ein Fehler. Ein typischer Erklärungsirrtum liegt vor, wenn sich der Erklärende verspricht, verschreibt oder

vergreift. Ein Fall des Erklärungsirrtums ist auch die **falsche Übermittlung** der Erklärung durch einen Boten oder eine Anstalt, wie z. B. die Post.

2. Ein **Inhaltsirrtum** ist gegeben, wenn sich der Erklärende über den Bedeutungsinhalt seiner Erklärung irrt; diese falsche Erklärung aber richtig ausdrückt. Er tritt leicht bei einem doppeldeutigen Begriff auf, der aus Sicht des Empfängers anders verstanden werden muß, als er vom Erklärenden gemeint ist.

3. Ja, allerdings nicht jeder Motivirrtum! Zur Anfechtung berechtigt nur der Irrtum über verkehrswesentliche Eigenschaften, § 119 II BGB. **Verkehrswesentliche Eigenschaften** betreffen die Beschaffenheit und solche Umstände der Person oder Sache, die für die Wertschätzung oder Verwendbarkeit von Bedeutung sind. Der Irrtum über andere Motive berechtigt nicht zur Anfechtung. So ist der Wert des Gegenstandes zwar meistens ein sehr wichtiges Motiv zur Vornahme des Rechtsgeschäfts; er ist aber keine verkehrswesentliche Eigenschaft. Ein Irrtum über den Wert berechtigt nicht zur Anfechtung.

4. Eine **Täuschung** ist das Vorspiegeln oder Entstellen von Tatsachen. **Tatsachen** sind nur solche Umstände der Gegenwart oder Vergangenheit, die nachprüfbar sind. Auch das **Verschweigen von Tatsachen** kann eine Täuschung darstellen, wenn eine Pflicht zur Aufklärung besteht. **Arglistig** ist die Täuschung, wenn der andere damit zur Abgabe der gewünschten Willenserklärung veranlaßt werden soll.

5. Eine **Drohung** ist das Inaussichtstellen eines Übels, auf das der Drohende vorgibt, Einfluß zu haben und dessen Verwirklichung er vom Verhalten des Bedrohten abhängig macht. Widerrechtlich ist die Drohung nicht nur, wenn das angedrohte Verhalten (Mittel) oder der mit der Drohung angestrebte Erfolg (Zweck) rechtswidrig ist. Die Widerrechtlichkeit der Drohung kann sich auch aus der Mittel-Zweck-Relation ergeben.

6. Eine **Anfechtung wegen eines Irrtums** im Sinne des § 119 BGB oder wegen falscher Übermittlung gemäß § 120 BGB kann gemäß § 121 I BGB nur **unverzüglich** nach Erkennen des Irrtums erfolgen. Die **Anfechtung wegen arglistiger Täuschung oder widerrechtlicher Drohung** gemäß § 123 BGB muß nicht unverzüglich, sondern **innerhalb eines Jahres** erfolgen, § 124 BGB.

7. „Unverzüglich" kann länger dauern als „sofort"! „Unverzüglich" bedeutet nach der Legaldefinition des § 121 I 1 BGB **„ohne schuldhaftes Zögern"**. Wenn das Zögern nicht schuldhaft ist, kann es lange dauern.

8. Die Anfechtung muß gegenüber dem Anfechtungsgegner erklärt werden, § 143 I BGB. **Anfechtungsgegner** ist bei einem Vertrag der Vertragspartner, § 143 II BGB. Bei einem einseitigen Rechtsgeschäft ist der Empfänger der Erklärung oder derjenige, der aus dem Rechtsgeschäft unmittelbar einen Vorteil erlangt, der Anfechtungsgegner, § 143 III, IV BGB.

9. Mit der Anfechtungserklärung ist das angefochtene Rechtsgeschäft **von Anfang an nichtig**, § 142 I BGB. Bei einer Anfechtung aufgrund eines Irrtums gemäß §§ 119, 120 BGB ist der Anfechtende gemäß § 122 BGB zum Ersatz des Schadens verpflichtet, den der andere oder ein Dritter dadurch erleidet, daß er auf die Gültigkeit der Erklärung **vertraut** hat.

10. Der **Vertrauensschaden** umfaßt die Kosten und Nachteile, die dem Geschäftspartner wegen seines Vertrauens auf die Gültigkeit des Geschäfts entstanden sind. Durch den Ersatz des Vertrauensschadens muß der Geschäftspartner so gestellt werden, als habe er von dem ungültigen Geschäft nie etwas gehört. Zur Berechnung des Vertrauensschadens muß die hypothetische Vermögenslage des Geschäftspartners ohne Kenntnis von dem nunmehr ungültigen Geschäft mit der tatsächlichen Vermögenslage verglichen werden. Der **Nichterfüllungsschaden** ist der Schaden, den der Geschäftspartner

erleidet, weil der Vertrag nicht erfüllt wird. Durch den Ersatz des Nichterfüllungsschadens muß der Vertragspartner so gestellt werden, als sei der Vertrag erfüllt worden. Zur Berechnung des Nichterfüllungsschadens muß die hypothetische Vermögenslage des Vertragspartners nach erfülltem Vertrag mit der tatsächlichen Vermögenslage verglichen werden.

Antworten zur 11. Lektion

1. **Abschlußfreiheit** und **Inhaltsfreiheit**.
2. Ein Vertrag kommt durch mindestens zwei **übereinstimmende** Willenserklärungen zustande.
3. Der Antrag muß in der **Frist** des § 147 BGB angenommen werden. Wird der Antrag gegenüber einem Anwesenden gemacht, muß die Annahme sofort zugehen. Bei Abwesenden kommt es auf die Art der Erklärung und die Umstände an.
4. Nach § 151 S. 1 BGB muß die Annahmeerklärung dem Antragenden **ausnahmsweise** nicht zugehen, wenn das nach der **Verkehrssitte** nicht zu erwarten ist **oder** wenn der Antragende darauf **verzichtet** hat.
5. Eine Annahme, die nicht dem Angebot entspricht, sondern Erweiterungen, Einschränkungen oder sonstige Änderungen enthält, gilt als Ablehnung des Angebots verbunden mit einem neuen Antrag, § 150 II BGB. Nur wenn der ursprüngliche Anbieter seinerseits dieses neue Angebot annimmt, kommt ein entsprechender Vertrag zustande.
6. Die Widerrufsfrist beträgt eine Woche, § 1 I a. E. HaustürWG. Sie beginnt erst, wenn der Kunde über sein Widerrufsrecht schriftlich belehrt worden ist, und endet spätestens einen Monat, nachdem beide Vertragsparteien ihrer Leistungen vollständig erbracht haben. Es reicht die rechtzeitige Absendung des Widerrufs, § 2 I HaustürWG.
7. **Verfügende Verträge** sind Rechtsgeschäfte, durch die auf ein bestehendes Recht eingewirkt wird um es zu verändern, zu belasten, zu übertragen oder aufzuheben. **Verpflichtende Verträge** sind Rechtsgeschäfte, durch die eine Leistungspflicht begründet wird.
8. Schenkungsvertrag, §§ 516/518 BGB.
9. Die wechselseitige Verpflichtung in einem Vertrag wird in der Rechtswissenschaft als **Synallagma** bezeichnet.
10. Diese Verträge werden als **unvollkommen zweiseitig** verpflichtende Verträge bezeichnet.

Antworten zur 12. Lektion

1. Schweigen im Rechtssinne ist nicht nur nicht reden, sondern sich nicht (auch nicht konkludent) äußern.
2. Grundsätzlich keine!
3. § 516 II BGB: Schweigen als Annahme eines Schenkungsangebots; § 362 HGB: Schweigen als Annahme eines Geschäftsbesorgungsvertrags durch einen Kaufmann; Schweigen als Zustimmung zu einem Bestätigungsschreiben.
4. Die Zuwendung im Sinne des § 516 II BGB ist im Rahmen des Trennungs- und Abstraktionsprinzips das Erfüllungsgeschäft.
5. § 362 HGB gilt nur für Kaufleute. Der Gewerbebetrieb des Kaufmanns muß die Besorgung von Geschäften für andere mit sich bringen. Das Angebot muß sich auf den Abschluß eines solchen Geschäftsbesorgungsvertrages beziehen, § 675 BGB. Der

Kaufmann muß auf dieses Angebot nur dann unverzüglich antworten und sein Schweigen gilt nur dann als Annahme, wenn er mit dem Anbietenden in Geschäftsverbindung steht, § 362 I 1 HGB, oder wenn er sich dem anderen gegenüber zur Besorgung solcher Geschäfte erboten hat, § 362 I 2 HGB.

6. Das Bestätigungsschreiben ist als Handelsbrauch gemäß § 346 HGB von Bedeutung. Heute ist es auch gewohnheitsrechtlich anerkannt.

7. Haben die Parteien von vornherein vereinbart, daß der mündlich geschlossene Vertrag nur wirksam sein soll, wenn er schriftlich bestätigt wird, handelt es sich um ein **konstitutives** (begründendes) Bestätigungsschreiben. Soll dagegen das Bestätigungsschreiben einen bereits wirksamen Vertrag bestätigen, spricht man von einem **deklaratorischen** (klarstellenden) Bestätigungsschreiben.

8. Die **Auftragsbestätigung** ist die Annahme eines entsprechenden Angebots. Der Absender der Auftragsbestätigung geht davon aus, daß noch kein Vertrag geschlossen wurde. Der Vertrag kommt erst mit der Auftragsbestätigung zustande. Weicht die durch die Auftragsbestätigung erklärte Annahme vom Angebot ab, gilt § 150 II BGB: sie wird als neues Angebot behandelt. Ein Vertrag kommt nur zustande, wenn die andere Partei ihrerseits dieses neue Angebot annimmt, also nicht schweigt. Dagegen geht der Absender beim Bestätigungsschreiben davon aus, daß ein Vertrag aufgrund einer bereits erklärten Annahme geschlossen sei. Diesen bereits geschlossenen Vertrag will er bestätigen.

9. Die Beteiligten müssen Kaufleute sein oder **wie Kaufleute** am Rechtsverkehr teilnehmen. Es müssen mündliche Vertragsverhandlungen vorausgegangen sein, die nach der verständlichen Ansicht des Absenders zu einem **Vertragsschluß** geführt haben. Der Inhalt des Schreibens muß den Vertragsschluß **bestätigen**. Es darf **keine Abweichungen** von dem Vereinbarten haben, mit denen der Empfänger nicht zu rechnen braucht. Das Bestätigungsschreiben muß **zeitlich unmittelbar** auf den vermeintlichen Vertragsschluß folgen.

10. Das Bestätigungsschreiben ist dann wirkungslos. Der mündliche Vertrag gilt mit dem Inhalt, mit dem er tatsächlich geschlossen wurde; auch wenn das möglicherweise schwer zu recherchieren ist.

Antworten zur 13. Lektion

1. Rechtsfähigkeit ist die Fähigkeit, Träger von Rechten und Pflichten zu sein. Geschäftsfähigkeit ist die Fähigkeit, Rechtsgeschäfte selbst wirksam vorzunehmen.

2. Geschäftsfähig sind grundsätzlich alle Menschen; sie können selbst Rechtsgeschäfte wirksam vornehmen. Die Rechtsgeschäfte von Geschäftsunfähigen sind nicht wirksam. Dazwischen steht die beschränkte Geschäftsfähigkeit der Minderjährigen. Die Rechtsgeschäfte der Minderjährigen sind unter bestimmten Voraussetzungen (siehe die Antwort zu Frage 6) wirksam.

3. Die Geschäftsfähigkeit ist **zum Schutz der Personen**, denen typischerweise die notwendige Einsicht in die Tragweite rechtsgeschäftlichen Handelns fehlt, nicht gegeben.

4. Gemäß § 104 BGB ist geschäftsunfähig, wer noch nicht sieben Jahre alt ist oder an einer krankhaften Störung der Geistestätigkeit leidet.

5. Beschränkt geschäftsfähig sind Minderjährige, die das siebente Lebensjahr vollendet haben, aber noch nicht achtzehn Jahre alt sind, § 106 und § 2 BGB.

6. Mit Einwilligung, oder wenn es rechtlich ausschließlich einen Vorteil bietet, ist das Rechtsgeschäft eines Minderjährigen wirksam, § 107 BGB. Mit Genehmigung, § 108 I BGB, wird es wirksam.

7. Der Vertragspartner kann den gesetzlichen Vertreter des Minderjährigen zur Erklä-

Antworten zu den Wiederholungsfragen

rung über die Genehmigung auffordern, § 108 II BGB. Bis zur Genehmigung kann der Vertragspartner seinerseits den Vertrag gegenüber dem Minderjährigen oder dem gesetzlichen Vertreter widerrufen, § 109 I BGB.

8. Selbst wenn die Einwilligung gegeben ist, der Minderjährige aber die Einwilligung nicht in schriftlicher Form vorlegt, kann der andere das einseitige Rechtsgeschäft deshalb zurückweisen.
9. Die Schenkung, §§ 516/518 BGB.
10. Empfangszuständigkeit ist die Zuständigkeit zur schuldbefreienden Entgegennahme einer Leistung.

Antworten zur 14. Lektion

1. Gemäß § 164 I BGB sind Voraussetzung: eine eigene Willenserklärung des Vertreters, Vertretungsmacht des Vertreters und das Auftreten im Namen des Vertretenen.
2. Der Bote übermittelt eine fremde Willenserklärung. Der Vertreter gibt eine eigene Willenserklärung ab.
3. Die Frage, ob der Vertreter verpflichtet ist, für den Vertretenen tätig zu werden, richtet sich nicht nach dem Vertretungsrecht, sondern nach dem davon zu unterscheidenden Rechtsverhältnis zwischen Vertretenem und Vertreter, dem **Grundverhältnis**. Im Grundverhältnis kann z. B. ein Arbeitsvertrag (Geschäftsbesorgungs-Dienstvertrag), §§ 611, 675 BGB, oder ein Auftrag, § 662 BGB, bestehen. Diese Verträge begründen eine Pflicht, tätig zu werden.
4. Vollmacht. Siehe § 166 II BGB.
5. Spezialvollmacht, Artvollmacht, Generalvollmacht.
6. Prokura, §§ 48 ff. HGB; Handlungsvollmacht, § 54 HGB.
7. Die Generalvollmacht kann von jedermann erteilt werden, umfaßt alle Arten von Geschäften und muß nicht eingetragen werden. Die Prokura kann nur von einem Vollkaufmann erteilt werden, ist gemäß § 49 HGB im Umfang beschränkt und muß gemäß § 53 HGB ins Handelsregister eingetragen werden.
8. Duldungsvollmacht ist gegeben, wenn der Vertretene weiß, daß ein anderer für ihn als Vertreter auftritt und es duldet, obwohl ein Dritter annehmen muß, der Vertreter sei bevollmächtigt. Anscheinsvollmacht liegt vor, wenn der Vertretene nicht weiß, daß der andere als Vertreter für ihn auftritt, er es aber hätte erkennen und verhindern können.
9. Der Offenkundigkeitsgrundsatz besagt, daß das Geschäft des Vertreters nur dann unmittelbar für und gegen den Vertretenen wirkt, wenn der Vertreter erkennbar im Namen des Vertretenen auftritt, § 164 I, II BGB. Der Offenkundigkeitsgrundsatz ist eingeschränkt bei „Geschäften für den, den es angeht".
10. Ein Insichgeschäft ist gegeben, wenn der Vertreter im Namen des Vertretenen mit sich im eigenen Namen oder als Vertreter eines Dritten ein Rechtsgeschäft vornimmt. Gemäß § 181 BGB kann ein Vertreter ein Insichgeschäft nur vornehmen, wenn es ihm gestattet ist, oder wenn es in der Erfüllung einer Verbindlichkeit besteht.

Antworten zur 15. Lektion

1. Warnfunktion, Beweisfunktion, Beratungsfunktion, Kontrollfunktion.
2. Einwilligung des gesetzlichen Vertreters gemäß § 111 BGB, Kündigung von Mietverhältnissen über Wohnraum gemäß § 564 a BGB, Mietvertrag über ein Grundstück/eine Wohnung für länger als ein Jahr gemäß §§ 566/580 BGB, Bürgschaftserklärung gemäß

§ 766 BGB, Schuldversprechen gemäß § 780 BGB, Schuldanerkenntnis gemäß § 781 BGB, Verbraucherkredit gemäß § 4 I VerbrKrG, Testament gemäß § 2247 BGB.

3. Es wird beglaubigt, daß die Urkunde von dem in der Unterschrift bezeichneten Aussteller stammt.

4. Zur notariellen Beurkundung findet eine Verhandlung vor dem Notar statt, in der der Notar die Beteiligten berät und über die Tragweite des Geschäfts aufklärt. Die Beteiligten geben dann ihre Willenserklärungen ab. Über die Verhandlung wird eine Urkunde aufgesetzt, die vorgelesen, genehmigt und von den Beteiligten und dem Notar unterschrieben wird.

5. Wird die vorgeschriebene oder vereinbarte Form nicht eingehalten, ist das Rechtsgeschäft **nichtig**, § 125 BGB. Für Verbraucherkreditverträge bestimmt entsprechendes § 6 I VerbrKrG.

6. Ein **Verbotsgesetz** kann jede Rechtsnorm sein (Art. 2 EGBGB), die die **Nichtigkeit des Rechtsgeschäfts bezweckt**.

7. Unter „guten Sitten" versteht die Rechtsprechung das „Anstandsgefühl aller billig und gerecht Denkenden".

8. Zum einen muß die Leistung im Verhältnis zur Gegenleistung in einem auffälligen Mißverhältnis stehen. Zum anderen muß das Rechtsgeschäft unter Ausbeutung einer Zwangslage, der Unerfahrenheit, des Mangels an Urteilsvermögen oder der erheblichen Willensschwäche des Vertragspartners geschlossen werden.

9. Ein wucherähnliches Geschäft liegt vor, wenn zwischen Leistung und Gegenleistung ein auffälliges Mißverhältnis besteht und der Kreditgeber die schwächere Lage des Kreditnehmers bewußt zu seinem Vorteil ausnutzt. Es reicht, wenn der Kreditgeber sich leichtfertig der Erkenntnis verschließt, daß der Kreditnehmer sich nur wegen seiner schwächeren Lage auf die drückenden Bedingungen des Kreditgeschäfts einläßt.

10. Ein **auffälliges Mißverhältnis** zwischen Leistung und Gegenleistung ist bei einem Kredit anzunehmen, wenn der effektive Vertragszins doppelt so hoch ist wie der Vergleichs- oder Marktzins oder wenn der effektive Vertragszins den Vergleichs- oder Marktzins um 12 % übersteigt.

Antworten zur 16. Lektion

1. Rationalisierung, Lückenfüllung und Rechtsfortbildung, Risikoabwälzung.

2. Das AGBG dient dem Zweck, die wirtschaftlich schwächere Position des Vertragspartners zu stützen. Dem Mißbrauch der AGB soll dadurch entgegengewirkt werden, daß unangemessene Regelungen für nichtig erklärt werden und die Einbeziehung der AGB in den Einzelvertrag von bestimmten Voraussetzungen abhängig gemacht wird.

3. AGB sind für viele Verträge vorformulierte Vertragsbedingungen, § 1 I AGBG.

4. Erstens muß gemäß § 2 I Nr. 1 AGBG der Verwender der AGB auf die AGB **hinweisen**. Zweitens muß gemäß § 2 I Nr. 2 AGBG der Vertragspartner die Möglichkeit haben, die AGB zur **Kenntnis zu nehmen**. Drittens muß der Vertragspartner mit den AGB **einverstanden** sein, § 2 I a. E. AGBG.

5. Die §§ 9 bis 11 AGBG gelten nur für Bestimmungen, die von der gesetzlichen Regelung, z. B. im BGB, abweichen oder gesetzliche Regelungen ergänzen, § 8 AGBG.

6. Eine unangemessene Benachteiligung kann im Zweifel darin liegen, daß in den AGB von einem wesentlichen Grundgedanken der gesetzlichen Regelung abgewichen wird. Im Zweifel ist auch eine Bestimmung unwirksam, die wesentliche Rechte oder

Pflichten des Vertrages so einschränkt, daß der Vertragszweck gefährdet ist, § 9 II AGBG.

7. Bei der Wirksamkeitsprüfung einer AGB fängt man bei der speziellen Regelung des § 11 AGBG an. Fällt die Klausel unter § 11 AGBG, ist sie sicher unwirksam. Greift § 11 AGBG nicht ein, wird die Klausel anhand von § 10 AGBG überprüft. Fällt die Klausel auch nicht unter den weiten Anwendungsbereich der unbestimmten Rechtsbegriffe in § 10 AGBG, muß die Klausel noch vor der Generalklausel des § 9 AGBG Bestand haben.

8. Ja! Kaufleute sind die typischen Verwender von AGB, vor denen der Vertragspartner geschützt werden soll! Nur wenn AGB **gegenüber** Kaufleuten verwendet werden, gelten nicht die §§ 2, 10, 11 und 12 AGBG.

9. Ja! Die Gewährleistung für neu hergestellte, bewegliche Sachen darf auf Nachbesserung beschränkt werden, wenn dem anderen Vertragsteil **ausdrücklich** das Recht vorbehalten wird, bei Fehlschlagen der Nachbesserung Herabsetzung der Vergütung oder nach seiner Wahl Rückgängigmachung des Vertrages zu verlangen.

10. Der Vertrag bleibt, abgesehen von der Klausel, die nicht einbezogen wurde oder unwirksam ist, im übrigen wirksam, § 6 I AGBG. Die Klausel wird durch die gesetzliche Regelung ersetzt, § 6 II AGBG.

Antworten zur 17. Lektion

1. Der Verkäufer ist Schuldner der Übereignung der Kaufsache. Der Käufer ist Schuldner der Zahlung des Kaufpreises. Der Käufer ist Gläubiger der Leistungspflicht zur Übereignung der Kaufsache. Der Verkäufer ist Gläubiger des Kaufpreises.

2. Eine **Stückschuld** liegt vor, wenn der geschuldete Gegenstand im Vertrag nach individuellen Merkmalen konkret bestimmt ist.

3. Eine **Gattungsschuld** ist begründet, wenn der geschuldete Gegenstand im Vertrag nach generellen Merkmalen abstrakt beschrieben ist, wie z. B. nach Art, Maß oder Gewicht.

4. Bei der **Vorratsschuld** beschränkt sich die Gattungsschuld auf den Vorrat des Schuldners.

5. Zur Konkretisierung muß der Schuldner eine Sache aus der beschriebenen Gattung auswählen. Die Leistung aus der Gattung beschränkt sich auf diese von ihm ausgewählte Sache, wenn er das nach dem Vertrag Erforderliche zur Leistung getan hat, § 243 II BGB. Die Gattungsschuld wird damit zur Stückschuld; sie wird konkretisiert.

6. Bei einer **Holschuld** muß der Gläubiger die Sache beim Schuldner holen. Der Schuldner hat das seinerseits Erforderliche getan, wenn er die Sache aus der Gattung ausgesondert hat und der Gläubiger sie auf seine Nachricht hin abholen kann. Bei einer **Bringschuld** muß der Schuldner dem Gläubiger die geschuldete Sache bringen. Der Schuldner hat das seinerseits Erforderliche getan, wenn er die Sache beim Gläubiger so anbietet, daß der Gläubiger nur noch zugreifen braucht. Bei einer **Schickschuld** muß der Schuldner die Sache dem Gläubiger nicht selber bringen, sondern kann sie durch einen Dritten schicken. Der Schuldner hat das seinerseits Erforderliche getan, wenn er die Sache an die Transportperson übergeben hat.

7. Die Leistungsstörungen lassen sich in drei Arten unterteilen. Kann die Leistung nicht (mehr) erbracht werden, liegt ein Fall der **Unmöglichkeit** vor. Ist die Leistung zwar möglich, wird aber nicht rechtzeitig erbracht, kann es sich um **Verzug** handeln. Wird die Leistung rechtzeitig erbracht, kann eine Leistungsstörung wegen **Schlechtleistung** gegeben sein.

8. Das **Verschulden** umfaßt Vorsatz und Fahrlässigkeit. **Vorsatz** ist das Wissen und Wol-

len des tatbestandlichen Erfolgs. **Fahrlässig** handelt, wer die im Verkehr erforderliche Sorgfalt außer acht läßt, § 276 I 2 BGB.

9. Die Personen, deren sich der Schuldner zur Erfüllung seiner Verbindlichkeiten bedient, nennt man **Erfüllungsgehilfen**. Erfüllungsgehilfe ist nur, wer eine Verbindlichkeit des Schuldners erfüllt. Es muß zwischen Schuldner und Gläubiger ein Schuldverhältnis bestehen, das eine solche Verbindlichkeit begründet. Der Erfüllungsgehilfe muß mit dem Willen des Schuldners für den Schuldner die Verbindlichkeit aus diesem Schuldverhältnis erfüllen.

10. Der Schuldner hat das **Beschaffungsrisiko** zu vertreten. Er muß ein Stück aus der Gattung beschaffen, auch wenn typische Beschaffungshindernisse entgegenstehen. Darüber hinausgehende Hindernisse bei der Beschaffung muß er nicht vertreten.

Antworten zur 18. Lektion

1. Die Leistung ist tatsächlich nicht möglich, wenn sie aus naturgesetzlichen Gründen oder nach dem Stand von Wissenschaft und Technik nicht erbracht werden kann.

2. Bei einer Stückschuld reicht es, wenn die Leistung der einen geschuldeten Sache unmöglich ist. Bei einer Gattungsschuld bleibt auch bei Untergang einer oder mehrerer Sachen die Leistung möglich, solange noch ein Stück aus der Gattung verfügbar ist. Ist bei einer Gattungsschuld die Sache bereits konkretisiert, ist die Leistung unmöglich, wenn die konkretisierte Sache untergeht.

3. Rechtliche Unmöglichkeit ist gegeben, wenn die Leistung verboten ist oder von der Rechtsordnung nicht anerkannt ist.

4. Zeitliche Unmöglichkeit tritt ein, wenn die Leistung nur zu einem bestimmten Zeitpunkt erbracht werden kann, dieser Zeitpunkt aber verstrichen ist.

5. Die Leistung ist **anfänglich unmöglich**, wenn sie schon **vor** Begründung des Schuldverhältnisses unmöglich war. Sie ist **nachträglich unmöglich**, wenn die Leistung erst **nach** Begründung des Schuldverhältnisses unmöglich wurde.

6. Die Leistung ist **objektiv unmöglich**, wenn sie weder vom Schuldner noch von einem anderen erbracht werden kann. Das Gesetz nennt sie schlicht **Unmöglichkeit**. Die Leistung ist **subjektiv unmöglich**, wenn zwar der Schuldner die Leistung nicht erbringen kann, ein anderer es aber könnte. Das Gesetz nennt die subjektive Unmöglichkeit **Unvermögen**.

7. Im Falle der anfänglichen, objektiven Unmöglichkeit greift § 306 BGB ein. Der Vertrag, in dem die objektiv unmögliche Leistung begründet ist, ist nichtig. Ob bei einem gemäß § 306 BGB nichtigen Vertrag Schadensersatz zu leisten ist, richtet sich nach § 307 BGB.

8. Der auf die anfänglich, subjektiv unmögliche Leistung gerichtete Vertrag ist wirksam. Nach herrschender Meinung übernimmt der Schuldner mit Abschluß des Vertrages eine Garantie für sein Leistungsvermögen. Ist ihm die Leistung dann doch nicht möglich, kann der Gläubiger Schadensersatz wegen Nichterfüllung verlangen.

9. Ist die Unmöglichkeit vom Schuldner zu vertreten, gilt § 280 BGB; er wird von der Leistung frei, ohne daß er Schadensersatz leisten muß, wenn er die Unmöglichkeit der Leistung nicht zu vertreten hat, § 275 I BGB.

10. Ist die Unmöglichkeit **vom Schuldner zu vertreten**, greift § 325 BGB ein. Der Gläubiger kann Schadensersatz wegen Nichterfüllung verlangen oder vom Vertrag zurücktreten oder die Rechte aus § 323 BGB (dazu sogleich) geltend machen. Ist die Unmöglichkeit **vom Gläubiger zu vertreten**, gilt § 324 BGB. Der Schuldner wird von der Leistung frei, § 275 I BGB, er behält aber den Anspruch auf die Gegenleistung. Näheres steht in § 324 BGB. Ist die Unmöglichkeit von den Parteien **nicht zu vertre-**

ten, verteilt § 323 BGB das Risiko. Der Schuldner muß nicht leisten, § 275 I BGB, er verliert aber auch den Anspruch auf die Gegenleistung. Vgl. im übrigen § 323 BGB.

Antworten zur 19. Lektion

1. Voraussetzung des Schuldnerverzugs ist, daß die **mögliche** Leistung **fällig** ist. Es muß eine **Mahnung** durch den Gläubiger erfolgt sein, § 284 I BGB, oder eine **nach dem Kalender bestimmte Zeit** für die Leistung festgelegt sein, § 284 II BGB. Gemäß § 285 BGB kommt der Schuldner nicht in Verzug, solange die Leistung infolge eines Umstandes unterbleibt, den er nicht **zu vertreten** hat.

2. Eine Mahnung ist die an den Schuldner gerichtete Aufforderung, die geschuldete Leistung zu erbringen. Die Aufforderung muß bestimmt und eindeutig sein. Darüber hinaus ist eine besondere Form nicht vorgeschrieben.

3. Nach dem Kalender bestimmt ist die Zeit nur, wenn unmittelbar oder mittelbar auf einen bestimmten Kalendertag Bezug genommen wird.

4. Die doppelte Verneinung regelt die Behauptungs- und Beweislast. Der Gläubiger muß nicht dartun und belegen, daß der Schuldner die Zuspätleistung zu vertreten hat. Es wird vermutet, daß der Schuldner, wenn die übrigen Voraussetzungen gegeben sind, in Verzug ist. Hat er die Zuspätleistung nicht zu vertreten, muß er das dartun und belegen, wenn er den Verzugsfolgen entgehen will.

5. Ist der Schuldner in Verzug, kann der Gläubiger weiterhin die **ursprünglich vereinbarte Leistung** und dazu gemäß § 286 I BGB den **Verzögerungsschaden** vom Schuldner verlangen.

6. Ist der Schuldner mit einer **einseitigen Leistungspflicht** in Verzug, gilt § 286 II BGB. Danach kann der Gläubiger unter Ablehnung der Leistung **Schadensersatz wegen Nichterfüllung** verlangen, wenn die Leistung für ihn infolge des Verzugs kein Interesse mehr hat. Bei Verzug einer **gegenseitigen Leistung** kann der Gläubiger nur unter den Voraussetzungen des § 326 BGB die Leistung ablehnen und **Schadensersatz wegen Nichterfüllung verlangen oder vom Vertrag zurücktreten**. Der Gläubiger muß dem Schuldner gemäß § 326 I 1 BGB „zur Bewirkung der Leistung eine angemessene Frist mit der Erklärung bestimmen, daß er die Annahme der Leistung nach dem Ablaufe der Frist ablehne". Man bezeichnet das kurz als **Fristsetzung mit Ablehnungsandrohung**.

7. Ein **Interessewegfall** ist nur dann anzunehmen, wenn der Gläubiger gerade infolge des Verzugs die Leistung nicht mehr in der vorgesehenen Weise verwenden kann.

8. Voraussetzung für den Gläubigerverzug ist, daß die Leistung des Schuldners **möglich** ist und daß der Schuldner zur Leistung **berechtigt** ist. Weitere Voraussetzung ist, daß der Schuldner **imstande** ist, die Leistung zu bewirken, vgl. § 297 BGB, und daß er sie so, wie sie geschuldet ist, dem Gläubiger **anbietet**, §§ 294 ff. BGB. Nimmt der Gläubiger die so angebotene Leistung nicht an, kommt er in Verzug, § 293 BGB.

9. Gemäß § 300 I BGB muß der Schuldner während des Gläubigerverzugs nur für Vorsatz und grobe Fahrlässigkeit einstehen. Bei Gattungsschulden geht die Gefahr auf den Gläubiger über, § 300 II BGB.

10. Die **Preisgefahr** regelt Fall § 324 II BGB. Danach behält der Schuldner, auch wenn seine Leistung durch Zufall oder leichte Fahrlässigkeit unmöglich wird, den Anspruch auf die Gegenleistung.

Antworten zur 20. Lektion

1. Die positive Forderungsverletzung ist heute gewohnheitsrechtlich anerkannt. Da die positive Forderungsverletzung nur eine Gesetzeslücke füllt, greift sie immer nur dann ein, wenn der Fall nicht durch das Gesetz, z. B. die Vorschriften über die Unmöglichkeit, den Verzug oder speziellen Gewährleistungsvorschriften, geregelt ist.
2. Eine Handlung ist ein menschliches Verhalten, das bei Bewußtsein vom Willen beherrschbar ist. Die Handlung kann in einem Tun oder in einem Unterlassen bestehen. Unterlassen ist aber nicht jedes Nichtstun. Nichtstun ist nur dann ein Unterlassen und damit eine Handlung im Rechtssinne, wenn eine Pflicht zum Tun besteht.
3. Leistungstreuepflichten, Schutzpflichten, Aufklärungspflichten.
4. Kausal ist erst einmal alles, was nicht hinweggedacht werden kann, ohne daß der Erfolg entfiele. Man spricht insoweit von **äquivalenter Kausalität**. Die Äquivalenztheorie wird eingeschränkt durch die **Adäquanztheorie** und durch den **Schutzzweck der verletzten Norm**.
5. Die **haftungsbegründende Kausalität** ist der Kausalzusammenhang zwischen dem Verhalten des Schädigers und der Rechtsgutverletzung.
6. Den Kausalzusammenhang zwischen der Rechtsgutverletzung (Haftgrund) und dem Schaden nennt man **haftungsausfüllende Kausalität**.
7. Nach der **Adäquanztheorie** ist kausal im Rechtssinne nur das, was die Möglichkeit des Erfolgs generell nicht unerheblich erhöht hat.
8. Die Handlung ist nur dann für den Erfolg kausal im Rechtssinne, wenn der Erfolg nach Art und Entstehungsweise unter den **Schutzzweck der verletzten Norm** fällt.
9. Pflichtverletzung, Kausalität, Vertretenmüssen, Schaden.
10. Die pFV begründet einen **Schadensersatzanspruch**, der sich auf alle Nachteile bezieht, die durch die Pflichtverletzung des Schuldners entstanden sind. Bei gegenseitigen Verträgen kann auch ein **Rücktrittsrecht** oder **Schadensersatz wegen Nichterfüllung** des ganzen Vertrages begründet sein.

Antworten zur 21. Lektion

1. Beim **echten Vertrag zugunsten Dritter** erwirbt der Dritte, obwohl weder er selbst noch durch einen Vertreter am Abschluß des Vertrages beteiligt war, einen eigenen Anspruch gegen den Schuldner, § 328 I BGB. Beim **unechten Vertrag zugunsten Dritter** ist zwar der Schuldner ermächtigt, an den Dritten zu leisten, der Dritte hat aber keinen Anspruch auf die Leistung.
2. Das Verhältnis zwischen Versprechendem und Versprechensempfänger heißt **Deckungsverhältnis**, da hier der Versprechende die Gegenleistung und damit die Deckung für seine Leistung an den Dritten erhält.
3. Das Verhältnis zwischen dem Versprechensempfänger und Dritten wird als **Zuwendungs- oder Valutaverhältnis** bezeichnet. Aus diesem Verhältnis ergibt sich der Rechtsgrund für die Leistung, die der Versprechensempfänger über den Versprechenden an den Dritten erbringt.
4. Voraussetzung für einen Vertrag zugunsten Dritter ist, daß der Vertrag (z. B. ein Kaufvertrag, § 433 BGB) zwischen dem Versprechenden und dem Versprechensempfänger wirksam zustandekommt und daß als begünstigter Dritter eine natürliche oder juristische Person eingesetzt wird.
5. Beim echten Vertrag zugunsten Dritter erwirbt der Dritte gegen den Schuldner einen Anspruch auf die Leistung. Bei Unmöglichkeit der Leistung des Schuldners kann er

die Rechte aus §§ 280ff. BGB, bei Verzug die aus § 286 I BGB und bei Schlechtleistung gegebenenfalls die Rechte aus positiver Forderungsverletzung geltend machen. Nach herrschender Meinung kann er nicht ohne weiteres z. B. gemäß §§ 286 II, 325, 326 BGB den Rücktritt erklären. Im Einzelfall kommt es auf die Auslegung des Vertrages zwischen Versprechendem und Versprechensempfänger an, welche Rechte dem Dritten insoweit zustehen sollen.

6. Keine, es sei denn, es ergeben sich welche z. B. aus einem Vertrag mit Schutzwirkung für Dritte.

7. Anders als der Vertrag zugunsten Dritter ist der Vertrag mit Schutzwirkung für Dritte nicht im Gesetz geregelt. Der Dritte erhält weder einen Anspruch auf die Leistung, noch ist der Schuldner ermächtigt, an den Dritten zu leisten. Der Dritte ist aber in den Schutzbereich des Vertrages insoweit einbezogen, als er bei Verletzung von Schutzpflichten gegenüber dem Schuldner eigene, vertragliche Schadensersatzansprüche geltend machen kann.

8. Leistungsnähe des Dritten, Drittbezogenheit des Vertragsinhalts, die Einbeziehung des Dritten muß für Schuldner erkennbar sein, der Dritte muß schutzbedürftig sein.

9. Der Dritte muß nach dem Inhalt des Vertrages mit der Leistung des Schuldners in Berührung kommen und dadurch den Gefahren von Schutzpflichtverletzungen ebenso ausgesetzt sein, wie der Gläubiger selbst.

10. Bei einer Schutzpflichtverletzung des Schuldners hat der Dritte einen eigenen, vertraglichen Schadensersatzanspruch gegenüber dem Schuldner. Er muß sich aber analog § 334 BGB Einwendungen des Schuldners gegenüber dem Gläubiger, wie z. B. vertragliche oder gesetzliche Haftungsbeschränkungen, entgegenhalten lassen.

Antworten zur 22. Lektion

1. Die Abtretung ist eine Verfügung, da durch sie unmittelbar auf ein bestehendes Recht (die Forderung), eingewirkt wird, indem es (sie) übertragen wird.

2. Das der Abtretung zugrundeliegende Kausalgeschäft kann z. B. ein Kaufvertrag sein, in dem sich der alte Gläubiger verpflichtet hat, die Forderung abzutreten, und der neue Gläubiger sich verpflichtet hat, dafür einen Kaufpreis zu zahlen.

3. Die Abtretung wird als **Zession** bezeichnet. Der alte Gläubiger wird **Zedent**, der neue Gläubiger **Zessionar** genannt.

4. Nach dem **Prioritätsprinzip** ist nur die erste Abtretung wirksam. Wurde die Forderung bereits an einen anderen abgetreten, kann sie der alte Gläubiger nicht noch einmal abtreten.

5. Voraussetzung einer Abtretung ist, daß die abgetretene Forderung **besteht** und **übertragbar** ist. Bei der Abtretung künftiger Forderungen müssen die Forderungen **bestimmt oder bestimmbar** sein.

6. Mit der Abtretung tritt der neue Gläubiger an die Stelle des alten Gläubigers, § 398 S. 2 BGB. Der neue Gläubiger erwirbt auch die Neben- und Vorzugsrechte der abgetretenen Forderung, § 401 BGB. Alle Einwendungen und Einreden, die für den Schuldner zur Zeit der Abtretung gegen den alten Gläubiger begründet waren, bleiben bestehen, § 404 BGB. Hat aber der Schuldner keine Kenntnis von der Abtretung, kann er weiterhin an den alten Gläubiger leisten, § 407 I BGB.

7. Bei der Sicherungszession tritt der Zedent seine Forderung gegenüber dem Schuldner an den Zessionar ab, um ihm so eine Sicherheit für eine Forderung gegen ihn, den Zedenten, zu bieten.

8. Der Sicherungszession liegt eine **Sicherungsabrede** als Kausalgeschäft zugrunde. In

dieser Sicherungsabrede ist bestimmt, unter welchen Umständen der Sicherungsnehmer die abgetretene Forderung verwerten darf. Es kann in der Sicherungsabrede auch vereinbart sein, daß der Sicherungsnehmer die Forderung zurückabtreten muß, wenn die Schulden beglichen sind.

9. Das Factoring ist ein besonderes Kausalgeschäft, das der Abtretung zugrundeliegt. Danach tritt ein Unternehmen laufend kurzfristige Forderungen gegenüber seinen Schuldnern an einen Factor ab. Der Factor zahlt an das Unternehmen, das **Klient** oder **Anschlußkunde** genannt wird, die Beträge in Höhe der ausstehenden Forderungen. Er übernimmt die Verwaltung und Einziehung der Forderungen gegenüber den Schuldnern.

10. Beim **echten Factoring** übernimmt der Factor neben der Verwaltung der Forderungen auch das Kreditrisiko. Nach herrschender Meinung handelt es sich um einen **Forderungskauf**, § 433 BGB. Das **unechte Factoring** ist nach herrschender Meinung ein Kreditgeschäft. Die Zahlung des Factors ist gemäß § 607 BGB ein Darlehen an den Klienten.

Antworten zur 23. Lektion

1. Nein! Es gilt das Trennungs- und Abstraktionsprinzip. Der Kaufvertrag ist das Verpflichtungsgeschäft. Die Erfüllungsgeschäfte, wie die Übereignung des Kaufpreises und der Kaufsache (§§ 929 ff. BGB) oder die Abtretung der Forderung (§ 398 BGB), müssen vom Kaufvertrag unterschieden werden.

2. Ist die verkaufte Sache fehlerhaft, kann der Käufer Rückgängigmachung des Kaufes (**Wandelung**) oder Herabsetzung des Kaufpreisess (**Minderung**) verlangen, § 462 BGB. Wurde die gekaufte Sache nur der Gattung nach bestimmt (Gattungskauf), kann der Käufer statt der Wandelung oder Minderung verlangen, daß ihm an Stelle der mangelhaften Sache eine mangelfreie geliefert wird (**Ersatzlieferung**), § 480 I BGB.

3. Fehlt der verkauften Sache eine zugesicherte Eigenschaft, kann der Käufer statt der Wandelung oder Minderung **Schadensersatz wegen Nichterfüllung** verlangen, § 463 BGB.

4. Bei einem Handelskauf trifft den Käufer eine besondere **Untersuchungs- und Rügeobliegenheit**. Der Käufer muß die Ware unverzüglich nach der Ablieferung durch den Verkäufer untersuchen und, wenn sich ein Mangel zeigt, dem Verkäufer unverzüglich Anzeige machen, § 377 I HGB. Unterläßt der Käufer die Anzeige, so gilt die Ware als genehmigt, § 377 II HGB. Er verliert damit seine Rechte gemäß §§ 459 ff. BGB auf Wandelung, Minderung oder Ersatzlieferung.

5. Bei der **Handschenkung, § 516 I BGB**, und bei dem **Schenkungsversprechen, § 518 BGB**, handelt es sich nach herrschender Meinung um einen einseitig verpflichtenden Vertrag. Zum Abschluß des Vertrages sind zwei übereinstimmende Willenserklärungen, eine vom Schenker, die andere vom Beschenkten, notwendig. Ist das Schenkungsversprechen als schuldrechtlicher Vertrag formgültig zustandegekommen, ist nur der Schenker zu einer unentgeltlichen Zuwendung verpflichtet.

6. Vermietet werden können bewegliche Sachen, wie z. B. Teppichreinigungsmaschinen oder Autos, und unbewegliche Sachen, wie z. B. Grundstücke. Die Vorschriften über die Miete von Grundstücken gelten auch für die Miete von Wohnräumen, § 580 BGB. Rechte können nicht gemietet werden.

7. Wenn die Mietsache oder Mietwohnung einen Fehler hat, der ihre vertragsgemäße Tauglichkeit aufhebt oder mindert, muß der Mieter **keine oder weniger Miete** entrichten, § 537 I BGB. Darüber hinaus kann der Mieter **Schadensersatz wegen Nichterfüllung** verlangen, wenn der Mangel bei Abschluß des Vertrages vorhanden ist oder ein

solcher Mangel später infolge eines Umstandes entsteht, den der Vermieter zu vertreten hat, § 538 I BGB.
8. Wegen der Unentgeltlichkeit ist die Haftung des Verleihers eingeschränkt. Er haftet nur, wenn er einen Mangel arglistig verschwiegen hat, § 600 BGB. Im übrigen hat er nur Vorsatz und grobe Fahrlässigkeit zu vertreten, § 599 BGB.
9. Der Darlehensvertrag ist das Kausalgeschäft. Er (es) muß erfüllt werden, indem der Darlehensgeber dem Darlehensnehmer das Geld oder die vertretbaren Sachen übereignet.
10. **Verbraucherkredite** im Sinne des Verbraucherkreditgesetzes (VerbrKrG) sind nur die Kredite, die von gewerblichen oder beruflichen Kreditgebern an natürliche Personen als Verbraucher zur privaten Verwendung gegeben werden, § 1 I VerbrKrG. Hinzu kommen Kredite bis 100.000 DM, die zur Gründung einer gewerblichen oder freiberuflichen Tätigkeit gewährt werden, vgl. § 3 I Nr. 2 VerbrKrG. Verbraucherkredite kommen als Geldkredite und als Sachkredite vor. **Geldkredite** sind vor allem Darlehen. **Sachkredite** werden vor allem bei Abzahlungskäufen in Anspruch genommen.

Antworten zur 24. Lektion

1. Mit dem Dienstvertrag können **Dienste** jeder Art, das heißt freie und abhängige Dienste, vereinbart werden, § 611 II BGB. **Freie Dienste** sind solche der Ärzte, Rechtsanwälte, Steuerprüfer und anderer Freiberufler und Unternehmer wie z. B. Privatlehrer. Diese Dienstverpflichteten sind wirtschaftlich und sozial selbständig und unabhängig. Die §§ 661 ff. BGB gelten auch für die **abhängigen Dienste** der Arbeitnehmer. Wegen der wirtschaftlichen und sozialen Abhängigkeit der Arbeitnehmer von den Arbeitgebern gelten jedoch viele Schutzvorschriften.

2. Bei **Leistungsstörungen** der Dienstleistungspflicht oder der Vergütungspflicht sind grundsätzlich die §§ 320 ff. BGB einschlägig. Es sind aber folgende Besonderheiten zu beachten. Bei beiderseits nicht zu vertretender **Unmöglichkeit** der Dienstpflicht behält der Dienstverpflichtete gemäß § 616 BGB seinen Anspruch auf Vergütung, wenn er für eine verhältnismäßig nicht erhebliche Zeit durch einen in seiner Person liegenden Grund ohne sein Verschulden an der Dienstleistung verhindert ist. § 616 BGB bildet insoweit eine Ausnahme von § 323 BGB. Kommt der Dienstberechtigte mit der Annahme der Dienste in **Verzug** (Gläubigerverzug), so kann der Verpflichtete gemäß § 615 BGB für die infolge des Verzugs nicht geleisteten Dienste die vereinbarte Vergütung verlangen, ohne zur Nachleistung verpflichtet zu sein. Bei **Schlechtleistung** gelten die Grundsätze der positiven Forderungsverletzung.

3. Die **außerordentliche Kündigung** ist aus **wichtigem Grund** ohne Einhaltung einer Kündigungsfrist möglich, wenn Tatsachen vorliegen, auf Grund derer unter Berücksichtigung aller Umstände des Einzelfalles und unter Abwägung der Interessen beider Vertragspartner die Fortsetzung des Dienstverhältnisses bis zum Ablauf der Kündigungsfrist oder bis zu der vereinbarten Beendigung des Dienstverhältnisses nicht zugemutet werden kann, § 626 I BGB. Bei einem Dienstverhältnis höherer Art, bei dem der Dienstvertrag aufgrund eines **besonderen Vertrauens** gegenüber dem Dienstverpflichteten geschlossen wurde, ist die außerordentliche Kündigung auch ohne die in § 626 I BGB genannten Voraussetzungen gemäß § 627 I BGB zulässig.

4. Die **Sphärentheorie** gilt im Arbeitsrecht. Nach ihr hängt die Pflicht zur Zahlung des Lohns von der Ursache der Unmöglichkeit ab. Kann der Arbeitnehmer die Arbeitsleistung z. B. wegen Auftragsmangels oder wegen fehlender Betriebs- oder Rohstoffe nicht erbringen, fällt das als **Betriebsrisiko** in die Sphäre des Arbeitgebers. Der Arbeitgeber muß weiter den Lohn zahlen. Liegt dagegen die Störung in der Sphäre des Arbeitnehmers, weil z. B. der Betrieb bestreikt wird oder weil die Arbeit wegen einer

legalen Aussperrung der Arbeitnehmer desselben Betriebs nicht geleistet werden kann, muß der Arbeitnehmer das **Arbeitskampfrisiko** tragen. Er bekommt vom Arbeitgeber keinen Lohn. Beruht die Störung der Arbeitsleistung auf einem (Schwerpunkt-)Streik in einem anderen Betrieb, etwa weil dadurch die Lieferung von Rohstoffen ausbleibt, kommt es auf den **tarifpolitischen Zusammenhang** an. Bei **allgemeinen Ereignissen** wie Naturkatastrophen, Krieg oder innerer Unruhen ist die Unmöglichkeit der Arbeitsleistung weder auf das Betriebsrisiko noch auf das Arbeitskampfrisiko zurückzuführen. Hier bleibt es bei der Regelung des § 323 BGB. Der Anspruch auf die Gegenleistung entfällt. Der Arbeitnehmer bekommt keinen Lohn.

5. **Schadensgeneigte Arbeit**, die auch als gefahrgeneigte oder gefahrtragende Arbeit bezeichnet wird, liegt vor, wenn bei der Arbeit auch einem sorgfältigen Arbeitnehmer Fehler unterlaufen können, die zu einem im Verhältnis zum Arbeitslohn unangemessen hohen Schaden führen können.

6. Ein **Werk** kann die Herstellung oder Veränderung einer Sache oder ein anderer durch Arbeit oder Dienstleistung herbeizuführender **Erfolg** sein. Auch wenn der Erfolg durch Arbeit oder Dienstleistung herbeigeführt werden kann, § 631 II BGB, wird nicht wie beim Dienstvertrag Arbeit oder Dienstleistung geschuldet, sondern der vereinbarte Erfolg.

7. Ist das Werk mangelhaft, kann der Besteller gemäß § 633 II BGB die **Beseitigung des Mangels** verlangen. Kommt der Unternehmer mit der Beseitigung des Mangels in Verzug, kann der Besteller den Mangel selbst beseitigen und **Ersatz der erforderlichen Aufwendungen** verlangen, § 633 III BGB. Er kann statt dessen auch schon vor Abnahme dem Unternehmer eine **Frist setzen** und erklären, daß er nach Ablauf der Frist die Beseitigung des Mangels ablehnen werde, § 634 I 1 BGB. Die Frist darf natürlich nicht kürzer sein, als die für die Ablieferung bestimmte Zeit, § 634 I 2 BGB. Nach Ablauf der Frist hat der Besteller einen Anspruch auf **Wandelung oder Minderung**. Liegen die Voraussetzungen der Wandelung oder Minderung vor und hat der Unternehmer den Mangel am Werk zu vertreten, kann der Besteller statt der Wandelung oder Minderung gemäß § 635 BGB **Schadensersatz wegen Nichterfüllung** verlangen. Der Schadensersatz wegen Nichterfüllung umfaßt beim Werkvertrag nach herrschender Meinung alle Schäden, die mit dem Werk in **engem und unmittelbarem Zusammenhang** stehen. Man bezeichnet diese Schäden als Mangelschäden. Darüber hinaus gehende Schäden, die sogenannten **Mangelfolgeschäden**, kann der Besteller wegen **positiver Forderungsverletzung** ersetzt verlangen.

8. Bei einem Werklieferungsvertrag ist der Unternehmer verpflichtet, dem Besteller die hergestellte Sache zu übergeben und das Eigentum daran zu verschaffen, § 651 I 1 BGB. Auch sonst gelten die Vorschriften über den Kauf, §§ 433 ff. BGB. Einzelheiten stehen in § 651 I 2 BGB.

9. Der Auftrag ist gemäß § 662 BGB ein unvollkommen zweiseitig verpflichtender **Vertrag**, in dem sich der Beauftragte verpflichtet, ein ihm von dem Auftraggeber übertragenes Geschäft für diesen unentgeltlich zu besorgen.

10. **Geschäftsbesorgung** im Sinne des § 675 BGB ist eine selbständige Tätigkeit wirtschaftlicher Art, für die ursprünglich der Geschäftsherr selbst zu sorgen hatte, die ihm aber durch einen anderen, den Geschäftsführer, abgenommen wird.

Antworten zur 25. Lektion

1. § 812 I 1 BGB unterscheidet zwei Grundtatbestände, bei deren Vorliegen ein Anspruch auf Bereicherungsausgleich besteht. Zum einen besteht der Anspruch gegenüber dem, der „durch die Leistung eines anderen" „etwas ohne rechtlichen Grund erlangt". Man bezeichnet diesen Grundtatbestand als **Leistungskondiktion**. Zum anderen hat jemand einen Anspruch auf Bereicherungsausgleich gegenüber dem, der „in

sonstiger Weise auf dessen Kosten" etwas erlangt hat. Zur Unterscheidung von der Leistungskondiktion faßt man diese Fälle unter dem Begriff **Bereicherung in sonstiger Weise** zusammen.

2. Bereichert ist jemand, der einen Vermögensvorteil erlangt hat. Ein **Vermögensvorteil** ist nicht nur der Erwerb von Eigentum, einer Forderung oder die Befreiung von einer Schuld. Auch wenn jemand Aufwendungen, die er eigentlich selbst hätte bestreiten müssen, erspart, ist er im Sinne des § 812 I 1 BGB bereichert.

3. Nach heute herrschender Meinung ist eine **Leistung** im Sinne des § 812 I 1 BGB die bewußte, zweckgerichtete Vermehrung fremden Vermögens.

4. Der Leistende ist **Gläubiger**; der Leistungsempfänger der **Schuldner** des Bereicherungsausgleichs.

5. Nach herrschender Meinung entscheidet die objektive Betrachtungsweise aus der Sicht des Empfängers.

6. Der Bereicherungsausgleich gemäß § 812 I 1 2. Alt. BGB wegen Bereicherung in sonstiger Weise ist subsidiär (nachrangig) gegenüber der Leistungskondiktion.

7. Eingriffskondiktion; Verwendungskondiktion; Rückgriffskondiktion.

8. Die Bereicherung ist **ohne rechtlichen Grund** erfolgt, wenn dem Bereicherten der erlangte Vorteil **nach der Rechtsordnung nicht gebührt**.

9. Gemäß §§ 812 ff. BGB ist grundsätzlich das Erlangte in original herauszugeben. Im übrigen bestimmen §§ 818 ff. BGB Art und Umfang des Bereicherungsausgleichs. Hierzu stellt § 818 I erst einmal klar, daß auch die gezogenen Nutzungen (§§ 99, 100 BGB) und das, was der Bereicherte aus dem Erlangten oder für das Erlangte erhalten hat, herauszugeben ist. Ist die Herausgabe wegen der Art des Erlangten nicht möglich oder kann der Bereicherte das Erlangte aus einem anderen Grund nicht herausgeben, muß er gemäß § 818 II BGB den Wert ersetzen.

10. Gemäß § 818 III BGB besteht keine Pflicht zur Herausgabe, soweit der Empfänger nicht mehr bereichert ist. Eine verschärfte Haftung besteht aber, wenn der Bereicherte auf Herausgabe verklagt wird. Ab Rechtshängigkeit der Klage haftet er gemäß § 818 IV BGB nach den allgemeinen Vorschriften. Das gleiche gilt, wenn der Empfänger bei der Bereicherung weiß oder später erfährt, daß er ungerechtfertigt bereichert ist, § 819 I BGB, oder wenn er durch die Annahme der Leistung gegen ein gesetzliches Verbot oder gegen die guten Sitten verstoßen hat, § 819 II BGB.

Antworten zur 26. Lektion

1. Bei der **Verschuldenshaftung** haftet der Schädiger für sein schuldhaftes, unerlaubtes Verhalten. Grund der **Gefährdungshaftung** ist nicht ein schuldhaftes Verhalten, sondern die Verursachung eines erlaubten Risikos, das sich verwirklicht und zu einem Schaden führt.

2. Der Tatbestand des § 823 I BGB läßt sich in den objektiven Tatbestand, die Rechtswidrigkeit und den subjektiven Tatbestand unterteilen. Der **objektive Tatbestand** umfaßt die äußerlich erkennbaren Tatbestandsmerkmale. Danach muß eine Handlung zur Verletzung einer der genannten Rechtsgüter geführt haben. Die **Rechtswidrigkeit** ist gegeben, wenn die Verletzung einer der genannten Rechtsgüter der Rechtsordnung widerspricht. Der **subjektive Tatbestand** verlangt Vorsatz oder Fahrlässigkeit, also Verschulden. Das Verschulden setzt Verschuldensfähigkeit voraus.

3. Schadensersatz gemäß § 823 I BGB wegen Verletzung des Rechts am eingerichteten und ausgeübten Gewerbebetrieb kommt nur in Betracht, wenn **nicht ein ande-**

res **Rechtsgut**, vor allem das Eigentum, verletzt ist. Außerdem muß der Eingriff in den eingerichteten und ausgeübten Gewerbebetrieb **unmittelbar betriebsbezogen** erfolgen.

4. Bei Verletzung der in § 823 I BGB genannten Rechtsgüter Leben, Körper, Gesundheit, Freiheit und Eigentum wird die Rechtswidrigkeit durch die Verwirklichung des objektiven Tatbestands indiziert. Sie ist nach herrschender Meinung nur ausgeschlossen, wenn für die Verletzungshandlung ein Rechtfertigungsgrund besteht. Eine Verletzung des Rechts am eingerichteten und ausgeübten Gewerbebetrieb oder des allgemeinen Persönlichkeitsrechts ist nicht von vornherein widerrechtlich. Es handelt sich um sogenannte **offene Tatbestände**. Die Rechtswidrigkeit muß besonders begründet werden, da schützenswerte Interessen an einem Eingriff in einen Gewerbebetrieb oder in das allgemeine Persönlichkeitsrecht bestehen können. Nur im Einzelfall kann nach Abwägung der Interessen darüber entschieden werden, ob der Eingriff rechtswidrig war.

5. § 847 BGB.

6. Die Haftung nach dem Produkthaftungsgesetz ist einerseits weiter, andererseits enger als die aus unerlaubter Handlung. Sie ist weiter, weil es nach dem Produkthaftungsgesetz auf ein Verschulden des Herstellers grundsätzlich nicht ankommt. Er haftet also auch, wenn er nachweist, daß ihn kein Verschulden trifft. Es handelt sich um eine Gefährdungshaftung. Dafür ist der Umfang der Haftung beschränkt. Nach §§ 7ff. ProdHaftG wird kein Schmerzensgeld gewährt. § 10 ProdHaftG setzt einen Höchstbetrag für den Schadensersatz bei Personenschäden fest. Gemäß § 11 ProdHaftG muß sich der Geschädigte bei einem Sachschaden mit 1125 DM selbst beteiligen. Nur wenn der Sachschaden größer ist, kann er den Hersteller aus dem Produkthaftungsgesetz in Anspruch nehmen. Weitere Einschränkungen ergeben sich aus § 1 I 2 und § 2 S. 2 ProdHaftG.

7. **Sittenwidrige Handlungen** sind solche, die gegen das Anstandsgefühl aller billig und gerecht Denkender verstoßen. So ist z. B. die arglistige Täuschung, das Verleiten zum Vertragsbruch, das Erteilen von falschen Auskünften oder der Mißbrauch einer formalen Rechtsstellung oder tatsächlichen Machtstellung gegebenenfalls sittenwidrig.

8. **Verrichtungsgehilfe** im Sinne des § 831 BGB ist, wer weisungsgebunden im Einflußbereich des Geschäftsherrn für diesen eine Tätigkeit ausführt.

9. Exculpation ist die Möglichkeit, ein vermutetes Verschulden zu widerlegen. So hat z. B. der Geschäftsherr gemäß § 831 I 2 BGB die Möglichkeit, sich zu exculpieren. Er haftet nicht, wenn er bei der Auswahl des Verrichtungsgehilfen die im Verkehr erforderliche Sorgfalt beachtet hat oder wenn der Schaden auch bei Anwendung dieser Sorgfalt entstanden sein würde.

10. Beide, Geschäftsherr und Verrichtungsgehilfe, haften gemäß § 840 I BGB als Gesamtschuldner. Der Geschädigte kann nach seinem Belieben von dem einen oder dem anderen Gesamtschuldner die Leistung ganz oder zum Teil fordern, § 421 BGB; insgesamt selbstverständlich nur einmal.

Antworten zur 27. Lektion

1. Rechtsgrund der Haftung aus c. i. c. ist das Vertrauen, das der eine bei Vertragsverhandlungen dem anderen entgegenbringt. Er muß sich darauf verlassen können, daß er durch die Aufnahme des rechtsgeschäftlichen Kontakts, zu dem er sich in den Einflußbereich des anderen begibt, keinen Schaden erleidet.

2. Die c. i. c. ist eine gesetzliche Haftung, die durch geschäftlichen Kontakt begründet wird. Im Rahmen dieses geschäftlichen Kontakts besteht eine vertragsähnliche Haftung für die schuldhafte Verletzung der Pflichten, auf die der andere vertrauen durfte.

3. Ein **geschäftlicher Kontakt** entsteht nicht erst bei der Aufnahme konkreter Vertragsverhandlungen. Andererseits reicht nicht räumliche Nähe oder ein sozialer Kontakt. Der Kontakt muß in Hinblick auf einen möglichen Geschäftsabschluß aufgenommen worden sein. Es reichen auch Vorbereitungen für einen möglichen Geschäftsabschluß.

4. **Schutzpflichten** bestehen, wenn der andere bei dem geschäftlichen Kontakt seine Güter wie Leben, Körper, Gesundheit oder Eigentum der Einwirkung des möglichen Geschäftspartners aussetzt.

5. **Aufklärungspflichten** bestehen immer dann, wenn der andere redlicherweise Aufklärung erwarten durfte. Zwar muß jeder seine Interessen grundsätzlich selbst wahrnehmen; bei Umständen, die den Vertragszweck gefährden und die für den anderen erkennbar von erheblicher Bedeutung sind, besteht aber auch ohne ausdrückliche Fragen eine Pflicht zur Aufklärung. Eine gesteigerte Aufklärungspflicht trifft denjenigen, der als Fachberater auftritt.

6. Für das Verschulden gilt § 276 I BGB. Ein Verschulden des Erfüllungsgehilfen wird über § 278 BGB dem Geschäftsherrn zugerechnet.

7. Der **Vertrauensschaden**. Durch den Ersatz des Vertrauensschadens muß der andere so gestellt werden, als sei keine Pflicht verletzt worden.

8. Nein! § 278 BGB überträgt nur das Verschulden des Erfüllungsgehilfen oder des gesetzlichen Vertreters auf den Geschäftsherrn. Das Verschulden allein begründet aber keinen Anspruch. Voraussetzung für einen Anspruch ist eine Anspruchsgrundlage, wie z. B. die c. i. c. Soweit diese Anspruchsgrundlage auf der Tatbestandsseite ein Verschulden des Geschäftsherrn voraussetzt, wird ihm das Verschulden des Erfüllungsgehilfen oder des gesetzlichen Vertreters über § 278 BGB zugerechnet.

9. Während bei der Deliktshaftung gemäß § 831 I 2 BGB dem Geschäftsherrn die Möglichkeit der Exculpation offen steht, haftet der Geschäftsherr bei c. i. c. über § 278 BGB für das Verschulden seines Erfüllungsgehilfen ohne die Möglichkeit eines Entlastungsbeweises.

10. Eine eigene Haftung des Gehilfen aus c. i. c. kommt in Betracht, wenn der Gehilfe selbst ein erhebliches wirtschaftliches Interesse am Vertragsschluß hat oder wenn er selbst ein ihm entgegengebrachtes Vertrauen in Anspruch genommen hat.

Antworten zur 28. Lektion

1. Das Eigentum ist das umfassende Recht an einer Sache; der Besitz ist die tatsächliche Sachherrschaft über eine Sache.

2. Er wird gemäß § 854 BGB durch die Erlangung der **tatsächlichen Gewalt** über die Sache erworben.

3. Nein! Gemäß § 855 BGB übt der Besitzdiener zwar die tatsächliche Gewalt über eine Sache aus; das aber nur für einen anderen in dessen Haushalt oder Erwerbsgeschäft oder in einem ähnlichen Verhältnis, in dem er den sich auf die Sache beziehenden Weisungen folgen muß. Er ist daher nicht selbst Besitzer.

4. **Unmittelbarer Besitzer** ist der, der die Sache selbst hat. **Mittelbarer Besitzer** ist gemäß § 868 BGB der, für den der unmittelbare Besitzer aufgrund eines von ihm anerkannten Rechtsverhältnisses gegenüber dem mittelbaren Besitzer auf Zeit zum Besitz berechtigt oder verpflichtet ist.

5. Siehe § 858 BGB.

6. Eigentum ist das umfassende Herrschaftsrecht an einer Sache.

7. Das Eigentum an einer beweglichen Sache kann durch **Übereignung** von einem anderen Eigentümer, §§ 929 ff. BGB, durch **Ersitzung**, § 937 ff. BGB, durch **Verbindung**,

Vermischung, oder **Verarbeitung**, §§ 946 ff. BGB, durch **Aneignung** einer herrenlosen Sache, durch **Fund**, §§ 965 ff., 973 ff. BGB oder durch **Erbschaft**, § 1922 BGB, erworben werden. Das Eigentum an unbeweglichen Sachen kann durch **Übereignung** von einem anderen Eigentümer, §§ 873, 925 BGB, durch **Ersitzung**, § 900 BGB, oder durch **Erbfolge**, § 1922 BGB, erworben werden.

8. Nach § 929 BGB ist für die Übereignung einer beweglichen Sache erforderlich, daß der Eigentümer die Sache dem Erwerber **übergibt** und beide darüber **einig** sind, daß das Eigentum übergehen soll. Die **Übereignung** einer unbeweglichen Sache setzt gemäß § 873 I BGB die Einigung und, anders als bei beweglichen Sachen, die Eintragung in das Grundbuch voraus.

9. Der gutgläubige Erwerb einer **beweglichen Sache** ist gemäß §§ 932 ff. BGB ausgeschlossen, wenn der Erwerber nicht im guten Glauben ist. Der Erwerber ist gemäß § 932 II BGB **nicht im guten Glauben**, wenn ihm bekannt oder infolge grober Fahrlässigkeit unbekannt ist, daß die Sache nicht dem Veräußerer gehört. Gemäß § 935 BGB ist auch bei gutem Glauben der Eigentumserwerb ausgeschlossen, wenn die Sache dem Eigentümer abhanden gekommen ist. **Abhanden gekommen** ist die Sache, wenn der Eigentümer den Besitz daran ohne seinen Willen verloren hat. Voraussetzung für den gutgläubigen Erwerb einer **unbeweglichen Sache** ist, daß der Veräußerer (fälschlich) als Eigentümer in das Grundbuch eingetragen ist. Dem Erwerber kommt dann der öffentliche Glaube des Grundbuchs zustatten. Danach gilt gemäß § 892 I 1 BGB zugunsten desjenigen, welcher ein Recht an einem Grundstück erwirbt, der Inhalt des Grundbuchs als richtig. Der öffentliche Glaube des Grundbuchs wird allerdings durch einen Widerspruch oder die Kenntnis der Unrichtigkeit zerstört.

10. Die **Dereliktion** einer **beweglichen Sache** ist gemäß § 959 BGB die Aufgabe des Besitzes in der Absicht, auf das Eigentum zu verzichten. Die **Dereliktion** einer **unbeweglichen Sache** erfolgt gemäß § 928 BGB durch eine Verzichtserklärung gegenüber dem Grundbuchamt und die Eintragung des Verzichts in das Grundbuch.

Antworten zur 29. Lektion

1. Der Besitzer kann die Herausgabe der Sache verweigern, wenn er gegenüber dem Eigentümer zum Besitz berechtigt ist, § 986 I 1 BGB. Ein Recht zum Besitz kann aus einem dinglichen Recht oder einer schuldrechtlichen Beziehung, wie z. B. aus der Miete oder Leihe, folgen.

2. Eine **Vindikationslage** besteht bis zur tatsächlichen Herausgabe der Sache, wenn der Besitzer gegenüber dem Eigentümer **kein Recht zum Besitz** hat.

3. Der **berechtigte** Besitzer ist aus einem dinglichen Recht oder einer schuldrechtlichen Beziehung zum Besitz berechtigt. Es besteht keine Vindikationslage. **Redlich** ist der Besitzer, wenn er mit gutem Glauben davon ausgehen durfte, daß er zum Besitz berechtigt sei; er ist tatsächlich aber nicht zum Besitz berechtigt. Es besteht eine Vindikationslage.

4. **Verklagt** ist der Besitzer ab dem Zeitpunkt der Rechtshängigkeit der Klage gegen ihn auf Herausgabe der Sache gemäß § 985 BGB. Ihm gleichgestellt ist gemäß § 990 I BGB der bösgläubige Besitzer. **Bösgläubig** ist der Besitzer, der beim Besitzerwerb nicht in gutem Glauben ist, weil er weiß oder aufgrund grober Fahrlässigkeit nicht weiß, daß die Sache einem anderen gehört und er selbst nicht zum Besitz berechtigt ist. **Deliktischer** Besitzer ist gemäß § 992 BGB der, der sich durch verbotene Eigenmacht oder durch eine Straftat den Besitz verschafft hat.

5. Der **redliche** Besitzer ist gemäß § 993 I Halbs. 2 BGB nicht zum Schadensersatz verpflichtet. Der **bösgläubige** oder **verklagte** Besitzer ist für den Schaden verantwortlich, der dadurch entsteht, daß infolge seines Verschuldens die Sache verschlechtert wird, untergeht oder aus einem anderen Grunde von ihm nicht herausgegeben werden kann.

§§ 989, 990 BGB. Der **deliktische** Besitzer haftet nach der Rechtsgrundverweisung in § 992 BGB dem Eigentümer nach den Vorschriften über die unerlaubte Handlung, §§ 823 ff. BGB. Die Haftung besteht dabei gemäß § 848 BGB auch für einen zufälligen Untergang oder eine zufällige Verschlechterung der Sache.

6. Das Eigentum wird im Sinne des § 1004 BGB **beeinträchtigt**, wenn die Substanz verletzt, die Sache unbefugt gebraucht oder der Eigentümer an der Ausübung seines Herrschaftsrechts behindert wird.
7. **Handlungsstörer** ist der, der die Beeinträchtigung adäquat kausal durch sein Verhalten (Tun oder Unterlassen) verursacht hat. Geht die Beeinträchtigung von einer anderen Sache oder Anlage aus, ist der Halter der Sache oder Anlage **Zustandsstörer**, wenn er aufgrund seiner Herrschaftsbefugnis über die Sache oder Anlage die Beeinträchtigung beseitigen kann.
8. Der Beseitigungsanspruch aus § 1004 I 1 BGB richtet sich ausschließlich auf Beseitigung der Beeinträchtigung. Der aus der Beeinträchtigung folgende Schaden wird nicht aus § 1004 I 1 BGB ersetzt.
9. Die Beeinträchtigung muß nach den konkreten Umständen des Einzelfalls unmittelbar und ernst bevorstehen.
10. § 1004 BGB schützt nach seinem Wortlaut nur das Eigentum. Der eine Beeinträchtigung des Eigentums abwehrende Anspruch wird als **negatorischer** Beseitigungs- und Unterlassungsanspruch bezeichnet. Darüber hinaus bietet entsprechend § 1004 I BGB der **quasinegatorische** Anspruch einen Schutz gegen die Beeinträchtigung aller anderen absoluten Rechte wie Leben, Gesundheit, Freiheit, Recht am eingerichteten und ausgeübten Gewerbebetrieb, allgemeines Persönlichkeitsrecht, Recht am eigenen Bild usw.

Antworten zur 30. Lektion

1. **Personalsicherheiten** begründen eine allgemeine Vermögenshaftung eines Dritten. **Realsicherheiten** gewähren dem Gläubiger einen Zugriff auf bestimmte Vermögensgegenstände des Schuldners oder eines Dritten.
2. Die zum Abschluß des Bürgschaftsvertrages notwendige Erklärung des Bürgen muß **schriftlich** erfolgen, § 766 BGB. Ist der Bürge Vollkaufmann, reicht aber auch eine mündliche Bürgschaftserklärung, §§ 350, 351 HGB.
3. Von einem **Garantievertrag** spricht man, wenn ein Garant für einen bestimmten Erfolg einstehen will. Der Erfolg kann auch der Leistungserfolg eines Schuldners, z. B. die Zahlung einer Schuld, sein.
4. Ein Pfandrecht ist nur an beweglichen Sachen (§§ 1204 ff. BGB) oder an Rechten (§ 1273 BGB) möglich.
5. Die Übereignung gemäß § 929 BGB wird durch Übergabe und Einigung über den Eigentumsübergang vollzogen. Bei einer Übereignung unter Eigentumsvorbehalt wird die Sache zwar auch sofort übergeben; die Einigung zur Übertragung des Eigentums wird aber von der **aufschiebenden Bedingung (§ 158 I BGB)** der vollständigen Kaufpreiszahlung abhängig gemacht.
6. Beim verlängerten Eigentumsvorbehalt gestattet der Verkäufer dem Käufer (Händler) gemäß § 185 BGB, die unter Eigentumsvorbehalt stehende Ware im Rahmen des ordnungsgemäßen Geschäftsverkehrs an Dritte (Kunden) zu übereignen. Da der Verkäufer so das Eigentum und damit die Sicherheit verliert, tritt ihm der Käufer dafür gemäß § 398 BGB alle Forderungen (§ 433 II BGB) aus dem Kaufvertrag mit dem Dritten (Kunden) im voraus ab.
7. Inhalt des Sicherungsvertrages ist zum einen die **Verpflichtung** des Schuldners (Siche-

rungsgebers), die Sache dem Gläubiger (Sicherungsnehmer) **zu übereignen**. Damit der Sicherungsgeber die Sache für seinen Geschäftsbetrieb weiter nutzen kann, soll er den Besitz behalten. Er verpflichtet sich nur zur Übereignung gemäß § 930 BGB. Hierzu ist keine Übergabe, sondern die Vereinbarung eines Besitzmittlungsverhältnisses im Sinne des § 868 BGB notwendig. Dieses **Besitzmittlungsverhältnis** wird auch gleich im schuldrechtlichen Sicherungsvertrag vereinbart. Weiterer Inhalt des schuldrechtlichen Sicherungsvertrages ist eine **Vereinbarung über die Verwertung** der Sache. Der Sicherungsnehmer wird verpflichtet, von dem Sicherungseigentum an der Sache nur Gebrauch zu machen, wenn der Sicherungsgeber trotz Fälligkeit den Kredit nicht begleicht. Er kann die Sache dann z. B. an jemand anderen verkaufen und übereignen. Hat der Sicherungsgeber den Kredit aber vollständig zurückgezahlt, muß der Sicherungsnehmer die Sache dem Sicherungsgeber gemäß § 929 S. 2 BGB zurückübereignen (**Vereinbarung über Rückübereignung**). Außerdem ist in dem schuldrechtlichen Sicherungsvertrag bestimmt, für welchen Kredit die Sache haftet (**Zweckbestimmung**).

8. Die **Sicherungsübereignung** der Sache erfolgt aufgrund des Sicherungsvertrages allein durch die Einigung im Sinne des § 929 I BGB. Die Übergabe wird gemäß § 930 BGB durch das Besitzmittlungsverhältnis aus dem schuldrechtlichen Sicherungsvertrag ersetzt. Der Sicherungsgeber besitzt für den Sicherungsnehmer. Der Sicherungsnehmer ist Eigentümer der Sache.

9. Zur **Bestellung** einer Hypothek ist erforderlich, daß eine **gültige Forderung** gegen den Schuldner vorliegt. Es muß eine **Einigung** zwischen Eigentümer und Gläubiger über die Bestellung der Hypothek erzielt werden. Die zu sichernde Forderung und die Einigung müssen in das **Grundbuch eingetragen** werden, §§ 873 I, 1115 I BGB. Soll eine Briefhypothek bestellt werden, ist auch die **Übergabe des Hypothekenbriefes** an den Gläubiger notwendig, § 1117 BGB.

10 Will sich der Inhaber einer Sicherungsgrundschuld aus dem Grundstück befriedigen, muß er Klage gegen den Eigentümer erheben, auch wenn der Eigentümer nicht der Schuldner ist. Das Gericht prüft dann, ob der Eigentümer die **Zwangsvollstreckung** gemäß §§ 1192 I, 1147 BGB dulden muß. Der Eigentümer muß die Zwangsvollstreckung dulden, wenn der Sicherungsnehmer rechtswirksam Inhaber der Sicherungsgrundschuld ist und wenn die Sicherungsgrundschuld fällig ist. Die Fälligkeit der Sicherungsgrundschuld richtet sich nicht wie bei der Hypothek ohne weiteres nach der Fälligkeit der gesicherten Forderung, sondern nach den Vereinbarungen in der Sicherungsabrede, § 1193 II BGB. Die Grundschuld kann auch unabhängig von der Forderung gekündigt werden, § 1193 I BGB. Liegen die Voraussetzungen der Zwangsvollstreckung vor, wird das Grundstück versteigert. Aus dem Erlös wird der Sicherungsnehmer befriedigt.

Normenverzeichnis

	AGBG
§ 1	**113**, 117
§ 2	**114**, 116, 117, 118
§ 3	115, 117
§ 4	115, 117
§ 6	115, **118**
§ 8	117
§ 9	**115ff.**, 117
§ 10	116, 117
§ 11	116, 117, 118, 150, 192
§ 12	116
§ 23	113, 117
§ 24	116, 117

	AktG
§ 78	99
§ 134	99

	AO
§ 370	74

	BeurkG
§ 8	180
§ 17	108
§ 39	108
§ 40	108

	BGB
§ 1	43
§ 2	92
§ 11	94
§ 21	42
§ 22	42, 44
§ 26	44, 99
§ 54	42
§ 56	44
§ 57	44
§ 59	44
§ 77	108
§ 80	44
§ 81	51
§ 90	45
§ 90a	45
§ 91	46, 156
§ 92	46
§ 93	46
§ 99	178, 204
§ 100	178, 204
§ 104	**91**, 195, 204
§ 105	**91**, 175, 204
§ 106	92
§ 107	94, 95
§ 108	53, 57, 59, 82, **93**, 94
§ 109	93
§ 110	92
§ 111	107
§ 112	93
§ 113	93
§ 117	219
§ 119	65, 66, **70ff.**, 74, 77
§ 120	70, **71**, 74, 77
§ 121	65, **74**, 75, 79
§ 122	65, 66, **77ff.**, 79, 127
§ 123	70, 72, 73, 75
§ 124	**75**, 79
§ 125	109
§ 126	107
§ 127	107
§ 133	68
§ 134	109f.
§ 138	110, 111, 112
§ 139	118
§ 142	51, 65, **76**
§ 143	65, **75**, 76, 79
§ 145	81
§ 147	81
§ 150	**82**, 89

§		§	
§ 151	64, 80, **82**	§ 291	179
§ 157	68	§ 292	179
§ 158	146, 214, 218	§ 293	134
§ 161	214	§ 294	134
§ 164	82, **96**, 103, 108, 168, 200, 201	§ 297	134
		§ 300	135
§ 166	99	§ 305	211
§ 167	51, **99**, 108, 201	§ 306	**127**, 130, 149
§ 168	99, 100	§ 307	**127**, 130
§ 171	99	§ 313	82, 99, 108, 109
§ 177	53, 82, **104f.**, 175	§ 320	128, 161, 209
§ 178	105	§ 323	**120ff.**, 133, 161, 164, 165
§ 179	105	§ 324	**129**, 130, 135
§ 181	106	§ 325	**129**, 130, 133, 141, 149
§ 183	92	§ 326	53, **133**, 141, 152
§ 184	93	§ 327	128
§ 185	200, 214, 215	§ 334	141, 142
§ 194	60	§ 335	141
§ 195	167	§ 346	150
§ 227	184	§ 362	87, 95
§ 228	184, 206	§ 369	209
§ 229	184, 206	§ 398	47, 51, 56, **143**, 144, 145, 148, 214, 215, 218
§ 231	180		
§ 241	21	§ 399	144
§ 242	68	§ 400	144
§ 243	120	§ 401	148
§ 249	34, 185	§ 404	145
§ 251	45	§ 405	145
§ 260	45	§ 407	145
§ 269	121	§ 409	53
§ 271	131, 134, 213	§ 416	86
§ 273	209	§ 421	188
§ 275	126, 128, **129**, 130, 133, 135	§ 433	51, 54, 55, 57, 58, 76, 83, 85, 94, 103, 107, 110, 140, 147, **148**, 151, 152, 168, 171, 174, 204, 213, 214, 215
§ 276	75, 122		
§ 277	83		
§ 278	**122f.**, 138		
§ 279	123	§ 437	144, **149**
§ 280	**128**, 129, 130, 133, 141	§ 438	147
§ 281	129	§ 440	128, **149**
§ 284	22, 23, 53, **131**, 133	§ 446	149
§ 285	**132**, 133	§ 447	149
§ 286	23, 33, 34, 53, 141	§ 455	213
§ 287	132	§ 459	115, 118, **149**, 151, 152
§ 288	34	§ 462	118, **150**

§ 463	150, 151	§ 599	156
§ 465	150	§ 600	156
§ 467	150	§ 601	86
§ 472	150	§ 603	156
§ 477	151	§ 604	86, **156**
§ 480	150	§ 605	156
§ 516	59, 86, 87, 95, **152f.**	§ 607	112, 147, 153, **156**, 209, 217, 220
§ 518	56, 95, 108, 109, 128, **152f.**	§ 608	157
§ 523	153	§ 609	157
§ 524	153	§ 609a	157
§ 528	153	§ 611	56, 97, **161**, 187, 188
§ 530	153	§ 611a	163, 164
§ 534	153	§ 611b	163
§ 535	**154**	§ 612	161
§ 536	154	§ 612a	163
§ 537	154, **155**	§ 613a	163
§ 538	155	§ 615	161
§ 543	156	§ 616	161
§ 544	156	§ 620	162
§ 545	154	§ 621	163
§ 547a	154	§ 622	163, 166
§ 550b	154	§ 626	**162**, 163, 166
§ 553	156	§ 627	163
§ 554	156	§ 628	163
§ 554a	156	§ 631	140, **166**, 167
§ 556a	154	§ 633	166
§ 556b	154	§ 635	167
§ 556c	154	§ 638	167
§ 557	154	§ 640	166
§ 557a	154	§ 651	167, 168
§ 564	66, 155	§ 652	116
§ 564a	66, 107, 154, 155	§ 657	51
§ 564b	155	§ 662	97, 153, **168**
§ 564c	154	§ 663	169
§ 565	154, 155	§ 667	169, 170
§ 565a	154	§ 670	**169**, 170, 210
§ 565b	154	§ 671	169
§ 565c	154	§ 675	87, 97, **169f.**, 210
§ 566	107	§ 705	42, 84
§ 570a	154	§ 718	198
§ 580	107, **154**	§ 900	201
§ 595b	154	§ 903	45, 48, **198**
§ 596a	154	§ 904	184, 198, 206,
§ 598	86, 153, **156**	§ 906	206

§ 907	202, 206	§ 1204	148, **212**, 218
§ 912	206	§ 1205	203, **212**
§ 925	108, 201, 213	§ 1210	212
§ 929	51, 54, 55, 56, 57, 58, 59,	§ 1228	212
	76, 95, 107, 110, 112, 148,	§ 1234	212
	157, 171, 177, 198, **199**,	§ 1251	148
	200, 204, 214, 217, 218	§ 1252	212
§ 930	**199**, 217, 218	§ 1273	212
§ 931	200	§ 1357	99
§ 932	177, **200**	§ 1419	198
§ 935	**201**	§ 1626	43, 92, 99
§ 937	198	§ 1627	43
§ 946	53, 198	§ 1629	43, 92, 99
§ 947	53	§ 1631	43
§ 948	53	§ 1643	93
§ 950	53, 216	§ 1773	92
§ 959	51	§ 1793	92
§ 965	199	§ 1821	93
§ 973	199	§ 1896	43
§ 985	53, 58, 94, 202, **203 ff.**, 214	§ 1901	43
§ 987	179, **203 ff.**, 205	§ 1902	43
§ 988	204	§ 1922	199, 201
§ 989	179, 205	§ 1923	43
§ 992	205	§ 1945	99
§ 993	204	§ 2032	198
§ 994	204, 206	§ 2033	198
§ 995	204	§ 2247	51, 107
§ 996	204		
§ 1004	48, 202, **206**, 207		**BRAGO**
§ 1006	195		
§ 1008	198	§ 11	23
§ 1036	203	§ 17	23
§ 1093	203	§ 25	23
§ 1113	218, 219	§ 26	23
§ 1115	219, 220	§ 32	23
§ 1116	219, 220		
§ 1117	220		**BRAO**
§ 1137	219, 220		
§ 1147	219, 221	§ 1	22
§ 1153	219	§ 3	22
§ 1181	219, 221		
§ 1191	218, 220		**BtMG**
§ 1192	220, 221		
§ 1193	221	§ 29	110
§ 1199	218		

Normenverzeichnis

EGBGB

Art. 2	109

EGHGB

Art. 2	40

EheG

§ 13	108

GBO

§ 1	201
§ 13	201
§ 17	201
§ 18	201
§ 19	201
§ 20	201
§ 29	108, 201
§ 30	201

GewO

§ 133c	161

GG

Art. 1	183, 185
Art. 2	183, 185
Art. 14	198
Art. 20	19, 37, 163
Art. 34	180

GKG

§ 11	28

GmbHG

§ 2	99
§ 35	99, 105

GVG

§ 13	38
§ 23	24
§ 72	35

HaustürWG

§ 1	83
§ 2	83
§ 3	83, 84

HGB

§ 1	**39f.**, 100, 209
§ 4	40, 100
§ 12	108
§ 14	39, 101
§ 15	101
§ 29	39, 40
§ 48	100
§ 49	101
§ 53	101
§ 54	101
§ 63	161
§ 84	39
§ 105	42
§ 161	42
§ 230	42
§ 238	39
§ 343	151
§ 346	40, 88
§ 350	107, 209
§ 351	40, 209
§ 362	74, 86, **87f.**, 170
§ 366	**200**
§ 373	151
§ 377	151
§ 378	151f.
§ 489	42

KO

§ 43	214
§ 48	218

	KostO	§ 3	**157**, 160
		§ 4	107, **157f.**, 158
§ 8	28	§ 6	**109**, 158
		§ 7	158
	KSchG	§ 9	158
		§ 12	214
§ 1	165		
§ 23	165		**VerschG**
	ProdHaftG	§ 9	44
§ 1	180, 191		**VwGO**
§ 2	191		
§ 3	191	§ 40	38
§ 7	191		
§ 10	191		**ZPO**
§ 11	191		
		§ 78	22
	ScheckG	§ 91	28, 31, 34
		§ 114	24
Art.	109	§ 137	30
		§ 209	28
	StGB	§ 211	28
		§ 253	24
§ 241	77	§ 261	28, 178
§ 242	205	§ 271	28
§ 259	109	§ 272	28
§ 263	77, 104, 205	§ 275	28, 30
		§ 278	31
	StVG	§ 279	30
		§ 297	30
§ 7	34, 180	§ 310	31
§ 18	38, 180	§ 311	32
		§ 313	32
	StVO	§ 315	32
		§ 317	31
§ 1	34	§ 391	30
		§ 395	30
	VAG	§ 396	30, 31
		§ 397	31
§ 15	44	§ 401	31
		§ 511	35
	VerbrKrG	§ 511a	35
		§ 516	35
§ 1	**157**, 160	§ 704	35

§ 708	34	§ 794	35
§ 713	34	§ 803	35
§ 725	35	§ 804	209
§ 750	35	§ 808	35
§ 753	35	§ 811	35
§ 764	35	§ 811 c	45
§ 765 a	45	§ 812	35
§ 771	214, 218	§ 814	35

Stichwortverzeichnis

A

Abhandenkommen 201
Ablehnungsandrohung 133
Abnahme 166
Abstraktionsprinzip 56
Abtretung 47, **143**, 144
Abzahlungskauf 160
Adäquanztheorie 137
Äquivalenztheorie 137
AG 42, 44
AGB 113
AGBG 113
Aktiengesellschaft 42
Akzessorietät 210, 212, 219
aliud 151
Allgemeine Geschäftsbedingungen **112 ff.**
Anfechtung 69
Anfechtungserklärung 75
Anfechtungsfrist 74
Anfechtungsgegner 75
Annahme 80, 81
Anscheinsvollmacht 102
Anschlußkunde 146
Anspruch 60
Anspruchsgrundlage 61
antizipiertes Besitzkonstitut 199
Antrag 80, 81
Antworten zu den Wiederholungsfragen 222
Anwartschaftsrecht 214
Arbeit 41
– gefahrgeneigte 165
– gefahrtragende 165
– schadensgeneigte 165, 188
Arbeitgeber 41
Arbeitnehmer 41
– Schutzvorschriften 163
– Haftung 165
Arbeitsgruppe 17
Arbeitshinweis 15
Arbeitskampfrisiko 164
Arbeitsrecht 41
Arbeitsverhältnis 93
Arbeitsvertrag 163
Arbeitsweise 17
arglistige Täuschung 72, 73
Arten der Leistungsstörung 122

Artikel 15
Artvollmacht 100
Aufforderung zum Angebot 81
Aufhebungsvertrag 166, 162
Aufklärungspflichten 137, 193
Auflassung 201
Auftrag 153, **168**
Auftragsbestätigung 89
Aufwendungen 169
Aufwendungsersatzanspruch 170
Ausbeuten 110, 111
Ausgleich zwischen Geschäftsherr und Verrichtungsgehilfe 188
Ausgleichsansprüche 57
Auslegung 68, 109
Austauschmotor 46
Außenvollmacht 99

B

Bedingung 214
Bedrohung 77
Beeinträchtigung des Eigentums 206
Beglaubigung, öffentliche 108
begrenzte Gattungsschuld 120
Behauptungslast 132
Beispiele 15
Bekanntmachung an die Öffentlichkeit 99
Beratungsfunktion 107
Beratungshilfe 23
Bereicherung 172
Bereicherung in sonstiger Weise 172
Bereicherungsausgleich 171, 174
– Umfang 178
Bereicherungsrecht 76
Beschaffungsrisiko 123
beschränkte Geschäftsfähigkeit 92
Beschränkung der Arbeitnehmerhaftung 165
Beseitigungsanspruch 206, 207
– negatorischer 208
– quasinegatorischer 208
Besitz 47, **195**
– mehrstufiger 196, 197
Besitzdiener 195
Besitzer
– bösgläubiger 205
– deliktischer 205

Stichwortverzeichnis

– mittelbarer 196
– redlicher 204
– unmittelbarer 196
– verklagter 205
Besitzkonstitut 199
Besitzmittlungsverhältnis 196, 199
– bei Sicherungsübereignung 217
Besitzschutz 197
Bestätigungsschreiben 88
– deklaratorisches 88
– konstitutives 88
– Rechtsfolgen 90
– Voraussetzungen 89
Besteller 166
Betrieb eines Erwerbsgeschäfts 93
betriebsbedingte Kündigung 165
Betriebsrisiko 164
Betrug 77, 104
Beurkundung, notarielle 108
Bevollmächtigung 99
Beweisaufnahme 30
Beweisfunktion 107
Beweislast 132, 190
Bewußtlosigkeit 91
BGB-Gesellschaft 42
Bonität 147
bösgläubiger Besitzer 205
Bote 97
Brauch 19
Briefgrundschuld 220
Briefhypothek 219
Bringschuld 121
Bürgerliches Recht 39
Bürgschaft **209**, 210
– selbstschuldnerische 211

C

c.i.c. 192
culpa in contrahendo 192

D

Darlehen 147, 153, **156**, 220
Deckungsverhältnis 140, 141, 174
deliktischer Besitzer 205
Deliktsrecht **179**
Dereliktion
– beweglicher Sachen 201
– unbeweglicher Sachen 202
Dienste 161
Dienstvertrag **161**

Direktionsrecht 164
Dissens 80
Doppelmangel 174, 175
Dreiecksverhältnis 173
Drittbezogenheit 142
Dritter 140, 141
– Haftung aus c.i.c. 194
– Täuschung 73
– Verträge 139, 140
Drittwiderspruchsklage 214, 218
Drohung 73
– widerrechtliche 74
Duldungsvollmacht 102
Durchgriff 174
Durchlauftermin 30

E

e.G. 42, 44
e.V. 42, 44
effektiver Jahreszins 157
effektiver Vertragszins 111
Ehe 108
Eigenbesitz 196
Eigenmacht, verbotene 197
Eigenschaft
– verkehrswesentliche 72
– zugesicherte 150
Eigentum 47, 195, **198**
– Beeinträchtigung 206
– Verletzung 182
Eigentumsschutz 202
Eigentumsvorbehalt 213
– einfacher 213
– verlängerter 214
Eigentümer-Besitzer-Verhältnis 203
einfacher Eigentumsvorbehalt 213
Eingriffskondiktion **176**, 177
Einigung 199, 201
Einrede
– der Vorausklage 211
– des nichterfüllten Vertrages 209
Einwilligung 92
Einzelvollmacht 100
Einzugsermächtigung 215
Empfängerhorizont 68
Empfangszuständigkeit 95
Erfolgsunrecht 184
Erfüllung 54
Erfüllungsgehilfe 122, **123**
– Vergleich mit Haftung des Verrichtungsgehilfen 189

Erfüllungsgeschäfte 57
Erhaltungskosten 204
Erklärungsbewußtsein 64
Erkärungshandlung 63
– konkludente 63
– schlüssige 63
Erklärungsirrtum 70, 71
Ersatzlieferung 150
Erwerbsgeschäft 93
ex nunc 76
ex tunc 76
Exculpation 188, 189

F

Factor 146
Factoring **146**
– echtes 147
– unechtes 147
Fahrlässigkeit 75, **122**, 184
Fallbearbeitung 59
Fälligkeit 131
falsa demonstratio non nocet 69
falsche Bezeichnung 69
falsche Übermittlung 71
Fehlen des rechtlichen Grundes 175, 177
Fehler der Kaufsache 149
Fehleridentität 59
Fiktion 44
Finanzierungsleasing 159
Forderungskauf 147
Formfreiheit 107
Formularverträge vom ADAC 114
Formvorschriften 99
Freiheit 182
Fremdbesitz 196
Frist zur Annahme bei Schenkung 152
Fristsetzung mit Ablehnungsandrohung 133
Formverstoß 109
früher erster Termin 30
Fußnoten 16

G

Garantie 128, **211**
Garantiehaftung 130
Garantievertrag 211
Gattungskauf 152
Gattungsschuld 120
– begrenzte 120
– marktbezogene 120

Gattungsvollmacht 100
GBO 201
GbR 42, 44
Gebrauchsüberlassungspflicht 154
gefahrgeneigte Arbeit 165
gefahrtragende Arbeit 165
Gefälligkeitsverhältnis 49
Gegenstände 45
– körperliche 45
– nicht körperliche 47
Geldkredit 157
Genehmigung 93
Generalvollmacht 100
Genossenschaft 42
Gerechtigkeit 18
Gerichtskostenvorschuß 28
Gerichtsmarken 28
Gesamthandseigentum 198
Gesamthandsgemeinschaften 198
Gesamtschuldner 188
Geschäft für den, den es angeht 103
Geschäfte 168
geschäftlicher Kontakt 192
geschäftsähnliche Handlung 52, 53
Geschäftsbedingungen, Zwecke 113
Geschäftsbesorgung 169
Geschäftsbesorgungsdienstvertrag 23
Geschäftsbesorgungsvertrag 169
– mit Kaufleuten 170
Geschäftsfähigkeit 43, **90**
– beschränkte 92
Geschäftsunfähigkeit 91
Geschäftswille 65
geschuldete Leistung 119
Gesellschaft bürgerlichen Rechts 42
Gesellschaft mit beschränkter Haftung 42
Gesellschaftsrecht 42
Gesellschaftsvertrag 84
Gesetz 19
Gesetz gegen den unlauteren Wettbewerb 182
Gesetz gegen Schwarzarbeit 138
Gesetz zur Regelung der Allgemeinen Geschäftsbedingungen 113
Gesetzestexte 15
gesetzliche Vertreter 92
Gesundheit 182
Gewerbe 39
Gewerbebetrieb, Recht am eingerichteten und ausgeübten 182
Gewohnheiten 19
Gläubiger 119

- des anspruchs aus § 1004 BGB 207
- des Bereicherungsausgleichs 173
Gläubigerverzug 134
- Dienstvertrag 161
GmbH 42, 44
grobe Fahrlässigkeit 122
Grundbegriffe der Leistungsstörungen 119
Grundbuch, öffentlicher Glaube des 202
Grundbuchordnung 201
Grundgeschäft 54, 57
Grundpfandrechte 218
Grundschuld **220**
Gutachtenstil 61
gute Sitten 110
gutgläubiger Erwerb
- beweglicher Sachen 200
- unbeweglicher Sachen 202

H

Haftung
- aus widerleglich vermutetem Verschulden 180
- bei Gläubigerverzug 135
- bei Schuldnerverzug 132
- des Gehilfen aus c.i.c. 194
- Dritter aus c.i.c. 194
- verschärfte – 132
Handelsgeschäft 151
Handelsgewerbe 39, 40
Handelsrecht 39
Handelsregister 101
Handlung 136, 181
- sittenwidrige 186
- unerlaubte 180
Handlungsstörer 207
Handlungsunrecht 184
Handlungsvollmacht 101
Handlungswille 64
Handschenkung 152
Haupttermin 30
Haustürgeschäft 83
Hehlerei 109
Heilung 109
Herabsetzung des Kaufpreises 150
Herausgabe der Sache 58
Herausgabeanspruch 170
Herausgabeanspruch des Eigentümers 203
Hersteller 216
Hilpersonen 173

Holschuld 121
Hypothek **219**
Hypothekenbrief 219

I

Idealverein 42, 44
Identitätstäuschung 104
im fremden Namen 103
immaterieller Schaden 185
Individualarbeitsrecht 41
Individualsphäre 183
Inhaltsirrtum 70
Innenvollmacht 99
Insichgeschäft 105
Insolvenzrisiko 175, 188
Instandhaltungspflicht 154
Interessewegfall 134
Intimsphäre 183
invitatio ad offerendum 81
Irrtum
- als Anfechtungsgrund 70
- über verkehrswesentliche Eigenschaften 72

J

Jahreszins 157
juristische Person 44
- des öffentlichen Rechts 45

K

Kaffeefahrten 83
Kalender bestimmte Zeit 131
Kaufmann 39
kaufmännische Rügeobliegenheit 151
kaufmännische Untersuchungsobliegenheit 151
kaufmännisches Bestätigungsschreiben: siehe Bestätigungsschreiben
Kaufvertrag **148**
Kausalität 137
- haftungsausfüllende 138
- haftungsbegründende 138
KG 42, 44
KGaA 42, 44
Klage 24
Klageerwiderung 28
Klageschrift 24 ff.
Klausel 35
Kleingedrucktes 113

Klient 146
Knebelungsvertrag 110
Kollektivarbeitsrecht 41
Kommanditgesellschaft 42
Kommanditgesellschaft auf Aktien 42
konkludente Erklärungshandlung 63
konkludente Willenserklärung 50
Konkretisierung 120, 121
Konkurs 214, 216, 218
Konsensualvertrag 156
Kontrollfunktion 107
Konzessionssystem 44
Körper 182
Kredit 156
Kreditrisiko 147
Kreditvertrag 156
Kündigung
– des Auftrags 169
– außerordentliche 76, 156, 162, 165
– des Dienstvertrags 162
– der Miete 155
– ordentliche 155, 162, 165
– personenbedingte 165
– sozial gerechtfertigte 165
– verhaltensbedingte 165
Kündigungsschutzgesetz 163, 165

L

Leasing **158**, 159
Leasinggeber 159
Leasingnehmer 159
Leasingvertrag 115, 159
Leben 182
Leihe 153, **156**
Leistung 172
– Fälligkeit 131
– geschuldete 119
– im Dreiecksverhältnis 173
Leistungsgefahr 135
Leistungskondiktion 172
– Ausschluß der – 176
Leistungsnähe 142
Leistungsstörung
– Arten 122
– Dienstvertrag 161
– Grundbegriffe 119
– Mietvertrag 155
Leistungstreuepflichten 137
Leistungsverhältnis 172

M

Mahnung 22, 53, **131**
Mängelanzeige 154
Mangelfolgeschaden 151, 167
Mängelgewährleistung beim
  Werkvertrag 166
marktbezogene Gattungsschuld 120
Marktzins 111
materielles Recht 36
mehrstufiger Besitz 196, 197
Miete **154**
– Beendigung 155
Mieter 154
Minderkaufmann 40
Minderung 150
Minderung beim Werkvertrag 167
Mißverhältnis, auffälliges 111
Miteigentum nach Bruchteilen 198
mittelbarer Besitzer 196
modifizierte Subjektstheorie 38
Moral 20
Motivirrtum 70
mündliche Verhandlung 30
Mußkaufmann 40

N

Nachbesserung 150
Namenstäuschung 103
natürliche Person 43
Naturrecht 19, Fn. 5
Nebenrechte 145
negatives Interesse 77
negatorischer Beseitigungsanspruch 208
negatorischer Unterlassungsanspruch 208
Nichterfüllungsschaden 78
Nichtleistungskondiktion 172
Notar 108
notarielle Beurkundung **108**, 153
notwendige Verwendungen 204
nützliche Verwendungen 204

O

objektiver Fehlerbegriff 149
objektiver Tatbestand 181
objektivierter Empfängerhorizont 68
öffentliche Beglaubigung 108
öffentlicher Glaube des Grundbuchs 202
offene Handelsgesellschaft 42
offener Tatbestand 184

Stichwortverzeichnis

öffentliches Recht 37
Offenkundigkeitsgrundsatz 103
OHG 42, 44
Operatingleasing 160

P

Paragraphen 15
peius 151
Personalsicherheiten 209
Personen 43
personenbedingte Kündigung 165
Personenschaden 185, 190
Persönlichkeitsrecht 47, **183**, 185
Pfand 148, **212**
Pflichten 137
pFV 136
positive Forderungsverletzung 136, 167
positive Vertragsverletzung 136
positives Interesse 78
positives Recht 19
Preisgefahr 135
Prioritätsprinzip 144
Privatautonomie 37, 90
Privatrecht 37
Privatsphäre 183
Produkthaftung 190
Produkthaftung gemäß § 823 BGB 190
Produkthaftungsgesetz 191
Prokura 100
– Umfang 101
prozedurale Gerechtigkeitstheorie 19, Fn. 5
Prozeßkostenhilfe 24
Prozeßrecht 38
Prüfungsschema
– Allgemeine Geschäftsbedingungen 117
– Anfechtung 79
– Unmöglichkeit 130
pVV 136

Q

quasinegatorischer Beseitigungsanspruch 208
quasinegatorischer Unterlassungsanspruch 208

R

Realakt 53
Realsicherheiten 212
Realvertrag 156
Recht am eingerichteten und ausgeübten Gewerbebetrieb 182
Recht zum Besitz 203
Rechte 47
– absolute 48
– relative 48
– sonstige 182
Rechtfertigungsgründe 206
rechtliche Unmöglichkeit 125
rechtlicher Grund 175, 177
rechtlicher Vorteil 94
rechtliches Handeln 49
Rechtsanwalt 22
Rechtsfähigkeit **43**, 90
Rechtsfertigungsgründe 184
Rechtsfolge 61
Rechtsgebiete 37
Rechtsgefühl 19
Rechtsgeschäfte 50
– abstrakte 52
– einseitige 94, 50
– Form 106, 107
– Inhalt 106, 109
– kausale 52
– mehrseitige 51, 84
Rechtsgüter 182
Rechtshandlungen 52
Rechtshängigkeit 28
Rechtslage 60
Rechtsmittel 35
Rechtsobjekte 45
Rechtssubjekte 43
Rechtsverhältnisse 48
Rechtswidrigkeit 181, 184
redlicher Besitzer 204
Reederei 42
Rentenschuld 218
Rückgängigmachung des Kaufes 150
Rückgriffskondiktion 177
Rücktrittsrecht bei pFV 139
rückwirkende Nichtigkeit 76
Rügeobliegenheit 151

S

Sachen 45
– vertretbare 156

Sachkredit 157
Sachmangel 149
Sachschaden 185, 190
Sachverhalt 60
Schaden 169
- immaterieller 185
Schadensersatz 77, 127
- bei pFV 138
- bei unerlaubter Handlung 185
Schadensersatz wegen Nichterfüllung 155, 170
- bei Verzug 133
- beim Kaufvertrag 150
schadensgeneigte Arbeit 165, 188
Scheinbestandteil 46
Schenkung 152
- Annahme durch Schweigen 87
Schenkungsversprechen 152
Schickschuld 121
Schlechtleistung 136
- Arbeitsvertrag 165
- Dienstvertrag 162
- Kaufvertrag 149
schlüssige Erklärungshandlung 63
schlüssige Willenserklärung 50
Schmerzensgeld 185, 191
Schönheitsreparaturen 154
Schriftform 107
- beim Verbraucherkredit 157
schuldhaft 75
Schuldner 119
- des Anspruchs aus § 1004 BGB 206
- des Bereicherungsausgleichs 173
Schuldnerverzug 131
Schuldverhältnis 48
Schutzpflichten 137, 193
Schutzvorschriften zugunsten der Arbeitnehmer 163
Schutzzweck der verletzten Norm 138
schwebende Unwirksamkeit 82
Schweigen 63, **86**
- eines Kaufmanns 87
selbstschuldnerische Bürgschaft 211
Sexualsphäre 110
Sicherungsabrede 146, 220
Sicherungsabtretung 146, **218**
Sicherungsgeschäfts **208**
Sicherungsgrundschuld 220
Sicherungsübereignung **216**, 217
Sicherungsvertrag 216, 218
Sicherungszession 146, **218**
Sitte 20

- gute 110
Sittenverstoß, Rechtsfolge 112
sittenwidrige Handlung 186
sittlich neutral 112
Spezialvollmacht 100
Shärentheorie 164
Stellvertetung 96
- Grundverhältnis 97, 98
- Innenverhältnis 98
- Voraussetzungen 96
stG 42, 44
Stiftung 44
stille Gesellschaft 42
Störer 206, 207
Strafrecht 38
Stückkauf 152
Stückschuld 120
Subjektionstheorie 38
subjektiver Fehlerbegriff 149
subjektiver Tatbestand 181
Subsumtion 61
Synallagma 85
System der Normativbestimmungen 44

T

tarifpolitischer Zusammenhang 164
Taschengeldparagraph 92
Tatbestand 61
- objektiver 181
- offener 184
- subjektiver 181
Tatsachen 72
tatsächliche Unmöglichkeit 124
Täuschung 72
- arglistige 73
- Dritter 73
Testament 107, 108
Titel 35
Trennungsprinzip 54, 55

U

Übereignung 47
- bei Eigentumsvorbehalt 213
- beim verlängerten Eigentumsvorbehalt 215
- beweglicher Sachen 199
- unbeweglicher Sachen 201
Übergabe 199
Überweisungsauftrag 168
unentgeltliche Zusendung 153

Stichwortverzeichnis 259

unerlaubte Handlung 180
ungerechtfertigte Bereicherung 58
unmitelbarer Besitzer 196
Unmöglichkeit
- anfängliche 126
- anfängliche, objektive 127
- anfängliche, subjektive 128
- Begriff 126
- Dienstvertrag 161
- Kaufvertrag 149
- nachträgliche 129
- objektive 126
- rechtliche 125
- subjektive 126
- tatsächliche 124
- Übersicht 130
- zeitliche 125, 164
unter fremdem Namen 103
Unterlassen 136
Unterlassungsanspruch 206, 207
- negatorischer 208
- quasinegatorischer 208
Unternehmer 166
Untersuchungsobliegenheit 151
Unvermögen, Begriff 126
unverzüglich 74
Urteil 31
Urteilsstil 62
UWG 182

V

Valutaverhältnis **140**, 141, 174
Verantwortung 21
Verarbeitung 216
Verbot, gesetzliches 109
verbotene Eigenmacht 197
Verbotsgesetz 109
Verbraucherkredit 157, 160
Verbraucherkreditgesetz 157
VerbrKrG 157
Verein 42, 44
Verfügung 51
Verfügung eines Nichtberechtigten 177
Verfügungsbefugnis 200
Verfügungsermächtigung 215
Vergleich 31, 108, 201
Vergleichszins 111
Vergütung beim Dienstvertrag 161
verhaltensbedingte Kündigung 165
Verität 149
Verjährung

- Kaufvertrag 151
- Werkvertrag 167
Verkehrssicherungspflicht 190
verkehrswesentliche Eigenschaften 72
verklagter Besitzer 205
verlängerter Eigentumsvorbehalt 214
Vermieter 154
Vermögensschaden 185
Vermögensvorteil 172
Vermutung 44
Vernehmung 30
Vernunftrecht 19, Fn. 5
Verpflichtungsgeschäft 51
- abstraktes 57
Verrichtungsgehilfe **186**
- Vergleich mit Haftung des Erfüllungsgehilfen 189
Verschweigen von Tatsachen 73
Verschulden 184
Verschulden bei Vertragsschluß **192**
Verschuldensfähigkeit 184
Verschuldenshaftung 179
Versicherungsverein auf Gegenseitigkeit 42
Versprechender 140, 141
Versprechensempfänger 140, 141
Verstoß gegen das Gesetz 109
Verstoß gegen die guten Sitten 110
Vertrag/Verträge 51, **80**
- Arten 84
- einseitig verpflichtende 85
- für Dritte 139
- gegenseitig verpflichtende 85
- mit Schutzwirkung für Dritte 141
- über Gegenstände 147
- über Tätigkeiten 160
- unvollkommen zweiseitig verpflichtende 86
- verfügende 84
- verpflichtende 85
- zu Gunsten Dritter 140
- zu Lasten Dritter 139
- Zustandekommen 80
- zweiseitig verpflichtende 85
Vertragszins, effektiver 111
Vertrauensschaden 77, 169, 193
Vertrauenstatbestand 192
Vertretenmüssen **122**
- bei Gattungsschulden 123
- bei pFV 138
Vertreter
- gesetzliche 92

– ohne Vertretungsmacht 104
Vertretungsmacht 98
– gesetzliche 99
– rechtsgeschäftliche 99
Verwaltungsrecht 38
Verwender 113
Verwendungen
– notwendige 204
– nützliche 204
Verwendungskondiktion 176
Verzögerungsschaden 132
Verzug **131**
– Dienstvertrag 161
– Kaufvertrag 149
Vindikationslage 203
Vollkaufmann **40**, 100
Vollmacht 99
– Erlöschen 99
– formlose 99
– handelsrechtliche 100
– Umfang 100
– Widerruf 99
Vorratsschuld 120
Vorsatz 122, 184
vorsätzliche sittenwidrige Schädigung 185
Vorteil, rechtlicher 94
Vorzugsrechte 145
VVaG 42, 44

W

Wandelung 150
– Durchführung 150
– beim Werkvertrag 167
Warnfunktion 107
Warnung 74
Weisungen 168
Weisungsrecht 164
Werk 166
Werklieferungsvertrag 167

Werkvertrag **166**
Wertordnung 19
widerrechtliche Drohung 73, 74
Widerruf des Auftrags 169
Wiederholungsfragen 16
Willenserklärung 50, 63
– Abgabe 66
– Auslegung 68
– empfangsbedürftige 66
– falsa demonstratio non nocet 69
– falsche Bezeichnung 69
– nicht empfangsbedürftige 66
– Wirksamwerden 66
– Zugang 67
Wirksamwerden der Willenserklärung 66
wirtschaftliche Einheit 158
wirtschaftlicher Verein 44
Wohnraummiete 154
Wohnungsbindungsgesetz 154
Wucher 110
wucherähnliche Geschäfte 111

Z

Zahlstellen 173
Zedent 143, 144
zeitliche Unmöglichkeit **125**, 164
Zession 143, 144
Zessionar 143, 144
Zins 111, 157
Zivilprozeßrecht 36
zugesicherte Eigenschaft 150
Zurückbehaltungsrecht 209
Zustandstörer 207
Zustellung 35
Zusendung, unentgeltliche 153
Zuwendungsverhältnis 140, 141
Zwangsverwaltung 219, 221
Zwangsvollstreckung 35, 219, 221